OLDENBOURG
GRUNDRISS DER
GESCHICHTE

OLDENBOURG
GRUNDRISS DER
GESCHICHTE

HERAUSGEGEBEN
VON
LOTHAR GALL
KARL-JOACHIM HÖLKESKAMP
HERMANN JAKOBS

BAND 19A

DIE BUNDES-REPUBLIK DEUTSCHLAND 1969–1990

VON

ANDREAS RÖDDER

R. OLDENBOURG VERLAG
MÜNCHEN 2004

Bibliogaphische Information der Deutschen Bibliothek

Die Deutsche Bibliothek verzeichnet diese Publikation in der Deutschen Nationalbibliographie; detaillierte bibliographische Daten sind im Internet über <http://dnb.ddb.de> abrufbar.

© 2004 Oldenbourg Wissenschaftsverlag GmbH, München
Rosenheimer Straße 145, D-81671 München
Internet: http://www.oldenbourg-verlag.de

Das Werk einschließlich aller Abbildungen ist urheberrechtlich geschützt. Jede Verwertung außerhalb der Grenzen des Urheberrechtsgesetzes ist ohne Zustimmung des Verlages unzulässig und strafbar. Das gilt insbesondere für Vervielfältigungen, Übersetzungen, Mikroverfilmungen und die Einspeicherung und Bearbeitung in elektronischen Systemen.

Gesamtherstellung: R. Oldenbourg Graphische Betriebe Druckerei GmbH, München
Umschlaggestaltung: Dieter Vollendorf, München
Gedruckt auf säurefreiem, alterungsbeständigem Papier (chlorfrei gebleicht)

ISBN 3-486-56697-0 (brosch.)
ISBN 3-486-56698-9 (geb.)

VORWORT DER HERAUSGEBER

Die Reihe verfolgt mehrere Ziele, unter ihnen auch solche, die von vergleichbaren Unternehmungen in Deutschland bislang nicht angestrebt wurden. Einmal will sie – und dies teilt sie mit anderen Reihen – eine gut lesbare Darstellung des historische Geschehens liefern, die, von qualifizierten Fachgelehrten geschrieben, gleichzeitig eine Summe des heutigen Forschungsstandes bietet. Die Reihe umfasst die alte, mittlere und neuere Geschichte und behandelt durchgängig nicht nur die deutsche Geschichte, obwohl sie sinngemäß in manchem Band im Vordergrund steht, schließt vielmehr den europäischen und, in den späteren Bänden, den weltpolitischen Vergleich immer ein. In einer Reihe von Zusatzbänden wird die Geschichte einiger außereuropäischer Länder behandelt. Weitere Zusatzbände erweitern die Geschichte Europas und des Nahen Ostens um Byzanz und die Islamische Welt und die ältere Geschichte, die in der Grundreihe nur die griechisch-römische Zeit umfasst, um den Alten Orient und die Europäische Bronzezeit. Unsere Reihe hebt sich von anderen jedoch vor allem dadurch ab, dass sie in gesonderten Abschnitten, die in der Regel ein Drittel des Gesamtumfangs ausmachen, den Forschungsstand ausführlich bespricht. Die Herausgeber gingen davon aus, dass dem nachbearbeitenden Historiker, insbesondere dem Studenten und Lehrer, ein Hilfsmittel fehlt, das ihn unmittelbar an die Forschungsprobleme heranführt. Diesem Mangel kann in einem zusammenfassenden Werk, das sich an einen breiten Leserkreis wendet, weder durch erläuternde Anmerkungen noch durch eine kommentierende Bibliographie abgeholfen werden, sondern nur durch eine Darstellung und Erörterung der Forschungslage. Es versteht sich, dass dabei – schon um der wünschenswerten Vertiefung willen – jeweils nur die wichtigsten Probleme vorgestellt werden können, weniger bedeutsame Fragen hintangestellt werden müssen. Schließlich erschien es den Herausgebern sinnvoll und erforderlich, dem Leser ein nicht zu knapp bemessenes Literaturverzeichnis an die Hand zu geben, durch das er, von dem Forschungsstand geleitet, tiefer in die Materie eindringen kann.

Mit ihrem Ziel, sowohl Wissen zu vermitteln als auch zu selbstandigen Studien und zu eigenen Arbeiten anzuleiten, wendet sich die Reihe in erster Linie an Studenten und Lehrer der Geschichte. Die Autoren der Bände haben sich darüber hinaus bemüht, ihre Darstellung so zu gestalten, dass auch der Nichtfachmann, etwa der Germanist, Jurist oder Wirtschaftswissenschaftler, sie mit Gewinn benutzen kann.

Die Herausgeber beabsichtigen, die Reihe stets auf dem laufenden Forschungsstand zu halten und so die Brauchbarkeit als Arbeitsinstrument über eine längere Zeit zu sichern. Deshalb sollen die einzelnen Bände von ihrem Autor oder einem anderen Fachgelehrten in gewissen Abständen überarbeitet werden. Der Zeitpunkt der Überarbeitung hängt davon ab, in welchem Ausmaß sich die allgemeine Situation der Forschung gewandelt hat.

Lothar Gall   Karl-Joachim Hölkeskamp   Hermann Jakobs

Für Almut

INHALT

Vorwort XIII

I. Darstellung 1

   A. Allgemeine Tendenzen 1
      1. Weltpolitik: Deutschland zwischen Ost und West 1
      2. Europa zwischen Sklerose und Union. 2
      3. Technologie: Mikroelektronik und Massenkommunikation. . 8
      4. Ökonomie: Tertiarisierung und Globalisierung 11
      5. Staat – Wirtschaft – Gesellschaft: Korporatismus und
         Sozialstaat 15
      6. Verfassungsordnung und politisches System: Konstanz und
         Stabilität 19
      7. Sozialstruktur zwischen Massenwohlstand und Geburten-
         rückgang 22
      8. Sozialkultur: Wertewandel und Postmoderne 28

   B. Modernisierungseuphorie (1969–1973) 31
      1. „Machtwechsel". 31
      2. Die Ostpolitik 35
      3. Innere Reformen 43
      4. Ernüchterung und Zäsur: Das Krisenjahr 1973 48

   C. Krisenmanagement (1974–1982) 52
      1. Kanzlerwechsel als Kurswechsel 52
      2. Der Höhepunkt des Terrorismus 55
      3. Wirtschaftsdiplomatie, NATO-Doppelbeschluss und
         Deutschlandpolitik 59
      4. Neue soziale Bewegungen und die politische Kultur der
         siebziger Jahre 64
      5. Wirtschaftliche Probleme und das Ende der sozial-liberalen
         Koalition 70

D. Neuorientierung und Kontinuität (1982–1989). 75
   1. Regierungswechsel als „Wende"?. 75
   2. Bündnisfragen und Deutschlandpolitik 79
   3. Prosperität und Strukturprobleme: Die ökonomische und soziale Entwicklung. 84
   4. Politik, Gesellschaft und Kultur 89

E. Zusammenbruch des Ostblocks und deutsche Wiedervereinigung (1989/90). 95
   1. Die sowjetische Reformpolitik und der Zusammenbruch der DDR 95
   2. Die Wiedervereinigung Deutschlands 98

Ausblick 106

II. Grundprobleme und Tendenzen der Forschung 109
   1. Allgemeines, Methodik, Quellen 109
      a) Die siebziger und achtziger Jahre als Zeitgeschichte. 109
      b) Gesamtdeutsche und westdeutsche Geschichte 110
      c) Zur Quellenlage 112
   2. Gesamtdarstellungen und allgemeine Deutungen. Zäsuren und Periodisierungen. 118
      a) Thematische Schwerpunkte 118
      b) Periodisierung und Zäsuren 120
      c) Bilanzen 122
      d) Die Wiedervereinigung in der (bundes)deutschen Geschichte . 128
      e) Personen und Biographien. 129
   3. Die Bundesrepublik in der Welt: Internationale Geschichte und Außenpolitik. 130
      a) Grundlagen 130
      b) Entspannung und KSZE. 133
      c) Ostpolitik der Regierung Brandt 134
      d) Außenpolitik der Regierung Schmidt und NATO-Doppelbeschluss 137
      e) Außenpolitik der Regierung Kohl und Bündnisfragen 141
      f) Ende des Ost-West-Konflikts 142
      g) Europa. 144
      h) Bilaterale Beziehungen und Einzelfragen. 146
   4. Zwei Staaten in Deutschland: Deutschlandpolitik, deutschdeutsche Beziehungen – Wiedervereinigung. 148

5. Integration und Regulierung: Staatliche Institutionen und
   politisches System 156
   a) Verhandlungsdemokratie, Korporatismus, Staat und
      Gesellschaft. 157
   b) Sozialstaat und Sozialpolitik 158
   c) Verbundföderalismus und Politikverflechtung 161
   d) Wahlen und Wähler 162
   e) Parteienstaat, Parteiensystem, Parteien. 164
   f) Institutionen: Regierungssystem, Parlamentarismus,
      Bundesverfassungsgericht. 170
   g) Innenpolitische Themen und Ereignisse 172
6. Ökonomischer Strukturwandel und „Modell Deutschland" ... 174
   a) Strukturwandel der Wirtschaft und Sektorentheorie 175
   b) Trendwende 1973 176
   c) Staat und Wirtschaft 1969–1982 178
   d) Arbeitslosigkeit und Arbeitsbeziehungen 180
   e) Staat und Wirtschaft 1982–1990 182
   f) Wirtschaftliche Entwicklung nach 1982 184
   g) „Modell Deutschland" 184
   h) Branchen und Unternehmen 186
   i) Technologie, Energie, Umwelt und Verkehr. 189
7. Schichten, Lagen, Stile: Probleme der Gesellschaftsgeschichte .. 190
   a) Gesellschaftliche Gesamtbeschreibungen 191
   b) Demographische Probleme 193
   c) Materielle Sozialstruktur und Schichten 195
   d) Geschlechterverhältnisse und Familien 200
   e) Lebensbedingungen 203
   f) Bildung und Gesellschaft 206
8. Aspekte der soziokulturellen Entwicklung............. 207
   a) „Wertewandel". 207
   b) „Postmoderne". 210
   c) Protest und Neue soziale Bewegungen.............. 211
   d) Allgemeine Fragen der politischen Kultur 214
   e) Umgang mit Vergangenheit 216
   f) Öffentlichkeit und Massenmedien 218
   g) Religion und Kirchen 220

III. Quellen und Literatur 223

   A. Hilfsmittel 223
      1. Quellenkunden und Bibliographien. 223
      2. Methodische Probleme und Einführungen 224
      3. Nachschlagewerke, Chroniken, Statistiken 226

B. Quellen 228
   1. Aktenpublikationen, Editionen, Dokumentationen 228
   2. Persönliche Quellen und Selbstzeugnisse 232

C. Literatur 239
   1. Allgemeine und übergreifende Darstellungen 239
   2. Internationale Geschichte, Staatensystem, Außenpolitik . . . 241
      a) Internationale Geschichte, Staatensystem, multilaterale
         Organisationen 241
      b) Europa/europäische Einigung 245
      c) Deutsche Außen- und Sicherheitspolitik 246
   3. Deutschlandpolitik/deutsch-deutsche Beziehungen; Berlin . . 248
   4. Deutsche Wiedervereinigung 249
   5. Staatliche Institutionen, politisches System und innere
      Politik 251
      a) Verfassung, politisches System und Verwaltung, Recht . . . 251
      b) Politische Kultur und Wahlen 253
      c) Politische Strömungen und Parteien 254
      d) Verbände 257
      e) Innenpolitische Ereignisse und Entwicklungen 257
      f) Terrorismus 257
      g) Sozialordnung, Sozialstaat, Sozialpolitik 258
      h) Wirtschafts- und Finanzpolitik 258
   6. Wirtschaft, Finanzen, Arbeitsleben 259
   7. Gesellschaft 262
      a) Gesamtbeschreibungen, Sozialstruktur, soziale Schichten
         und Lagen 262
      b) Demographische Entwicklung; Generationen 264
      c) Geschlechterverhältnisse und Familien, Jugend
         und Alter 265
      d) Konsum, Alltag, Freizeit 266
      e) Verkehr und Umwelt 266
      f) Wohnen, Siedlungsstruktur, Architektur 266
   8. Sozialkultur 267
      a) Allgemeines – „Wertewandel" 267
      b) Protestbewegungen 268
      c) Umgang mit Vergangenheit 269
      d) Medien 270
      e) Literatur und Kunst 271
      f) Bildung und Wissenschaften 271
      g) Technologie 272
   9. Religion und Kirchen 272
  10. Biographien 273

Anhang 277
 Zeittafel 277
 Statistiken und Tabellen 285
 Archive und wichtige Bestände in Auswahl 305
 Karten 315
 Abkürzungsverzeichnis 317
 Personenregister 319
 Sachregister 325

VORWORT

Die Geschichte der eigenen Zeit zu schreiben, erst recht der besonders prägenden Zeit der eigenen politischen Sozialisation, ist seit Herodot und Thukydides ein ebenso reizvolles wie prekäres Unterfangen. Die Vorbehalte jedenfalls sind – trotz aller methodisch-theoretischer Plädoyers für die Wissenschaftlichkeit von Zeitgeschichte – auch unter professionellen Historikerinnen und Historikern erheblich. Der Anspruch dieses Buches ist ein zweifacher: dass es sich um Ausgewogenheit und Unvoreingenommenheit im Sachurteil bemüht und dass es einen breiten Horizont von thematischen Gegenständen ins Visier nimmt, ohne auf eine übergreifende Perspektive zu verzichten. Diese richtet sich auf Staat und Gesellschaft im Sinne des *quod omnes tangit:* die auf das Gemeinwesen bezogenen Angelegenheiten aus den Gegenstandsbereichen Staat und Politik, Wirtschaft und Gesellschaft sowie, quer dazu und übergreifend, Kultur in einem weiten, sozialkulturellen Sinne. Denn die Geschichte der Bundesrepublik Deutschland wurde nicht von einer einzelnen dominanten Entwicklung auf einer einzelnen zentralen Ebene bestimmt. Ihren Charakter prägte vielmehr eine spezifische Verbindung und Wechselwirkung verschiedener Entwicklungen aus unterschiedlichen Bereichen, in denen sich Kontinuität und Wandel auf jeweils eigene Art und Weise mischen.

Im Rahmen der obligaten Zweiteilung in Darstellung (I) und Grundprobleme und Tendenzen der Forschung (II) werden zunächst die übergreifenden Entwicklungslinien systematisch skizziert (I.A) und daraufhin die einzelnen Phänomene unter besonderer Berücksichtigung der politischen Entwicklung in grundsätzlich chronologischer Folge entfaltet (I.B-E). Teil II ist systematisch aufgebaut und folgt der klassischen Einteilung in Staat und Politik, Wirtschaft, Gesellschaft und Kultur. Der Anordnung liegen pragmatische und darstellerische Kriterien mit dem Ziel der Zugänglichkeit und Erschließbarkeit zugrunde, wobei es wiederholt unumgänglich ist, einerseits zusammenhängende Sachverhalte zu trennen, andererseits übergreifende Problemkomplexe einzelnen Sachkapiteln zuzuordnen.

Die Darstellung der „Grundprobleme und Tendenzen der Forschung" ist ganz auf den Forschungsstand konzentriert und von ihm abhängig. Dabei ist oftmals noch weniger tatsächlich Forschung zu resümieren, als dass Probleme, Fragen und (explizit ebenso wie implizit) künftige Themen zu benennen sind. Dass die Forschung erst am Anfang steht, bedeutet zugleich einen großen Reichtum an historiographischen Potenzialen; es läge im Sinne dieses Bandes, wenn er den Reiz eines solchen Aufbauwerks vermittelt.

Wesentliche Bezugsebene dieser durch die Konzeption der Reihe im Umfang knappen Darstellung ist die Bundesebene. Einzelne Länder, Regionen oder Kommunen ebenso wie die europäische Ebene treten demgegenüber notgedrungen zurück, was aber zugleich auch der historischen Bedeutung des nationalen

Rahmens in den siebziger und achtziger Jahren des zwanzigsten Jahrhunderts entspricht. Der zeitgenössischen Bedeutung für die Bundesrepublik entspricht ebenso, dass die (in einem eigenen Band behandelte) DDR nur eingeschränkt thematisiert wird, die Darstellung vielmehr bewusst auf die sich in dieser Zeit etablierende Zweistaatlichkeit auf bundesdeutscher Seite abhebt. Dieser Umstand verweist wiederum auf das allgemeine historiographische Problem, die deutsche Geschichte in der Zeit der Zweistaatlichkeit zusammenzudenken, ohne ihr eine Teleologie der Vereinigung zu unterlegen.

Der wiederholt gebrauchte Begriff „Ideologie" wird, im Unterschied zur pejorativen umgangssprachlichen Konnotation im Deutschen, im wertneutralen angelsächsischen Sinne als wissenschaftlicher Begriff für einen Zusammenhang von Inhalten und Ideen verwendet. Begrifflich steht die Zeitgeschichtsschreibung allgemein vor dem Problem, dass sie auf die zeitgenössischen Begriffe angewiesen ist, weil Begriffe, mit Kant formuliert, eine Anschauung brauchen, um nicht leer zu sein. Gleichzeitig muss sie die zeitgenössischen Begriffe aber analytisch und ohne zeitgenössische polemische Bedeutung verwenden; wenn ein Begriff von solcher Aufladung nicht zu lösen ist, wird er zitiert, aber nicht als analytischer Begriff gebraucht.

Zumal angesichts des strikt begrenzten Raumes wird auf eine durchgehende Nennung maskuliner und femininer Pluralformen im Falle von Beteiligten beiderlei Geschlechts zugunsten einer sprachpraktischen Einbeziehung der femininen Pluralform in die maskuline verzichtet.

Ein solches Buch könnte nicht entstehen ohne die vielfältigen Formen von Unterstützung, für die mich zu bedanken mir ein besonderes Anliegen ist. Lothar Gall hat mir als Herausgeber des „Oldenbourg Grundriss der Geschichte" die Möglichkeit eröffnet, dieses Buch zu schreiben, und das gesamte Manuskript gelesen und kommentiert. Er war mir dabei ein ebenso hilfreicher Gesprächspartner wie Klaus Hildebrand (Bonn), Hans Günter Hockerts, Johannes Hürter, Winfried Nerdinger (alle München) und Andreas Wirsching (Augsburg); den Angehörigen des Arbeitsbereichs „Politik und Gesellschaft der alten Bundesrepublik" des Hamburger Instituts für Sozialforschung danke ich für die Einladung zur Diskussion meiner Ergebnisse. Gedanken zu „Tertiarisierung" und „Dienstleistungsgesellschaft" verdanke ich einem noch nicht publizierten (und daher nicht zitierten) Vortrag von Jürgen von Kruedener, der dafür in der nächsten Auflage gebührend gewürdigt wird.

Ganz besonders verbunden bin ich denjenigen, die sich viel Mühe gemacht haben, das gesamte Manuskript oder Teile daraus zu lesen und zu kommentieren, und die mich von ihrem Sachverstand mit einer Fülle hilfreicher und weiterführender Vorschläge haben profitieren lassen: Harald Biermann (Köln), Knut Borchardt (München), Moritz Epple, Thomas Hertfelder, Eberhard Jäckel und Mark Spoerer (alle Stuttgart) gilt mein besonderer Dank.

Ein wertvolle Hilfe waren auch meine studentischen Mitarbeiter Sandra Bisping in München sowie Hendrik Hiss und Philipp Menger in Stuttgart. Die

Mittel für die Stuttgarter Hilfskraftstelle hat dankenswerterweise die Fritz Thyssen Stiftung zur Verfügung gestellt.

Große Unterstützung, die allen Benutzern des Bandes zugute kommt, habe ich in Archiven und Institutionen erlebt, die ich bereist habe, um den Anhang über „Archive und wichtige Bestände" zusammenzustellen: danken möchte ich insbesondere Georg Herbstritt bei der Bundesbeauftragten für die Unterlagen des Staatssicherheitsdienstes der ehemaligen DDR (Berlin), Mechthild Brandes und vor allem Matthias Rest im Bundesarchiv Koblenz, Solveig Nestler und Michael Müller im Bundesarchiv Berlin, Günther Josef Weller im Parlamentarchiv des Deutschen Bundestages (Bonn/Berlin), Günter Buchstab im Archiv für Christlich-Demokratische Politik (Sankt Augustin), Dieter Dowe im Archiv der sozialen Demokratie (Bonn), Jürgen Frölich und Raymond Pradier im Archiv des Liberalismus (Gummersbach), Christoph Becker-Schaum im Archiv Grünes Gedächtnis (Berlin), Karl-Josef Hummel von der Kommission für Zeitgeschichte (Bonn), Claudia Lepp von der Evangelischen Arbeitsgemeinschaft für Kirchliche Zeitgeschichte (München) sowie Reinhart Schwarz im Archiv des Hamburger Instituts für Sozialforschung.

Seitens des Verlages war einmal mehr die professionelle Zusammenarbeit mit Christian Kreuzer ein wahres Vergnügen; und es war eine sehr angenehme Erfahrung, ihn und seine Frau Heide Wilhelm auch über das Verhältnis zwischen Lektor und Autor hinaus kennen zu lernen. Auch Cordula Hubert sowie Julia Schreiner danke ich für ihr Lektorat.

Dieses Buch ist in wesentlichem Maße im Rahmen eines Förderstipendiums am Historischen Kolleg in München 2001/02 entstanden. Dort habe ich Großzügigkeit und Muße im produktivsten und kreativsten Sinne erlebt. Dafür bin ich allen Beteiligten, vor allem den freundlichen Damen und Herren im Kolleg, sehr dankbar. Das Münchener Jahr war eine rundherum angenehme Zeit, wozu nicht zuletzt meine Mitstipendiaten Marie-Luise Recker, Helmut Altrichter und Jürgen Trabant beitrugen – und ein weiterer Umstand: Als ich beschloss, im Münchener Jahr ein Zimmer zur Untermiete bei einer älteren Dame zu beziehen, konnte ich nicht ahnen, dass ich mit Irmgard Schnabel an die wohl netteste ältere Dame in ganz München geraten war.

Sie hat auch meiner Frau und den Kindern ermöglicht, häufiger in München zu sein und somit Anteil an all den Vorzügen dieser Zeit zu haben. Meine Familie hat dabei das Los gezogen, ihr Leben mit einem „positiv Bekloppten" (Reiner Calmund) zu verbringen. Mehr als sich hier ausdrücken ließe, bin ich Silvana und unseren drei Töchtern dankbar, die mich immer wieder mit dem wahren Ernst des Lebens konfrontieren – was ist ein Buch gegen Kindergeburtstag?

Stuttgart, im April 2003 *Andreas Rödder*

I. Darstellung

A. ALLGEMEINE TENDENZEN

1. Weltpolitik: Deutschland zwischen Ost und West

Wie kaum ein anderes Land war Deutschland von der Teilung bis zur Wiedervereinigung abhängig von der Weltpolitik, und dies bedeutete zuallererst: vom Ost-West-Konflikt. Nach dem Zweiten Weltkrieg war diese weltpolitische Grundkonstellation des ‚kurzen zwanzigsten Jahrhunderts' zwischen 1917 und 1989/91 voll zum Tragen gekommen: der Gegensatz zwischen kommunistischer ‚Diktatur des Proletariats' durch eine Partei, Planwirtschaft und sozialistischem Konformitätszwang im Osten und Demokratie, Marktwirtschaft und freiheitlichem Pluralismus westlicher Oberservanz. *(Ost-West-Konflikt)*

Dass beide Blöcke einander militärisch bedrohten, schloss im nuklearen Zeitalter die substanziell neue Androhung der gegenseitigen Vernichtung ein und konstituierte ebendeshalb ein Gleichgewicht, das sich historisch als außergewöhnlich stabil erwies. Die *pax atomica* beruhte auf der nuklearen Abschreckung, deren Grundlage und Problem zugleich darin bestand, sie glaubwürdig zu vermitteln. Daher, so Henry Kissinger, „produzierten die Vereinigten Staaten Atomwaffen ausschließlich zu dem Zweck, den Gegner davon abzuhalten, Atomwaffen einzusetzen, nicht aber für den tatsächlichen Einsatz in einer politischen Krise" [356, S. 830]. *(pax atomica und Logik der Abschreckung)*

Die Glaubwürdigkeit der Abschreckung mußte nicht nur gegenüber den militärisch-politischen Gegnern, sondern zugleich gegenüber den Verbündeten und der eigenen Bevölkerung aufrechterhalten werden. Dies folgte gegenüber den verschiedenen Adressaten jeweils unterschiedlichen Rationalitäten, was erst recht für das Verhältnis von Abschreckung und (für den Fall ihres Versagens) Verteidigung galt. Albert Wohlstetter hatte bereits 1959 festgestellt, „dass gesunder Menschenverstand keine adäquate Richtlinie für nukleare Beziehungen sei", und Kissinger pointierte die aporetische Logik: „Das Konzept der Abschreckung durch angedrohte gegenseitige Vernichtung bedeutete Vernunftverzicht zugunsten strategischer Theorie: Man gründete ein Verteidigungskonzept auf dem drohenden Selbstmord" [356, S. 788 u. 864].

Deutschland zwischen den Blöcken

An der Nahtstelle zwischen diesen antagonistischen Blöcken lag das geteilte Deutschland, selbst Teil und Symbol des Ost-West-Konflikts und existenziell von ihm abhängig. Sicherheits- und Allianzpolitik besaßen daher für die bundesdeutsche Außenpolitik stets besondere Bedeutung. Dabei gingen die sicherheitspolitischen und die nationalen Interessen der Bundesrepublik in grundlegender Weise auseinander.

Nationale versus sicherheitspolitische Interessen

Hinsichtlich der nationalen Frage war die Bundesrepublik eine revisionistische Macht. Dies galt weniger für die 1945 unter polnische und sowjetische Verwaltung gestellten deutschen Ostgebiete, die für die nationale Zieldefinition keine praktische Bedeutung besaßen, da bereits seit den fünfziger Jahren nicht mehr mit ihrem Rückerwerb gerechnet wurde. Revisionistische Ziele verfolgte die Bundesrepublik vor allem im Hinblick auf die deutsche Teilung, denn ihre Überwindung stellte ein nationales Interesse mit Verfassungsrang dar.

Anderes galt für das Problem der Sicherheit, „das letzte Ziel der Politik der Staaten" (R. Aron). Die Sicherheit der Bundesrepublik beruhte auf ihrer Integration in das westliche Bündnis. Dessen Strategie orientierte sich, im Übergang von der konfrontativen Phase des Kalten Krieges in den fünfziger Jahren zur Politik der Entspannung, im Verlauf der sechziger Jahre zunehmend an einer engen Verbindung von Stabilität, Sicherheit und Frieden. Die sicherheitspolitischen Interessen der Bundesrepublik zielten somit, und im nuklearen Zeitalter ohnehin, auf Stabilität und Status quo.

Das Grundproblem der bundesdeutschen Außenpolitik lag also in der Diskrepanz zwischen nationalen und sicherheitspolitischen Zielen, zwischen Revision und Stabilität des Status quo. Als ein „strukturell abhängiges System" konnte die Bundesrepublik solche Diskrepanzen nicht lösen, indem sie ihre Vorgaben gegenüber den anderen Akteuren durchsetzte, sondern nur durch Anpassungsleistungen an die weltpolitischen Rahmenbedingungen. Zwangsläufig war die Außenpolitik der Bundesrepublik während des Ost-West-Konflikts „in hohem Maße ein Reagieren auf weltpolitische Herausforderungen" [417: HAFTENDORN, S. 13 u. 15].

Anpassung und Integration

Diese Anpassung bedeutete für die Bundesrepublik, sich pragmatisch mit dem Status quo zu arrangieren und darauf zu hoffen, dass dieser sich eines Tages ändern mochte. Dabei gingen revisionistische Potenziale und angewöhnte, verselbstständigte Akzeptanz des Status quo in der bundesdeutschen Außenpolitik eine mit der Zeit zunehmend schwerer zu trennende Verbindung ein. Zugleich erwarb Bonn vor allem im Westen, aber auch im Osten die Reputation von Berechenbarkeit und Verlässlichkeit.

Bevorzugt setzte die Bundesrepublik dabei auf Multilateralismus und die Einordnung in integrative Zusammenschlüsse. Seit Adenauer betrieb sie die „Methode des Souveränitätsgewinns durch Souveränitätsverzicht" [417: HAFTENDORN, S. 436], und ihre größte Handlungsfähigkeit vermochte die Bundesrepublik immer dann zu entfalten, wenn sie sich in Übereinstimmung mit ihren Bündnispartnern befand. Grundpfeiler dieser Orientierung waren die nordatlantische Verteidigungsgemeinschaft und die Europäische Gemeinschaft, und dabei im bilateralen Kern das Verhältnis zur transatlantischen Schutzmacht USA, das „immer primär eine Sicherheitspartnerschaft" war [K. Schwabe in 352: USA und Deutschland II, 29], sowie zum europäischen Nachbarn Frankreich. Dieser betrieb die „entente élémentaire" (W. Brandt) seinerseits zum Zweck der kontrollierenden Einbindung der Bundesrepublik und um den politischen Vorrang der Nuklearmacht Frankreich zu sichern, während die Bundesrepublik insbesondere in Europa eine ökonomische Übermacht entfaltete. Diese trotz aller Freundschaftsrhetorik und gesellschaftlich-kultureller Verbindungen komplizierte „alliance incertaine" [382: G.-H. Soutou] offenbarte in der zugespitzten Entscheidungslage der deutschen Wiedervereinigung sowohl ihre schwerwiegenden Belastungen als auch ihre tragfähige Belastbarkeit.

Die USA und Frankreich waren zugleich die bevorzugten Partner der Bundesrepublik auf dem Feld der Außenwirtschaftspolitik, das der Bundesrepublik aufgrund der zunehmenden internationalen Bedeutung ökonomischer Leistungskraft erweiterte äußere Möglichkeiten eröffnete. Nicht zuletzt mit der Deutschen Mark als stabiler Leitwährung dominierte die Bundesrepublik Europa vor allem in den achtziger Jahren ökonomisch. Doch die Erfolge produzierten zugleich ihre eigene Gefährdung, drängten die von der Robustheit der deutschen Währung betroffenen Handelspartner doch massiv auf eine expansivere und somit die innere Stabilität gefährdende Konjunktur- und Geldpolitik der Bundesrepublik. Die Stärke der D-Mark wurde zum Angriffspunkt auf die Bundesrepublik, und Wirtschaftsfragen wurden selbst zum Politikum. Zugleich aber ließ sich ökonomische Potenz nicht automatisch in politische Macht übersetzen, wie sich vor allem auf dem im atomaren Zeitalter dominanten Feld der Sicherheitspolitik erwies, auf dem die Bundesrepublik nie vergleichbares Gewicht entwickelte.

Vielmehr blieb die Bundesrepublik sicherheitspolitisch und hinsichtlich ihrer nationalen Interessen stets von der weltpolitischen Konstellation abhängig. „Die Wiedervereinigung ist ein außenpolitisches Problem", stellte Egon Bahr bereits 1963 fest, und dasselbe galt für die Deutschlandpolitik.

In den sechziger Jahren reifte in der Bundesrepublik die Einsicht, dass auf absehbare Zeit nicht mit einem Zusammenbruch der DDR, mit einer vereinigungsfreundlichen Verbesserung der weltpolitischen Lage und mit einer deutschen Wiedervereinigung zu rechnen sei. Hinzu kam, dass der beginnende Übergang der Bündnispartner zu einer Politik der Entspannung auf eine Befestigung des Status quo zusteuerte. Vor diesem Hintergrund wurde die revisionistische Deutschlandpolitik der Bundesrepublik, die auch ihre Politik gegenüber dem gesamten Ostblock bestimmte, zunehmend zum Störfaktor. Der Bundesrepublik blieb nichts als eine pragmatische Anpassung an diese internationale Konstellationsverschiebung, die von der sozialliberalen Koalition politisch umgesetzt wurde. Auch in der bundesdeutschen Deutschlandpolitik der siebziger und achtziger Jahre mischten sich in unterschiedlichem Maße ein grundlegender normativer Vorbehalt gegen den Status quo, durchaus verschiedene Zielperspekti-

Außenwirtschaftspolitik

Deutschlandpolitik

ven seiner Veränderung, pragmatisches Arrangement mit der DDR, um menschliche Erleichterungen zu ermöglichen und ein Minimum an nationaler Zusammengehörigkeit zu wahren, sowie Gewöhnungseffekte an den Status quo.

Dabei waren beide deutsche Staaten auf unterschiedliche und eigentümlich verschlungene Weise voneinander abhängig. Die so sehr auf ihre Eigenständigkeit gegenüber der Bundesrepublik bedachte DDR geriet im Laufe der Zeit in immer tiefere ökonomische Abhängigkeit von der Bundesrepublik. Statt diese politisch zu nutzen oder nutzen zu können, war die Bundesrepublik wiederum stets von der DDR-Führung erpressbar, die ihrer eigenen Bevölkerung „mehr Menschlichkeit gegen Kasse" (H. Schmidt) aus dem Westen gewährte. Der grundlegende innerdeutsche Zielkonflikt verdichtete sich im Begriff der „Normalisierung": was für die DDR (und den gesamten Ostblock) die Zementierung der Zweistaatlichkeit und des Status quo bedeutete, barg für die Bundesrepublik die Perspektive seiner substanziellen Veränderung, wenigstens einer inneren Liberalisierung der DDR in sich. Dennoch betrieb die Bundesrepublik, unabhängig von der politischen Couleur ihrer Regierungen, in den siebziger und achtziger Jahren bis zum Herbst 1989 keine Politik der Destabilisierung der DDR und keine operative, aktive Wiedervereinigungspolitik.

Denn neben dem innerdeutschen Zielkonflikt gab es auch einen internationalen: zwar unterstützten die Verbündeten der Bundesrepublik deren Forderung nach einer Überwindung der deutschen Teilung offiziell. Doch wurde ihr Argwohn gegenüber dieser Zielperspektive nur durch den Umstand gebremst, dass sie auf absehbare Zeit für unrealistisch gehalten wurde. Denn dass ein vereinigtes Deutschland das leidliche Gleichgewicht und die etablierte Stabilität des europäischen Kontinents gefährden würde, war offensichtlich und lag den vielfältigen Vorbehalten der Verbündeten auf beiden Seiten sowohl gegenüber den deutsch-deutschen Kontakten als auch der sich anbahnenden Wiedervereinigung 1989/90 zugrunde.

Der Bogen der siebziger und achtziger Jahre (der in den chronologischen Kapiteln im Einzelnen entfaltet wird) spannt sich von der Entspannungspolitik über die neuerliche Verschärfung des Ost-West-Gegensatzes an der Wende von den siebziger zu den achtziger Jahren bis zum Ende des Kalten Krieges durch den Zusammenbruch des sowjetischen Imperiums und zur deutschen Wiedervereinigung. Damit endete der säkulare Konflikt zwischen sowjetischem Kommunismus und westlicher Demokratie als Grundmuster der Weltordnung und somit eine gesamte weltpolitische Epoche.

2. EUROPA ZWISCHEN SKLEROSE UND UNION

Nord- und Süderweiterung der EG

Das Europa der sechs Gründerstaaten von 1957/58 – Frankreich, Italien, die Niederlande, Belgien, Luxemburg und die Bundesrepublik – wurde in den siebziger Jahren in zwei Schüben auf zwölf Mitglieder ausgedehnt. Nach der französischen Blockade in den sechziger Jahren wurden seit Sommer 1970 Verhandlungen mit Großbritannien über einen Beitritt geführt, der zum 1. Januar 1973 gemeinsam mit Irland und Dänemark im Rahmen der so genannten „Norderweiterung" erfolgte. Die „Süderweiterung" im darauf folgenden Jahrzehnt erstreckte sich 1981 auf Griechenland und 1986 auf Portugal und Spanien.

Mit dieser Ausweitung war keine substanzielle Weiterentwicklung der gemeinschaftlichen Institutionen verbunden, nachdem 1967 die Kommissionen und Ministerräte der Europäischen Gemeinschaft für Kohle und Stahl von 1951/52 sowie der Europäischen Wirtschaftsgemeinschaft und der Europäischen Atomgemeinschaft von 1957/58 zur Europäischen Gemeinschaft zusammengelegt worden waren. Zwar wurden 1974 regelmäßige Treffen der Staats- und Regierungschefs als „Europäischer Rat" institutionalisiert und 1975 ein Vertrag über Eigenmittel der Gemeinschaft geschlossen. Weiter reichende Pläne überstaatlicher Integration jedoch – wie etwa der Werner-Bericht von 1970, der die Schaffung einer gemeinsamen Währung bis 1980 vorsah, oder der für eine stärkere Vergemeinschaftung plädierende Tindemans-Bericht von 1975 – fanden keine Realisierung. Vielmehr standen die mittleren und späten siebziger Jahre angesichts der Währungs- und Wirtschaftsprobleme im Zeichen einer Renationalisierung der Europapolitik der einzelnen Mitgliedsstaaten.

<small>Siebziger Jahre: Scheitern supranationaler Integrationspläne</small>

In der zweiten Hälfte der siebziger Jahre wurde die Europapolitik in besonderem Maße von Frankreich und der Bundesrepublik unter der Führung von Valéry Giscard d'Estaing und Helmut Schmidt beeinflusst, die Europa als ökonomisches Projekt verstanden. Prominentesten Ausdruck fand diese Auffassung im Europäischen Währungssystem von 1978/79, das mit Hilfe einer Interventionsverpflichtung der Notenbanken Schwankungsbreiten von 2,25% für die Wechselkurse der beteiligten europäischen Währungen garantierte. Somit schuf es eine Zone der Währungsstabilität zugunsten des Waren-, Dienstleistungs- und Kapitalverkehrs. Es diente Frankreich als Instrument gegen die Inflation und der Bundesrepublik gegen den andauernden, exporthemmenden Aufwertungsdruck des schwachen Dollar auf die D-Mark.

<small>Ökonomische Orientierung der Europapolitik</small>

Organisatorisch-institutionell baute diese Europapolitik ganz auf Regierungszusammenarbeit. Die Institutionen der EG waren dabei durch einzelne Modifikationen und Ergänzungen aus der Montanunion (EGKS) und den Römischen Verträgen erwachsen und entbehrten einer systematischen, übersichtlichen Struktur (und auch Nomenklatur). Der 1974 eingerichtete, vertraglich gar nicht institutionalisierte Europäische Rat der Staats- und Regierungschefs figurierte als oberste und letzte Entscheidungsinstanz. Auf der Ebene darunter fächerte sich der als Ministerrat bekannte Rat der Europäischen Gemeinschaften in einzelne Räte der jeweiligen Fachminister in entsprechender Zusammensetzung auf. Daneben diente die Europäische Politische Zusammenarbeit (EPZ) – ohne institutionelle Verbindung zur EG – der regelmäßigen außenpolitischen Konsultation auf Minister- und Direktorenebene.

<small>Intergouvernementalismus als Signum</small>

Supranationale Institutionen

Diesem Intergouvernementalismus gegenüber verloren die supranationalen bzw. suprastaatlichen Institutionen in den siebziger Jahren an Gewicht oder kamen von vornherein kaum zur Geltung. Die Europäische Kommission als zentrales übernationales Gremium drohte nach der Etablierung des Europäischen Rates zu dessen Verwaltungsstelle herabgestuft zu werden. Jedenfalls spielte sie ebenso wenig die Rolle der europäischen Exekutive wie das Europäische Parlament die der europäischen Legislative. Zwar wurde dieses 1979 erstmals direkt gewählt, nachdem die Abgeordneten bis dahin von den nationalen Parlamenten entsandt worden waren. Dieser Legitimationszuwachs vermochte indessen die erheblichen Kompetenzbeschränkungen des zwischen Straßburg, Brüssel und Luxemburg pendelnden und im Vergleich zu Rat und Kommission machtlosesten Organs der Gemeinschaft nicht zu kompensieren; es verfügte nicht einmal über die in den Mitgliedsstaaten üblichen Budgetrechte.

„Eurosklerose"

Zu diesem Defizit der EG an demokratischer Legitimation traten an der Wende von den siebziger zu den achtziger Jahren erhebliche Probleme des hochprotektionistischen und -subventionierten Agrarmarktes – die Ausgaben stiegen von 440,8 Mio. DM im Jahr 1965 auf 13,3 Mrd. DM im Jahr 1975, und für 1980 waren ursprünglich 28,3 Mrd. DM vorgesehen – und des Budgets generell, nicht zuletzt im Verbund mit den Belastungen der allgemeinen Konjunkturkrise. Hinzu kamen Händel um die Höhe vor allem der britischen Beiträge und einen Mangel an koordinierter europäischer Politik in der weltpolitischen Krise. Die EG verzettelte sich zunehmend „in kleinliche Streitigkeiten" [184: GENSCHER, S. 360], und so ging das Wort von der „Eurosklerose" um.

Späte achtziger Jahre: Reform und Integration

Angesichts dieser ernsthaften Gefährdung der europäischen Integration war zu Beginn der achtziger Jahre keineswegs zu erwarten, dass sie in der zweiten Hälfte des Jahrzehnts geradezu stürmisch vorangetrieben werden würde. Dies hatte nicht wenig mit Personen zu tun: dem seit 1985 amtierenden neuen Kommissionspräsidenten Jacques Delors, der diesem Organ Initiative und Bedeutung zurückgewann, in Verbindung mit dem französischen Präsidenten François Mitterrand und dem bundesdeutschen Kanzler Helmut Kohl. Der neuerliche Reformimpuls wurde von primär ökonomischen Gründen angetrieben und konnte zugleich an diverse politische Initiativen seit den früheren achtziger Jahren anknüpfen.

Mit der Verabschiedung der Einheitlichen Europäischen Akte 1986 wurden EG und EPZ organisatorisch verbunden, und vor allem wurde beschlossen, den europäischen Binnenmarkt zu verwirklichen, das europäische Währungssystem auszubauen und allgemein auf eine Europäische Union hinzuarbeiten. Konkreter fasste dies der „Delors-Bericht" von 1988/89, den eine Kommission von Notenbankpräsidenten und unabhängigen Sachverständigen unter dem Vorsitz des Kommissionspräsidenten erarbeitet hatte, indem er die Vollendung der Wirtschafts- und Währungsunion in drei Stufen vorsah – zunächst den Abbau aller Beschränkungen im Kapital- und Devisenverkehr, dann die Angleichung der Finanz- und Währungspolitik der Mitgliedsstaaten in einem System fester Wechselkurse und schließlich eine gemeinsame Währung unter Kontrolle einer Europäischen Zentralbank. Im Juni 1989 beschlossen die Staats- und Regierungschefs die Umsetzung der ersten Stufe zum 1. Juli 1990.

Die Realisierung der Wirtschafts- und Währungsunion wurde somit *vor* der deutschen Wiedervereinigung konkret in Angriff genommen, war jedoch über die erste Stufe hinaus keineswegs bereits vollständig beschlossen und gesichert. Den noch zu beschließenden Maßnahmen, insbesondere der Währungsunion, verlieh die deutsche Wiedervereinigung dann einen entscheidenden Impuls. Denn nun zielte das französische Interesse ganz auf eine nachhaltige Einbindung des vereinten Deutschland und im Besonderen auf die Beschneidung des in den achtziger Jahren überragenden Einflusses der hart stabilitätsorientierten Bundesbank durch eine europäische Währungspolitik, mit der die faktisch zur europäischen Leitwährung gewordene D-Mark eingebunden und kontrolliert werden könnte. {Deutsche Einheit und europäische Integration}

Dem standen auf britischer Seite Befürchtungen wegen der damit verbundenen Übertragung von Souveränitätsrechten und auf bundesdeutscher Seite Bedenken im Hinblick auf die Stabilität einer Gemeinschaftswährung gegenüber. Die Bundesregierung setzte auf wirtschaftliche Angleichung als Grundlage einer erst dann zu realisierenden Währungsunion. Zudem räumte sie der politischen Integration Vorrang ein, zielte auf eine Stärkung des Europäischen Parlaments und war allgemein eher bundesstaatlich orientiert als Frankreich, das einen Staatenbund anstrebte. Währungspolitik und europäische Institutionen markierten zusammen mit dem Agrarmarkt – aufgrund des stärkeren französischen Interesses an der Subventionierung der eigenen Landwirtschaft – die zentralen Felder tiefgreifender deutsch-französischer Interessengegensätze, in spezifischer Verbindung jedoch mit kontinuierlicher Kooperation und Kompromiss, mit dem insbesondere die Regierung Kohl dem westlichen Nachbarn und den europäischen Partnern die deutsche Einheit erträglich zu machen wusste.

So kam im Februar 1992 der Vertrag von Maastricht zustande, mit dem die Europäische Gemeinschaft in die Europäische Union überging. Der Vertrag ruhte auf den so genannten „drei Säulen": die erste Säule der Wirtschafts- und Währungspolitik bedeutete eine Stärkung der gemeinschaftlichen Elemente; in Form von harten Stabilitätskriterien und einer unabhängigen Europäischen Zentralbank konnte die Bundesregierung dafür, dass Deutschland die D-Mark aufgab, ihre stabilitätsorientierten geldpolitischen Anforderungen an die Gemeinschaftswährung durchsetzen. Nicht durchsetzen konnte sie sich im Hinblick auf die Politische Union; die zweite Säule (Gemeinsame Außen- und Sicherheitspolitik) und die dritte (Justiz und Inneres) ruhten auf dem Fundament der Regierungszusammenarbeit. {Vertrag von Maastricht}

Die Europäische Union war nicht der – auch von Bonn ursprünglich angestrebte – Bundesstaat, zugleich aber war sie mehr als der – von Paris favorisierte – Staatenbund. Das Bundesverfassungsgericht bezeichnete sie 1993 als „Staatenverbund"; dahingestellt sei, ob sie wirklich eine „politische Organisationsform {Europäische Union} des nachstaatlichen Zeitalters" [W. REINHARD, Geschichte der Staatsgewalt. München 1999, S. 534] darstellte – jedenfalls bedeutete sie aus der Sicht der Nationalstaaten eine Auflösung tragender Elemente tradierter Staatlichkeit.

3. TECHNOLOGIE: MIKROELEKTRONIK UND MASSENKOMMUNIKATION

Die Zeit nach 1945 war in allen Industriestaaten vom Vordringen der Technik in die verschiedensten Lebensbereiche geprägt. Etliche Neuerungen hatten sich bereits in den unmittelbaren Nachkriegsjahrzehnten etabliert und erfuhren seit den siebziger Jahren eine expansive Weiterentwicklung in den angelegten Bahnen. In diese Kategorie fielen etwa Fernsehen und Telefon, Haushaltselektrogeräte wie Kühlschrank und Waschmaschine, Kunststoffe oder auch die Motorisierung.

Verkehr   Neben dem Luftverkehr nahmen vor allem Individualverkehr und Massenmotorisierung auf der Basis des Automobils quantitativ erheblich zu: nach 8 Mio. im Jahr 1960 stieg die Zahl der Kraftfahrzeuge in Westdeutschland über 16,8 Mio. im Jahr 1970 auf 35,7 Mio. im Jahr 1990 an, wobei spürbare Einbrüche im Gefolge der Energiekrisen nach 1973 und 1979 zu verzeichnen waren. Insbesondere seit 1973/74 stand die Entwicklung, begleitet vom Abbruch der Straßenbaueuphorie der sechziger Jahre, im Zeichen staatlicher Reglementierung und der Reduzierung von Kraftstoffverbrauch und Schadstoffemissionen. Dafür sind neben energiewirtschaftlichen Aspekten auch genuin umweltpolitische Gründe anzuführen, zählten doch das Auto und allgemein der Verkehr zu den größten Produzenten von Umweltbelastungen.

Umwelt   Umweltprobleme, kristallisiert in Wasserverschmutzung und „Waldsterben", avancierten in den siebziger Jahren zu einem neuen zentralen Thema der gesellschaftspolitischen Diskussion im Zeichen von Überlebensthemen. Alte Probleme traten in neuer Quantität und zugleich Qualität auf: toxische Bodenbelastungen durch viele chemische Substanzen, verursacht durch Landwirtschaft, Militär, Deponien und Fabriken, und die Emission von Luftschadstoffen, verursacht durch die Nutzung fossiler Brennstoffe sowie durch halogenierte Kohlenwasserstoffe (v.a. künstlich hergestellte Treibgase, die einen seit der Mitte der achtziger Jahre erkannten Rückgang der Ozonkonzentration in der Stratosphäre bewirkten). Gesetzgeberische Maßnahmen auf dem neu erschlossenen Feld der Umweltpolitik (etwa Feuerungsverordnungen oder die Vorschrift des Dreiwege-Katalysators für Kraftfahrzeuge seit 1985) blieben nicht ohne Wirkung; jedenfalls traten die in den siebziger Jahren befürchteten Szenarien einer ökologischen Katastrophe vorderhand nicht ein.

Energie   Die Umweltpolitik stand in engem Zusammenhang mit dem allgemeinen Problem der Energieversorgung. Die noch in den fünfziger Jahren unangefochten dominierende Kohle wurde als Energieträger seit dem Ende dieses Jahrzehnts hart vom preiswerten Brennstoff Öl bedrängt. Die erste Ölkrise 1973 machte aber schlagartig die Abhängigkeit von den Lieferanten deutlich, was zusammen mit der Einsicht in die Begrenztheit vorhandener Ressourcen die Suche nach alternativen Energieträgern erforderlich machte. Zunächst richteten sich die – in den fünfziger Jahren geradezu euphorischen – Hoffnungen auf die selbst produzierbare und unerschöpfliche, preiswerte und „saubere" Atomenergie, wobei sich seit den späteren sechziger Jahren der Druckwasser-Reaktor gegenüber anderen Kraftwerkstypen durchgesetzt hatte. Diese Art der Energiegewinnung war jedoch mit dem Risiko krebserregender Radioaktivität, der Entstehung und dem Problem der Lagerung extrem langlebiger Spaltprodukte sowie der Gefahr der mangelnden Steuerbarkeit der Kettenreaktion behaftet, wofür der Begriff des „GAU" (größter anzunehmender Unfall) Eingang in den allgemeinen Sprachgebrauch fand. Angesichts verschiedener Störfalle wie 1979 im amerikanischen Harrisburg rückte die Kernenergie in der Bundesrepublik Ende der siebziger Jahre in das Zentrum polarisierter gesellschaftspolitischer Auseinandersetzungen. Der katastrophale Unfall im ukrainischen Tschernobyl am 26. April 1986, der sich aus einem Sicherheitsexperiment heraus ereignete und zur Zerstörung des Reaktorgebäudes sowie zur massiven Freisetzung von Radioaktivität führte, geschah zwar an einem ganz anderen Bautyp als den westlichen Druckwasser-Reaktoren, bedeutete aber doch „wohl die endgültige Wende in der Akzeptanz der Kerntechnik in der breiten Öffentlichkeit" [830: KAISER, S. 320].

Bereits in den siebziger Jahren hatte die Kerntechnik die Vorreiterrolle in der Entwicklung der Hochtechnologie vor allem an die Mikroelektronik in der Verarbeitung codierter Informationen mittels selbsttätiger programmgesteuerter Maschinen (Computer) abtreten müssen. Von „Mikroelektronik" ist seit der Erfindung des „Chip" – integrierten Schaltungen auf kleinen Reinst-Silicium-Kristallen – in den sechziger Jahren die Rede. Die stürmische Entwicklung der Leistungsfähigkeit und der Verkleinerung der Geräte ermöglichte hohe Arbeitsgeschwindigkeiten und -kapazitäten sowie Präzision in Informationsverarbeitung, Datenspeicherung, Steuerung und Regelung, zudem die Darstellung hochkomplexer Funktionen, und dies bei kleinstem Raumbedarf, geringem Energieverbrauch und ständig fallenden Kosten. Die Entwicklung des ersten Mikroprozessors 1969 führte zum individuell verfügbaren Personal Computer (PC), der neben der Arbeitswelt, vor allem im Büro, seit den achtziger Jahren auch in zunehmendem Maße den Alltag prägte, bevor er in den neunziger Jahren mit vielfältigen Programmen, E-Mail und Internet eine nochmalige erhebliche Nutzungsausweitung erlebte.

Mikroelektronik

Anwendung fand die Mikroelektronik in einer Fülle von Gebieten, über die sie in die verschiedensten Lebensbereiche eindrang: in der Daten-, Text- und Bildverarbeitung, in der Mess-, Steuerungs- und Regelungstechnik und somit in industriellen Produktionsprozessen ebenso wie in den Produkten selbst, in der Rüstungs-, Verkehrs- und Nachrichtentechnik, in Zahlungsverkehr, Unterhaltungselektronik und Haushaltsgeräten und nicht zuletzt in der Medizintechnik.

Hier eröffnete sie neue Möglichkeiten in Diagnose und Therapie, etwa durch Röntgen- bzw. Kernspin-Computer-Tomograph, Ultraschall-Sonograph, Hör-

Medizintechnik

gerät oder Herzschrittmacher. Bedeutsam war für die Medizintechnik darüber hinaus die Entwicklung neuer, hochwirksamer Medikamente etwa gegen Herz-Kreislauf-Erkrankungen (die vor Krebs häufigste Todesursache) oder auch in Form von Psychopharmaka. Hinzu kam die Gentechnik: nachdem bereits 1953 die Struktur der die Erbinformationen tragenden Desoxyribonukleinsäure (DNA) entdeckt worden war, wurden seit 1973 Methoden zu ihrer gezielten Veränderung entwickelt, was sich in der pharmazeutisch-technischen Anwendung etwa in synthetischem Insulin oder dem Impfstoff gegen Hepatitis B niederschlug. Zugleich brachte die Gentechnik ethisch umstrittene Potenziale tief reichender Eingriffe in das Verhältnis zur Natur mit sich (gentechnische Manipulation von Pflanzen und Tieren sowie schließlich Menschen).

Mikroelektronik und industrieller Produktionswandel

Während sich seit den siebziger Jahren ein hochtechnologischer Wechselwirkungsprozess von Mikroelektronik und Datenverarbeitung etablierte, durchdrang die Miktroelektronik auch die industrielle Produktion und Distribution. Eine neue Form der Automatisierung (nach dem Taylorismus) und der Flexibilisierung im Präzisionsbereich betraf vor allem Konstruktion und Fertigungstechnik, die Steuerung von Werkzeugmaschinen und die Führung komplexer industrieller Prozesse. Effektivitäts- und Produktivitätsfortschritte gingen in den achtziger Jahren vor allem vom japanischem Produktionsmanagement, etwa in der Automobilindustrie, aus.

Die enge Verbindung von Technologie und Ökonomie zeigte sich insbesondere in den Auswirkungen dieses Produktionswandels auf Arbeitswelt und Gesellschaft: einerseits wurden Arbeitskräfte vor allem im Bereich standardisierter Tätigkeiten – manuelle Arbeiten, aber auch Datenverarbeitung – durch Automatisierung und Rationalisierung überflüssig, andererseits entstand zunehmender Bedarf an Fachleuten für Bedienung, Steuerung und Wartung mikroelektronischer Geräte. Per saldo bedeutete dies einen quantitativen Verlust an Arbeitsplätzen durch die neuen Technologien und zugleich einen Beitrag zur Umschichtung der Beschäftigtenstruktur zugunsten spezialisierter Dienstleistungen auf Kosten einfacher, insbesondere manueller Tätigkeiten.

Massenmedien

Ausgehend von der Entwicklung in der Mikroelektronik verschmolzen seit den siebziger Jahren Informations- und Kommunikationstechniken, insbesondere im Bereich der Massenmedien mit ihrer Kommunikation nach dem Prinzip „einer an viele". Substanzielle Veränderungen fanden in den siebziger und achtziger Jahren weniger im Bereich der Druckerzeugnisse (sehr wohl allerdings hinsichtlich ihrer computerisierten Herstellung) als vor allem im Bereich elektronischer, audiovisueller Medien statt. Neben der CD- und Videotechnik für Speicherung und Wiedergabe von Bild und Ton wurden insbesondere neue Übertragungstechniken via Kabel und Satellit entwickelt. Die Verfügbarkeit dieser neuen Techniken war ein Grund für die Einführung des „dualen Systems" 1984, die Erweiterung des öffentlich rechtlichen Rundfunksystems (Radio und Fernsehen) um private Anbieter. Hinzu kamen politische Gründe: die Klage der Unionsparteien über Benachteiligungen durch den öffentlich-rechtlichen Rundfunk in den siebziger Jahren und die Hoffnung auf einen Ausgleich durch mehr Programmvielfalt. Die tatsächliche Depolitisierung des Rundfunks stand dann allerdings unter einem anderen dominierenden Vorzeichen: der Kommerzialisierung durch Orientierung an Markt und betriebswirtschaftlichen Kriterien sowohl der privaten als auch der öffentlich-rechtlichen Anstalten. Eine breite Ausstattung der Privathaushalte samt Nachfrage führte zu einem Anstieg der Fernsehnutzung seit 1985 und machte die Medienindustrie zur Boombranche der folgenden Jahre. Diese waren von einer Medialisierung des gesamten Alltags und der Lebenswelt, nicht zuletzt grundlegender Wahrnehmungsformen und -gewohnheiten durch die eigene Realitätsebene von Rechnern und Rundfunk geprägt.

4. Ökonomie: Tertiarisierung und Globalisierung

Den Erfahrungshintergrund der wirtschaftlichen Entwicklung in den siebziger und achtziger Jahren bildete die historische Ausnahme des westdeutschen ‚Wirtschaftswunders' im Rahmen des außergewöhnlich lang anhaltenden westeuropäischen ‚Booms' der fünfziger und sechziger Jahre: exzeptionelle Wachstumsraten teils deutlich über 10%, hohe Einkommenszuwächse und die erhebliche Vermehrung privaten Konsums bei moderaten Inflationsraten und Vollbeschäftigung (eine höhere Zahl offener Stellen als Arbeitsloser) in den sechziger Jahren. Zu den günstigen Rahmenbedingungen dieses Prozesses gehörte die stabile Währungsordnung des 1944 in Bretton Woods etablierten Systems fester Wechselkurse auf der Grundlage des Gold-Dollar-Standards, in dem die D-Mark exportfördernd unterbewertet war. Im Zuge dieser Entwicklung kam auch die Deagrarisierung der Beschäftigtenstruktur, begleitet von einer Aufsaugung des traditionellen familienwirtschaftlichen Sektors, zu einem weitgehenden Abschluss.

Der ‚Boom' der fünfziger und sechziger Jahre

Die zunehmende Massenprosperität stand in engem Zusammenhang mit der Wirtschaftsordnung der ‚sozialen Marktwirtschaft', dem so genannten ‚rheinischen Modell des Kapitalismus': im Unterschied zur überragenden Bedeutung der Börse und des Anteilseigners mit kurzfristigem Gewinnhorizont insbesondere in den USA spielten in der Bundesrepublik die Banken eine zentrale Rolle für die Geldversorgung der Unternehmen, so dass eher der langfristige Erfolg im Vordergrund stand. Insbesondere in den Augen anglo-amerikanischer Beobachter zeichnete sich die bundesdeutsche Wirtschaftskultur durch ein im internationalen Vergleich besonders hohes Maß an „Vorsicht und langfristigem Denken" bei „exzessiver Scheu gegenüber Risiko und Innovation" aus [276: BARK/GRESS, S. 784, nach 613: ALBERT]. Die ‚soziale Marktwirtschaft' setzte auf eine staatliche Ordnungskomponente ohne gesellschaftssteuernden Interventionismus zur Korrektur negativer Auswirkungen des Marktes. Diese immer schwierige Balance galt indes in den siebziger und achtziger Jahren als so gelungen, dass weithin vom sozial konsensualen „Modell Deutschland" die Rede war.

Soziale Marktwirtschaft und ‚rheinischer Kapitalismus'

Vor diesem Hintergrund sind in den siebziger und achtziger Jahren fünf zentrale Entwicklungen zu sehen: der gesamtwirtschaftliche Strukturwandel der „Tertiarisierung", Probleme der Weltwährungsordnung, die konjunkturelle Entwicklung, Internationalisierung und „Globalisierung" sowie schließlich zunehmende Strukturprobleme der deutschen Wirtschaftsordnung.

<small>Tertiarisierung</small>
1973 lag die Anzahl der im tertiären Sektor (Handel, Transport-, Verkehrs- und Kommunikationswesen, Banken und Versicherungen sowie der gesamte Bereich der staatlichen Dienstleistungen) Beschäftigten erstmals und von dort an dauerhaft über der Anzahl der im produzierenden Gewerbe unter Einschluss von Energiewirtschaft, Bergbau und Bauindustrie (sekundärer Sektor) Beschäftigten. Dahinter stand eine Zunahme des Anteils von Dienstleistungen im Sinne der Produktion immaterieller Güter an der Gesamtwirtschaft und somit ein gesamtwirtschaftlicher Strukturwandel. Dieser ging allerdings nicht so sehr von konsumorientierten Dienstleistungen aus, die auf Endnachfrage zielen, sondern mehr von produktions- und unternehmensbezogenen Dienstleistungen. Das Charakteristikum dieses Prozesses lag also nicht in einer De-Industrialisierung zugunsten der Dominanz davon unabhängiger Dienstleistungen, sondern in einer engen Verbindung von Tertiarisierung und sekundärem Sektor, im Zusammenwachsen von Produktionszweigen aus Industrie und Dienstleistungen zu einem neuen Schlüsselsektor. Insofern brachte der Strukturwandel nicht eine „Dienstleistungsgesellschaft" hervor, die durch den Vorrang von nichtindustriellen Dienstleistungen als Endprodukt gekennzeichnet wäre, sondern vielmehr eine industrielle Dienstleistungswirtschaft. Da dieser Wandel mit dem Rückgang einfacher manueller Tätigkeiten und der Zunahme spezialisierter Dienstleistungen massiv auf die Beschäftigtenstruktur und somit auf die gesamte Sozialstruktur durchschlug, lässt sich, ausgeweitet vom Ökonomischen auf die Gesellschaft, von einer „tertiarisierten Industriegesellschaft" sprechen.

<small>Probleme der Weltwährungsordnung</small>

<small>Zusammenbruch des Systems fester Wechselkurse</small>

Zu Beginn der siebziger Jahre gerieten die westlichen Industriestaaten in schwere weltwirtschafts- und -währungspolitische Turbulenzen. Waren die fünfziger und sechziger Jahre von einer chronisch unterbewerteten Deutschen Mark und einem überbewerteten Dollar im Bretton-Woods-System fester Wechselkurse geprägt gewesen, erschütterte 1971 das Zahlungsbilanzdefizit der USA das Vertrauen in den Dollar. In der Folge flossen erhebliche Spekulationsgelder in die Bundesrepublik und schürten dort die Inflation. Am 10. Mai 1971 wurde der Wechselkurs der D-Mark im deutschen Alleingang freigegeben. Als Präsident Nixon am 15. August unilateral die Umtauschverpflichtung des Dollars in Gold aufhob, da die Westeuropäer nicht zu weiteren Anpassungen ihrer Währungen bereit waren, und zugleich eine Importsteuer verhängte, waren die Spannungen zwischen den USA und Westeuropa offensichtlich.

Da ganz freie Wechselkurse unerwünscht waren, weil sie für kleinere, offene Volkswirtschaften mit hohen Kosten verbunden sind, jedoch verschiedene Regulierungsversuche wie das „Smithsonian Agreement" und die europäische „Währungsschlange" letztlich wirkungslos blieben, vielmehr 1973 neuerliche schwere Währungskrisen ausbrachen, gingen die Westeuropäer im März 1973 (mit Ausnahme von Italien, Großbritannien und Irland) zum „Block-Floating" über – der Freigabe der Wechselkurse gegenüber dem Dollar unter Beibehaltung von Paritäten zwischen den europäischen Währungen.

Der Zusammenbruch des Bretton-Woods-Systems bedeutete einen „Sprung ins Ungewisse". Zeitweiligen Erleichterungen durch die Lösung von der starren Bindung an den Dollar standen langfristig größere Instabilitäten und Turbulenzen gegenüber, die ihre Rückwirkungen auf die nationalen Volkswirtschaften nicht verfehlten und die Europäer veranlassten, „Bretton Woods für einen regionalen Rahmen neu zu konstruieren" [642: JAMES, S. 175].

Die zu diesem Zeitpunkt neun Staaten der Europäischen Gemeinschaft schlossen 1979 mit dem Europäischen Währungssystem einen Verbund ihrer Währungen, um deren Wechselkurse – mit Ausnahmen für Großbritannien und Italien – mit Hilfe von Interventionsverpflichtungen der Notenbanken und Beistandsgarantien innerhalb einer Schwankungsbreite von 2,25% zu halten; das EWS war somit faktisch die Grundlage für die seit den späteren achtziger Jahren anvisierte Währungsunion. Innerhalb des EWS übernahm die D-Mark die Funktion der Leitwährung und die Bundesrepublik die Rolle des Hartwährungslandes. Ihre Stabilitätserfolge nach innen und nach außen trugen ihr wiederum eigene Schwierigkeiten in den von erheblichen weltwirtschaftlichen Ungleichgewichten geprägten achtziger Jahren ein.

<small>Europäisches Währungssystem</small>

Hohe Zinsen gegenüber Entwicklungsprogrammen, die auf rapides Wachstum und niedrige Zinsen bauten, zudem sinkende Rohstoff- und Agrarpreise im Gefolge der Rezession der frühen achtziger Jahre führten die Dritte Welt in die Schuldenkrise der achtziger Jahre. Diese Entwicklung war nicht ohne Zusammenhang mit der US-amerikanischen Politik der Steuersenkungen und extremen Haushaltsdefizite bei restriktiver Geldpolitik der Zentralbank. Der wechselhafte Kurs des Dollar setzte, nach seiner langanhaltenden Schwäche in den siebziger Jahren, Anfang 1980 zu einem fünfjährigen Höhenflug an, der im Februar 1985 in einen scharfen Abfall umschlug. Versuche eines international koordinierten Wechselkursinterventionismus (Plaza-Abkommen 1985, Louvre-Accord 1987) blieben weitgehend wirkungslos. Vielmehr trugen wirtschafts- und währungspolitische Uneinigkeiten – konkret die Beschwerde des amerikanischen Finanzministers über die deutsche Hochzinspolitik und seine Ankündigung, den Außenwert des Dollar weiter verfallen zu lassen – in erheblichem Maße zum Crash der nach langen und kaum unterbrochenen Kursanstiegen ohnehin nervösen Börsen am 19. Oktober 1987 bei.

<small>1980er: Weltwirtschaftliche Ungleichgewichte</small>

Die Bundesrepublik sah sich als Außenhandelsüberschussland mit der amerikanisch-britisch-französischen Forderung konfrontiert, wachstumsfördernde, konsumbelebende Maßnahmen zu ergreifen, um die Konjunktur als „Lokomotive" anzuziehen. Dass sie somit zugleich die Inflation befördert hätte, stand im scharfen Widerspruch zur Stabilitätspolitik von Bundesbank und Bundesregierung, die sich dem Druck in den achtziger Jahren indes nicht beugten.

Konjunkturelle Entwicklung

Die erste Konjunkturkrise in der Geschichte der Bundesrepublik 1966/67 war zwar vergleichsweise moderat im Ausmaß und bald bewältigt. Doch kündigte sie die Rückkehr der schon überwunden geglaubten Krisenzyklen an. Dies bewahrheitete sich 1973, als, nach Jahren abermaliger Hochkonjunktur, die Ölkrise einen schweren Einbruch mit sich brachte, der zugleich mit einer weit darüber hinausreichenden volkswirtschaftlichen Zäsur und einem strukturellen Umschlag verbunden war. Hochkonjunktur und Vollbeschäftigung sowie preiswerte Energieversorgung waren am Ende, die neue Zeit geprägt von neuartigen Strukturproblemen: Stagflation – niedrigen oder gar negativen Wachstumsraten bei Inflation –, wachsender Arbeitslosigkeit und Staatsverschuldung.

Zäsur 1973

Einer konjunkturellen Erholung zwischen 1976 und 1979 folgte 1981/82 im Gefolge des zweiten Ölpreisschocks von 1979 und im Rahmen eines weltweiten Abschwungs die dritte und bis dahin schwerste Rezession der bundesdeutschen Geschichte mit einer hohen Zahl von Insolvenzen und einem drastischen Anstieg der Arbeitslosenzahlen auf über zwei Millionen. 1982 begann dann eine langanhaltende Aufschwungphase, die bis 1987 mit stetigem, aber nicht sehr hohem Wachstum bei gebändigter Inflation, gesenkter Staatsquote und staatlicher Neuverschuldung eher moderat ausfiel. Seit 1988 folgten Jahre des beschleunigten Wachstums und Wohlstands, die entgegen dem rezessiven internationalen Trend in den „Vereinigungsboom" der frühen neunziger Jahre übergingen, von dem die wirtschaftliche Entwicklung dann aber umso tiefer abstürzte.

Als dauerhaftes Problem entpuppte sich die seit 1974 wieder zu verzeichnende Arbeitslosigkeit, die in den achtziger Jahren trotz steigender Beschäftigtenzahlen weder durch Wachstum noch durch die demographische Entwicklung substanziell abnahm; allein am Ende der achtziger Jahre schien sich eine Trendumkehr anzubahnen, die aber im Gefolge der Wiedervereinigung keinen Bestand hatte. Diese Entwicklung war eingebettet in die Grundströmungen ökonomischen (Rationalisierung v.a. einfacher Tätigkeiten) und gesellschaftlichen Strukturwandels (zunehmende Nachfrage von Frauen nach Berufstätigkeit im Zusammenhang des Wandels der Geschlechterverhältnisse und Familienstrukturen).

Internationalisierung und Globalisierung

In die achtziger Jahre fällt ein weiterer ökonomischer Strukturwandel, der mit den Begriffen „Internationalisierung" bzw. – seit den neunziger Jahren – „Globalisierung" belegt wird. Zwar sind internationale Vernetzung und Verflechtung keineswegs ein neuartiges Phänomen des ausgehenden 20. Jahrhunderts. Und doch ist evident, dass ökonomische, kommunikative und gesellschaftlich-kulturelle Entwicklungen in einer neuen Dimension und – da Zunahme von Quantität ab einem gewissen Maße eine Veränderung der Qualität bedeutet – in substanziell neuer Qualität Grenzen überstiegen und die Welt umspannten. Das gilt von den Waren- und Finanzströmen und Produktionsprozessen, dem erheblich verstärkten internationalen Konkurrenzdruck und der zunehmenden Bedeutung aus nationalen Bindungen gelöster transnationaler Unternehmen über neuartige Kommunikationsmöglichkeiten, Nachrichtenverbreitung und Verkehrsformen und die vielfältige Mobilität einer zunehmenden Zahl von Menschen bis hin zur

Verbreitung und zum Transfer von Massenkulturen. Von zentraler Bedeutung war dabei die Liberalisierung und Vernetzung der Finanzmärkte, insbesondere der Wertpapiermärkte, durch den Abbau von Handelsschranken und die Einführung neuer Finanzinstrumente in den 80er Jahren, die zu einer erheblichen Zunahme schließlich unbegrenzter Kapitalmobilität führte.

Anhand des in diesem Zusammenhang vordringenden Unternehmenskonzepts des „shareholder value", der Dominanz der eher kurzfristigen Gewinninteressen des Anteilseigners gegenüber langfristigen Unternehmenszielen, offenbarte sich: „Die Globalisierungsdebatte erschütterte das ‚deutsche Modell'" [661: SCHRÖTER, S. 416]. Bereits zeitgenössisch wurden kritische Stimmen über die bundesdeutsche Entwicklung in den achtziger Jahren laut, die sich vor dem Hintergrund krisenhafter Erfahrungen in den neunziger Jahren verstärkten. Langfristig orientiertes Denken barg die Gefahr der Unbeweglichkeit und Schwäche gegenüber temporeicher Veränderung, der sozial konsensuale deutsche Korporatismus trug den Keim von Überregulierung und mangelnder Flexibilität, Subventionierungen notleidender Branchen zur sozialen Abfederung des Strukturwandels wie im Falle des Ruhrbergbaus gerieten zunehmend als unproduktive Staatsausgaben in die Kritik. Bereits in den achtziger Jahren wurden versäumte Anpassungen an den weltwirtschaftlichen Strukturwandel durch Deregulierungen und Flexibilisierungen moniert: ein starrer Arbeitsmarkt, kostspielige Arbeitszeitverkürzungen, hohe Lohnkosten durch zu geringe Differenzierung der Löhne im Niedriglohnsektor und vor allem durch Sozialabgaben. Von den hohen Kosten des Sozialstaats war es nur ein Schritt zu seiner Krise.

Strukturprobleme der bundesdeutschen Wirtschaft

5. STAAT – WIRTSCHAFT – GESELLSCHAFT: KORPORATISMUS UND SOZIALSTAAT

Im Verhältnis zwischen Staat und Gesellschaft im klassischen Sinne, d.h. unter Einschluss der Wirtschaft, fand in der Geschichte der Bundesrepublik ein grundlegender Wandel der Funktion des Staates statt: von einer Autorität eigenen Rechts oberhalb der gesellschaftlichen Einzelinteressen ebenso wie vom liberalen Rechtsstaat hin zu einer aktiven Aushandlungs- und Vermittlungsagentur zwischen gesellschaftlichen Gruppen und Interessen. Dieser Wandel ging einher mit dem weiteren Ausbau des Staates zum sozialinterventionistischen Wohlfahrtsstaat, dessen Aufgabe nicht mehr nur in der individuellen Grund- und Risikoabsicherung lag, sondern in umfassender Daseinsvorsorge und -gewährleistung.

Diese enge Verbindung von Staat und Sozialwesen schlug sich hauptsächlich in den Phänomenen des Sozialstaats und des Korporatismus nieder. Unter Korporatismus wird die wirtschafts- und sozialpolitische Entscheidungsfindung und Administration im Zusammenwirken von Staat, Parteien und gesellschaftlichen Großverbänden verstanden. Der Staat kann daran auf verschiedene Weise und in verschiedener Intensität beteiligt sein: in der moderierenden Form der

Korporatismus

Vermittlung zwischen gesellschaftlichen Gruppen wie im Falle der Konzertierten Aktion zwischen den Tarifpartnern bzw. den organisierten zentralen Kräften des Arbeitslebens. Stärker regulierende Funktion nimmt der Staat im Bereich der Sozialversicherungen, insbesondere im Renten- und Gesundheitswesen wahr, in dem die administrative Organisation in die Zuständigkeit der Versicherungsträger fällt. Materielle staatliche Umverteilung findet schließlich im Bereich der (allerdings vorrangig auf die europäische Ebene verlagerten) Agrarpolitik sowie durch Zuschüsse an Sozialleistungs- und Sozialversicherungsträger, namentlich die Bundesanstalt für Arbeit, durch Subventionen und durch direkte Sozialleistungen (von Kinder- und Erziehungsgeld über Sozialhilfe bis zu verschiedenen Formen von Steuerverzicht) statt.

<small>Arbeitsbeziehungen</small> Die Arbeitsbeziehungen in der Bundesrepublik waren grundsätzlich von „Konfliktpartnerschaft" (W. Müller-Jentsch) zwischen den Tarifparteien getragen, die zwar schwere Auseinandersetzungen nicht ausschloss, deren grundlegender sozialer Konsens sich aber an einer vergleichsweise geringen Zahl von Streiks ablesen lässt.

Die traditionell der SPD eng verbundenen Gewerkschaften gewannen mit der Regierungsübernahme durch die sozial-liberale Koalition an Einfluss, mit der sie Hoffnungen und Einwirkungen in Richtung einer arbeitnehmerorientierten Wirtschafts- und Sozialpolitik verbanden. Dies galt nicht zuletzt für die gesetzlich neu zu regelnde Unternehmensmitbestimmung, über die sie harte Auseinandersetzungen mit den Arbeitgeberorganisationen zu führen hatten. Enttäuscht über den 1976 gefundenen gesetzlichen Kompromiss, der den Gewerkschaften nicht die ersehnte paritätische Mitbestimmung brachte, zudem herausgefordert durch die Klage der mit dem Gesetz ihrerseits unzufriedenen Arbeitgeber beim Bundesverfassungsgericht im Juni 1977, zogen sich die Gewerkschaften aus der Konzertierten Aktion zurück, in die Ende der sechziger Jahre besondere Hoffnungen auf konsensuale Regulierungen des Arbeitslebens gesetzt worden waren. Durch das Schwinden der materiellen Verteilungsmasse seit 1973 gerieten die Gewerkschaften obendrein in die Defensive, in der sie sich noch mehr nach dem Regierungswechsel von 1982 befanden. Die Auseinandersetzung der Regierung Kohl mit den Gewerkschaften um den § 116 des Arbeitsförderungsgesetzes – die Unterstützungsverpflichtung der Bundesanstalt für Arbeit für in Folge von Streiks arbeitslos Gewordene – im Jahr 1986 blieb unterdessen die einzige konkrete Konfrontation der Regierung mit den Gewerkschaften und war weder in diesem Fall noch erst recht im Gesamten vergleichbar mit der Härte, mit der insbesondere in Großbritannien die Auseinandersetzung zwischen der Regierung Thatcher und den Gewerkschaften geführt wurde. Die Arbeitsbeziehungen in der Bundesrepublik blieben geprägt von sozialem Grundkonsens, zu dem dann auch die günstige konjunkturelle Entwicklung am Ende der achtziger Jahre beitrug. Ein ungelöstes Problem blieb unterdessen die nicht substanziell zurückgehende Arbeitslosigkeit. Zugleich entwickelte sich die bundesdeutsche „Arbeitsgesellschaft" – nicht zuletzt angesichts der Deagrarisierung samt dem Verschwinden des familienwirtschaftlichen Sektors, dem Rückgang des Kleingewerbes und allgemein des Anteils der Selbstständigen an den Beschäftigten bis zum Beginn der siebziger Jahre – hin zu einer „Gesellschaft der abhängig Erwerbstätigen" [H. F. ZACHER in 592, S. 537], in der abhängige Erwerbsarbeit als Normalarbeitsverhältnis definiert und zur zentralen Bezugsgröße für den Sozialstaat wurde.

Die Entwicklung der Nachkriegszeit bekräftigte das deutsche Sozialversicherungsprinzip, d. h. die Finanzierung des Sozialstaats aus lohnbezogenen Beiträgen bei beitragsabhängigen Leistungsansprüchen, im Gegensatz zum steuerfinanzierten Wohlfahrtsstaat mit einheitlichen Leistungen nach britischem oder skandinavischem Muster und im Unterschied auch zu Ländern mit geringer Grundsicherung wie der Schweiz oder den USA. Denn neben dieser Bindung der sozialen Sicherung an den Faktor Arbeit war die bundesdeutsche Entwicklung des Sozialstaats durch seinen langfristigen substanziellen Ausbau gekennzeichnet, durch den Übergang von der Überlebenshilfe zur Status-quo-Sicherung, in den frühen siebziger Jahren sogar zur aktiven Sozialplanung. Die Ausweitung des gesicherten Personenkreises, der gesicherten Risikotatbestände, der Leistungen und der sozialstaatlichen Institutionen machte, trotz temporärer Rücknahmen und Einschränkungen, die Grundtendenz der bundesdeutschen Sozialstaatsentwickung aus. Sozialpolitik zielte daher nicht mehr nur auf den Not- und Ausnahmefall, sondern auch auf den Normalfall und rückte „aus einer Randlage in das Zentrum des Wirtschafts- und Gesellschaftsprozesses" [H. G. HOCKERTS in 285, S. 35]. In diesem Zusammenhang ist zugleich eine „Verselbstständigung der Sozialpolitik gegenüber den sozialen Problemen" [F.-X. KAUFMANN in 592, S. 91] zu beobachten, durch die der Sozialstaat zu einem in Ausmaß, Zusammenhängen und Wechselwirkungen kaum mehr zu überblickenden Umverteilungskomplex anwuchs.

Sozialstaat

Eine zentrale Station in der Geschichte der Bundesrepublik markierte die Rentenreform von 1957, verkörperte sie doch die Grundtendenzen der allgemeinen Entwicklung: die Ausweitung von Leistungen auf der Basis lohnbezogener Beiträge und beitragsbezogener Leistungen, somit die Bindung des Sozialstaats an den Faktor Arbeit und die Konstituierung des Beschäftigungsverhältnisses des abhängigen Arbeitnehmers als zentraler Bezugsgröße. Demgegenüber wurden Selbstständigkeit, Kindererziehung und außerfamiliäre Nichterwerbstätigkeit für die Konstruktion der sozialen Sicherung vernachlässigt. Schließlich fand eine (auch im internationalen Vergleich) starke Konzentration der Umverteilung auf Alters- und Gesundheitssicherung bei vergleichsweise bescheidenen Leistungen für Familien mit Kindern statt, so dass O. VON NELL-BREUNING von einem „System zur Prämierung von Kinderlosigkeit" sprach [zit. nach 318, S. 319]. Solange normierte Arbeitsverhältnisse und Familienstrukturen ihre gesamtgesellschaftliche Verbindlichkeit behielten, waren die Sozialisierung der Alterssicherung bei fortbestehender weitgehender Privatisierung der Kindererziehung sowie Umlageverfahren und Generationenvertrag als Fundamente tragfähig. Seit den sechziger Jahren indes unterspülte der demographische, ökonomische und sozialkulturelle Wandel durch Geburtenrückgang und Alterung, Wandel der Familienstrukturen und Aufweichung lebenslanger Vollzeitbeschäftigung die sozialstaatliche Statik.

Die Lasten hatten nicht zuletzt durch die Sozialpolitik der frühen siebziger Jahre zugenommen, die, unter allseitiger gesellschaftlicher und politischer Beteiligung, den größten sozialpolitischen Expansionsschub der bundesdeutschen Geschichte mit dezidert gesellschaftssteuernden Ambitionen erlebten. In der Rentenreform von 1972 – die durch die Öffnung für Selbstständige zugleich die Beschränkung der staatlichen Alterssicherung auf abhängig Beschäftigte überwand – wurden verschiedenste Wünsche und Konzeptionselemente summiert. Zugleich offenbart dieser Fall die substanzielle Gefahr der Konstruktion: ein Rückgang von Beitragseinnahmen sowie eine Erhöhung von Ausgaben im Falle erhöhter Inanspruchnahmen von Sozialleistungen und somit eine strukturelle „Finanzkrise der Sozialpolitik" [596: M. G. SCHMIDT, S. 98] im Fall einer Rezession oder auch nur rückläufiger Wachstumsraten.

Genau dieser Fall trat 1973 ein und zog 1975 einen Abbruch der sozialstaatlichen Expansion nach sich, ohne indes die entstandenen Folgelasten revidieren zu können. Die Regierung Kohl setzte zunächst die Ausgabenkürzungen und Konsolidierungsmaßnahmen fort, verstärkte sie gar, setzte aber seit den mittleren achtziger Jahren wieder eigene, besonders familienpolitische Akzente. Insbesondere die Anrechnung von Kindererziehungszeiten korrigierte das Prinzip, das ausschließlich Ansprüche anerkannte, die durch aus Erwerbstätigkeit generierte Beiträge entstanden waren, und bedeutete somit eine sozialversicherungsrelevante Anerkennung von Familienarbeit.

Bilanz   Insbesondere für den deutschen Sozialstaat gilt das Diktum von der „Politik des mittleren Weges" [SCHMIDT in: APuZ 8–10 (1990), S. 23], vor allem in den achtziger Jahren im Vergleich zu den marktradikalen anglo-amerikanischen Wegen auf der einen, den wohlfahrtsstaatlichen skandinavischen auf der anderen Seite. Auf der Haben-Seite des deutschen Modells standen gesellschaftliche Integration und politische Stabilität, demgegenüber machten finanzielle Überlastung bei zunehmender Regulierung, Immobilität und Reformunfähigkeit das Debet aus. Verrechtlichung, Ökonomisierung, Professionalisierung und Bürokratisierung wurden schon zeitgenössisch als Charakteristika der Entwicklung benannt, und ihre Pfadabhängigkeit – die festlegende Wirkung einmal getroffener Entscheidungen über Institutionen und Arrangements – erschwerte substanzielle Reformen, die in den achtziger Jahren weitestgehend ausblieben. Vielmehr wurde das sozialstaatliche Modell im Zusammenhang der Wiedervereinigung ungeschmälert auf die neuen Länder übertragen. Was in den achtziger Jahren als „Modell Deutschland" begrüßt worden war, offenbarte am Ende des Jahrhunderts seine Krisenpotenziale.

6. Verfassungsordnung und politisches System: Konstanz und Stabilität

Als staatsgestaltende Verfassungsprinzipien der Bundesrepublik setzte das Grundgesetz die parteienstaatliche parlamentarisch-demokratische Republik, den Rechtsstaat, den Bundesstaat und den Sozialstaat. Im Verlauf ihrer Entwicklung sind grundsätzlich zwei Tendenzen zu beobachten: erstens wuchsen die Zuständigkeitsbereiche und Regelungskompetenzen von Staat und Politik beständig an und führten zu einer zunehmenden Durchdringung von Wirtschaft und Gesellschaft durch Staat und Politik, die zweitens von einer fortschreitenden Durchdringung des Staates durch die Parteien begleitet war.

Grundlagen

Dabei stellten die Staats- und Verfassungsordnung und das politische System *den* Bereich von Stabilität und Kontinuität schlechthin inmitten grundlegender technologischer, ökonomischer und sozialkultureller Wandlungsprozesse dar. Nichts zeigt dies deutlicher als die praktisch unveränderte Übernahme des Grundgesetzes als Verfassung des wiedervereinigten Deutschlands: in dem Moment, da der Provisoriumsvorbehalt des Grundgesetzes tatsächlich wirksam wurde, stand seine Persistenz außer Frage. Die Stabilität der Verfassungsordnung erwies sich weiterhin darin, dass das politische System in der Lage war, die in weiten Teilen fundamentaloppositionellen Protestbewegungen der siebziger Jahre in Form der neuen Partei der Grünen in den Achtzigern zu integrieren. Und schließlich zeugten von Stabilität auch die Langlebigkeit der Bundesregierungen (und Landesregierungen) ebenso wie das Ausbleiben von wirklichen Krisen des politischen Systems bzw. der Verfassungsordnung.

Stabilität der Staats- und Verfassungsordnung

Dabei waren durchaus Verschiebungen zwischen Verfassungsnorm und Verfassungswirklichkeit zu verzeichnen, die zwar mindestens einmal zu einem verfassungsrechtlichen Problem, nicht aber zu einem echten Konflikt führten: Als die Unionsfraktion im April 1972 von dem Verfassungsinstrument des konstruktiven Misstrauensvotums gegen Bundeskanzler Brandt Gebrauch machte, zogen sie öffentliche Kritik auf sich, daß dies dem in Wahlen manifestierten Wählerwillen widerspreche. Schon dieser Umstand deutete auf einen Wandel der politischen Kultur von repräsentativ- bzw. parlamentarisch-demokratischen hin zu stärker plebiszitär-demokratischen Vorstellungen, von Stabilitäts- zu Partizipationsorientierung hin. Zugespitzt stellte sich dieses Problem im Herbst 1982, als der verfassungskonform auf parlamentarischem Wege herbeigeführte Regierungswechsel nach weitgehend einhelliger öffentlicher Meinung dem Votum der Wähler in Form von Neuwahlen unterworfen werden sollte, die dafür notwendige Parlamentsauflösung allerdings ein mit der Verfassung kaum vereinbares Vorgehen erforderte. Unter großen Bedenken gab Bundespräsident Carstens angesichts der allgemeinen Übereinstimmung seine Zustimmung zu diesem Schritt, ohne dass dem grundlegende Veränderungen der parlamentarisch-demokratischen Mechanismen gefolgt wären.

Zwischen 1961 und 1983 entwickelte das bundesdeutsche Parteiensystem seine reinste Ausprägung als Drei-Parteien-System (unter vereinfachter Zählung der Unionsparteien als einer Partei) in der Konstellation eines zweipoligen Systems mit zwei großen Volksparteien unter Zwang zu Koalitionsregierungen mit der FDP als Gravitationszentrum. Die weitest reichende Veränderung des Parteiensystems lag in seiner Transformation zum Vier-Parteien-System durch die Etablierung der Grünen seit 1983, die sich jedoch vor der Wiedervereinigung nicht auf die Regierungsbildung im Bund auswirkte.

Koalitionsdemokratie Stabile Koalitionsregierungen stellten ein weiteres Charakteristikum des bundesdeutschen politischen Systems dar. Zwar pflegten alle drei Bundeskanzler der siebziger und achtziger Jahre einen je eigenen Regierungsstil; Brandt leitete das Kabinett eher diskursiv, Schmidt regierte durch Beherrschung des bürokratischen Apparats und seine Rationalität, Kohl mit besonderem Bedacht auf Partei und Koalition und mit Hilfe einer hierarchieunabhängigen Umgebung persönlicher Vertrauter. Gemeinsam jedoch war allen dreien, einer Koalition vorzustehen und Führungsleistung eher in Form von Koordination und Moderation als aufgrund einsamer Entschlüsse erbringen zu müssen.

Parteien Strukturelle Veränderungen erlebten die Parteien aufgrund der erheblichen Mitgliederzuwächse in der ersten Hälfte der siebziger Jahre, die ihnen der große Zulauf im Zusammenhang der gesellschaftlichen Politisierung, Mobilisierung und Polarisierung nach den Protesten von 1968 und mehr noch im Gefolge des Amtsantritts der sozial-liberalen Regierung bescherte. Zwischen 1969 und 1976 wuchs die Zahl der SPD-Mitglieder von 763 000 um ein Drittel auf über eine Million, die CDU konnte ihren Mitgliederbestand im selben Zeitraum von 353 000 auf 796 000 mehr als verdoppeln und steigerte sich bis 1983 nochmals auf 918 000, und auch die FDP gewann zwischen 1968 und 1980 von 57 000 Mitgliedern noch einmal fast die Hälfte hinzu. In den achtziger Jahren gingen die Mitgliederzahlen aller drei Parteien wieder zurück, blieben jedoch deutlich über dem Stand von 1969.

SPD Der Mitgliederzuwachs veränderte die Sozialstruktur der SPD grundlegend. Jüngere, akademisch gebildete Angehörige bürgerlicher Schichten traten neben die klassische Klientel der gewerkschaftlich gebundenen Arbeiterschaft. Daraus erwuchsen bald innerparteiliche Spannungen, zumal insbesondere die Jungsozialisten mit dezidiert systemverändernden Theorieprogrammen auf die Richtung der Partei einzuwirken suchten, die sich in den sechziger Jahren bewusst pragmatisch orientiert hatte. Sie erlebte in den siebziger Jahren eine Re-Ideologisierung, ohne dass die sozialistischen Vorstellungen des linken Flügels und die Ausrichtung des Arbeiter- und Gewerkschaftsflügels kompatibel gewesen wären. Unvereinbar auseinanderstrebende innerparteiliche Richtungen insbesondere auf dem Feld der Wirtschafts-, Finanz- und Sozialpolitik sowie der Außen- und Sicherheitspolitik trugen erheblich zum Ende der sozial-liberalen Koalition und zum Machtverlust der SPD bei und prägten dann ein Bild innerer Zerrissenheit in der Oppositionszeit nach 1982.

FDP Die FDP hatte sich im Verbund mit der politischen Orientierung hin zur SPD und einer sozial-liberalen Koalition 1969 unter Abspaltung des national-liberalen Flügels programmatisch in eine gesellschaftsliberale Richtung entwickelt. In der zweiten Hälfte der siebziger Jahre wendete sie sich zurück zu einer stärker wirtschaftsliberalen Ausrichtung, die sie in zunehmende Konflikte mit der SPD führte und zum Koalitionswechsel 1982 bewog, der die Partei unter Verlust nun des linksliberalen Flügels an den Rand des politischen Untergangs brachte. In ihrer Funktion als Gegengewicht zu einer der beiden großen Parteien in einer Regierungskoalition konnte sie sich unterdessen behaupten.

Die Union erholte sich lange nicht vom Verlust der Regierungsmacht im Jahr 1969, die bis dahin wie ein ihr zustehendes Recht erschienen war. Erst die deutlich verlorene Bundestagswahl von 1972 beförderte die Einsicht, die Regierungsverantwortung nicht nur kurzfristig verloren zu haben und „eine Strategie für die Opposition" (Kurt Biedenkopf) entwickeln zu müssen. Nach der Wahl Helmut Kohls zum Parteivorsitzenden 1973 begann die Parteiführung der CDU mit einer umfassenden Erneuerung und organisatorischen Modernisierung des Apparats der an Mitgliedern wachsenden Partei. Auch auf programmatischer Ebene suchte sie nun nach einem genuin christdemokratischen Gegenentwurf zur sozial-liberalen Reformpolitik und widmete sich unter der Regie von Generalsekretär Heiner Geißler, über die bisherige Klientel hinaus, der ‚neuen sozialen Frage'. Im Zentrum der Partei etablierte sich der in den siebziger Jahren oft unterschätzte und umstrittene Helmut Kohl, der in den achtziger Jahren zur dominanten Figur in der Union wurde. Nach der Übernahme der Regierungsmacht 1982 geriet die Union unterdessen in den bis zum Ende der achtziger Jahre nicht gelösten Zwiespalt, vorrangig an der Erhaltung der Macht orientierte Kanzlerpartei zu sein oder stärker reformpolitische Ambitionen zu verfolgen. [CDU/CSU]

Das Grundgesetz platzierte die politischen Parteien in ein Spannungsverhältnis zwischen Staat und Gesellschaft. In seiner näheren Ausgestaltung bestimmten ein Urteil des Bundesverfassungsgerichts von 1966 und das darauf folgende Parteiengesetz von 1967, dass Parteien nur zur Erstattung von Wahlkampfkosten öffentliche Mittel erhalten sollten, nicht für den Unterhalt des organisatorischen Apparats und der Personalkosten, die durch Mitgliedsbeiträge und Spenden zu finanzieren waren. Zugleich wurde die steuerliche Begünstigung von Spenden begrenzt, um Großspenden der Wirtschaft einzuschränken. Die Parteien klagten unterdessen in den siebziger Jahren über Finanzknappheit und organisierten nach allgemeinem Usus verschiedene Formen gesetzeswidriger Umwegfinanzierung. Als spektakulärster Fall wurde in den achtziger Jahren die „Flick-Affäre" bekannt, die weitgehend illegal transferierte Zuwendungen des Konzerns, dem von politischer Seite Steuerbefreiungen gewährt worden waren, an alle Parteien zum Vorschein brachte. Damit verbunden war nicht nur der Tatbestand der Steuerhinterziehung, sondern vor allem das Problem politischer Abhängigkeit der Parteien und Politiker von den Großspendern. [Parteienfinanzierung]

Nicht nur daher allerdings wurde in den achtziger Jahren zunehmend Kritik am Parteienstaat und den Parteien laut, denen W. Hennis vorwarf, sich „überdehnt" und vom Volk „abgekoppelt" zu haben [in 106: KROCKOW, S. 32]. Bereits [Probleme des Parteienstaates] in den siebziger Jahren hatten die „Neuen sozialen Bewegungen" und allgemein außerparlamentarische Protestbewegungen auf ein Defizit an Repräsentations- und Integrationsvermögen des voll ausgebildeten Drei-Parteien-Systems hingedeutet.

Die Grünen In enger Verbindung mit den „Neuen sozialen Bewegungen", ohne allerdings mit ihnen deckungsgleich zu sein, entstand 1979/80 die Partei der Grünen. Sie stand in erheblichem Maße in grundsätzlicher Opposition zum politischen System, so dass sie aus ihrem Selbstverständnis als gesellschaftlicher Bewegung heraus eine Partei allenfalls wider Willen war. Die Grünen positionierten sich im Zuge ihrer Gründung auf der politischen Linken und entmachteten damit ihren ökologisch-konservativen Flügel um den ehemaligen CDU-Abgeordneten Herbert Gruhl. Nichtsdestotrotz verfügten sie weiterhin über eine erhebliche ideologische Spannweite: von christlichen und pazifistischen über ökologische und feministische bis zu systemoppositionell kommunistischen und gewaltbereit autonomen Positionen. Als ihre Grundwerte bestimmten die Grünen bei ihrer Gründung die Attribute ökologisch, sozial, basisdemokratisch und gewaltfrei, entwickelten aber keine einheitliche, verbindliche Programmatik, sondern verblieben „auf der Ebene ‚halbstrukturierter' Ideologiebildung" [563: RASCHKE, S. 136]. Ihre Entwicklung war durch die Ausbildung von Flügeln geprägt, die auch machtpolitische Strukturen darstellten.

Bundesverfassungsgericht Zur Kontinuität der Verfassungsordnung trug nicht zuletzt die Institution eines starken Bundesverfassungsgerichts bei, Letztinstanz in zentralen und kontroversen gesellschaftlich-politischen Streitfällen wie der Abtreibung und der Deutschlandpolitik, die der Politik zuweilen gar (wie in der Familienpolitik) eigene Zielvorgaben machte. Obwohl sich daran immer wieder auch Kritik entzündete, wurde seine Autorität doch nie grundsätzlich angezweifelt. Sie spiegelte zugleich die unangetastete Autorität der Verfassung, die wiederum ein Spezifikum der bundesdeutschen Geschichte darstellt.

7. Sozialstruktur zwischen Massenwohlstand und Geburtenrückgang

Konsumgesellschaft und Massenwohlstand In den fünfziger und sechziger Jahren hatte die Gesellschaft der Bundesrepublik – wie auch andere europäische Gesellschaften – eine geradezu epochale Entwicklung durchlebt: Der Übergang zur „Konsumgesellschaft" bedeutete in erster Linie, dass nicht mehr Mangel oder die Sorge um die Sicherung der elementaren materiellen Existenz das Leben der Mehrzahl der Menschen prägten, sondern Überfluss am Notwendigen und zunehmend auch an darüber hinaus reichenden Konsumgütern herrschte. Technische Geräte wie Waschmaschine und Kühlschrank veränderten das Leben im Haushalt von Grund auf, das Auto eröffnete zuvor ungekannte Möglichkeiten individueller Mobilität, und das Fernsehen erschloss neue Welten. Seit den fünfziger Jahren war in der Bundesrepublik eine wahre Wohlstandsexplosion zu verzeichnen: Vervielfachungen von Einkommen,

Verbrauch, Wohnraum pro Kopf und technischer Ausstattungen der Haushalte brachten eine historisch beispiellose Anhebung des Lebensstandards und eine in den sechziger Jahren dann deutlich fühlbare Prosperität mit sich. Die bundesdeutsche Gesellschaft erlebte eine allgemeine „Umschichtung nach oben", wobei soziale Ungleichheitsverhältnisse und Randständigkeiten insbesondere von Modernisierungsverlierern erhalten blieben. Massenwohlstand, jedenfalls – so lässt sich für die achtziger Jahre kalkulieren – für „80–90% [der] Gesellschaft" [675: GEISSLER, S. 234 u. 201], wurde zu einem Element der Kontinuität in der Geschichte der Bundesrepublik, wobei die Kurve der Zuwächse seit den mittleren siebziger Jahren deutlich abflachte. Der Lebensstil der Wohlstandsgesellschaft etablierte sich, nicht zuletzt über ein zunehmendes Maß an arbeitsfreier Zeit: seit den frühen sechziger Jahren hatte sich die Fünf-Tage-Woche durchgesetzt, in den achtziger Jahren sank die durchschnittliche Wochenarbeitszeit unter 40 Stunden, und zugleich verringerte sich die Jahresarbeitszeit. Freizeit wurde in zunehmendem Maße zu einem eigenständigen Bereich des Lebens jenseits der Erholung für das Arbeitsleben oder des Altersruhestands.

Diese Wohlstandsentwicklung hing eng mit der technologischen und ökonomischen Entwicklung zusammen, die sich wiederum auf die Beschäftigtenstruktur und somit auf die gesamte Gesellschaftsstruktur auswirkte. Die Tertiarisierung der Wirtschaft führte zu einer massiven Verschiebung von *blue-collar-* zu *white-collar-*Beschäftigungen, von einfachen und standardisierten manuellen zu spezialisierten Tätigkeiten, insbesondere Dienstleistungen in einem weiten Sinne. Dadurch erhöhten sich Ausbildungs- und Qualifikationsanforderungen, und bereits 1964 herrschte in der Kultusministerkonferenz Einigkeit über eine „Anhebung des gesamten Ausbildungsniveaus" und eine flächendeckende Erweiterung des Bildungswesens.

<small>Bildungsreformen</small>

Bereits seit den frühen Jahren der Bundesrepublik war die Zahl der Abiturienten angestiegen, und in den sechziger Jahren wurden – unter allgemeiner gesellschaftspolitischer Übereinstimmung – konkrete Bildungsreformen vorangetrieben. Vor allem wurden der sekundäre und der tertiäre Bereich differenziert und ausgebaut, namentlich Realschulen und Gymnasien, Universitäten und Fachhochschulen. Zwischen 1970 und 1990 stieg der Anteil der Gymnasiasten unter den 13-Jährigen von 20 auf 31%; hatten 1970 noch 11,4% eines Jahrgangs die Schule mit Hochschul- oder Fachhochschulreife verlassen, so lag der Anteil 1990 mit 33,8% fast dreimal so hoch; im selben Zeitraum stieg die Zahl der Studierenden an Universitäten, Gesamt-, Kunst- und Fachhochschulen von 422000 auf 1,585 Millionen.

Im Zusammenhang der studentischen Protestbewegung zwischen 1967 und 1969 zog indessen eine ideologische Aufladung und Polarisierung in die Bildungspolitik ein, zumal Bildungspolitik nunmehr vielfach als dezidierte Gesellschaftsplanung betrieben wurde. Insbesondere das Modell der Gesamtschulen wurde zum ideologischen Zankapfel. Sozialdemokratisch geführte Bundesländer planten die Einführung der bewusst egalisierenden Gesamtschulen – zunächst der kooperativen und in der Folge der integrierten Gesamtschulen – als Regelschule anstelle des überkommenen dreigliedrigen Schulsystems, in scharfer Kontroverse mit Unionsparteien, Kirchen und Elterninitiativen, die sich gegen fortlaufende Bildungsexperimente an den Schulen wandten. Ein Volksbegehren in Nordrhein-Westfalen brachte die Einführung der Gesamtschule als Regelschule, jedenfalls als Großprojekt, 1978 zum Scheitern.

Die Konsequenzen der Bildungsreform waren zwiespältig, aber weitreichend. Auf der einen Seite standen die Auswirkungen auf das Bildungswesen, wo gesunkene Bildungsstandards und Bildungsinflation sowie überlastete und unterfinanzierte Bildungssysteme beklagt wurden. Auf der anderen Seite standen die gesamtgesellschaftlichen Auswirkungen. In sozialkultureller Hinsicht beförderte Bildung für eine erhöhte Zahl von Menschen die Verbreitung von Selbstentfaltungswerten sowie Individualisierungs- und Pluralisierungstendenzen und stellte das zentrale emanzipatorische Potenzial für Frauen dar. Sozialstrukturell ist eine allgemeine Höherqualifizierung der Bevölkerung, eine Ausdehnung mittlerer und höherer Bildungsschichten und in der Folge eine Ausweitung der Dienstleistungsmittelschichten, auf Kosten des alten Selbstständigenmittelstandes und vor allem des Anteils der klassischen Arbeiterschaft, zu bilanzieren. Somit beförderte die Bildungsexpansion die gesamtgesellschaftliche „Umschichtung nach oben", wobei die unteren Schichten von dieser sozialen Mobilität in vergleichsweise geringem Maße profitierten.

Soziale Mobilität

Sie waren auch die Hauptbetroffenen der mit dem ökonomischen Strukturwandel verbundenen Krisen der klassischen Industrien, vor allem der Montan- und Schwerindustrie. Am härtesten traf diese Entwicklung die Un- und Angelernten, die in besonderem Maße durch gesundheitliche Risiken und Arbeitslosigkeit bedroht waren, welche sich im Zuge ihrer Verstetigung als Massenphänomen seit den mittleren siebziger Jahren zu einem der zentralen Armutsrisiken entwickelte. Dabei war Armut in der Bundesrepublik kein Phänomen existenzieller materieller Gefährdung, sondern am Durchschnittseinkommen bemessener relativer Benachteiligung; betroffen davon waren neben Arbeitslosen in erster Linie Alleinerziehende, Kinderreiche und Ausländer. Die Zahl der Sozialhilfeempfänger stieg von 750 000 im Jahr 1970 über eine Million im Jahr 1975 auf über zwei Millionen um die Mitte der achtziger Jahre.

Unterschichten und Armut

Die davon nicht betroffene Mehrheit der Arbeiter allerdings hatte Anteil an der allgemeinen Wohlstandsentwicklung und nahm in der Bundesrepublik „Abschied von der ‚Proletarität'" [J. MOOSER in 672: CONZE/LEPSIUS, S. 186]. Zugleich differenzierte sich die Arbeiterschaft stark aus, löste sich am Ende als klassenmäßige Sozialformation und als sozialmoralisches Milieu, wie es sich im 19. Jahrhundert gebildet hatte, endgültig auf. Zwischen den oberen Arbeiterschichten – Meister und Vorarbeiter sowie auch zunehmend spezialisierte Facharbeiter – und den Dienstleistungsmittelschichten, somit auch zwischen Arbeitern und Angestellten bzw. Beamten, wurden zuvor fixe Grenzen zunehmend fließend.

Ausdifferenzierung der Arbeiterschaft

Diese Mittelschichten bildeten die zunehmend breite soziologische Mitte der Gesellschaft. Auch wenn das plakative Wort von der „nivellierten Mittelstandsgesellschaft", das Helmut Schelsky bereits in den fünfziger Jahren prägte, die Gesellschaft der Bundesrepublik insofern nicht wirklich traf, als soziale Ungleichheit nicht eingeebnet wurde, sondern auf höherem Niveau fortbestand, lenkt es den Blick auf die besondere Bedeutung der vertikal stark ausgedehnten Mittelschichten in der bundesdeutschen Gesellschaft.

Mittelschichten

Die Funktionselite der Bundesrepublik – politische Eliten, Wirtschaftseliten, Kommunikations- und Verwaltungseliten – war im Wesentlichen eine „Aufsteigerelite" [675: GEISSLER, S. 93], in der hinsichtlich ihrer sozialen Herkunft allerdings die oberen Mittelschichten und die Oberschichten dominierten. Zugehörigkeit zur Elite setzte in zunehmendem Maße, auf Kosten der Bedeutung einer Lehre, einen Universitätsabschluss voraus. Die sozial vergleichsweise repräsentative Politikerelite und ebenso die Verwaltungselite rekrutierte sich jeweils zu beinahe zwei Dritteln aus Juristen, hinzu kamen in den siebziger Jahren zunehmend auch Absolventen der Wirtschaftswissenschaften. Sie nahmen auch in den sozial tendenziell besonders exklusiven Wirtschaftseliten auf Kosten von Ingenieur- und Naturwissenschaftlern und von Juristen zu, wobei die Letzteren allerdings ihre Vorherrschaft im Bankgewerbe zu behaupten vermochten.

Eliten

Sichtbare Schranken zwischen den Schichten lösten sich auf, und in den achtziger Jahren wurden in den Gesellschaftswissenschaften aus Berufsstatus, Alter und Geschlecht kombinierte soziale „Lagen" und nach Wertorientierungen und Lebensstilen unterschiedene soziokulturelle „Milieus" anstelle von materiell definierten Klassen und Schichten als Kriterien der „Sozialstrukturanalyse in einer fortgeschrittenen Gesellschaft" [680: S. HRADIL] diskutiert. Zwar wurde dieser Anspruch wieder relativiert, weil es wohl mehr die Offensichtlichkeit war, die sich auflöste, als die materielle Schichtenstruktur selbst, die durchaus erhalten blieb, wenn auch latenter und differenzierter. Aber diese Perspektive lenkt den Blick auf die Bedeutung alternativer, stärker sozialkultureller Zuordnungsmerkmale mit materiellen sozialstrukturellen Auswirkungen in einer zunehmend pluralisierten und komplexen Gesellschaft.

Eine ganz zentrale Kategorie in dieser Hinsicht ist das Geschlecht. Der in seiner Bedeutung kaum zu überschätzende säkulare Wandel im Verhältnis zwischen Männern und Frauen als gesellschaftlichen Großgruppen erlebte in den siebziger und achtziger Jahren einen substanziellen Schub. Emanzipation der Frauen bedeutete dabei das Streben nach und die Entwicklung in Richtung Gleichberechtigung im Verhältnis zwischen den Geschlechtern, d. h. die Überwindung sozialer Benachteiligungen von Frauen gegenüber Männern.

Geschlechterverhältnisse – Frauen

Gesellschaftspolitischen Antrieb gewann diese Entwicklung durch die „neue Frauenbewegung" in den siebziger Jahren, die hinsichtlich der sozialen Trägergruppen im Kontext der „Neuen sozialen Bewegungen" und ihrer konkreten, oftmals dezidiert feministischen Anliegen allerdings von begrenzter Reichweite blieb. Im Ganzen bedeutsamer war eine strukturelle, oft subkutane Verschiebung der politischen Kultur – der allgemein verbindlichen Normen, Einstellungen und Werte in Denken und sozialer Praxis – im Hinblick auf die Geschlechterverhältnisse. Ihr wirkmächtigster Katalysator und das zentrale emanzipatorische Potenzial war die zunehmende Bildung einer zunehmenden Zahl von Frauen. Bildung war das Feld der frühesten und weitesten Fortschritte weiblicher Emanzipation mit strukturellen Langfristwirkungen; Ähnliches gilt für die Gesetzgebung und gesellschaftspolitische Institutionalisierung von Gleichberechtigung. Längerlebige Unterschiede und Benachteiligung von Frauen herrschten in erster Linie auf dem Gebiet des Arbeitslebens. Dabei war es gerade die Erwerbstätigkeit, im Gegensatz zu nichterwerbstätiger Familienarbeit, die in den Rang eines Leitbildes und Indikators weiblicher Emanzipation aufrückte, womit ein Anschluss an die allgemeine Tendenz der modernen Leistungsgesellschaft hergestellt wurde, gesellschaftlichen Status qua Berufsposition zuzuweisen.

Familie Diese Entwicklung blieb nicht ohne gravierende Konsequenzen für die Sozialform der Familie. Mit der „Entfamiliarisierung der Frau" [725: v. TROTHA, S. 459] löste sich die Verbindlichkeit des klassischen Ernährer-Hausfrau-Modells sowie der Ehe überhaupt auf. Und weit darüber hinaus ging die Zahl der Familien mit Kindern erheblich zurück, die ihr Monopol als gesellschaftlicher Regelfall zugunsten einer Pluralisierung von Privatheitsformen verloren. Konkret bedeutete dies einen erheblichen Anstieg von Scheidungsraten sowie Zweit- und Drittfamilien im häufigen Falle der Wiederverheiratung (später so genannte „Patchwork-Familien"), des Anteils der Unverheirateten und der nichtehelichen Lebensgemeinschaften mit und ohne Kinder, kinderloser Ehen, der Einpersonenhaushalte, Alleinerziehender sowie alternativer Wohn- und Haushaltsformen. Als Massenphänomene waren dies zum großen Teil historisch neue Lebensformen, die sich in einen „familien- und kindzentrierten", einen „partnerschaftszentrierten" und einen „individualistischen Privatheitstypus" [TH. MEYER in 675, S. 329] einteilen lassen. Stark rückläufig war unterdessen die Zahl der Eheschließungen, der Familien mit mehr als zwei Kindern sowie der Geburten.

Geburtenrückgang Seit 1972 wurden in der Bundesrepublik dauerhaft mehr Sterbefälle als Geburten gezählt, und zwischen 1964 und 1978 gingen alle Indizes der Fruchtbarkeit um etwa die Hälfte zurück. Gebar eine Frau 1965 noch durchschnittlich 2,5 Kinder, so waren es 1970 noch 2,0 und 1985 auf einem vorläufigen Tiefpunkt 1,28.

Die Gründe dafür sind vielschichtig: da Kinder für die sozialisierte Alterssicherung an individueller Bedeutung verloren, brachten sie bei weitgehend privatisierter Kindererziehung per saldo materielle Nachteile mit sich, die sich angesichts zunehmender allgemeiner Üblichkeit von Kinderlosigkeit relativ verstärkten; die zunehmende Berufstätigkeit von Frauen führte zu Problemen der Vereinbarkeit mit Kindererziehung und Familie; auch die zunehmende Bedeutung von freizeitorientierter Lebensqualität und anspruchsvolleren Lebensstilen im materiellen Sinne ebenso wie im Hinblick auf Selbstentfaltung, daneben höhere emotionale Ansprüche statt Funktionalität innerhalb der Paarbeziehungen wirkten sich zuungunsten der Geburtenrate aus; die technischen Möglichkeiten der Empfängnisverhütung waren nur ein Grund unter anderen.

Der Geburtenrückgang lag dabei im säkularen und internationalen Trend der Industriegesellschaften, in der Bundesrepublik mit allerdings besonders ausgeprägtem Phasenverlauf, indem der „Babyboom" der Nachkriegszeit um die Mitte der sechziger Jahre in einen scharfen Abfall umschlug, der auf besonders niedrigem Niveau zum Stehen kam.

Die Verbindung von Geburtenrückgang einerseits und steigender Lebenserwartung andererseits generierte einen Prozess der „demographischen Alterung". Verschiedene Zahlen signalisieren einen eindeutigen Trend: zwischen 1950 und 1989 nahm der Anteil der unter 15-Jährigen von 23 auf knapp 15% ab, zugleich stieg der Anteil der über 65-Jährigen von knapp 5 auf 15%. Diese Verschiebung zeitigte in der Bundesrepublik vor der Wiedervereinigung noch keine spürbaren intergenerationellen Interessenkonflikte, legte aber erhebliche langfristige Folgen an, insbesondere Strukturprobleme bei den sozialen Sicherungssystemen.

Alterung

Gemindert wurde diese Alterung durch den Zuzug überwiegend junger und kinderreicher Gastarbeiter. Seit den späten fünfziger Jahren und insbesondere nach dem Mauerbau 1961 waren angesichts des Arbeitskräftemangels in der Bundesrepublik unter den Bedingungen der Hochkonjunktur Gastarbeiter vor allem aus Italien, Jugoslawien und der Türkei angeworben worden. Die Zahl der Ausländer in der Bundesrepublik war darüber zwischen 1964 und 1974 von 1,2 Millionen auf über vier Millionen angestiegen. Eine langfristige Zuwanderung war mit der Anwerbung von Gastarbeitern nicht beabsichtigt gewesen, doch führte ihr häufiger Verbleib in der Bundesrepublik zu einem Prozess faktischer Einwanderung. Zwar erließ die Bundesregierung im Herbst 1973 vor diesem Hintergrund und angesichts der sich abzeichnenden wirtschaftlichen Probleme einen Anwerbestopp, und viele Gastarbeiter kehrten auch in ihre Heimatländer zurück. Weil den verbliebenen aber häufig die Familien folgten, ging die Zahl der Ausländer nach 1973 bei wechselnden Wanderungssalden nicht grundsätzlich zurück: nach einem Anstieg auf über 4,6 Millionen Anfang der achtziger Jahre und einem leichten Rückgang im Laufe des Jahrzehnts stieg die Zahl der Ausländer Ende der achtziger Jahre erneut sprunghaft an, wobei die Gastarbeiterzuwanderung unmerklich in eine Süd-Nord-Wanderung, vor allem in Form von Asylbewerbern, überging und sich zusammen mit Aus- und Übersiedlern aus Osteuropa zu einem neuen Einwanderungsschub formierte.

Zuwanderung – Ausländer

In den achtziger Jahren hatte sich in der Bundesrepublik ein dauerhafter Ausländeranteil von über 7% der Gesamtbevölkerung etabliert (nach gut einem Prozent zu Beginn der sechziger Jahre), wobei regional und lokal, vor allem in den Großstädten, aufgrund von Siedlungskonzentration sehr viel höhere Einzelwerte anzutreffen waren. Überwiegend technisch einfache und körperlich vielfach schwere Arbeit leistend, unterschichteten sie die deutsche Gesellschaft in soziologischer Hinsicht und bildeten ein eigenes Segment. Die zunehmende Integration von (vor allem in Deutschland geborenen) Angehörigen der „zweiten Generation", die in der Breite allerdings unter besonders schlechten Ausgangsbedingungen litt, weist bereits aus den achtziger Jahren heraus.

Stadt und Land Ein weitere sozialstrukturelle Verschiebung ist schließlich im Bereich von Stadt und Land zu konstatieren. Zwischen 1950 und 1990 wurden fast zwei Drittel aller landwirtschaftlichen Betriebe in der Bundesrepublik aufgegeben, und die verbliebenen wandelten sich zu hochtechnisierten Großbetrieben. Damit verschwanden familiär betriebene landwirtschaftliche Klein- und Nebenbetriebe ebenso wie dörfliches Kleingewerbe und in Verbindung damit eine gesamte dörflich-ländliche Lebensform. Stattdessen erschlossen Verkehr und Infrastruktur die ländlichen Räume und verbanden Stadt und Land, das insbesondere im Umfeld der großen Städte in die sich ausdehnende Suburbanisierung einbezogen wurde. Aber auch auf dem stadtfernen Land sorgten Kommunikation, Technik und Mobilität für eine zunehmende Annäherung der Lebensweise. Es gibt gute Gründe, all dies eine „Revolution auf dem Lande" zu nennen [300: KIELMANSEGG, S. 418].

8. SOZIALKULTUR: WERTEWANDEL UND POSTMODERNE

Auch wenn zwischen Sozialstruktur und Sozialkultur nicht scharf getrennt werden kann, beide Ebenen vielmehr eng miteinander verbunden sind, können doch unterschiedliche Tendenzen beobachtet werden: Während das Phänomen des Massenwohlstands ein wesentliches Element sozialstruktureller Kontinuität darstellte, war das Feld der Sozialkultur von fundamentalem Wandel ergriffen.

H. Lübbe konstatierte angesichts einer „zunehmenden Zahl von Innovationen pro Zeiteinheit" das Phänomen der „Gegenwartsschrumpfung" als einen „Vorgang der Verkürzung der Extension der Zeiträume, für die wir mit einiger Konstanz unserer Lebensverhältnisse rechnen können" – „Erfahrungsraum und Zukunftshorizont werden inkongruent" [Die Modernität der Vergangenheitszuwendung, in: G. SCHOLZ (Hrsg.), Historismus am Ende des 20. Jahrhunderts. Berlin 1997, S. 150]. Nun hatte R. Koselleck eben diesen Vorgang bereits für die europäische „Sattelzeit" an der Wende vom 18. zum 19. Jahrhundert festgestellt, und in der Tat war das Phänomen grundsätzlich nicht neu. Doch erreichten die Beschleunigung des Wandels und auch der Wandel in der Wahrnehmung von Zeit und Raum angesichts der Entwicklung von Transport und Kommunikation in der zweiten Hälfte des 20. Jahrhunderts und insbesondere zu seinem Ende hin eine neue Dimension. Für einen Wandel in der allgemeinen Wahrnehmung von Wirklichkeit sorgten nicht zuletzt die audiovisuellen Medien, die ihre eigene Realität schufen und in den achtziger Jahren eine neue Stufe der Medialisierung des Alltags herbeiführten, die in den neunziger Jahren zur vollen Auswirkung kam.

Alles in allem bedeutete dies eine substanzielle Verstärkung und zugleich Veränderung längerfristiger Vorgänge, die unter den Begriff „Moderne" gefasst werden, namentlich des Verlustes von Verbindlichkeit und Eindeutigkeit unter Zunahme von Pluralisierung und Individualisierung. Im Bereich der Normen schlug sich dies im „Wertewandel" nieder, der in den mittleren sechziger Jahren einen plötzlichen Schub erfuhr und seitdem mit hoher Geschwindigkeit voranschritt. Dabei handelte es sich mehr um einen Vorgang der Entnormativierung, des Abbaus bzw. Akzeptanzverlustes vorhandener Normen, als um die Konstitution vergleichbar verbindlicher neuer Normen.

Wertewandel

Im Kern bedeutete „Wertewandel" eine allgemeine Verschiebung im Gefüge gesamtgesellschaftlich gültiger Normen von Pflicht- und Akzeptanzwerten (Akzeptanz im Sinne der unhinterfragten Hinnahme des Vorfindlichen) wie Arbeits- und Leistungsbereitschaft, Disziplin, Pünktlichkeit und Sparsamkeit, Gehorsam, Unterordnung und Autorität, sowie von bürgerlichen Moralvorstellungen hin zu Selbstentfaltungswerten wie Selbstständigkeit und Mitbestimmung, Kritik, freiem Willen und individueller Autonomie, zu Selbstbestimmung statt festlegender äußerer Verbindlichkeiten.

Viele der zugehörigen Elemente sind bereits im Kapitel über die Sozialstruktur angesprochen worden: etwa der fundamentale Wandel im weiblichen Selbstverständnis und im Verhältnis zwischen den Geschlechtern. Dazu gehört auch die Entkopplung von Partnerschaft und Elternschaft sowie von Sexualität und Ehe und somit ein allgemeiner Wandel der Sexualmoral in Richtung einer zunehmenden Permissivität insbesondere in den Einstellungen. Hinzu kam eine zunehmende Öffentlichkeit von Sexualität, nicht zuletzt durch Werbung und eine expandierende Sex-Industrie, und auch von zuvor nicht tolerierten Formen. Als in den achtziger Jahren die Immunschwächekrankheit Aids für Aufsehen sorgte, zeigte sich in der Diskussion zugleich: „nicht mehr Moral, sondern Gesundheit war der Leitwert für die Beurteilung von Sexualität" [O. KÖNIG in 686, S. 577].

Sexualmoral

Etwas anders gelagert war die polarisierte Diskussion um die Straffreiheit der Abtreibung ein Jahrzehnt zuvor. Hier ging es im Kern um die Auseinandersetzung zwischen der christlich-moralischen Position der Unantastbarkeit ungeborenen Lebens und dem Anspruch des Vorrangs individueller Selbstbestimmungs- und Selbstentfaltungsrechte, die sich letztlich weitgehend durchsetzten.

Abtreibung

Im Zentrum einer allgemeinen Pluralisierung von Privatheitsformen stand die ebenfalls bereits angesprochene Entwicklung der Familie als soziale Formation: „In keinem anderen Lebensbereich sind gesellschaftliche Normen so rasch zugunsten von Spielräumen der Individualität beiseite geschoben worden" [300: KIELMANSEGG, S. 403]. Zugleich fand innerhalb der Familien ein allgemeiner Wandel der Erziehungswerte von autoritärem, gehorsamsorientiertem zu partnerschaftlichem Umgang mit Kindern statt.

Familien

In diesen allgemeinen Prozess von Individualisierung und Pluralisierung gehörte auch die endgültige Auflösung der aus dem 19. Jahrhundert überkommenen sozialmoralischen Milieus als Rahmen gleichförmig-kollektiver Lebensweisen, namentlich des Arbeitermilieus und des katholischen Milieus.

Säkularisierung und Entkirchlichung

Dies ging einher mit einem allgemeinen Vorgang von Säkularisierung und Entkirchlichung. Ihr Hauptindikator ist die Kirchgangshäufigkeit, die Mitte der sechziger und Anfang der siebziger Jahre auf protestantischer ebenso wie, von höherem Niveau aus, auf katholischer Seite einen veritablen Einbruch erlebte. Wie bereits anhand von Sexualmoral und Abtreibung ersichtlich, verloren die Kirchen darüber in erheblichem Maße an Normsetzungskompetenz und somit an gesamtgesellschaftlichem Einfluss. Die Auflösung kirchlicher Bindungen schlug sich zugleich auf die allgemeinen Werthaltungen nieder – demoskopische Messungen ergaben, dass kirchlich Gebundene, von Abtreibung und Sterbehilfe bis zu Steuerhinterziehung und Schwarzfahren, moralisch anders zu urteilen pflegten als kirchlich nicht Gebundene – und stand somit in enger Wechselwirkung mit dem allgemeinen sozialkulturellen Wandel. Im Gegenzug gewann Freizeit immer mehr an Bedeutung.

Moderne und Postmoderne

Der gemeinsame Nenner dieser breiten sozialkulturellen Wandlungsprozesse, die seit den mittleren sechziger und verstärkt seit den mittleren siebziger Jahren nicht allein die Bundesrepublik erfassten, lag in der Trias von Individualisierung, radikaler Pluralisierung und Entnormativierung. Diese Entwicklungen bedeuteten Weiterentwicklung und zugleich Überwindung der Moderne, verstanden als „Kombination von Differenzierung, Rationalisierung, Individualisierung und Domestizierung" [H. VAN DE LOO/W. VAN REIJEN, Modernisierung. München 1992, S. 30]: Zunehmende Individualisierung und Pluralisierung stellten eine Intensivierung wesentlicher Tendenzen der Moderne dar; in der Radikalität dieser Pluralisierung lag unterdessen ihr Umschlag in eine „postmoderne Moderne" (W. Welsch).

Am sichtbarsten manifestierte sie sich in der Architektur. Unabhängig von allen damit verbundenen Kontroversen und Polemiken war der Wesensgehalt von „Postmoderne" dort die Abkehr vom spätmodernen „Bauwirtschaftsfunktionalismus" (H. Klotz) des ‚International Style' mit seinen betonierten Großformen, etwa in Gestalt der „autogerechten Stadt" und der Hochhaussiedlungen an den Peripherien der Städte. Postmoderne stand für „Mehrsprachigkeit statt Univalenz" (so die prägnante Formel des ansonsten mit guten Gründen umstrittenen Ch. Jencks) und eine „Kombination von Heterogenem", wie J. Stirling formulierte, dessen 1984 vollendete Neue Staatsgalerie in Stuttgart mit ihrem Ekklektizismus und ihrer funktionalen Uneindeutigkeit zum postmodernen Bau par excellence in der Bundesrepublik avancierte.

„Anything goes" (P. Feyerabend) – radikale Pluralisierung und Entnormativierung waren die spezifisch postmoderne Seite dieser allgemeinen sozialkulturellen Entwicklung: die Abkehr vom verbindlichen und eindeutigen Ganzen und Großen, von normativer Modernisierungsteleologie und rationalistischem Funktionalismus zugunsten radikaler Vielfalt, nicht zuletzt in sozialkultureller Dimension von Lebensformen und Wertesystemen.

B. MODERNISIERUNGSEUPHORIE (1969–1973)

1. „Machtwechsel"

Als Willy Brandt am 21. Oktober 1969 vom Deutschen Bundestag zum Bundeskanzler gewählt wurde, endeten zwanzig Jahre ununterbrochen christdemokratisch geführter Regierungen in der Bundesrepublik, und erstmals seit beinahe vierzig Jahren stand wieder ein Sozialdemokrat an der Spitze einer deutschen Regierung.

Zwar war die SPD schon 1966 in der Großen Koalition mit der CDU/CSU in die Regierungsverantwortung eingetreten und hatte dementsprechend Anteil an einer umfangreichen Bilanz innenpolitischer Reformen. Aber sie war doch nur der Juniorpartner in einem Regierungsbündnis gewesen, das die beiden großen Parteien ohnehin als Notlösung auf begrenzte Zeit geschlossen hatten. Da zugleich eine eigene absolute Mehrheit außer Reichweite lag, gab es für die SPD im bundesdeutschen Parteiensystem nur eine Option für eine Bundesregierung unter ihrer Führung: eine Koalition mit der FDP. *SPD und FDP auf dem Weg zur Koalition*

Die FDP, die bis 1966, mit Ausnahme der Jahre 1957–1961, im Bund auf Regierungskoalitionen allein mit der Union abonniert gewesen war, wandelte sich in den ausgehenden sechziger Jahren von einer nationalliberal ausgerichteten Partei mit vorwiegend ländlichem Wählerreservoir zu einer städtisch-gesellschaftsliberal orientierten Partei. In den „Freiburger Thesen" von 1971 bekannte sie sich zu einem „demokratischen und sozialen Liberalismus" unter Einschluss einer „Reform des Kapitalismus". Außen- und deutschlandpolitisch setzte sie, im Gegensatz zu CDU und CSU, frühzeitig auf faktische Anerkennung der DDR und ostpolitische Initiativen. Dieser Richtungswandel verdichtete sich im personellem Wechsel, als Erich Mende 1968 im Parteivorsitz von Walter Scheel abgelöst wurde, der, um den Preis jahrelanger innerparteilicher Spannungen zwischen den Flügeln, Kurs auf eine sozial-liberale Regierungskoalition nahm.

Zum politischen Test dieser Richtungsbestimmung wurde die Wahl des Bundespräsidenten im März 1969, weniger als sieben Monate vor den Bundestagswahlen. Schon frühzeitig hatte die SPD, nach jeweils zwei Amtszeiten des Liberalen Theodor Heuss und des Christdemokraten Heinrich Lübke, den Anspruch der Sozialdemokraten auf das höchste Staatsamt geltend gemacht. Die Union hingegen leitete ihre Ansprüche auf das Amt aus ihrer Position als stärkste Partei im Bundestag und in den Länderparlamenten ab. Den beiden Partnern der Großen Koalition gelang es nicht, sich auf einen gemeinsamen Kandidaten zu einigen. CDU und CSU nominierten den früheren Außenminister und Verteidigungsminister der Großen Koalition, Gerhard Schröder, obwohl die FDP der Unionsführung signalisiert hatte, sie werde nicht für Schröder stimmen. Die SPD hingegen stellte mit dem rechtspolitisch liberalen Justizminister Gustav *Bundespräsidentenwahl 1969*

Heinemann, der 1952 aus der CDU ausgetreten war, bewusst einen für die FDP wählbaren, für die Union hingegen nicht annehmbaren Kandidaten auf.

Angesichts der Mehrheitsverhältnisse in der Bundesversammlung fiel der FDP die Schlüsselrolle bei dieser Wahl zu, an deren politischer Signalwirkung kein Zweifel bestand. Am Vorabend der Wahl gelang es der Parteiführung, die überwiegende Mehrheit der liberalen Stimmen auf Heinemann zu vereinigen, der am 5. März 1969 denkbar knapp – im dritten Wahlgang mit 512 zu 506 Stimmen – zum dritten Bundespräsidenten der Bundesrepublik gewählt wurde. Vor diesem Hintergrund war klar, dass Heinemann mehr als nur das Amt des Bundespräsidenten ansprach, wenn er seine Wahl als „ein Stück Machtwechsel" bezeichnete. In der Tat strebten die Parteivorsitzenden Brandt und Scheel, gegen mancherlei Widerstände in ihren Parteien, nun offen eine sozial-liberale Regierungskoalition an.

Wahlen zum 6. Deutschen Bundestag 1969

Davor standen die Wahlen zum sechsten Deutschen Bundestag am 28. September 1969 mit ihrem lange offenen Ausgang. Zunächst fühlten sich die Unionsparteien als Sieger. Zwar hatte die CDU 1,5 Prozentpunkte gegenüber 1965 verloren, doch stellten CDU und CSU mit 46,1% eindeutig die stärkste Partei. Ihr Spitzenkandidat und Bundeskanzler Kiesinger ging am Wahlabend davon aus, auch die nächste Bundesregierung zu führen. Stimmengewinne in Höhe von 3,4% verbuchte die SPD, die mit 42,7% schon recht nahe an die Unionsparteien herangekommen war. Großer Verlierer der Wahl war – neben der NPD, die den durchaus erwarteten Einzug in den Bundestag verfehlte – die FDP, die von 9,5% auf 5,8% abstürzte und mehr verlor, als die SPD gewann. Insofern verfügten beide Parteien über nicht mehr Stimmen als 1965, nämlich 254 von 496 Sitze im Bundestag. Damit lagen sie nur fünf Stimmen über der „Kanzlermehrheit". Rein rechnerisch, aber auch angesichts der erheblichen innerparteilichen Differenzen in der FDP, hätten eine Koalition aus CDU/CSU und FDP oder auch eine (von manchen befürwortete) fortgesetzte Große Koalition deutlich komfortablere Mehrheiten besessen. Brandt und Scheel waren dennoch entschlossen und verabredeten noch in der Wahlnacht die Bildung einer Regierung.

Sozial-liberale Regierung

Die Koalitionspartner schlossen keinen formellen Koalitionsvertrag, sondern stellten zunächst binnen kurzer Zeit ein Kabinett zusammen. An der Spitze stand mit Willy Brandt ein Kanzler des „anderen Deutschland": schon im Frühjahr 1933 als junger Sozialist nach Skandinavien emigriert, kehrte er bereits im Mai 1945 nach Deutschland zurück und begann seine politische Karriere in West-Berlin, wo er 1957 zum Regierenden Bürgermeister gewählt wurde und eine Politik der engen Anbindung an die USA vertrat. In den sechziger Jahren verkörperte er als Parteivorsitzender, dreimaliger Kanzlerkandidat und Außenminister der Großen Koalition den Aufwärtstrend der SPD als integrationsfähiger Hoffnungsträger. Helmut Schmidt, Wehrexperte der SPD, innerparteilicher Hauptrivale Brandts und mächtiger Fraktionsvorsitzender in der Zeit der Großen Koalition, tauschte diese Position widerstrebend mit dem Amt des Verteidigungsministers. Das Finanzministerium übernahm, als ein Zeichen für finanzpolitische Solidität, der aus kleinen Verhältnissen stammende, zum Vorstandsvorsitzenden der Karlsruher Lebensversicherung avancierte Alex Möller. In seinem Amt als Wirtschaftsminister verblieb Karl Schiller, medienwirksamer Professor für Volkswirtschaftslehre und treibender Geist der als Inbegriff moderner planungsorientierter Politik geltenden Globalsteuerung. Systematische politische Planung oblag auch Horst Ehmke als Minister für besondere Aufgaben beim Bundeskanzler. Dieser selbstbewusste, aktive Reformplaner und Koordinator der Regierungsarbeit betrieb den Ausbau des Kanzleramts zur Schaltstelle der Regierung, was ihn in permanente Konflikte mit den Fachministern, insbesondere mit Helmut Schmidt, führte. Aus der FDP wurde Walter Scheel Außenminister und Vizekanzler, das Innenministerium fiel an Hans-Dietrich Genscher, und mit Josef Ertl als Landwirtschaftsminister wurde der einer sozial-liberalen Koalition widerstrebende Flügel der Partei eingebunden.

So wurde Willy Brandt am 21. Oktober 1969 zum vierten Bundeskanzler gewählt, und eine Woche später gab er seine Regierungserklärung ab, die nach den wenig inhaltlichen Koalitionsverhandlungen die programmatische Agenda der neuen Regierung darstellte. Einen ersten Akzent setzte sie im Bereich der Deutschlandpolitik: „Eine völkerrechtliche Anerkennung der DDR durch die Bundesregierung kann nicht in Betracht kommen. Auch wenn zwei Staaten in Deutschland existieren, sind sie doch füreinander nicht Ausland; ihre Beziehungen zueinander können nur von besonderer Art sein." Mit fein geschliffenen und differenzierten Formulierungen rückte die neue Regierung zwar nicht von völkerrechtlichen, wohl aber von politischen Positionen – dem bundesdeutschen Alleinvertretungsanspruch, dem offiziellen Ignorieren und der internationalen Isolierung der DDR – offen ab, erkannte die staatliche Existenz der DDR an und offerierte ihrer Führung zugleich Regierungsverhandlungen. Die 1955 etablierte, aber zunehmend schwieriger handhabbare Politik der Hallstein-Doktrin – wenn Drittstaaten diplomatische Beziehungen zur DDR aufnehmen wollten, drohte die Bundesrepublik ihrerseits mit dem Abbruch der Beziehungen, um so die Anerkennung der DDR zu verhindern – war damit öffentlich aufgegeben.

Regierungserklärung Brandts

Schwerpunkte setzte Brandts *tour d'horizon* vor allem im Bereich der inneren Reformen unter dem Leitmotiv „mehr Demokratie wagen". Mitwirkung, Mitbestimmung und Planung lauteten die Schlüsselbegriffe seiner Regierungserklärung. „Bildung und Ausbildung, Wissenschaft und Forschung" sollten, so Brandt, „an der Spitze der Reformen" stehen. Den Ansatz für diese klassischerweise der Länderhoheit unterliegenden Politikfelder boten die 1969 installierten „Gemeinschaftsaufgaben" zwischen Bund und Ländern sowie das Instrument des Bildungsplans. Materiell ging es um eine Steigerung der Mittel für das Bildungssystem sowie seiner Kapazitäten. Das Ziel der Bildungspolitik war hoch gesteckt: Chancengleichheit und „soziale Demokratie" gab Brandt vor. Bildung als „allgemeines Bürgerrecht" (R. Dahrendorf), Partizipation durch Bildung und „Demokratisierung" innerhalb des Bildungswesens – Bildungspolitik war Gesellschaftspolitik; darin lagen sowohl ihre Bedeutung als auch ihre kontroversen Potenziale.

„Soziale Demokratie" als soziale Teilhabe bestimmte auch die Sozialpolitik: zum einen über ein Betriebsverfassungs- und Personalvertretungsgesetz zwecks Mitbestimmung der Arbeitnehmer und zum anderen über vielfältige sozialpolitische Leistungsausweitungen, die Brandt für das Gesundheits-, Renten- und Arbeitswesen sowie für Familien in Aussicht stellte. Für die Finanzierung der Reformprogramme sollten eine Effektivierung der Verwaltung und vor allem Wirtschaftswachstum sorgen, „ohne dass die Steuerlastquote des Jahres 1969 erhöht wird"; Voraussetzung der Reformpolitik waren somit eine florierende Konjunktur und weiteres starkes Wachstum.

Brandt beschloss die Regierungserklärung mit einer Fanfare: „Wir stehen nicht am Ende unserer Demokratie, wir fangen erst richtig an. Wir wollen ein Volk der guten Nachbarn werden im Innern und nach außen." Damit erhob er den hohen Anspruch eines Neubeginns, der zugleich den Charakter des Regierungswechsels von 1969 als Zäsur in der Geschichte der Bundesrepublik suggerierte.

Bedeutung des „Machtwechsels"

Der Regierungswechsel von 1969 war der erste „echte" Regierungswechsel in der bis dahin bereits zwanzig Jahre währenden Geschichte der Bundesrepublik, weil der Bundeskanzler zum ersten Mal von einer anderen Partei gestellt wurde. Er bedeutete somit eine verfassungspolitische Novität, und seine Komplikationslosigkeit zeigte Stabilität und Funktionieren der Verfassungsordnung an.

Zum Zäsurcharakter des Regierungswechsels trugen zwei weitere Umstände in historischer Dimension bei: Brandt war der erste sozialdemokratische Regierungschef seit Hermann Müller (1928–30); zugleich repräsentierte er als Mann aus dem Exil das „andere Deutschland" und wusste den damit verbundenen moralischen Anspruch auch mit einem eigenen Habitus zu verkörpern, wobei ihm moralische Überhöhungen vielfach von außen zugeschrieben wurden.

Zugleich bündelte Brandt die in den sechziger Jahren zunehmend aufgekommenen Veränderungshoffnungen, vor allem im vielfältig ausdeutbaren Begriff der „Demokratisierung". Institutionell bedeutete Demokratisierung mit der – unter den Parteien nicht umstrittenen – Absenkung des Wahlalters auf 18 Jahre vergleichsweise wenig. Demokratie bezog sich vielmehr in erster Linie auf die gesellschaftliche Vorstellung der „sozialen Demokratie" als eines auf soziale Teilhabe gerichteten normativen Prinzips. Sie manifestierte sich in Mitbestimmung – vor allem Arbeitnehmermitbestimmung im Arbeitsleben – und Sozialstaat. Diese spezifische Form von Partizipation war zugleich in der allgemeinen sozialkulturellen Entwicklung, dem bereits in Gang befindlichen Wertewandel von Pflicht- und Akzeptanz- zu Selbstentfaltungswerten angelegt.

Alles in allem verband sich mit der Regierung Brandt eine „Phase der allgemeinen Revision deutscher Politik, eine Zeit des *brain-storming* und der Inventur" [283: JÄGER, S. 154]. Dabei gründete die Reformpolitik in erheblichem Maße in der politischen Kultur der sechziger Jahre, sowohl im materiellen politischen Sinne der bereits von der Großen Koalition betriebenen Reformen als auch – und mehr noch – im Geist der allgemeinen Planungseuphorie und Steuerbarkeitsvorstellungen, kurz: einer rationalistisch-szientistischen Modernisierungsideologie, die erst 1973 abrupt abbrach. In dieser Hinsicht stellte der Regierungswechsel von 1969 sehr viel weniger eine Zäsur als vielmehr eine verstärkte Kontinuität dar, so dass von einer „Umgründung" oder „zweiten Gründung" der Bundesrepublik keine Rede sein kann. Wohl aber mischten sich in den Jahren der Regierung Brandt gesellschaftlich und kulturell auf ganz eigene Weise Elemente der späten Moderne und der heraufziehenden Postmoderne im bewegten Übergang.

Die deutlichsten Veränderungswirkungen erzielte die sozial-liberale Regierung in der Außen- und Deutschlandpolitik, in der sie mit großer Tatkraft und unter einer Konzessionsbereitschaft, wie sie die Große Koalition nicht aufzubringen vermocht hatte, eine Politik der vertraglichen Regulierung mit der Sowjetunion betrieb und die Bundesrepublik in Übereinstimmung mit der weltpolitischen Entspannung im Ost-West-Konflikt brachte.

2. Die Ostpolitik

Angesichts der unübersehbaren Kosten und Risiken stetiger Konfrontation – von den Krisen um Berlin und Kuba bis Vietnam und den sowjetisch-chinesischen Zusammenstößen am Ussuri 1969 – kristallisierte sich in den sechziger Jahren zunehmend ein gemeinsames Interesse der Weltmächte USA und Sowjetunion sowie auch Chinas heraus, diese Belastungen abzubauen. Zudem setzte Henry Kissinger, Sicherheitsberater des seit 1969 amtierenden US-Präsidenten Richard Nixon, im Umgang mit den kommunistischen Kontrahenten ganz auf Realpolitik anstelle des traditionsreichen amerikanischen Idealismus, konkret auf Rüstungskontrolle und Stabilitätspolitik. Dabei war sein Konzept einer „linkage"-Politik global gedacht: es verknüpfte Spannungsabbau von Berlin über den Nahen Osten bis Vietnam und verfolgte eine „Strategie, die bislang bipolare Welt um ein drittes Gegengewicht zu erweitern" [356: KISSINGER, S. 798].

Weltpolitische Entspannung

Auch die NATO hatte sich bereits 1967 im „Harmel-Bericht" über das klassische Ziel militärischer Stärke zwecks Abschreckung und Sicherheit hinaus darauf festgelegt, auf dieser Grundlage Abrüstung und Entspannung zu suchen. Da Entspannung und Stabilität zugleich bedeuteten, sich auch auf Seiten der westlichen Bündnispartner, von denen die Bundesrepublik elementar abhängig war, mit dem Status quo zwischen Ost und West zu arrangieren, geriet die Bonner Außenpolitik mit ihrer *raison d'être* einer Revision des Status quo im Verlauf der sechziger Jahre zunehmend in die Defensive. Zudem hatte bereits der Bau der Berliner Mauer 1961 eine bundesdeutsche Illusion zerstört: die deutsche Teilung war offensichtlich kein kurzfristiges Provisorium, sondern Realität auf unbestimmte Zeit.

Eine schonungslose Bestandsaufnahme der bundesdeutschen Außen- und Deutschlandpolitik, die „trotz 16jähriger konsequenter Verfolgung [...] dem eigentlichen Ziel, der Wiedervereinigung, nicht nähergekommen" war, legte Karl Carstens, Staatssekretär im Auswärtigen Amt, im Oktober 1966 noch der Regierung Erhard vor: „Die entscheidende Schwierigkeit unserer Deutschland-Politik resultiert aus der veränderten weltpolitischen Gesamtlage. Anstatt einer Zurückdrängung des Kommunismus in Europa fordern die führenden Staatsmänner des Westens jetzt: Entspannung – Verständigung – Zusammenarbeit – Versöhnung zwischen der Sowjetunion und den anderen osteuropäischen Staaten einerseits und den Ländern der freien Welt andererseits. [...] Unsere bisherige Deutschland-Politik steht also nicht mehr mit der von den führenden westlichen Staaten verfolgten allgemeinen Ostpolitik im Einklang. [...] Unsere Deutschland-Politik führt uns in eine zunehmende Isolierung. [...] Unsere Deutschland-Politik behindert unsere außenpolitische Bewegungsfreiheit". Konkrete Lösungsvorschläge wusste aber auch Carstens nicht zu benennen.

Ebenso hatte Bundeskanzler Kiesinger zwar eine „neue Ostpolitik" angekündigt, und die Große Koalition erarbeitete Ansätze in Form allgemeiner Verhandlungsbereitschaft, auch über den Gegenstand des Gewaltverzichts und der Grenzen. Ihre Umsetzung gelang dieser Regierung, nicht zuletzt aufgrund sowjetischer Intransigenz, jedoch nicht. Mit einem neuen Maß an politischem Willen, Tatkraft und Konzessionsbereitschaft nahm hingegen die sozial-liberale Koalition die Ostpolitik in Angriff. Der bereits in Brandts Regierungserklärung artikulierte Verzicht auf die Hallstein-Doktrin löste die deutsche Außenpolitik aus ihrer elementaren Bindung an die deutsche Frage. Hatten bis dahin Fortschritte in der deutschen Frage als Voraussetzung für eine deutsche Beteiligung an Entspannung gegolten, so wurde dieses Verhältnis nunmehr umgekehrt. Damit verlor die deutsche Frage für die Bonner Außenpolitik an Bedeutung, die dadurch wiederum Handlungsspielräume gewann.

Konzeption der sozial-liberalen Ostpolitik

Das Fundament der sozial-liberalen Ostpolitik bestand aus mehreren Schichten; auch wurden innerhalb der SPD durchaus unterschiedliche Positionen bezogen. Für den westlich orientierten Realpolitiker Helmut Schmidt etwa bedeutete Entspannungspolitik die „Fortsetzung der Strategie des Gleichgewichts unter Hinzuziehung anderer Mittel" [283, S. 177]. Egon Bahr, Brandts Staatssekretär im Bundeskanzleramt, sah dies anders, und er war der *spiritus rector* der Ostpolitik im engeren Sinne.

Ein Fanal hatte er bereits im Juli 1963 mit seiner Rede in der Evangelischen Akademie in Tutzing mit dem Leitmotiv „Wandel durch Annäherung" gesetzt: die Vorstellung der „Überwindung des Status quo, indem der Status quo zunächst nicht verändert werden soll". Das Mittel dieser Politik war Spannungsabbau, ihr Ziel ging über Entspannung allein im Sinne eines *modus vivendi* und der Fortsetzung des Systemkonflikts mit anderen Mitteln hinaus, wie er im Juni 1968 als Leiter des Planungsstabs im Auswärtigen Amt in einer Denkschrift festhielt: eine „neue Ordnung" europäischer Sicherheit, in der die bestehenden Bündnisse durch ein mitteleuropäisches Sicherheitssystem ersetzt wurden, das die beiden deutschen Staaten, die Benelux-Staaten, die Tschechoslowakei und Polen umfassen und von den USA und der Sowjetunion garantiert werden sollte. In diesem System sollte, über die Sicherheitspolitik hinaus, auch die Unterscheidung zwischen kapitalistischen und kommunistischen Staaten überwunden werden. Die unterschiedlichen Gesellschaftssysteme sollten sich aufeinander zu bewegen und sich schließlich in einem „demokratischen Sozialismus" treffen.

Dieses Modell eines mitteleuropäischen Sicherheitssystems, das mit der europäischen Einigung sowie der engen Bindung der Bundesrepublik an Frankreich, die USA und die westliche Allianz nicht vereinbar war, hielt Bahr zwar gegenüber einem Weiterbestehen der Bündnisse für „zur Zeit nicht verwirklichbar." Doch es war mehr als ein bloßes Gedankenspiel, vielmehr eine untergründige Leitlinie. Auch Kissinger sah in der Bonner Ostpolitik – „obwohl Bahr ein Mann der Linken war, hielt ich ihn in erster Linie für einen deutschen Nationalisten, der Deutschlands zentrale Lage dazu nutzen wollte, mit beiden Seiten zu handeln" – langfristige Gefahren im Hinblick auf die bundesdeutsche Westbindung [215, S. 410f. u. 529f.].

In der konkreten Konstellation an der Wende von den sechziger zu den siebziger Jahren aber war diese Politik kompatibel sowohl mit den Mitteln als auch den kurz- und mittelfristigen Zielen der amerikanischen Entspannungs- und der westlichen Sicherheitspolitik. Vor diesem Hintergrund war es von nachgeordneter Bedeutung, dass die Bonner Regierung mit hohem Selbstbewusstsein ihre eigenen Akzente setzte und dem Führungsanspruch der US-Regierung, die zudem mit ihrem integralen Konzept jede Form selektiver Entspannung zu verhindern suchte, entgegenstand. Immerhin ist Kissingers Diktum gegenüber dem Staatssekretär im Auswärtigen Amt überliefert [181: FRANK, S. 287]: „Eines will ich Ihnen sagen, wenn schon Entspannungspolitik mit der Sowjetunion gemacht werden soll, dann machen *wir* sie!"

Zugleich waren in der von Brandt und Bahr getragenen Ostpolitik Differenzen mit der westlichen Sicherheitspolitik für den Fall angelegt, dass sich die weltpolitische Konstellation neuerlich änderte. Sie manifestierten sich innerhalb der SPD im Richtungskonflikt mit Helmut Schmidt um den NATO-Doppelbeschluss und gegenüber den westlichen Verbündeten in der sozialdemokratischen „Nebenaußenpolitik" der achtziger Jahre.

Von vornherein wohnten der Entspannungspolitik ungleiche Erwartungen ihrer Protagonisten und strukturelle Zielkonflikte inne: auf Bonner Seite die zwischen Anerkennung und schwer einzuschätzender Revision des Status quo oszillierende Konzeption Bahrs, auf Seiten Washingtons weltweite Real- und Stabilitätspolitik, womöglich „yet another in a long series of attempts to ‚contain' the power and influence of the Soviet Union" [342: GADDIS, S. 289], und in Moskau schließlich eine kaum kalkulierbare Kombination aus Konfirmation des Status quo und „paths of military self-aggrandizement" [381: SODARO, S. 262 u. 315] sowie Einflussgewinn vor allem in der Dritten Welt.

Zielkonflikte

Verhandlungen in Moskau Zunächst aber schlug die Regierung Brandt unmittelbar nach ihrer Bildung ein hohes ostpolitisches Tempo an. Bereits im Dezember 1969 nahm der deutsche Botschafter in Moskau Gespräche mit dem sowjetischen Außenminister Andrej Gromyko über ein deutsch-sowjetisches Gewaltverzichtsabkommen auf. Da die sowjetische Führung jedoch abermals auf ihren Maximalforderungen im Sinne einer weitest möglichen Anerkennung und Legalisierung des Status quo beharrte – die Anerkennung der Grenzen in Europa als unveränderlich (nicht nur als unverletzlich), die völkerrechtliche Anerkennung der DDR seitens der Bundesrepublik und ihren Verzicht auf den Wiedervereinigungsanspruch sowie die Trennung West-Berlins vom Bund –, kamen die Gespräche nicht voran. Daher schickte Brandt im Januar 1970 Egon Bahr nach Moskau, der offiziell nur vorläufige Gespräche führte, tatsächlich aber in 14 Unterredungen mit Gromyko, einem Gespräch mit Ministerpräsident Kossygin sowie zahlreichen weiteren „Formulierungsgesprächen" zwischen Januar und Mai 1970 – am Auswärtigen Amt vorbei – echte Vertragsverhandlungen führte. Am 20. Mai legte er in Bonn einen fertigen Vertragsentwurf vor, der als „Bahr-Papier" bekannt wurde.

„Bahr-Papier"

Die ersten vier Artikel dieses Papiers waren in Form eines Vertrages formuliert und stellten auch die Grundlage für den späteren Moskauer Vertrag dar. Im ersten Artikel bekannten die vertragschließenden Parteien, von der „bestehenden wirklichen Lage" in Europa auszugehen, den Status quo also vorauszusetzen und faktisch anzuerkennen. Der zweite Artikel legte den Gewaltverzicht im engeren Sinne fest, der dritte die Unantastbarkeit der bestehenden Grenzen in Europa; ausdrücklich wurden die innerdeutsche Grenze und die Oder-Neiße-Linie als Westgrenze Polens genannt.

Damit waren im Bahr-Papier bereits Gegenstände angesprochen, die weit über die rein sowjetisch-bundesdeutschen Belange hinausgingen. Zusätzlich hielt das Bahr-Papier eine grundsätzliche Übereinkunft zwischen Bonn und Moskau darüber fest, dass die Bundesrepublik Verträge mit Polen, der Tschechoslowakei und der DDR schließe, und benannte bereits die Grundlinien dieser Verträge. Während sich die entsprechenden Regierungen dadurch in ihrer Souveränität beschränkt, gar von dem bundesdeutsch-sowjetischen Akkord überrumpelt sahen, akzeptierte Bonn auf diese Weise den Führungsanspruch der Sowjetunion; mit dem Moskauer Schloss öffnete sie die Tür zum Gesamtpaket der Ostverträge.

Moskauer Vertrag

Im Bundeskabinett und erst recht bei der christdemokratischen Opposition regte sich unterdessen Unmut, Bahr habe voreilig zu viele Konzessionen gemacht, zumal Bahr offenkundig „in den Seitengesprächen recht gewagt und unkonventionell zu argumentieren pflegte" [361: LINK, S. 312]. Ende Juli reiste Walter Scheel nach Moskau, da es, allein schon aus protokollarischen Gründen, Sache des Außenministers war, die formalen Verhandlungen zu führen. Dabei wurde um Formulierungen und um Gewichtungen zwischen den Artikeln zum Gewaltverzicht und zu den Grenzen gerungen. Schließlich wurde eine so genannte „Brückenformulierung" gefunden, mit der die deutsche Konzession der

Grenzanerkennung als Bestandteil des Gewaltverzichts ausgewiesen und somit in ihrer Bedeutung etwas zurückgenommen wurde.

Nun verblieb das Problem der Aufrechterhaltung des von der Sowjetunion offiziell abgelehnten Wiedervereinigungsanspruchs, das schließlich eine detaillierte protokollarische Regelung fand. Die Bundesregierung übergab der sowjetischen Regierung bei der Vertragsunterzeichnung, die am 12. August 1970 in Moskau stattfand, einen Brief, der somit Bestandteil des Vertragswerkes wurde, ohne im Vertrag zu stehen. Die Bundesregierung hielt darin fest, dass der Moskauer Vertrag „nicht im Widerspruch zu dem politischen Ziel der Bundesrepublik Deutschland steht, auf einen Zustand des Friedens in Europa hinzuwirken, in dem das deutsche Volk in freier Selbstbestimmung seine Einheit wiedererlangt."

Der polnischen Regierung ging es in erster Linie um die deutsche Anerkennung der Oder-Neisse-Linie als Grenze zwischen Deutschland und Polen, über die die Bundesrepublik aber völkerrechtlich gar nicht verfügen konnte. Denn erstens war sie keine Grenze der Bundesrepublik, und zweitens berührte sie die Rechte der Vier Mächte in Bezug auf Deutschland als Ganzes. Dennoch musste sich die Bundesregierung aus politischen Gründen zur Grenzfrage äußern, die im Mittelpunkt der Verhandlungen und schließlich auch des Vertrages stand, der im Unterschied zum Moskauer Vertrag in erster Linie ein Grenz- und erst in zweiter Linie ein Gewaltverzichtsvertrag war: Bonn erkannte die „bestehende Grenzlinie", wie sie 1945 auf der Potsdamer Konferenz festgehalten worden war, als „westliche Staatsgrenze der Volksrepublik Polen" an und versicherte, „keinerlei Gebietsansprüche" gegen Polen zu haben. Dies bedeutete völkerrechtlich ein erhebliches Zugeständnis an den polnischen Vertragspartner, der sich indessen seinerseits unwillig zeigte, der Bundesregierung hinsichtlich ihres Anliegens der Rechte der nach 1945 in Polen verbliebenen Deutschen entgegenzukommen (so dass 1975/76 Nachverhandlungen erforderlich wurden).

Dennoch unterzeichnete Brandt am 7. Dezember 1970 den Warschauer Vertrag. Dass ihn dabei in erster Linie moralische Gründe leiteten, wurde nach der Unterzeichnung offensichtlich, als er wider die Gepflogenheiten des diplomatischen Protokolls vor dem Denkmal für die Opfer des Warschauer Ghettos niederkniete und somit – wenngleich diese Geste vor dem Denkmal für die jüdischen Opfer und nicht vor dem Denkmal für die Opfer des Warschauer Aufstandes auch polnische Verstimmungen hervorrief – die deutsche Schuld und die Verantwortung der Bundesrepublik für die Opfer des nationalsozialistischen Herrschaft in Europa zum Ausdruck brachte.

Einen dritten Vertrag schloss die Bundesrepublik im Dezember 1973 mit der Tschechoslowakei. Auch dieser Vertrag war formal ein Gewaltverzichts- und Grenzanerkennungsvertrag, wobei sich das besondere Problem des Münchener Abkommens von 1938 stellte. Nach langem Ringen, ob das Abkommen bereits von vornherein oder erst im Nachhinein für ungültig deklariert wurde – an dieser Formel hingen erhebliche Rechtsansprüche –, erklärten die Vertragspartner

Warschauer Vertrag

Prager Vertrag

das Münchener Abkommen mit einer Kompromissformel „im Hinblick auf ihre gegenseitigen Beziehungen nach Maßgabe dieses Vertrages als nichtig."

Konzessionen und Gewinne

Damit war das Tableau der Ostverträge im engeren Sinne abgerundet. Gewaltverzichts- und Grenzanerkennungsverträge von wenigen Artikeln waren die Form der faktischen Anerkennung des Status quo nach 1945 durch die Bundesrepublik: erstens die Anerkennung der Oder-Neisse-Linie als polnischer Westgrenze und somit des Verlustes der Ostgebiete; zweitens der DDR als Staat und somit der deutschen Teilung; und drittens der sowjetischen Hegemonie in Osteuropa. Diese Anerkennung lief den auf die Einheit der Nation bezogenen Interessen der Bundesrepublik zuwider und war der Preis, den Bonn für die Ostpolitik zahlte. „Die Bundesrepublik hat ihren Rubikon überschritten: Sie hat die Teilung Deutschlands akzeptiert und den Status quo in Europa besiegelt", konstatierte H. Kissinger nicht ohne Befriedigung [215, S. 533]. Zugleich hatte sie, wie Willy Brandt insistierte, nichts weggegeben, was nicht ohnehin verloren war.

„Aktive Anpassung der deutschen Politik an die Détente, die Haupttendenz der Internationalen Politik" [361: LINK, S. 313], Befreiung aus sich anbahnender Isolation und Harmonisierung mit der weltpolitische Lage verschafften der bundesdeutschen Außenpolitik zugleich neue Handlungsspielräume und auch deutschlandpolitisch die Möglichkeit, das Verhältnis zwischen beiden deutschen Staaten zu regulieren, einschließlich der so genannten „menschlichen Erleichterungen". Der greifbarste Gewinn für die Bundesrepublik lag unterdessen in einer vertragsrechtlichen Regelung, an der sie selbst formal gar nicht beteiligt war: einem Abkommen der Vier Mächte über Berlin, um den stets gefährdeten Status der Stadt, genauer: ihres westlichen Teils und dessen Bindung an die Bundesrepublik, zu sichern. Daher machte die Bundesregierung die Ratifizierung der Ostverträge auch vom Abschluss des Berlin-Abkommens abhängig.

Berlin-Abkommen

Über das Berlin-Abkommen wurde die Ost- und Deutschlandpolitik der Regierung Brandt auch vertraglich mit der internationalen Entspannungspolitik verbunden. Berlin, die Stadt unter Verantwortung der Vier Mächte in exponierter Insellage inmitten des Ostens, war der neuralgische Punkt sowohl im Verhältnis der Bundesrepublik zur DDR und zur Sowjetunion als auch zwischen den Blöcken. Die entscheidenden Probleme, die stets zu eskalieren drohten, waren weithin ganz praktischer Natur: die ungehinderte Zufahrt vom Bundesgebiet aus nach West-Berlin, die Versorgung der Stadt, schließlich die Frage der Präsenz der Alliierten in der Stadt, ihr völkerrechtlicher Status sowie ihre Verbindung zur Bundesrepublik.

Im März 1970 begannen die Verhandlungen zwischen den Vier Mächten, die USA setzten aber bald auf eine Taktik der Verhandlungsverzögerung. Dahinter stand erstens die Hoffnung, das Interesse der Sowjetunion an der Ratifizierung der bereits geschlossenen Ostverträge erhöhe ihre Konzessionsbereitschaft im Hinblick auf Berlin, und zweitens waren diese Verhandlungen zugleich ein treffliches Disziplinierungsinstrument gegenüber Bonn. Das Abkommen wurde am

3. September 1971 unterzeichnet, das Schlussprotokoll gar erst am 3. Juni 1972, so dass das Berlin-Abkommen und die dann ratifizierten Ostverträge zugleich in Kraft traten.

Faktisch schrieb das Abkommen den Zustand Berlins mit einigen Verbesserungen für West-Berlin fest: Berlin war auch weiterhin nicht konstitutiver Bestandteil der Bundesrepublik und wurde von ihr auch nicht regiert. Die „Bindungen" zwischen Berlin und der Bundesrepublik sollen aber „aufrecht erhalten und entwickelt werden". Uneinigkeit bestand dabei von vornherein, ob die im englischen bzw. französischen Vertragstext – einen deutschen Text gab es nicht – genannten „ties" bzw. „liens" in einem engeren (also westlichen) Sinne als politisch-rechtliche Bindungen oder in einem weiteren (sowjetischen) Sinne als primär technische Verbindungen verstanden werden sollten. Die Westmächte garantierten eine Einschränkung der Bundespräsenz in Berlin; Dienststellen und Gerichte des Bundes in West-Berlin waren jedoch weiterhin erlaubt. Konsularisch durften West-Berliner durch die Bundesrepublik vertreten werden. Schließlich garantierte die Sowjetunion den ungehinderten Landzugang, d. h. Transitverkehr von der Bundesrepublik nach West-Berlin.

Das Berlin-Abkommen war keine definitive Lösung, sondern ein *modus vivendi*, vor allem aber, wie US-Botschafter Rush anlässlich der Unterzeichnung feststellte, „an agreement whose purpose is, through practical improvements, to benefit people, not national interests" [76, S. 1151]. Ebendieser Anspruch galt nicht zuletzt für die Deutschlandpolitik der Bundesrepublik. Ihr Interesse an einer vertraglichen Übereinkunft lag darin, überhaupt Regelungen für den Umgang mit der DDR zu haben, den Kontakt zwischen den Deutschen in Ost und West zu ermöglichen und zu verstärken, sowie in weitest möglichen Erleichterungen für die von der Teilung betroffenen Menschen.

Deutschlandpolitik

Parallel zu ihren Gesprächen mit Moskau und Warschau nahm die Regierung Brandt offiziellen Kontakt auch zur Regierung der DDR auf. Zwei Spitzenbegegnungen zwischen Brandt und Willi Stoph, dem Ministerpräsidenten der DDR, im März und im Mai 1970 führten jedoch eher zu Konfrontation als zu Verständigung. Die Bundesregierung zog daraus die Konsequenz, eine deutsch-deutsche „Denkpause" einzulegen und erst mit Moskau zu einer Einigung zu kommen. Ende November 1970, nach Abschluss des Moskauer Vertrages, nahmen die beiden Unterhändler Egon Bahr und Michael Kohl vertrauliche Gespräche auf, die in engem Zusammenhang mit den Verhandlungen um das Berlin-Abkommen standen.

Deutsch-deutsche Gespräche

Denn flankierend zum Berlin-Abkommen waren vertragliche Regelungen zwischen den beiden deutschen Staaten zu treffen: ein Post-Protokoll regelte erstmals die Post- und Fernmeldeverbindungen zwischen Bundesrepublik und DDR sowie zwischen West-Berlin und der DDR; hinzu kamen im Dezember 1971 eine Vereinbarung zwischen dem West-Berliner Senat und der DDR-Regierung über Reise- und Besucherverkehr zwischen der DDR und West-Berlin sowie insbesondere das Transitabkommen zwischen der Bundesrepublik und der

DDR, das den Straßen- und Eisenbahnverkehr über die Transitstrecken von und nach West-Berlin regelte, schließlich im Mai 1972 ein deutsch-deutscher Verkehrsvertrag. Das Abkommen nach internationalen Standards zu schließen, bedeutete ein protokollarisches Entgegenkommen der Bundesrepublik. Dem stand als Gewinn für Bonn eine Verbesserung der Beziehungen zwischen den Deutschen beider Staaten gegenüber; die Zahl der DDR-Reisen von Westdeutschen stieg im darauf folgenden Jahr von 1,4 auf 2,3 Millionen.

Grundlagenvertrag

Als der eigentliche Grundlagenvertrag am 8. November, kurz vor der Bundestagswahl 1972, paraphiert und am 21. Dezember 1972 unterzeichnet wurde, traf die Bundesrepublik mit der DDR eine vertragliche Regelung nach den Grundsätzen des Völkerrechts, ohne sie indes völkerrechtlich voll anzuerkennen. So wurden auch keine üblichen diplomatischen Beziehungen über den Austausch von Botschaftern aufgenommen, sondern „Ständige Vertretungen" der DDR in Bonn und der Bundesrepublik in Ost-Berlin eingerichtet – mit denen die Beziehungen zwischen den deutschen Staaten überhaupt erst eine institutionelle Grundlage bekamen. Staatsangehörigkeitsfragen hingegen wurden nicht geregelt, und die Bundesrepublik erkannte bis zum Schluss eine eigenständige Staatsangehörigkeit der DDR nicht an. Beide deutsche Staaten verpflichteten sich zudem zum Beitritt zu den Vereinten Nationen, und somit gewann die DDR endgültig Zugang zu den internationalen Organisationen ohne den Widerstand der Bundesrepublik.

Mit dem Austausch von politischer Anerkennung durch die Bundesrepublik und avisierten, nicht aber formell zugesicherten und verlässlichen humanitären Konzessionen für ihre eigenen Bürger im Bereich der Familienzusammenführung, der Reisen und beim privaten Warenverkehr durch die DDR-Führung prägten beide Regierungen ein Muster deutsch-deutscher Regierungsbeziehungen aus, die in den folgenden beinahe zwei Jahrzehnten vor allem durch materielle Leistungen der Bundesrepublik angereichert wurden.

Bilanz

Die Ostpolitik hatte, wie Egon Bahr selbst im Februar 1972 bilanzierte, „das Schiff vor den Wind der weltpolitischen Entwicklung" gebracht. Das Arrangement mit dem Status quo bedeutete eine Harmonisierung mit der weltpolitischen Lage, die für die Bundesrepublik als „strukturell abhängiges System" [417: HAFTENDORN, S. 13] von essenzieller Bedeutung war. Nur in solcher Übereinstimmung insbesondere mit den westlichen Verbündeten eröffneten sich der Bundesrepublik die einer Mittelmacht möglichen Handlungsspielräume.

Dabei rückte die Wiedervereinigung auf der internationalen und nun auch auf der deutschen Agenda nach unten. Eine Alternative gab es nicht. Die deutsche Frage konnte erst wieder akut werden, wenn die weltpolitische Lage sich änderte. Dies aber lag – entgegen manchen Vorstellungen in Deutschland – nicht in deutscher Hand. Ihr oblag es lediglich, Rechtsansprüche zu wahren. Dies geschah nicht zuletzt aufgrund eines Urteils des vom Freistaat Bayern angerufenen Bundesverfassungsgerichts im Juli 1973: zwar ließ es den Grundlagenvertrag als verfassungskonform passieren, schrieb aber zugleich die tradierten Rechtspositionen der Bundesrepublik – namentlich den Wiedervereinigungsanspruch des Grundgesetzes unter Ablehnung einer definitiven Anerkennung der DDR und ihrer Staatsbürgerschaft – fest und engte somit die Spielräume für weiteres Entgegenkommen gegenüber der DDR ein.

Ein anderer Bilanzposten betrifft die Vorstellung vom „Wandel durch Annäherung", konkret von der „Liberalisierung durch Stabilisierung" der DDR. Diese Hoffnung erwies sich als illusorisch, die Entwicklung ging gar in die entgegengesetzte Richtung: Selbsterhaltung und zugleich „neurotische Existenzangst [...] hinter dem zur Schau gestellten Selbstbewusstsein" [300: KIELMANSEGG, S. 538] trieben die DDR-Führung, die Annäherung zu kompensieren. „Eskalation der Abgrenzung war die hässliche Zwillingsschwester der Öffnung zur Bundesrepublik" [348: GARTON ASH, S. 280]. Das Ergebnis war, jedenfalls bis in die späteren achtziger Jahre, Stabilisierung ohne Liberalisierung. Aber das Verhältnis zur DDR, die sich von der Bundesrepublik Erleichterungen für ihre eigene Bevölkerung abkaufen ließ und von der die Bundesrepublik sich in den elementaren Grundlagen des Verständnisses von Staat und Gesellschaft unterschied, war grundsätzlich so ambivalent, dass befriedigende Lösungen oder ein sich rechnendes Verhältnis von Leistungen und Gegenleistungen ohnehin außer Reichweite lagen. Mit Egon Bahrs Worten: „Früher hatten wir gar keine Beziehungen zur DDR, jetzt haben wir wenigstens schlechte".

3. INNERE REFORMEN

Reformen sollten, so der zeitkonforme Anspruch der neuen Regierung, nicht bloße Einzelmaßnahmen sein, sondern in großem Zusammenhang rational und mit sozialwissenschaftlichen Methoden gesteuert werden. Dieser Aufgabe verschrieb sich vor allem Horst Ehmke mit einem „Vorhaben-Erfassungssystem" im personell erheblich aufgestockten Bundeskanzleramt: „Seit Anfang 1970 melden die Ressorts monatlich auf Datenblättern dem Bundeskanzleramt die Projekte, die von allgemeiner politischer oder finanzieller Bedeutung sind. Die in den Datenblättern enthaltenen Informationen werden mit Hilfe eines Elektronenrechners aufgelistet und dann sofort *allen* Ressorts zugänglich gemacht. Sie enthalten verwaltungstechnische Daten, inhaltliche Merkmale, wie Bezeichnung und Beschreibung des Vorhabens; Bezüge zum internen Arbeitsprogramm der Regierung, Bezüge zur Europäischen Gemeinschaft, politische Bedeutung, Öffentlichkeitswirksamkeit; Finanzdaten, wie Auswirkungen auf den Bundeshaushalt, auf andere öffentliche Haushalte und auf Preise; schließlich Daten zu Art und Verfahren der Durchführung des Vorhabens samt Zeitplanung zur regierungsinternen und parlamentarischen Behandlung" [EHMKE in: Die ZEIT vom 17. Dezember 1971, S. 42]. Die gesamte Reformpolitik wurde vom optimistischen Glauben an die Möglichkeit der umfassenden und langfristigen, auf 15 und mehr Jahre angelegten Planung und Gestaltung der Zukunft angetrieben, an

Reformplanung

„eine ‚neue Qualität' von Politik, [...] die die Veränderungen der Gesellschaft mitgestaltet, statt sie nur zu erleiden" [172: EHMKE, S. 116].

Bildungspolitik Der Ausbau des Bildungswesens war bereits seit den sechziger Jahren im Gange – im Bereich der Hochschulen vor allem durch Vergrößerung bzw. Neugründungen von Universitäten wie Bochum und Konstanz – und wurde zunächst von einem überparteilichen Konsens getragen. So waren 1969 auch die Gemeinschaftsaufgaben zwischen Bund und Ländern – Ausbau und Neubau von Hochschulen und angehörigen Kliniken, Forschungsförderung und die so zeittypische Bildungsplanung – eingerichtet worden, wobei dem Bund die Zuständigkeit für „allgemeine Grundsätze des Hochschulwesens" oblag. Das Hochschulbauförderungsgesetz von 1971 ebenso wie das Bundesausbildungs- und das Graduiertenförderungsgesetz von 1972 beförderten eine erhebliche Ausweitung, ja Explosion der Kapazitäten und sehr viel mehr noch der Zahl der Schüler auf höheren Schulen und Studenten sowie der Lehrer und Dozenten.

Allseitiger Konsens hatte darüber geherrscht, dass primär quantitative Reformen im Zusammenhang des technischen, wirtschaftlichen und sozialen Wandels notwendig waren. Kontroverses Potenzial lag indessen in einem zweiten, inhaltlichen und gesellschaftspolitischen Motivstrang von auf Gleichheit zielenden, kritisch-emanzipatorischen Bildungs- bzw. Lernzielen, der bereits im Zusammenhang der Studentenproteste von 1968 und der hohen, dezidiert gesellschaftspolitischen Ansprüche der sozial-liberalen Koalition sichtbar geworden war. Als die Bundesregierung 1970 von den Vorgaben abwich, die der Bildungsrat in seinem „Strukturplan für das deutsche Bildungswesen" gemacht hatte, war das Ende der bildungspolitischen Gemeinsamkeiten gekommen. Zu Beginn der siebziger Jahre entlud sich ein zuweilen „fanatisch geführter Kulturkampf" [283: JÄGER, S. 137]. Gesamtschule und Orientierungsstufe, Lehrerbildung und Hochschulmitbestimmung standen im Zentrum einer polarisierten Bildungsdiskussion. Sie fokussierte sich in der Auseinandersetzung um die hessischen Rahmenrichtlinien für Deutsch und Gesellschaftslehre aus dem Jahr 1972, die schulische Lernziele auf dem Prinzip von Kritik und Konfliktaustrag zwecks Veränderungen in Politik, Wirtschaft und Gesellschaft gründeten.

„Auf der linken Seite wurde man radikaler, auf der rechten reformscheuer" [300: KIELMANSEGG, S. 381]. Die Bundesländer zogen die Bildungspolitik wieder an sich und betrieben sie weithin eigenständig; statt der 1970 eingerichteten Bund-Länder-Kommission für Bildungsplanung wurde die schwerfällige Konferenz der Kultusminister wieder zum entscheidenden bildungspolitischen Forum oberhalb der Länder. Der Bildungsrat wurde 1974 aufgelöst, das Hochschulrahmengesetz von 1975 bedeutete einen wenig scharf gezeichneten Kompromiss. Die Bildungsdiskussion lief sich fest.

Mitbestimmung Über Bildung hinaus bedeutete „soziale Demokratie" gesellschaftliche Teilhabe vor allem im Hinblick auf Mitbestimmung ebenso wie im materiellen Sinne. Die Ausweitung von Mitbestimmung zielte, über die von allen Parteien unterstützte Senkung des Wahlalters auf 18 Jahre hinaus, weniger auf die staatlich-institutionelle als vielmehr auf die sozial-ökonomische Dimension. Das Betriebsverfassungsgesetz von 1972 erleichterte den Gewerkschaften den Zugang zu den Betriebsräten, deren Rechte in personellen und sozialen Angelegenheiten zugleich erweitert wurden. Vorerst ausgeklammert blieb hingegen das besonders umstrittene Problem der Arbeitnehmermitbestimmung. Die gewerkschaftliche Forderung zielte, nach dem Vorbild des Montanmitbestimmungsgesetzes von 1951, auf paritätische Mitbestimmung – d. h. gleichberechtigte Vertretung von Arbeitnehmern und Kapitaleignern – in den Aufsichtsräten von Unternehmen mit mehr als 2000 Beschäftigten. Eine noch von der Großen Koalition eingesetzte Sachverständigenkommission empfahl 1970, die Zahl der Arbeitnehmervertreter zu erhöhen, den Anteilseignern aber ein Übergewicht zu belassen. Die Diskussion konzentrierte sich schließlich auf die Frage, ob die (in der Praxis zur Arbeitgeberseite tendierenden) leitenden Angestellten als eigene Gruppe auf der Seite der Arbeitnehmervertreter angerechnet würden, was die Gewerkschaften ablehnten.

Nachdem 1974 mit dem Personalvertretungsgesetz das Pendant für den Öffentlichen Dienst verabschiedet worden war, beschloss der Bundestag schließlich im März 1976 mit großer Mehrheit einen Kompromiss: Im Aufsichtsrat von Unternehmen mit mehr als 2000 Arbeitnehmern – betroffen waren etwa 650 Unternehmen – sollte zahlenmäßige Parität zwischen Belegschaftsvertretern und Anteilseignern bestehen, wobei mindestens ein leitender Angestellter auf Seiten der Arbeitnehmervertreter gezählt wurde; zudem besaß der Aufsichtsratsvorsitzende in Pattsituationen eine zweite Stimme. Schließlich erhielten die Gewerkschaften nicht das Recht zur Delegation, sondern zum Vorschlag von Vertretern. Was den einen zu wenig, war den anderen zu viel. Die Arbeitgeberverbände klagten wegen Verletzung des Rechts auf Eigentum beim Bundesverfassungsgericht, das allerdings „ein leichtes Übergewicht" der Arbeitgeberseite konstatierte und das Gesetz für verfassungskonform erklärte. Im Gegenzug zur Klage kündigten die Gewerkschaften die „Konzertierte Aktion" auf, die von der Großen Koalition zur konsensualen und koordinierten Regulierung der Arbeitsbeziehungen zwischen den Tarifpartnern unter Vermittlung des Staates eingerichtet worden war.

Mitbestimmungsgesetz

Soziale Demokratie als materielle Partizipation bedeutete vor allem Expansion des Sozialstaats – von der Korrektur sozialer Defizite über den Ausbau sozialer Sicherheit in Richtung umfassender Versorgung und der Befriedigung vielfältiger Bedürfnisse bis hin zur Gesellschaftspolitik mit dezidiert sozialplanerischem Anspruch.

Ausweitung des Sozialstaats

Mit der Rentenreform von 1972 wurden die Leistungen und der Kreis der Berechtigten der staatlichen Alterssicherung ausgeweitet: durch eine Erhöhung des allgemeinen Rentenniveaus und die Einführung einer Mindestrente, die Öffnung für Selbstständige und Hausfrauen zu günstigen Beitrittsbedingungen sowie durch die flexible Altersgrenze. Derselbe Mechanismus kam in der gesetzlichen Krankenversicherung zum Tragen: durch die Einbeziehung von Landwirten und

Renten- und Krankenversicherung

Studenten sowie durch die Ausweitung der Leistungen auf die Kosten für Früherkennung von Krankheiten und Rehabilitation oder, so das „Gesetz zur Verbesserung von Leistungen in der gesetzlichen Krankenversicherung" von 1973, auf unbegrenzte Krankenhauspflege und Anderes.

Finanzierbarkeit

Die „riskante Grundsatzentscheidung" [596: SCHMIDT, S. 98] dieser in der Summe ihrer Kosten erheblichen Maßnahmen – hinzu kamen erhöhte direkte Sozialleistungen wie etwa Kinder- und Wohngeld sowie die Kriegsopferrenten – lag in dem Umstand, dass eine Rezession oder auch nur rückläufige Wachstumsraten zu einer Schmälerung der Einnahmen bei zugleich erhöhter Inanspruchnahme der sozialen Sicherungssysteme führten. Voller Optimismus angesichts hoher Wachstumsraten zu Beginn der siebziger Jahre indes (Ähnliches wiederholte sich zwanzig Jahre später), wurden die sozialen Leistungsansprüche strukturell von der finanziellen Leistungskraft abgekoppelt. Die Sozialleistungsquote (das Verhältnis aller Sozialleistungen zum Bruttosozialprodukt; dabei unterscheiden sich verschiedene Berechnungen im Modus, aber nicht in der Tendenz) stieg von 24,6% im Jahr 1965 über 25,7% im Jahr 1970 auf 33,7% weitere fünf Jahre später an.

Rücktritt Möllers und Schillers

Weil er die von ihm für nötig gehaltene Stabilitätspolitik nicht mehr gewährleistet sah, trat Finanzminister Möller nach schweren Auseinandersetzungen im Kabinett im Mai 1971, bereits 18 Monate nach der Regierungsbildung, zurück. Auch sein Nachfolger Schiller, nunmehr als „Superminister" für Wirtschaft und Finanzen, konnte sich gegenüber den vielfältigen Ausgabenwünschen nicht durchsetzen, während doch die gerade von ihm vertretene keynesianische Globalsteuerung, um zu funktionieren, in Zeiten der Hochkonjunktur Ausgabenbeschränkungen voraussetzte. Im Juli 1972 trat auch er zurück.

Rechtspolitik

Ein Gebiet umfangreicher Reformtätigkeiten, weitgehend in den Bahnen der Großen Koalition bzw. des Justizministers Gustav Heinemann, war die Rechtspolitik. Die Strafrechtsreform richtete den Strafvollzug an der Leitidee der Verhinderung der Sozialschädlichkeit und Resozialisierung des Täters anstelle von Vergeltung und Sühne aus.

Ehe- und Familienrecht

Das 1976 nach langer Vorbereitung verabschiedete Ehe- und Familienrecht diente dem Ziel der rechtlichen Gleichstellung der Ehepartner und verbesserte in der Praxis vor allem die Stellung der Frauen. Es sah das gegenseitige Einvernehmen der Ehepartner über die Führung des Haushalts vor, statt wie bis dahin den Ehemann zum finanziellen Unterhalt und die Ehefrau primär zur Haushaltsführung zu verpflichten. Das Namensrecht schaffte die automatische Geltung des Namens des Ehemannes als gemeinsamen Familiennamens zugunsten der freien Wahl zwischen beiden Namen und der Möglichkeit der Führung von Doppelnamen ab. Das Unterhalts- und Sorgerecht im Fall von Ehescheidungen schließlich verschob die Kriterien vom Schuldprinzip zur sozialen Dimension, indem es die Unterstützung des wirtschaftlich schwächeren durch den stärkeren Partner (statt der Unterhaltsverpflichtung des verschuldenden Teils) und die Aufteilung der während der Ehe erworbenen Versorgungsansprüche verfügte.

Im Sexualstrafrecht wurden Ehebruch und Homosexualität als Straftatbestände abgeschafft. Die umstrittenste aller Maßnahmen war die Änderung des § 218 StGB über die Strafbarkeit von Abtreibungen. 1974 beschloss der Bundestag mit der sog. „Fristenlösung" die Straffreiheit einer Abtreibung bis zum Ende des dritten Monats nach der Empfängnis. Das daraufhin von den unionsregierten Ländern angerufene Bundesverfassungsgericht verwarf die Fristenlösung im Februar 1975 jedoch als grundgesetzwidrig, da das Gesetz „der verfassungsrechtlichen Verpflichtung, das werdende Leben zu schützen, nicht in dem gebotenen Umfang gerecht geworden" sei, „weil es dieses Leben der völlig freien Verfügungsgewalt der Frau ausliefert". Daraufhin verabschiedete der Bundestag eine weit gefasste Indikationenlösung, die eine straffreie Abtreibung von bestimmten Indikationen (wie der Gefährdung des Lebens von Mutter oder Kind, aber auch einer mutmaßlichen sozialen Notlage der Mutter) abhängig machte.

Abtreibung

„Die erste sozial-liberale Regierung hat viele einzelne Reformvorhaben verwirklicht", bilanzierte Horst Ehmke nach gut zwanzig Jahren, „mehr als irgendeine Regierung vor oder nach ihr […]. Aber das Ganze blieb Stückwerk" [172, S. 116]. In der Tat: die sozial-liberale Regierung nahm außergewöhnlich viele, teils dringend überfällige Reformmaßnahmen in Angriff, nicht mit einem *grand design*, aber in einer ganz eigenen Mischung aus rational-technokratischem Planungsdenken, emanzipationsorientierter Modernisierung und gewerkschaftlichen Anliegen unter dem Leitmotiv der „sozialen Demokratie" als möglichst breiter, allgemeiner gesellschaftlicher Teilhabe.

Bilanz der Reformen

Ihre Realisierung blieb schließlich hinter den 1969 geweckten Erwartungen in eine „breit angelegte, konsistente Reformpolitik" (Ehmke) zurück. Allerdings gingen die aus den planungsorientierten Machbarkeitsvorstellungen, der Modernisierungsideologie der sechziger Jahre erwachsenen Ansprüche von vornherein über das für Politik Machbare hinaus. Das Hauptproblem der Reformpolitik lag unterdessen, wie sich insbesondere nach 1973 herausstellte, in der (auf allen Seiten des politischen Spektrums herrschenden) mangelnden Rücksicht auf die Finanzierbarkeit. In Helmut Schmidts Kanzlerschaft wurde vieles schlichtweg abgebrochen; doch die Folgekosten waren irreversibel.

Nicht indes die Enttäuschung zu hoch gespannter Hoffnungen brachte die Regierung zunehmend in Schwierigkeiten, sondern koalitionspolitische Entwicklungen im Zusammenhang mit der Außenpolitik. Insbesondere die Ostpolitik mit ihrer faktischen Anerkennung des Status quo sowohl hinsichtlich des Verlustes der deutschen Ostgebiete als auch der deutschen Teilung hatte die Angehörigen des national-liberalen Flügels der FDP, die schon 1969 der Koalition mit der SPD widerstrebt hatten, der Regierung weiter entfremdet. Mehrere Übertritte zur CDU/CSU hatten die Mehrheit der Regierung Brandt schmelzen lassen und kehrten sie schließlich im April 1972, während des parlamentarischen Ratifizierungsverfahrens der Ostverträge, in eine Minderheit um. So wagte die Union das erste konstruktive Misstrauensvotum in der Geschichte der Bundesrepublik. Entgegen den Erwartungen und der Siegeszuversicht der Union fehl-

Konstruktives Misstrauensvotum und Neuwahlen 1972

ten ihrem Kandidaten Rainer Barzel jedoch am 27. April 1972 zwei Stimmen zur erforderlichen Mehrheit. Schon zeitgenössisch wogten aufgeregte Spekulationen über gegenseitige, jedenfalls versuchte Abwerbungen und Bestechungen. Entscheidend war, nach allem, was bekannt ist, dass zwei Unionsabgeordnete Geld – 50 000 DM – von der SPD und vom Ministerium für Staatssicherheit der DDR bekamen.

Brandt blieb zwar Kanzler, aber er hatte, wie sich einen Tag nach dem Misstrauensvotum bei der Abstimmung über den Kanzleretat im Haushalt zeigte, weiterhin keine Mehrheit. So stellte er dem Parlament die Vertrauensfrage, die er am 22. September 1972 absichtlich verlor, so dass der Bundespräsident den Bundestag auflöste und für den 19. November Neuwahlen ansetzte. Sie wurden zum Triumph für SPD und FDP und nicht zuletzt für Brandt und Scheel – die SPD verstärkte sich abermals um 3,1 Prozentpunkte auf 45,8% und wurde erstmals stärkste Fraktion im Bundestag, die FDP verbesserte sich wieder auf 8,4% –, während die Union und ihr Spitzenkandidat Barzel nach dem gescheiterten Misstrauensvotum mit einem Rückgang auf 44,9% eine abermalige schwere Niederlage hinnehmen mussten.

Wahlen zum 7. Deutschen Bundestag 1972

4. Ernüchterung und Zäsur: Das Krisenjahr 1973

Das Jahr 1973 wuchs sich für die gesamte westliche Welt zu einem *annus horribilis* aus. Am unmittelbarsten zu spüren waren die Unannehmlichkeiten im Bereich der ökonomischen Entwicklung. Schon seit einigen Jahren hatte die Währungsordnung den einzelnen Volkswirtschaften erhebliche Probleme bereitet. Zahlungsbilanzdefizite der US-amerikanischen Volkswirtschaft im Gefolge des Vietnam-Krieges hatten den Dollar unter Druck gebracht und seit den späten sechziger Jahren zu Krisen um Währungsanpassungen im Bretton-Woods-System stabiler Wechselkurse geführt. Schon 1971 hatten die einzelnen Regierungen zu dramatischen Maßnahmen gegriffen – etwa die vorübergehende Freigabe des DM-Wechselkurses durch die Bundesregierung im Mai oder die unilaterale Lösung des Dollar vom Gold durch die Regierung Nixon im August –, aber keine tragfähige gemeinsame Lösung gefunden. Vielmehr hatten die USA ihre extrem expansive Geldpolitik fortgesetzt, in deren Folge die Schwäche des Dollar mehr als einmal zu einem Run auf die D-Mark führte und massive Devisenzuflüsse die (ohnehin in der Hochkonjunktur angelegte, obendrein durch die Expansion der Staatsausgaben beförderte) Inflation in der Bundesrepublik anheizten.

Zusammenbruch der Weltwährungsordnung

Neuerliche akute und verstärkte Kapitalbewegungen brachten das nicht genügend flexible System endgültig zum Einsturz, als sechs europäische Regierungen (und darunter maßgeblich die Bundesregierung) am 19. März gemeinsam den Dollarkurs freigaben und ihre Währungen somit von der amerikanischen Leitwährung lösten. Kurzfristigen Erleichterungen durch die Lösung aus den starren Bindungen, die immer wieder zu Anpassungskrisen führten, standen indessen langfristig größere Instabilitäten und Turbulenzen gegenüber. Vor diesem Hintergrund ging die Bundesbank zu einer scharf restriktiven, stabilitätsorientierten Geldpolitik über.

Dies war nicht der einzige ökonomische Schock, den das Jahr 1973 für die westlichen Industrieländer bereithielt. Nachdem am 6. Oktober 1973 der vierte Nahostkrieg zwischen Israel und seinen Nachbarn ausgebrochen war, der sich bald zugunsten Israels neigte, das vor allem von den USA unterstützt wurde, griffen die erdölexportierenden arabischen Staaten zum Öl als Waffe. Sie verhängten einen Lieferboykott gegen die USA und die Niederlande, der bald auch auf die anderen westlichen Länder ausgedehnt und um eine drastische Drosselung der Fördermenge in Verbindung mit einer erheblichen Anhebung der Preise ergänzt wurde. In der Bundesrepublik beschleunigte und verstärkte die Verteuerung des Erdöls den Preisaufschwung, einen sich ohnehin abzeichnenden Konjunkturabschwung sowie den beginnenden Anstieg der Arbeitslosigkeit: Die Inflation stieg von 2,1% im Jahr 1969 auf 7% im Jahr 1973, das Wirtschaftswachstum betrug zwar 1973 noch 4,8%, fiel aber im darauffolgenden Jahr schroff auf null ab, und die Zahl der Arbeitslosen bewegte sich von 179 000 im Jahr 1969 auf 582 000 im Jahr 1974 und überstieg ein Jahr später die Millionengrenze.

Dahinter steckte eine Trendwende weit über den konkreten Konjunktureinbruch hinaus, die auch nicht nur durch den Einsturz dieser beiden Pfeiler, die den Boom der Nachkriegszeit getragen hatten, herbeigeführt wurde: ein struktureller gesamtwirtschaftlicher Übergang von hohen Wachstumsraten und Vollbeschäftigung zu „Stagflation" – hoher Inflation bei niedrigen oder gar negativen Wachstumsraten – und Arbeitslosigkeit, vom „goldene[n] Zeitalter" zur „Ära der langfristigen Schwierigkeiten" [295: HOBSBAWM, S. 20 u. 24].

Aber der Einschnitt beschränkte sich nicht nur auf das Ökonomische, sondern ging auch tief in die sozialkulturelle Entwicklung, die politische Kultur hinein: er markierte das Ende der allgemeinen Modernisierungsideologie. Ihr Symbol im Bereich der Politik war seit den späten sechziger Jahren die der Konjunkturplanung verschriebene, keynesianische „Globalsteuerung" . War ihr 1967 die schnelle Überwindung der Rezession zugerechnet worden, so zeigte sich Anfang der siebziger Jahre, dass die „Globalsteuerung" der schweren Wirtschafts- und Währungsturbulenzen nicht Herr zu werden vermochte. Dahinter steckten strukturelle Mängel des Konzepts. Es rechnete erstens nicht mit dem seit den sechziger Jahren zu beobachtenden Phänomen des „jobless growth", des Wachstums ohne Beschäftigungszuwachs, das die konjunkturpolitischen Impulse auf Beschäftigungsseite verpuffen ließ. Der staatlichen Ausgabentätigkeit mangelte es zweitens an der für die gewünschte Steuerung notwendigen Flexibilität und Effektivität. Drittens ließ sie sich nicht hinreichend implementieren, weil die Ausgabentätigkeiten der einzelnen staatlichen Ebenen nur mangelhaft koordinierbar waren, was viertens auch fehlender zureichender politischer Umsetzbarkeit gerade der Reduzierung staatlicher Ausgabentätigkeit in Zeiten der Hochkonjunktur geschuldet war.

Als 1973 eine angesichts des bisherigen Booms restriktive Finanzpolitik in Verbindung mit der Antiinflationspolitik der Bundesbank Konjunkturdämpfung in den beginnenden Abschwung hinein praktizierte, galt – ungeachtet der Frage, ob die Instrumente nur falsch bedient worden oder generell unzureichend seien – die Unzulänglichkeit der Globalsteuerung als erwiesen. Mit dem Umschlag von 1973 schwand auch der Glaube an die Steuerbarkeit des ökonomischen Systems und die dementsprechende Kompetenz des politisch-administrativen Systems überhaupt. Der ambitionierte Versuch der Politik- und Reformplanung jedenfalls „lief sich fest" und war bereits 1972, wie selbst Horst Ehmke selbstkritisch feststellte, „gescheitert, bevor er noch richtig begonnen hatte" [172, S. 116]; Helmut Schmidt kam darauf nicht mehr zurück. Zugleich ging die hohe Zeit der (sozial-) wissenschaftlichen Politikberatung und der Räte – vom Konjunkturrat bis zum Bildungsrat – zu Ende.

Scheitern der Politik- und Reformplanung

All dies steht in einem allgemeineren Zusammenhang, der in Ansätzen bereits von den Zeitgenossen gespürt und, nach dem Titel eines Kongresses in München 1974, unter dem Begriff „Tendenzwende" diskutiert wurde, wobei dieses Schlagwort eine „konservative" Wende etikettieren sollte. Sie war indessen politisch keineswegs eindeutig zuordnenbar, sondern vielmehr – unter Verkehrung überkommener Fronten von „progressiv" und „konservativ" – eine „Tendenzwende" auch „der Linken gegen sich selbst […], wo sich doch bislang Sozialismus und Fortschritt aufs Engste verbunden sahen" [283: BRACHER, S. 347].

„Tendenzwende"

In der Tat ging es im Umfeld des Jahres 1973 um mehr als eine bloß politische Richtungsänderung, sondern vielmehr um einen allgemeinen Kulturschock, in dessen Zusammenhang ein Begriff wie die „Grenzen des Wachstums" (so der Titel eines Berichts an den Club of Rome 1972) erst seine Signifikanz entfalten konnte: eine grundsätzliche Wende gegen den Glauben an uneingeschränkte Machbarkeit, gegen technokratische Zukunftsplanung und auch gegen die unhinterfragte Orientierung an wirtschaftlichem Wachstum. An die Stelle von Rationalismus und Planbarkeit traten Kontingenz und Eigendynamik, an die Stelle der Steuerbarkeit der Welt trat ihre Unbeherrschbarkeit.

Krise und Umschlag der Modernisierungsideologie

Weithin leere Straßen an vier von der Bundesregierung verordneten autofreien Sonntagen im November und Dezember 1973 wurden zum Symbol der Abhängigkeit und Verletzlichkeit der westlichen Industrienationen anstatt der Verlässlichkeit immerwährenden Wachstums. Und an die Stelle von Modernisierungseuphorie und Zukunftsoptimismus traten Zivilisationsskepsis und Zukunftsangst um das Überleben, wie sich zeigte, als sich die öffentlichen Diskussionen in den späten siebziger Jahren auf Themen wie Umweltzerstörung, die Risiken der Kernkraft und einen zivilisationsauslöschenden Atomkrieg kaprizierten und in den „Neuen sozialen Bewegungen" formierten.

Architektur und Städtebau

Diese Krise der Modernisierungsideologie war zugleich ein zentraler Ansatzpunkt der Postmoderne mit ihrer Abkehr von funktionalistischem Rationalismus und einheitlichen Großformen zugunsten radikaler Pluralisierung. Die Energiekrise von 1973 und ihr gesamter Kontext stellten eine Zäsur in der Geschichte von Architektur, Stadtplanung und Siedlung dar. Die industriell-standardisierten Großsiedlungen an den Peripherien der Städte (wie etwa das Märkische Viertel oder die Gropiusstadt in Berlin, Köln-Chorweiler oder München-Neuperlach), ebenso am Reißbrett entworfene Campusuniversitäten wie die 1967 fertiggestellte Universität Bochum oder Großkrankenhäuser wie das 1969 begonnene Klinikum in Aachen gerieten nunmehr als „Containerarchitektur" und „Klötzchenstadt" in die Kritik. Und nicht zuletzt unter dem Einfluß aufkommender lokaler Bürgerinitiativen setzte eine Abwendung vom Ideal der „autogerechten Stadt" (H. B. Reichow) und den Kahlschlagsanierungen in den Altstädten zugunsten einer allmählichen Wiederentdeckung der historischen Stadt und einer Hinwendung zu behutsamer Stadterneuerung sowie zur Suburbanisierung, und allgemein zu kleineren, überschaubaren Formen ein. Diese Wende schied den Westen im Übrigen vom Osten: war das Planungsdenken in Großformen auf beiden Seiten von durchaus grundsätzlicher Ähnlichkeit, so trennten sich die Wege um 1973; der Osten Europas setzte unverändert auf Trabantenstädte in Plattenbauweise, wie sie sich etwa in der DDR mit der „Wohnungsbauserie (WBS) 70" etabliert hatte.

Aus dem Geist des planenden Rationalismus war auch die Kommunalreform mit technokratischen Kunstprodukten wie der schwäbisch-badischen Kombination Villingen-Schwenningen oder der Zusammenlegung von Gießen und Wetzlar zur Lahnstadt erwachsen, und ebenso die Verkehrs- und Strukturpolitik. Der im nach dem Verkehrsminister benannten „Leber-Plan" vorgesehene Ausbau des Autobahnnetzes in der Bundesrepublik von 4400 auf über 19 000 km wurde nach 1973 zu den Akten gelegt (die Bundesrepublik verfügte schließlich vor der Wiedervereinigung über 8800 Autobahnkilometer). Einstellung des Autobahnprogramms

Auch im Bereich der Technologie lief die Zeit der unbegrenzten Großprojekte ab: Konzepte wie der „Schnelle Brüter" scheiterten, und die Kernenergie überhaupt verlor ihre Vorreiterrolle innerhalb der hochtechnologischen Entwicklung an Mikroelektronik und Gentechnik; zwar erlebte die Kernkraft einen temporären Aufschwung angesichts der Krise um den Energieträger Öl, vermochte aber längst nicht mehr die euphorischen Erwartungen wie in den fünfziger Jahren auf sich zu ziehen, geriet vielmehr mittelfristig ins Fadenkreuz einer aus dem allgemeinen sozialkulturellen Umbruch gestärkt hervorgegangenen Zivilisationskritik. Rückgang technologischer Großprojekte

Dass nach 16 Maschinen, um ein weiteres Beispiel zu nennen, der Bau des ursprünglich als Zukunftsvision begrüßten französisch-britischen Überschallflugzeugs Concorde eingestellt wurde, verweist zugleich auf die internationale Dimension der Krise und des Umschlags der Modernisierungsideologie. Diese zentrale Zäsur in der Geschichte der sechziger und siebziger Jahre brachte in der Bundesrepublik zunächst die Regierung Brandt mit ihrer Modernisierungseuphorie und allen produzierten und projizierten Erwartungen des Neuanfangs zu Fall.

C. KRISENMANAGEMENT (1974–1982)

1. Kanzlerwechsel als Kurswechsel

Regierungsbildung 1972/73

Mit ihrem triumphalen Wahlsieg vom November 1972 hatte die sozial-liberale Koalition Willy Brandts und Walter Scheels ihren Höhepunkt erklommen. Von diesem Tag an ging es jedoch sprichwörtlich bergab. Die Schwierigkeiten begannen bereits mit der Kabinettsbildung. Brandt hatte schon im Wahlkampf an einer Stimmband-Erkrankung laboriert und musste sich unmittelbar nach der Wahl einem operativen Eingriff unterziehen, der ihn während der Koalitionsverhandlungen nicht nur an das Krankenbett fesselte, sondern zugleich seiner Stimme beraubte. Herbert Wehner und Helmut Schmidt führten die Verhandlungen; keineswegs gewillt, sich diesen Einfluss nehmen zu lassen, ignorierten sie Brandts schriftlich übermittelte Vorstellungen. Die Regierungsbildung lief an Brandt vorbei. Vielmehr musste der Kanzler ein Opfer aus seinem eigenen Haus bringen: der ebenso analytische wie ambitionierte, als „Hansdampf in allen (Sack-)Gassen" titulierte Horst Ehmke wurde in das Postministerium versetzt, woraufhin das Kanzleramt unter der Leitung eines Verwaltungsfachmannes zwar Reibungsflächen mit den Fachministerien abbaute, zugleich aber vor allem Schwung und Schlagkraft verlor.

Die erste Reihe der Regierungsbank blieb hingegen weithin unverändert. Der unumstritten starke Mann im neuen Kabinett war Helmut Schmidt, der bereits den Dauerkonflikt mit Karl Schiller „zuweilen in derart unangenehmen Formen" ausgetragen hatte, so Regierungssprecher Ahlers, „dass der Bundeskanzler mehr als einmal resignierend den Kabinettssaal verließ und an Rücktritt dachte" [Wirtschaftswoche vom 9. Februar 1973, S. 18]. Vom wieder geteilten Doppelressort behielt Schmidt das Ministerium für Finanzen, während das Wirtschaftsministerium an den Liberalen Hans Friderichs fiel. Die FDP avancierte zum Hauptgewinner der Koalitionsverhandlungen: zusätzlich zum Wirtschaftsressort gewann sie ein Ministerium ohne Geschäftsbereich sowie das Amt des Regierungssprechers hinzu.

Richtungsdifferenzen in der SPD

Diese Umverteilung sorgte für erheblichen Unmut in der SPD, in der es ohnehin brodelte. Der Zustrom neuer, jüngerer Mitglieder aus akademisch gebildeten Mittelschichten hatte eine zunehmende programmatisch-ideologische Polarisierung in die alte Arbeiterpartei getragen. Zu Spannungen kam es insbesondere zwischen dem marxistisch inspirierten linken Flügel, der auf die Überwindung der „kapitalistischen Klassengesellschaft" und eine „Vergesellschaftung der Produktionsmittel" zielte, und der Parteiführung, die auf die Erhaltung der Regierungsfähigkeit achten musste. Im November 1970 erließ der Parteivorstand einen „Abgrenzungsbeschluss", mit dem er Aktionsgemeinschaften zwischen Sozialdemokraten und Kommunisten untersagte, womit sich die SPD von ihrem Hochschulverband trennte.

Vollends zum Ausbruch kamen diese Spannungen auf dem außerordentlichen Parteitag der SPD zur Steuerreform im November 1971. Jochen Steffen, einer der führenden Linken, forderte eine „strukturverändernde Politik", und dafür müsse die SPD, im Hinblick auf Besteuerung und Staatsausgaben, „auch den Mut haben, die Grenzen der Belastbarkeit zu erproben." Der marktwirtschaftliche Realpolitiker Karl Schiller zog aus dem Auftritt der Linken das entsetzte Fazit: „Was die wollen, ist ja 'ne ganz andere Republik" [283, S. 35f. und 40f.]. Durch den Wahlsieg vom November 1972 nahmen die Spannungspotenziale noch zu, weil viele Vertreter solch weitgehender linker Positionen nun die Zeit für ihre politische Umsetzung gekommen sahen.

Nicht nur solche Hoffnungen wurden indessen enttäuscht. In der Regierungserklärung nach seiner Wiederwahl zum Bundeskanzler zog Brandt eine Bilanz des Geleisteten, blieb aber nach vorne gerichtet zurückhaltend und ohne deutliche politische, gar reformpolitische Zielvorgabe. Bezeichnenderweise endete die Erklärung statt mit einer Fanfare wie 1969 mit gestopfter Trompete: „Machen wir uns an die Arbeit, tun wir unsere Pflicht". Doch Brandt kam mit seiner zweiten Regierung nicht in Tritt. Abgeschlossen in einem Kreis eifersüchtiger Berater im Kanzleramt und heimgesucht von Depressionen, versank Brandt in „Apathie", und die „Entrücktheit des Kanzlers von der Tagesarbeit" [275: BARING, S. 509] stieß zunehmend auf Kritik.

<small>Schwierigkeiten und Krise der zweiten Regierung Brandt</small>

Ausgerechnet in Moskau sprach ausgerechnet Herbert Wehner im September 1973 gegenüber „Spiegel"-Journalisten Klartext: die „Nummer Eins" sei „entrückt" und „abgeschlafft [...] Der Kanzler badet gern lau – so in einem Schaumbad." Und am bittersten: „Was der Regierung fehlt, ist ein Kopf". Außer sich über diesen Affront, vermochte Brandt dennoch nicht, sich gegen Wehner durchzusetzen und auf seine Ablösung als Fraktionsvorsitzender zu dringen. Auch die der Regierung gewogene Presse ging zunehmend auf Distanz, und spätestens, als die SPD am 3. März 1974 bei der Bürgerschaftswahl in Hamburg über 10% der Stimmen verlor, meldete Helmut Schmidt – brillant, unduldsam und ehrgeizig – seine Führungsansprüche an.

Allerorten türmten sich die politischen Schwierigkeiten der Regierung. Zunächst hatte ein Bummelstreik der Fluglotsen von Mai bis November 1973 die Abhängigkeit des Gemeinwesens von einer kleinen Gruppe von Spezialisten offenbart. Ungleich schwerer wog das Gewicht der mächtigen Gewerkschaft Öffentliche Dienste, Transport und Verkehr, die Bund, Ländern und Gemeinden im Februar 1974 Einkommenssteigerungen in Höhe von 11% abrang, während die Konjunktur sich im jähen Absturz befand. Die öffentliche Kritik an diesem als Kapitulation des Staates vor seinen Bediensteten empfundenen Ergebnis richtete sich in erster Linie gegen die Regierung, der Führungsschwäche gegenüber gesellschaftlichen Einzelinteressen vorgeworfen wurde, zumal Brandt sich im Vorfeld eindeutig gegen einen zweistelligen Abschluss ausgesprochen hatte.

Eine ganz andere Unannehmlichkeit hatte die Regierung im Mai 1973 heimgesucht, als der Verdacht des Stimmenkaufs beim Scheitern des konstruktiven

Misstrauensvotums vom April 1972 öffentlich wurde und zur Einsetzung eines parlamentarischen Untersuchungsausschusses führte, der das Thema in den Medien präsent hielt. Die Glaubwürdigkeit Brandts mit seinem ebenso selbst vorgetragenen wie von außen zugeschriebenen moralischen Anspruch nahm Schaden. Dabei war zu dieser Zeit noch nicht einmal der Einfluss des Ministeriums für Staatssicherheit der DDR bekannt, das ironischerweise im April 1972 dazu beigetragen hatte, dass Brandt im Amt verblieb, zwei Jahre später indes den Anlass zu seinem Rücktritt lieferte.

Rücktritt Brandts   Am 24. April 1974 wurde der Referent für Kontakte zur Partei und den Gewerkschaften im Kanzleramt, Günter Guillaume, als Agent der Staatssicherheit der DDR verhaftet. Verdacht war bereits im Frühjahr 1973 aufgekommen, in der Folge jedoch nicht zuletzt von Brandt selbst, in dessen unmittelbarer Umgebung Guillaume arbeitete, vor allem aber von den Zuständigen in Kanzleramt, Innenministerium und Verfassungsschutz allzu leichtfertig behandelt worden. Dennoch: einen unumgänglichen Grund für einen Rücktritt Brandts stellte der Fall noch nicht dar. Die Krise gewann unterdessen eine eigene Dynamik, als Brandts Begleiter in Vernehmungen Aussagen über intime Beziehungen des Kanzlers machten, in denen manche in Brandts Umgebung ein Erpressungspotenzial gegen den Kanzler sahen. Aber auch dies wäre kein Grund für einen Rücktritt gewesen, wäre Brandt nicht, zermürbt von den vielfältigen Schwierigkeiten, persönlich am Ende gewesen. Resigniert erklärte er am 6. Mai 1974 seinen Rücktritt.

Regierung Schmidt   In der allgemeinen politischen Krise stand der Nachfolger außer Zweifel: der „Macher" Helmut Schmidt. Zugleich symbolisierte der Wechsel von Brandt zu Schmidt das Ende der Reformära. Nach seiner Wahl zum Bundeskanzler am 16. Mai 1974 redete Schmidt sich vor der eigenen Fraktion dermaßen in Rage über die von ihm als theoretisierende Illusionisten beargwöhnten Anhänger des linken Parteiflügels, dass er eine halbe Stunde zu spät zu seiner Ernennung durch den Bundespräsidenten kam. „In einer Zeit weltweit wachsender Probleme", so sagte er in seiner Regierungserklärung am 17. Mai 1974, „konzentrieren wir uns in Realismus und Nüchternheit auf das Wesentliche, auf das, was jetzt notwendig ist, und lassen anderes beiseite".

So blieben auch die politischen Intellektuellen in Schmidts Kabinett außen vor, in dem vielmehr Vertreter der klassischen arbeitnehmer- und gewerkschaftsorientierten Sozialdemokratie bzw. ihres pragmatischen rechten Flügels saßen oder aufrückten: Hans Apel als neuer Finanzminister und Hans-Jochen Vogel als neuer Leiter des Justizressorts, Georg Leber als Verteidigungs- und Hans Matthöfer als Forschungsminister. Das Auswärtige Amt übernahm Hans-Dietrich Genscher, der den zum Bundespräsidenten gewählten Walter Scheel ablöste und bis 1992 in diesem Amt blieb.

Wahlen zum 8. Deutschen Bundestag 1976   Begünstigt durch eine konjunkturelle Erholung, die nach dem Tiefpunkt der Entwicklung im Jahr 1975 einsetzte, gelang es der sozial-liberalen Regierung unter Führung von Schmidt und Genscher, in den Bundestagswahlen vom 3. Oktober 1976 trotz Verlusten von 3,2 Prozentpunkten für die SPD (nunmehr 42,6%)

und 0,5 für die FDP (nunmehr 7,9%), erneut eine Mehrheit zu gewinnen. Der Gewinner der Wahl war zugleich der Verlierer: die CDU/CSU legte mit ihrem Spitzenkandidaten Helmut Kohl zwar um 3,7 Prozentpunkte zu und erzielte mit 48,6% das zweitbeste Ergebnis ihrer Geschichte überhaupt. Dennoch fehlten ihr fünf Sitze zur absoluten Mehrheit, und somit blieb sie in der Opposition.

Kohl hatte 1973 den glücklos gescheiterten Reiner Barzel im Parteivorsitz der CDU abgelöst und übernahm nach der Wahl von 1976 auch den Fraktionsvorsitz in Bonn. Früh hatte Kohl machtbewusst und zielstrebig seine politische Karriere betrieben und war 1969 Ministerpräsident seines Heimatlandes Rheinland-Pfalz geworden. Dort galt er als junger Reformer und sammelte analytische und reformorientierte politische Köpfe wie Kurt Biedenkopf und Heiner Geißler um sich. Mit ihnen betrieb er nach 1973, unter Anerkennung der von der Union zuvor abgelehnten Ostverträge, auch die Modernisierung der CDU in organisatorisch-administrativer ebenso wie in programmatischer Hinsicht, um der sozialdemokratischen Reformpolitik ein eigenes Konzept gegenüberzustellen. In ihrem Grundsatzprogramm von 1978 formulierte sie ihr Konzept einer sozialen Marktwirtschaft auf der Grundlage von Subsidiarität unter Begrenzung der wohlfahrtsstaatlichen Expansion. Insbesondere der von der katholischen Soziallehre geprägte Geißler schärfte dabei mit der Diskussion der auf die nichtorganisierten Bevölkerungsgruppen zielenden „neuen sozialen Frage" das sozialpolitische Profil der CDU, mit dem sich zugleich eine strukturelle Spannung mit ordnungs- und machtpolitischen Orientierungen in der Partei auftat.

Entwicklung der CDU

2. Der Höhepunkt des Terrorismus

Brandstiftung in einem Frankfurter Kaufhaus in der Nacht vom 2. auf den 3. April 1968 markierte, in unmittelbarem zeitlichem Zusammenhang mit den Studentenunruhen, den Beginn systematischer linksterroristischer Aktionen. Mit den Brandstiftern Andreas Baader und Gudrun Ensslin, dem Anwalt Horst Mahler und der publizistischen Unterstützung durch die Journalistin Ulrike Meinhof formierte sich zugleich der Kern der „Baader-Meinhof-Gruppe", die mit etwa 25 festen Mitgliedern seit 1971 unter dem Namen „Rote Armee Fraktion" (RAF) firmierte. Zwischen 1970 und 1972 trat sie durch Brand- und Sprengstoffanschläge, vor allem gegen amerikanische Militäreinrichtungen, sowie durch Banküberfälle zum Zweck der Geldbeschaffung gewalttätig hervor. Im Juni 1972 wurden ihre führenden Köpfe verhaftet.

Anfänge des Terrorismus

Die Beteiligten dieser „ersten" wie auch der „zweiten Generation" nach 1972 waren überdurchschnittlich jung, der Frauenanteil lag überdurchschnittlich hoch (entsprach aber dem Frauenanteil an den Studenten), und sie rekrutierten sich sowohl aus bürgerlichen Verhältnissen als auch aus Waisenhäusern, sozialen Randgruppen oder dem psychiatrischen „Sozialistischen Patientenkollektiv" in Heidelberg. Ein einheitliches sozialstrukturelles Profil ist somit kaum zu erstel-

Profil und Ideologie der Terroristen

len; gemeinsam war ihnen jedoch, via Sozialarbeit, der Kontakt mit sozialer Randständigkeit, der sich in einer Ideologie des Klassenkampfes in eigener Aufbereitung niederschlug. Sie wuchs auf dem Nährboden des linkssozialistischen bzw. kommunistischen gegenkulturellen Milieus der Studentenbewegung und der Außerparlamentarischen Opposition und wurde vorangetrieben durch die – im universitär-studentischen Umfeld dieser Jahre weit verbreitete – Rezeption der antipluralistischen, oftmals mit Gewaltanwendung, gar Massenmord verbundenen Theorien von Marx, Lenin, Rosa Luxemburg, Mao und Kim-Il-Sung.

Dies förderte die Entgrenzung des Gewaltbegriffs im Zuge einer sukzessiven Militarisierung bei einem Teil der verschiedenen und disparaten, rivalisierenden Gruppen; der Übergang in die Illegalität war fließend. Mit einer Philosophie der Tat formierten und implementierten sie den aktiven Terrorismus, wie es in einer Programmschrift der RAF, der bedeutendsten der terroristischen Gruppierungen, vom Mai 1971 hieß: „Ob es richtig ist, den bewaffneten Kampf jetzt zu organisieren, hängt davon ab, ob es möglich ist; ob es möglich ist, ist nur praktisch zu ermitteln" [218, S. 369]. Dieser Prozess war darauf angelegt, sich selbst zu steigern und zu verstärken, auch in Reaktion auf die ihrerseits reagierenden staatliche Gewalten. Den Staat durch provozierte Reaktion als „Polizeistaat" zu demaskieren, gehörte – in Form einer sich selbst erfüllenden Prophezeiung – zur Ideologie.

Die Ideologie der „Rote Armee Fraktion" wurde durch die „erste Generation" um Baader, Meinhof und Ensslin in einer „vollkommen geschlossenen, selbstreferenziellen Argumentation" [218: KOENEN, S. 400] etabliert. Mit dem Konzept der „Stadtguerilla" nach lateinamerikanischem Vorbild sah sich die RAF als deutsche Formation eines weltweiten Befreiungskampfes. Terror sollte dabei als Initialzündung dienen, um den bewaffneten Kampf des Volkes gegen die Herrschenden zu entflammen.

Dabei erfuhren die deutschen Terroristen Unterstützung durch das Ministerium für Staatssicherheit der DDR, das verschiedene logistische Hilfen leistete und nach 1977 RAF-Aussteigern zu einer neuen Existenz in der DDR verhalf. Vor allem standen sie in enger Verbindung mit arabischen Terroristen und Palästinenserorganisationen, in deren Trainingscamps im Nahen Osten sie auch ausgebildet wurden. Arabischer Terrorismus erreichte die Bundesrepublik am 5. September 1972 in Form eines Überfalls auf das Quartier der israelischen Mannschaft bei den Olympischen Spielen in München. Die Geiselnehmer forderten die Freilassung von 200 arabischen Gefangenen in Israel und töteten alle Geiseln, als die Polizei ihre Befreiung versuchte. In dieser Verbindung bekämpfte die RAF das Lebensrecht des Staates Israel und operierte mithin aktiv antijüdisch, während sie die vermeintlich ungebrochene Fortsetzung des Nationalsozialismus der Bundesrepublik bekämpfte. Deren politisches System unter ein ubiquitäres Faschismusverdikt zu stellen, war unterdessen mit dem gegenkulturell-systemoppositionellen Milieu in den siebziger Jahren allgemein kompatibel, reichte jedoch darüber hinaus.

Die „erste Generation" der RAF hatte die Ideologie implementiert, und zugleich gab sie nach den Verhaftungen 1972 der so genannten „zweiten Generation" das Ziel der Befreiung der Inhaftierten vor. Sie steuerte deren Aktionen weithin aus der Haft in Stuttgart-Stammheim heraus, wo ein eigener Hochsicherheitstrakt und ein eigenes Gebäude für den Strafprozess, der im April 1977 mit lebenslangen Freiheitsstrafen endete, errichtet worden waren. Dies gelang vor allem mit Hilfe kooperierender Anwälte, über die, wie über ihr gesamtes Umfeld, die Gefangenen erhebliche Macht zu gewinnen vermochten. Das Ziel der Befreiung der Gefangenen wurde zum Signum der zweiten großen Terrorwelle zwischen 1974 und 1977.

„Erste" und „zweite Generation" der RAF

Nachdem im November 1974 der Berliner Kammergerichtspräsident Günter von Drenkmann ermordet worden war, entführte die organisatorisch nicht zur RAF gehörende „Bewegung 2. Juni" am 27. Februar 1975 den Berliner CDU-Vorsitzenden Peter Lorenz. Nachdem für seine Freilassung fünf inhaftierte Terroristen ausgeflogen worden waren, war das Muster der Entführung zwecks Freipressung begründet. Die Besetzung eines Gebäudes wie der deutschen Botschaft in Stockholm zwei Monate später führte hingegen nicht zum Erfolg für die Terroristen; nachdem sie zwei Botschaftsangehörige getötet hatten, wurde die Botschaft gestürmt. Ihren Höhepunkt erreichte die Welle terroristischer Gewalt im Jahr 1977: am 7. April wurden, von den Terroristen als „Hinrichtung" deklariert, Generalbundesanwalt Siegfried Buback und sein Fahrer erschossen, ebenso am 30. Juli der Vorstandsvorsitzende der Dresdner Bank, Jürgen Ponto, der eigentlich entführt werden sollte.

Ebendies widerfuhr am 5. September dem Präsidenten der Bundesvereinigung der Deutschen Arbeitgeberverbände und des Bundesverbandes der Deutschen Industrie, mithin *dem* Spitzenfunktionär der deutschen Wirtschaft, Hanns Martin Schleyer. Seine vier Begleiter wurden am Entführungsort in Köln getötet. Die Entführer forderten von der Bundesregierung die Freilassung der in ein Land ihrer Wahl auszufliegenden führenden RAF-Gefangenen.

Herbst 1977

Bundeskanzler Schmidt betrieb das Krisenmanagement in Bonn in einem Kleinen Krisenstab aus betroffenen Regierungsmitgliedern, dem Präsidenten des Bundeskriminalamts und dem Generalbundesanwalt sowie mit einem Großen Krisenstab, zu dem zusätzlich die Vorsitzenden der Parteien und der Bundestagsfraktionen sowie die Ministerpräsidenten der Länder hinzugezogen wurden, in deren Gefängnissen Terroristen einsaßen. So handelte die Bundesregierung auf einer möglichst breiten politischen Grundlage, als sie drei Ziele verfolgte: „die Geisel Hanns Martin Schleyer lebend zu befreien; – die Entführer zu ergreifen und vor Gericht zu stellen; – die Handlungsfähigkeit des Staates und das Vertrauen in ihn im In- und Ausland nicht zu gefährden; das bedeute auch: die Gefangenen, deren Freilassung erpresst werden sollte, nicht freizugeben." Dass dabei einem der Ziele „im Falle des Widerstreits der Vorzug" gegeben werden müsse, stand den Verantwortlichen deutlich vor Augen [77, S. 18]. Zunächst aber setzte die Bundesregierung ihre Hoffnungen auf die hoch entwickelte und in den

Jahren zuvor erheblich ausgebaute Rasterfahndung des BKA, die auch beinahe zum Erfolg geführt hätte, der indes durch schwere Fahndungspannen vereitelt wurde. Die Bundesregierung handelte dilatorisch, und so zog sich die Krise über Wochen hin, bis am 13. Oktober eine Lufthansa-Maschine mit deutschen Urlaubern auf dem Weg von Mallorca nach Frankfurt von einem mit den Schleyer-Entführern verbündeten palästinensischen Kommando entführt wurde. Nun stand die Bundesregierung unter akutem Entscheidungsdruck, wohl wissend, dass eine Befreiung der Passagiere das Leben Schleyers, der entgegen den Hoffnungen nicht hatte ausfindig gemacht werden können, aufs Höchste gefährdete, wenn sie an ihrer Unnachgiebigkeit im Hinblick auf die Freilassung der Inhaftierten festhielt.

Nach ihrem Irrflug über Rom, Larnaka, Dubai und Aden, wo der Flugkapitän ermordet wurde, landete die Maschine unterdessen in Mogadischu. Nachdem die Bundesregierung bei der somalischen Regierung die Zustimmung hatte einholen können, gelang der Grenzschutzgruppe (GSG) 9 in der Nacht vom 17. auf den 18. Oktober ohne eigene Verluste die Befreiung aller Geiseln, wobei drei der vier Entführer getötet wurden. Am folgenden Morgen verübten die drei führenden Terroristen im Stuttgarter Gefängnis Selbstmord; einen Tag später wurde Schleyer in einem PKW-Kofferraum im elsässischen Mülhausen tot aufgefunden. Die akute Krise, ebenso die akute Bedrohung durch den Terrorismus, waren vorüber.

Gesellschaftliche Auswirkungen und Bilanz

Dabei blieben durchaus offene Fragen und Widersprüche, beispielsweise im Hinblick auf die Haftbedingungen in Stuttgart: wie konnte es sein, dass die Häftlinge im eigens errichteten Hochsicherheitstrakt über stillgelegte Anstaltsleitungen kommunizierten oder Waffen in ihren Zellen lagerten? Außer Zweifel aber steht, dass die Häftlinge, trotz der Stilisierung zu einer Ermordung, sich selbst töteten. Die „Mord-Legende" [582: Aust, S. 7] ebenso wie das Diktum der „Überreaktion des Staates" waren Elemente eines aufgeheizten, polarisierten Klimas in Gesellschaft und Politik zwischen Hysterie und Sympathisanz. Auf der einen Seite reichte die allgemeine Ablehnung des Terrorismus durch die überwältigende Mehrheit der Bevölkerung vielfach bis zu Forderungen nach Todesstrafe und Lynchjustiz sowie zur Diskreditierung selbst besonnener Kräfte als Sympathisanten, deren Kreise sich andererseits in der Tat über ein weites Feld erstreckten und die ihrerseits mit dem Stigma von Faschismus und Polizeistaat den Rechtsstaat zu delegitimieren versuchten.

Insgesamt ist auf Seiten der politischen Verantwortungsträger eine entschlossene und konsequent harte Haltung gegenüber der terroristischen Herausforderung unter Ausschöpfung aller rechtlichen Mittel (Extremistenbeschluss zur Verhinderung der Einstellung von Verfassungsgegnern in den Staatsdienst samt administrativer Maßnahmen, Ausbau der Sicherheitsorgane, Änderung der Strafprozessordnung, Kontaktsperregesetz und ausgedehnte Fahndung) zu konstatieren, ohne dass die Substanz des Rechtsstaates tangiert worden wäre. Vor allem aber war durch das Handeln der Regierung Schmidt klar geworden, dass der Staat nicht durch Gewaltanwendung erpressbar war. So ebbte die Hochflut des Terrorismus ab, wenngleich er sich in den achtziger Jahren durch eine Reihe von Tötungsanschlägen wieder erhob. Als punktuelle Aktionen vermochten sie jedoch – ebenso wie rechtsterroristische Aktionen – keine solchen Krisen mehr hervorzubringen wie im „deutschen Herbst" 1977.

3. Wirtschaftsdiplomatie, NATO-Doppelbeschluss und Deutschlandpolitik

Keine zehn Tage nach dem Ende der heißesten Phase des Terrorismus in der Bundesrepublik hielt Helmut Schmidt am 28. Oktober 1977 im Internationalen Institut für Strategische Studien in London eine grundsätzliche und folgenreiche Rede über „politische und wirtschaftliche Aspekte der westlichen Sicherheit" [67: Bulletin vom 8. November 1977, hier S. 1014–1019]. Schon in diesem Titel kamen die beiden Hauptschwerpunkte der Außenpolitik seiner Regierung zum Ausdruck: in einer „Schlechtwetterphase der internationalen Politik" war sie „zweifaches Krisenmanagement" [296: Link, S. 424] in Außenwirtschafts- und Sicherheitspolitik.

Schmidts sicherheitspolitisches Denken gründete auf der Überzeugung, „dass das politisch-militärische Gleichgewicht Voraussetzung unserer Sicherheit ist". Dies erforderte sowohl die Stabilisierung des Status quo als auch die feste Einbindung der Bundesrepublik in das westliche Bündnis. Statt wie Bahr und Brandt die Glut von Vision und Moral zu entfachen, umwehte Schmidts Politik die „skeptische Kälte der Realpolitik" [414: Hacke, S. 201]. Damit befand er sich grundsätzlich im Einklang mit den US-Regierungen Nixon und Ford und insbesondere Außenminister Kissinger hinsichtlich einer „Gesamtstrategie des Westens" (H. Schmidt), die auf Entspannung und Gleichgewicht baute, wobei Schmidt im Konfliktfall – wie sich am Ende des Jahrzehnts zeigte – mehr auf die entspannungspolitische Komponente setzte. Die moralisch-offensiven Ansprüche Carters im Zeichen der Menschenrechte und Reagans im Zeichen des marktwirtschaftlich-freiheitlichen Antikommunismus hingegen liefen einer solchen stabilitätsorientierten Realpolitik zuwider.

Sicherheits- und außenwirtschaftspolitische Grundlagen

Da Schmidt „eine florierende Wirtschaft" als „Fundament aller Sicherheit" ansah, galt seine besondere Aufmerksamkeit auch unter sicherheitspolitischen Vorzeichen der Außenwirtschaftspolitik, der er drei Ziele steckte: erstens die Sicherung des freien Handels und Kapitalverkehrs im globalen Maßstab anstelle von Protektionismus und Währungschaos, zweitens die Sicherung der Rohstoff- und Energieversorgung, und drittens – mit unmittelbar politischer Bedeutung – „ausgewogene und stabile Wirtschaftsbeziehungen mit den planwirtschaftlichen Ländern des Ostens".

Schmidts besonderes Augenmerk lag auf dem Export, von dem der bundesdeutsche Wohlstand abhing. Die Stabilisierung des Weltwirtschaftssystems war

Außenwirtschaftspolitik

auch das Ziel der seit 1975 tagenden Weltwirtschaftsgipfel, an denen die Bundesregierung regen Anteil nahm, worin zugleich die wesentlich multilaterale Einbindung der deutschen Außenpolitik zum Ausdruck kam. Der dritte Weltwirtschaftsgipfel in Bonn im Juli 1978 sah Helmut Schmidt und seine Regierung auf dem Höhepunkt des internationalen Renommees. Zugleich brachte er aber auch die besonderen Probleme der Bundesrepublik innerhalb der Weltwirtschaft zum Vorschein: angesichts ihres eigenen erheblichen Außenhandelsdefizits formulierten die USA eine Lokomotiven-Theorie, der zufolge die Überschussländer (vor allem Japan und die Bundesrepublik) ihre Wachstumsraten und somit ihre Importvolumina steigern sollten. Expansive Konjunkturmaßnahmen waren jedoch stets mit dem Risiko der – in der Bundesrepublik besonders gescheuten – Inflation verbunden: „Inflation ist nicht ein Mittel gegen Arbeitslosigkeit, sondern eine ihrer wichtigsten Ursachen", brachte der Staatssekretär im Bundesfinanzministerium und nachmalige Bundesbankpräsident Karl-Otto Pöhl die stabilitätsorientierten deutschen Grundsatzvorbehalte auf den Punkt [zit. nach 642, S. 169].

Dennoch erklärte sich die Bundesregierung nach dem Bonner Gipfel bereit, wachstumsfördernde Maßnahmen zur Steigerung des Bruttosozialprodukts um 1% zu ergreifen. Steuererleichterungen und Mehrausgaben der öffentlichen Hand schufen in der Tat zunächst neue Arbeitsplätze. Da jedoch infolge der zweiten Ölkrise seit 1979 die Steuereinnahmen nicht stiegen, standen am Ende ein zunehmendes Haushaltsdefizit und eine Steigerung der Staatsverschuldung sowie eine Verschlechterung der Außenhandelsbilanz.

Die weitest reichende außenwirtschaftspolitische Maßnahme dieser Jahre war die Errichtung des Europäischen Währungssystems (EWS) zum 1. Januar 1979 (vgl. Kap. I.A.4). Dieses System fester Wechselkurse und der Währungsstabilität in Europa diente zugleich als „europäische Gegenmachtbildung" gegen die USA [296: LINK, S. 425]. Im Zentrum dieser Politik stand das deutsch-französische Verhältnis, wobei die Regierungen Giscard d'Estaing und Schmidt enge intergouvernementale Kooperation in tagespolitischen, insbesondere ökonomischen Fragen betrieben, ohne weiterreichende europäische Vorstellungen zu verfolgen. Dass zugleich Probleme und deutsch-französische Interessenkonflikte des europäischen Agrar- und Stahlmarkts sowie der Finanzierung der EG ungelöst blieben, war Teil der zu Beginn der achtziger Jahre um sich greifenden „Eurosklerose".

KSZE Am 1. August 1975 wurde die Konferenz für Sicherheit und Zusammenarbeit in Europa nach zweijährigen Verhandlungen mit der Schlussakte von Helsinki beendet. Die Sowjetunion und die Staaten des Ostblocks hatten ihr Ziel, die Festschreibung des Status quo in Europa, die sie schon mit den bundesdeutschen Ostverträgen so sehr begehrt hatten, vor der Hand erreicht. Ihre Konzession, Menschenrechte in den eigenen Ländern zu fixieren, war zunächst von rein papierener Art, förderte im Ergebnis allerdings die Dissidentenbewegungen in verschiedenen ostmitteleuropäischen Ländern. Während die USA insbesondere während der Präsidentschaft Carters und *mutatis mutandis* auch Reagans im Hinblick auf die Menschenrechte Offensive und Konfrontation nicht scheuten, verfolgte die Bundesregierung einen Stil der Koordination ohne Konfrontation. Alles in allem institutionalisierte die KSZE ein Forum der Ost-West-Kommunikation, vermochte aber den Wettersturz der Ost-West-Beziehungen am Ende der siebziger Jahre nicht zu verhindern, nachdem sich bereits zur Zeit des Abschlusses der KSZE strukturelle Divergenzen abgezeichnet hatten.

Bedingt durch die Folgen des Vietnam-Krieges, die anhaltende Dollarschwäche und die Erschütterung durch den Watergate-Skandal, an dem die Präsidentschaft Nixons scheiterte, waren die siebziger Jahre eine Zeit der amerikanischen Führungsschwäche, die sich durch die Präsidentschaft Carters akut verschärfte. Gleichzeitig häuften sich sowjetische Aktivitäten, die auf westlicher Seite als offensiv und jenseits des Akzeptablen eingeschätzt wurden: das Vordringen in dekolonisierte afrikanische Staaten wie Angola, Moçambique und Äthiopien, Raketenrüstung in Form der Ersetzung veralteter SS-4 und SS-5 durch die wesentlich zielgenaueren, weiter reichenden und mit Dreifach-Sprengköpfen ausgestatteten SS-20 seit 1976, und schließlich der Einmarsch in Afghanistan Ende Dezember 1979. „Anfang der achtziger Jahre sah es so aus, als seien die kommunistischen Bewegungen überall auf dem Vormarsch" [356: KISSINGER, S. 847]; der Westen sah sich – zumal der Zusammenbruch des Ostblocks ein Jahrzehnt später noch nicht abzusehen war – in der Defensive und die Sowjetunion weithin so sehr als Bedrohung, als wären die Russen „drei Meter groß" (R. Garthoff).

Ost-West-Spannungen

Seit 1977 erwogen die westlichen Verbündeten Gegenmaßnahmen. Der Plan einer Neutronenbombe endete allerdings in einem Debakel, indem Carter erst dafür plädierte und die europäischen Alliierten unter erheblichen Anstrengungen ebenfalls dafür gewann, im April 1978 aber von dem Projekt wieder abrückte. Die Bonner Regierung sah sich mit sicherheitspolitischen Krisenerscheinungen nach außen und im Inneren konfrontiert: die insbesondere von Egon Bahr vehement vorgetragene Kritik an der Neutronenwaffe – die menschliches Leben auslöschte, materielle Gegenstände aber unberührt ließ – als „Symbol der Perversion des Denkens" [Vorwärts vom 21. Juli 1977, S. 4] signalisierte die beginnende Erosion des Konsenses über die atomare Abschreckung in der Bundesrepublik. Nach außen zog das Vorgehen um die Neutronenwaffe eine schwere Verstimmung zwischen Schmidt und Carter nach sich, die sich zu jahrelangen strukturellen Spannungen zwischen beiden Persönlichkeiten und Regierungen verfestigte und zugleich auf eine allgemeine allianzpolitische Vertrauenskrise hindeutete, in der vor allem auf westeuropäischer Seite die Furcht vor einer sicherheitspolitischen „Abkopplung" der USA grassierte.

Westliche Reaktionen

Denn durch die sowjetisch-amerikanischen Abkommen über die Begrenzung von Langstreckenwaffen (SALT) „neutralisieren sich die strategischen Nuklearpotenziale der USA und der Sowjetunion. Damit wächst in Europa die Bedeutung der Disparitäten auf nukleartaktischem und konventionellem Gebiet zwischen Ost und West" – dies war der sicherheitspolitische Kern von Schmidts

Rede vor dem Londoner Institut für Strategische Studien. Die Vergrößerung der „Disparitäten militärischer Kräfte sowohl auf konventionellem als auch taktisch-nuklearem Gebiet" durch die Sowjetunion in den voraufgegangenen Jahren mache Gegenmaßnahmen erforderlich. Im günstigen Falle seien dies Rüstungskontrollvereinbarungen zur Herstellung des europäischen Kräftegleichgewichts, ansonsten aber und bis dahin müsse die NATO „bereit sein, für die gültige Strategie ausreichende und richtige Mittel bereitzustellen".

NATO-Doppelbeschluss

Dass Schmidts Rede in den USA als Forderung nach der Stationierung neuer Waffensysteme verstanden wurde, war unterdessen das erste in einem „doppelte[n] Missverständnis" [349: HAFTENDORN], jedoch weder hinsichtlich des Redetextes noch hinsichtlich des militärpolitischen Kontextes aus der Luft gegriffen. Denn zur selben Zeit hatten Vorbereitungen zur Modernisierung der nuklearen Mittelstreckenwaffen innerhalb der NATO begonnen, mit denen Schmidts Impuls sich verband, ohne dass er dessen allerdings vollständig gewahr war. Denn als sich gut 15 Monate später die Staats- und Regierungschefs der USA, Frankreichs, Großbritanniens und der Bundesrepublik auf Guadeloupe trafen, hatte ein „Rollentausch" [373: RISSE-KAPPEN, S. 74] stattgefunden. Nun war es Carter, der neue Mittelstreckenraketen forderte, während Schmidt zögerte und Bedingungen formulierte: die Bundesrepublik dürfe nicht das einzige Stationierungsland sein, und der Sowjetunion müsse gleichzeitig ein Angebot für Rüstungskontrollverhandlungen gemacht werden. Dass Schmidt den Vorrang auf solche Verhandlungen legte, die US-Regierung hingegen auf die Modernisierung bzw. Stationierung, bedeutete das zweite „Missverständnis" im Zusammenhang des NATO-Doppelbeschlusses, der am 12. Dezember 1979 offiziell gefasst wurde: die Stationierung von 108 amerikanischen Pershing-2-Raketen und 464 Marschflugkörpern vom Typ Cruise Missile in Westeuropa binnen vier Jahren, wenn Abrüstungsverhandlungen mit der Sowjetunion nicht zu einer Rücknahme der sowjetischen Raketenrüstung führten.

Damit wurden zwei unterschiedliche, voneinander unabhängige Motivstränge in einem Beschluss gebündelt, dem somit ein Zielkonflikt innewohnte: denn die militärtechnische Modernisierung und die militärstrategische Ankopplung der Mittel- an die Langstreckenwaffen sprachen in jedem Fall für eine Stationierung, während das Ziel einer rüstungskontrollpolitischen Einbeziehung der Mittelstreckenwaffen und vor allem die verteidigungspolitische Abwehr der sowjetischen Bedrohung durch SS-20 eine Stationierung gerade vom Verhandlungsergebnis abhängig machten und eigentlich zu vermeiden trachten sollten. Als ein weiteres Problem kam hinzu, dass die Abhängigkeit der Stationierung vom Verhandlungsergebnis und der Zeitrahmen von vier Jahren einen langen zeitlichen Vorlauf für politische Kontroversen gaben. Sie ließen dann in der Tat nicht auf sich warten, während zwei Wochen nach dem Doppelbeschluss der sowjetische Einmarsch in Afghanistan für einen weltpolitischen Wettersturz sorgte. Die Regierung Schmidt fand sich in schweren Turbulenzen zwischen Innen und Außen wieder, in die sie sich teils auch selbst manövriert hatte.

Während die Regierung Carter den sowjetischen Einmarsch in Afghanistan als endgültigen Todesstoß für die Entspannung wertete und der Präsident im letzten Jahr seiner Amtszeit den „Bruch mit der Ära Nixon-Kissinger" [383: SOUTOU, S. 629 f.] und ihrer realpolitischen Entspannung zugunsten einer Politik der Stärke gegenüber der Sowjetunion besiegelte, suchte Schmidt die Auswirkungen dieses sowjetischen Schritts auf die Entspannung zu begrenzen, um von ihr zu retten, was zu retten war. Diese Diskrepanz verstärkte sich noch einmal nach dem Amtsantritt Ronald Reagans im Januar 1981 und insbesondere nach der Verhängung des Kriegsrechts in Polen im Dezember desselben Jahres, als der US-Präsident eine harte Konfrontationspolitik gegen die als „Reich des Bösen" gebrandmarkte Sowjetunion betrieb und erheblichen Druck auf die westlichen Verbündeten ausübte, sich amerikanischen Sanktionen anzuschließen. Schmidt kritisierte unterdessen die amerikanische Haltung bei den Genfer Rüstungsverhandlungen (auf die die Bundesregierung keinen Einfluss hatte) als einseitige Auslegung des NATO-Doppelbeschlusses zugunsten des Stationierungsteils.

Spannungen im Bündnis

Vor diesem Hintergrund und in der Überzeugung von einer beiderseitigen, nicht nur östlichen Verantwortung für die weltpolitische Konfrontation initiierte Schmidt eine eigene Vermittlungsdiplomatie zwischen Ost und West, wobei insbesondere sein Besuch in Moskau Ende Juni und Anfang Juli 1980 für erhebliche Verstimmung in Washington sorgte. Darüber verlor die Bundesregierung an allianzpolitischem Einfluss, der 1982 seinen Tiefpunkt erreichte. Dennoch blieb Schmidt loyal zum NATO-Doppelbeschluss, dessen Stationierungsteil nach dem Scheitern der Genfer Verhandlungen im Herbst 1983 zur Umsetzung anstand.

Demgegenüber opponierte in der Bundesrepublik nicht nur die mächtig anwachsende Friedensbewegung gegen die westliche Sicherheitspolitik, vielmehr rückten auch zunehmende Teile der SPD von der Politik ihres Kanzlers ab. Innerhalb der Regierungskoalition tat sich somit eine Konfliktkonstellation zwischen Schmidt samt einem abnehmenden Teil der SPD und der FDP auf der einen Seite gegenüber einem wachsenden Teil der SPD auf der anderen Seite auf, die zugleich einen tief greifenden gesamtgesellschaftlichen Dissens über die Sicherheitspolitik der Bundesrepublik widerspiegelte. Für eine Anpassung an die neuerliche weltpolitische Konstellationsveränderung Anfang der achtziger Jahre schwanden der sozial-liberalen Koalition – im Unterschied zu ihrer Außenpolitik ein Jahrzehnt zuvor – Mehrheit und Handlungsfähigkeit. Darin lag, neben ökonomischen Problemen, einer der beiden wesentlichen Gründe für ihr Ende.

Verwerfungen in Gesellschaft und Regierung

Auch deutschlandpolitisch waren die Jahre der Regierung Schmidt nicht die Zeit des Neuanfangs und des großen Wurfs, sondern der kleinen Schritte. Auf der Agenda stand die administrative Ausgestaltung der Verträge, in der Regel technische Maßnahmen im Hinblick auf Verkehrsverbindungen (insbesondere die Transitstrecken nach Berlin), Kommunikationsnetze und Besuchsmöglichkeiten, die sich immerhin in steigenden Besucherzahlen aus der Bundesrepublik in der DDR niederschlugen. Alles in allem aber blieb die Entwicklung der inner-

Deutschlandpolitik

deutschen Beziehungen hinter den Erwartungen von 1972 zurück und drohte in technisch-bürokratischen Einzelheiten zu erstarren.

Sonderverhältnis in der weltpolitischen Krise

Eine eigene Wendung nahm das deutsch-deutsche Verhältnis während der Verschlechterung des internationalen Klimas an der Wende von den siebziger zu den achtziger Jahren. Jenseits beiderseitiger Bündissolidarität nämlich bemühte sich insbesondere Schmidt um Kooperation mit der Ost-Berliner Regierung, um das deutsch-deutsche Sonderverhältnis vor den unmittelbaren Auswirkungen der weltpolitischen Konfrontation zu bewahren.

Auch Schmidts deutschlandpolitische Vorgaben waren von seiner realpolitischen Stabilitätsorientierung bestimmt, wie er in seiner Londoner Rede bekundet hatte: „Die deutsche Frage bleibt für uns offen, es gilt für uns das Gebot der Wiedervereinigung. Aber die deutsche Frage kann nicht und darf nicht den Frieden von der ersten Priorität verdrängen. Das ist ein Beitrag der Bundesrepublik Deutschland zur europäischen Stabilität". Der Status quo begann sich darüber zu verselbstständigen und verlor zunehmend den Charakter einer Durchgangsstation auf dem Weg zu seiner Veränderung, wie es im Konzept von „Wandel durch Annäherung" oder wenigstens der „Liberalisierung durch Stabilisierung" gedacht war.

Stabilität im deutsch-deutschen Verhältnis

Zugleich wurde das deutsch-deutsche Verhältnis immer wieder auf seine Anomalien zurückgeworfen, etwa in stets politisch aufgeladenen Streitigkeiten um den Grenzverlauf an bzw. in der Elbe, Einreiseverweigerungen für oder Ausweisungen von Bundesdeutschen in die oder aus der DDR, den Mindestumtausch für Besucher aus der Bundesrepublik, oder im Handel, den die DDR-Führung gegenüber der Bundesrepublik mit politischen Häftlingen betrieb. Als Helmut Schmidt im Dezember 1981 zu einem Gipfel mit der DDR-Führung in die Uckermark fuhr, wurde er am letzten Tag mit der Verhängung des Kriegsrechts in Polen konfrontiert – wobei Erleichterung empfunden wurde, dass ein Einmarsch der Ostblockstaaten in Polen ausblieb –, und schließlich wurde er zum Abschluss seines Besuches durch Güstrow geführt, wo eine „stalinistisch anmutende Belagerung" (so Klaus Bölling gegenüber Schmidt [247, S. 92]) aus Kräften der Staatssicherheit für eine Geisterkulisse in der Stadt sorgte, während der Bevölkerung untersagt worden war, Schmidts Besuch beizuwohnen. Stabilität hieß, trotz häufig gegenteiligen Anscheins, letztlich doch nicht Normalität.

4. Neue soziale Bewegungen und die politische Kultur der siebziger Jahre

Politisierung der Gesellschaft

Der erhebliche Zulauf zu den politischen Parteien ebenso wie demoskopische Ermittlungen des Interesses an Politik signalisierten eine deutliche Politisierung der bundesdeutschen Gesellschaft in den frühen siebziger Jahren. Die breite gesellschaftliche Diskussion über Politik schloss zugleich ein zunehmendes Kritik- und Protestpotenzial gegenüber dem Staat und seinen Institutionen ein. Sie weist die Entwicklung als Teil des allgemeinen sozialkulturellen Wandels im Zeichen von Individualisierung, radikaler Pluralisierung und Entnormativierung aus. Die Tendenz zu Selbstentfaltung und Emanzipation bedeutete zugleich eine Distanzierung von Verpflichtungen auf ein dem Einzelnen vorgängiges Gemeinwohl und von bis dahin gesamtgesellschaftlich gültigen bürgerlichen Ordnungsvorstellungen und Werten wie Arbeit und Leistungsbereitschaft, Pflichterfüllung und Disziplin, bürgerlicher Moral und traditionellen Autoritäten, nicht zuletzt staatlichen Institutionen. Von dort war es nicht weit bis zur Infragestellung des staatlichen Gewaltmonopols.

Diese Tendenz ging von einer Kritik an der Gesellschaft und dem politischen System unter Leitbegriffen wie „strukturelle Gewalt" als negativem Befund und „Demokratisierung" (in einem auf Wirtschaft und Gesellschaft zielenden, utopisch-sozialistischen und am Ideal der „herrschaftsfreien Gesellschaft" orientierten Sinne) als Zielperspektive aus, die im Gefolge der außerparlamentarischen Opposition der späten sechziger Jahre auf Seiten der politischen Linken, nicht zuletzt innerhalb der in die SPD geströmten jungen akademischen Mittelschichten und der Jungsozialisten kursierte. Sie lehnte die bürgerlich-freiheitliche parlamentarisch-demokratische Ordnung der Bundesrepublik als demokratisch defizitär und die Marktwirtschaft als zu überwindenden „Spätkapitalismus" (J. Habermas) ab. Eine Auflösung des politisch-kulturellen Gründungskonsenses der Bundesrepublik hatte bereits in den späteren sechziger Jahren die Ablehnung der Totalitarismustheorie und überhaupt des Totalitarismusbegriffs angezeigt. Diese Zurückweisung schuf Freiräume für die im universitären Umfeld verbreitete Rezeption linker und in den Kategorien der Totalitarismustheorie totalitärer, jedenfalls antipluralistischer Lehren wie des Leninismus und des Maoismus. Zugleich wurden in einem Klima politischer Planungseuphorie und des Glaubens an die weitgehende Gestaltbarkeit der Verhältnisse Ideen einer grundsätzlichen Transformation von Staat und Gesellschaft kultiviert, die sich auch im bildungspolitischen Kontext der „hessischen Rahmenrichtlinien" mit ihrer Lernzielorientierung an Kritik und Konflikt niederschlagen.

Systemkritik

Auf der anderen Seite schlossen sich im November 1970 Hochschullehrer (die teils ursprünglich der SPD angehört oder der sozial-liberalen Koalition nahe gestanden hatten) zum „Bund Freiheit der Wissenschaft" zusammen, um einer fundamentalen Politisierung und Ideologisierung der Hochschulen von links entgegenzuwirken. Das politische Klima der frühen siebziger Jahre war hochkontrovers aufgeladen und polarisiert. So wurde die Kritische Theorie wie die gesamte „Emanzipationspädagogik" [755: GLASER, S. 386] von Seiten der politischen Rechten als Nährboden des Terrorismus diskreditiert. Der CSU-Vorsitzende Franz Josef Strauß gab in seiner „Sonthofener Rede" vor der CSU-Landesgruppe im November 1974 (laut der im „Spiegel" am 10. März 1975 veröffentlichten Mitschrift) vor, man könne „nicht genug an allgemeiner Konfrontierung schaffen" und müsse „die anderen immer identifizieren damit, dass sie den Sozialismus und die Unfreiheit repräsentieren, dass sie das Kollektiv und die

Polarisierung

Funktionärsherrschaft repräsentieren und dass ihre Politik auf die Hegemonie der Sowjetunion über Westeuropa hinausläuft".

Wende in den Protestbewegungen

Der allgemeine sozialkulturelle Umschlag des Jahres 1973 bedeutete eine Wende auch in den Protestbewegungen, die sich grundsätzlich aufspalteten, indem sie sich teils auf dem Wege sektiererischer Dogmatisierung in Richtung kommunistischer Gruppen und Terrorismus bewegten und teils in die „Neuen sozialen Bewegungen" eingingen. Der schnell zu Prominenz gelangte Titel des Berichts über die „Grenzen des Wachstums" an den Club of Rome (1972) ebenso wie das im Gefolge der Ölkrise aufgekommene Bewusstsein von der Ressourcenknappheit zielten auf das Verhältnis von Industriegesellschaft und Umwelt. Das viel gelesene Buch des ökologisch-konservativen CDU-Abgeordneten Herbert Gruhl „Ein Planet wird geplündert. Die Schreckensbilanz unserer Politik" (1975) verwies auf die Gefahr der Umweltzerstörung; die Diskussion wandte sich dem Thema Überleben zu, wie Erhard Epplers ebenfalls breit rezipiertes Buch „Ende oder Wende" (1976) signalisierte. Statt Zukunftsutopie wie 1968 herrschte in den späteren siebziger Jahren Zukunftsangst, auch existenzieller Art. Zusammen mit der Politisierung der Gesellschaft seit 1968/69 prägte sie das Profil der Protestbewegungen in der zweiten Hälfte des Jahrzehnts.

Neue soziale Bewegungen

Die „Neuen sozialen Bewegungen" setzten sich aus einer Fülle autonomer, allerdings untereinander stark vernetzter Personen, Gruppen und Initiativen zusammen. Die größte Konstanz über den Umschlag von 1973 hinaus herrschte in der neuen Frauenbewegung. Sie hatte sich aus der 68er-Bewegung und der Einsicht in die männlich-autoritären Dispositionen auch deren führender Vertreter heraus entwickelt und sich im studentischen Milieu der Universitätsstädte konstituiert, ohne eine feste Organisationsstruktur auszuprägen. Ihr Charakteristikum war vielmehr Vielfalt im Zeichen von Selbsterfahrung und Projekten: Frauenzentren und gemeinschaftliche Wohnformen, Gesundheitszentren, Frauenhäuser für von ihren Männern misshandelte Frauen, Frauentheater sowie eigene Presseorgane (wie die 1977 gegründete Zeitschrift „Emma") oder Frauenbuchläden. Dementsprechend vielfältig und nicht scharf geschnitten war auch das Profil der Inhalte und Ziele zwischen repressionsfreien Geschlechterbeziehungen, der Abschaffung sexualmoralischer Ungleichbehandlung von Männern und Frauen sowie geschlechtsspezifischer Arbeitsteilung oder Kinderläden. Zum Kristallisationspunkt der neuen Frauenbewegung wurde unterdessen das Thema Abtreibung bzw. Reform des § 218 StGB, das auch die größte Aufmerksamkeit über die Medien fand, wie sich insbesondere zeigte, als sich 374 Frauen im Juni 1971 im „Stern" zu einer Abtreibung bekannten.

Neue Frauenbewegung

Bürgerinitiativen

Breiteren gesellschaftlichen Zulauf fanden Bürgerbewegungen, die sich seit den frühen siebziger Jahren vor allem als Initiativen gegen lokale Stadtplanungen im Zeichen von Kahlschlagsanierungen und funktionalistischen Großprojekten formierten. Im Juni 1972 wurde der „Bundesverband Bürgerinitiativen Umweltschutz" gegründet; einen Politisierungsschub erfuhr er Mitte der siebziger Jahre über das Thema Kernenergie, das zum zentralen Thema der Umwelt- und Protestbewegung wurde. Auch diese Entwicklung begann mit lokalen bzw. regionalen, überparteilichen Bürgerinitiativen zur Verhinderung des Baus von einzelnen Atomkraftwerken – im Jahr 1974 waren in der Bundesrepublik elf Atomkraftwerke in Betrieb, elf im Bau und sechs in Auftrag –, zunächst im badischen Wyhl, wo der stark von Bauern und Winzern getragene Protest sowie die Besetzung des Bauplatzes schließlich zum Verzicht auf den Bau führten.

Anti-Atomkraft-Bewegung

Gegen den Staat richteten sich diese Protestbewegungen insofern, als er für die Genehmigung und die polizeiliche Sicherung des Baus zuständig war. Über die Einzelfälle hinaus gewann die Bewegung bald aber auch eine allgemeine energie- und wirtschaftspolitische Dimension. Helmut Schmidt war vor dem Hintergrund seiner gesamtwirtschaftlichen Zielvorgaben, zu denen die Sicherung der Energieversorgung zählte, und zumal angesichts der prekären Abhängigkeit vom Öl nicht zu einem Verzicht auf die Option der Kernenergie bereit. Politisch unterstützt wurde er darin vor allem von Unionsparteien und FDP sowie den Gewerkschaften, die das Argument der Schaffung und Sicherung von Arbeitsplätzen vorbrachten. Die Diskussion spitzte sich auf einen Gegensatz von Ökonomie und Ökologie zu. Dabei verband sich mit der Anti-Atomkraft-Bewegung eine grundsätzliche Wendung gegen technische Großprojekte und industrielles Wachstum. Die Kernenergie wurde zum Fokus der Kritik an der modernen Industriegesellschaft und der allgemeinen Überlebensangst. Die Kernkraftdebatte erfuhr somit eine gesellschaftliche Fundamentalpolitisierung über konkrete energie- und wirtschaftspolitische Aspekte hinaus.

Zudem lagerten sich systemoppositionelle und gewaltbereite Kräfte an die Anti-Atomkraft-Bewegung an, veränderten und erodierten ihren Charakter als Bürgerbewegung. Zunehmend kam es im Rahmen von Demonstrationen zu gewaltsamen Entladungen, zu wahren paramilitärischen „Schlachten" zwischen gewaltbereiten Demonstranten und Polizei, insbesondere im schleswig-holsteinischen Brokdorf seit 1976, im niedersächsischen Gorleben, wo ein atomares Endlager gebaut werden sollte, und ebenso in Frankfurt bei Demonstrationen gegen den Bau einer zusätzlichen Startbahn am Flughafen oder bei Besetzungen leer stehender Häuser in Frankfurt, Hamburg und Berlin. Im Zusammenhang der Anti-Atomkraft- und der Umweltbewegung etablierte sich ein Gewaltpotenzial in der bundesdeutschen Gesellschaft; gewaltlos hingegen blieb die einige Jahre später einsetzende Friedensbewegung.

Friedensbewegung

Der Minimalkonsens dieser heterogenen Bewegung locker assoziierter Personen und Gruppen lag in einer Verhinderung der Stationierung der amerikanischen Mittelstreckenwaffen in Deutschland, die gemäß dem NATO-Doppelbeschluss vom Dezember 1979 im Falle des Scheiterns der amerikanisch-sowjetischen Rüstungsverhandlungen ab dem Herbst 1983 anstand. Über die individuellen, auf das Einzelanliegen zielenden Beteiligten (darunter viele prominente Schriftsteller, Intellektuelle und Kirchenvertreter) hinaus lassen sich in der Friedensbewegung drei Hauptströmungen identifizieren: Eine religiös-kirchliche und pazifistische Richtung rekrutierte sich in besonderem Maße aus dem Protestantismus; unabhängige Linke und Grüne knüpften an die Tradition der Anti-Atomtod- und der Ostermarsch-Bewegung der fünfziger und sechziger Jahre und die Konzepte von Neutralität und Drittem Weg an – die Grünen plädierten beispielsweise 1980 für die sofortige Auflösung von NATO und Warschauer Pakt und für einseitige Abrüstungsmaßnahmen der Bundesrepublik; als dritte Strömung kamen kommunistisch beeinflusste und organisierte Gruppen hinzu. Sie standen unter dem Einfluss der DDR, vor allem die „Deutsche Friedens Union" und die DKP, die auch maßgeblichen Anteil am „Krefelder Appell" vom November 1980 hatte, der bis 1983 über vier Millionen Mal unterzeichnet wurde. Trotz solcher Beeinflussungen durch die DDR war die Friedensbewegung in der Substanz eine originär bundesdeutsche, aus ihrer Gesellschaft heraus erwachsene Bewegung, wie die mehrere hunderttausend Beteiligte zählenden Demonstrationen zwischen 1981 und 1983 und auch verschiedene Meinungsumfragen zeigten, die gar Mehrheiten gegen eine Stationierung ermittelten. Allerdings gewann die im Oktober 1982 ins Amt gekommene Regierung Kohl, sich eindeutig zur Stationierung bekannte, die Wahlen vom März 1983 mit klarer Mehrheit. Nach dem Beginn der Stationierung im Herbst 1983 flaute die Friedensbewegung ab.

Bis dahin jedoch wurde die Diskussion zwischen Befürwortern und Gegnern des NATO-Doppelbeschlusses – im internationalen Vergleich überproportional – kontrovers und hoch polarisiert geführt. Dabei implizierte die Opposition gegen die westliche Raketenstationierung insofern grundsätzliche Systemkritik, als sie die sicherheitspolitischen Grundauffassungen der Bundesrepublik – das Bündnis mit dem Westen als Schutz vor dem bedrohenden Osten durch atomare Abschreckung – ablehnte. Stattdessen herrschten auf Seiten der Friedensbewegung pazifistische Tendenzen und Vorstellungen der Äquidistanz zwischen den Supermächten, wobei die USA vielfach kritischer eingeschätzt wurden denn die – oftmals kaum als Bedrohung wahrgenommene – Sowjetunion.

Die gesellschaftlich-politischen Wirkungen der Neuen sozialen Bewegungen lagen – über die Beeinflussung konkreter Entscheidungen, im Falle der Kernenergie mehr als im Falle der Friedensbewegung, hinaus – zum einen darin, dass ihre politischen Positionen seit den späteren siebziger Jahren in die SPD einsickerten und dort in den achtziger Jahren zu Mehrheitspositionen avancierten.

Ökologisch-alternatives Milieu

Vor allem aber verbanden sich Frauenbewegung, Anti-Atomkraft- und Umweltbewegung sowie Friedensbewegung in ihrer Fundamentalkritik gegenüber der modernen, auf Fortschritt und Wachstum setzenden Industriegesellschaft und ihren staatlich-politischen Institutionen. Von punktorientierten *single purpose movements* aus prägte sich aus den Neuen sozialen Bewegungen qua Lebensweise und Werthorizont ein eigenes (allerdings keineswegs mit der Gesamtheit der Bewegungen und ihrer Beteiligten identisches) ökologisch-alternatives Milieu aus. Sozialstrukturell lag sein Schwerpunkt im Umfeld akademischer Humandienstleistungsberufe, oft in der universitär-studentischen Ausbildungsphase, und in den neuen Mittelschichten jüngerer Generation, somit einer durch die Bildungsexpansion substanziell verbreiterten gesellschaftlichen Gruppe, die ein politisch „linkslibertäres Selbstverständnis" [ROTH/RUCHT in 525, S. 297] einte. Insbesondere in der „alternativen Szene" manifestierte sich eine lebensweltlich umfassende Gegenkultur, die sich von der modernen Industriegesellschaft und ihren Institutionen mit einem Gegenentwurf absetzte, der sich an Ökologie und basisdemokratischer Bewegung orientierte.

Eine politische Partei konnte daraus wenn überhaupt nur wider Willen entstehen, und doch bedurfte auch die Organisation des Anti-Institutionellen letztlich der Institution. Nichtsdestotrotz war die Organisierung der Grünen und die Integration der Strömungen, die sich in den siebziger Jahren von der parlamentarischen Demokratie nicht repräsentiert gesehen hatten, in das politische System eine der folgenreichsten Entwicklungen im Schnittfeld von Gesellschaft und Staat in den achtziger Jahren.

Bereits seit 1977 hatten sich Bürgerinitiativen im Umfeld ihres konkreten Anliegens – z.B. in Gorleben und Brokdorf – zu Wählergruppen zusammengeschlossen. 1979 koordinierten sie sich als „Grüne" für die Europawahlen, und am 13. Januar 1980 wurde in Karlsruhe die Bundespartei gegründet. Ihr Gründungsprogramm verpflichtete die Grünen auf die vier Prinzipien „ökologisch", „sozial", „gewaltfrei" und „basisdemokratisch", hinzu kam eine besondere Berücksichtigung der Geschlechterfrage durch innerparteiliche paritätische Quotierung. Noch im Jahr der Gründung erfuhren die den Grünen zunächst ebenfalls zugeflossenen bürgerlich-konservativen Strömungen um Herbert Gruhl oder den schleswig-holsteinischen Bio-Bauern Baldur Springmann eine Marginalisierung zugunsten einer politisch linken Positionierung der neuen Partei. Dessen ungeachtet vereinigte diese eine erhebliche programmatische Spannweite zwischen theoretisch-sozialistisch orientierten „Fundamentalisten" und ökologisch-reformerischen „Realpolitikern".

Gründung der Grünen

Am 6. März 1983 gelang den Grünen der Einzug in den Bundestag, wo sie sich als vierte Kraft etablierten und zusammen mit der SPD über fünfzehn Jahre lang in Opposition zu Helmut Kohls Regierung aus Union und FDP standen, während sie in den Ländern schon seit Ende 1985 in Koalitionen unter sozialdemokratischer Führung eintraten. Zunächst wahrten die Grünen den Habitus der ‚Anti-Parteien-Partei', etwa durch das Verfahren der Rotation ihrer Parlamentsabgeordneten und nur rudimentäre institutionelle, gar hierarchische Organisation, in deren Folge sich die programmatischen Flügel als Machtstrukturen ausprägten. Ein zunächst ungeklärtes Verhältnis der Grünen zu (staatlicher) Gewalt und parlamentarischer Demokratie entwickelte sich in den achtziger Jahren zunehmend in Richtung ihrer Anerkennung auf Kosten des systemoppositionellen Flügels der Partei, der insbesondere nach 1990 an Bedeutung verlor.

5. Wirtschaftliche Probleme und das Ende der sozial-liberalen Koalition

Konjunkturentwicklung

Nachdem die Konjunktur im Jahr 1975 mit einem Minuswachstum von 1,3 % auf dem Tiefpunkt angekommen war, setzte eine mehrjährige Erholungsphase ein, in der wieder, wie in den frühen siebziger Jahren, Wachstumsraten zwischen 2,6 und 5,5 % erzielt wurden. Die Arbeitslosigkeit hingegen verschwand nicht wieder, sondern verharrte auf vergleichsweise hohem Niveau und ging selbst im wirtschaftlich guten Jahr 1979 nur auf 876 000 zurück. Zu dieser Zeit leitete unterdessen der islamische Umsturz im Iran eine neuerliche Ölpreisexplosion ein, in deren Gefolge die Bundesrepublik zwischen 1980 und 1982 die bis dahin schwerste Rezession erlebte: 1981 wurden 40 % mehr Insolvenzen verzeichnet als 1979, die Wachstumsraten gingen auf 1 bis –1,1 % zurück, während die Inflation in diesem neuerlichen Stagflationsschub wieder über 5 und 1981 gar über 6 % stieg. Vor allem explodierte die Zahl der Arbeitslosen förmlich: im Jahresmittel überstieg sie 1981 die Marke von einer Millionen und bewegte sich 1982 mit 1,8 Mio. auf die 2-Millionen-Grenze zu, die sie 1983 überschritt.

2. Ölkrise und Rezession 1980–82

Arbeitslosigkeit blieb, so wurde klar, nicht wie zunächst erwartet ein temporäres, konjunkturelles Phänomen. Ihre Verstetigung hing, neben der zunehmenden Nachfrage nach Erwerbstätigkeit durch Frauen und dem demographisch bedingten Anstieg des Arbeitskräftepotenzials, auch wesentlich mit dem gesamtwirtschaftlichen Strukturwandel zusammen. Denn betroffen war vor allem das traditionelle verarbeitende Gewerbe, in dem die Zahl der Beschäftigten zwischen 1970 und 1983 um fast zwei Millionen zurückging, während der Dienstleistungssektor trotz seiner gesamtwirtschaftlichen Expansion – allein im Staatsdienst wurde in den siebziger Jahren fast eine Million neuer Stellen geschaffen, darunter fast 400 000 für Akademiker – nicht imstande war, dieses freigesetzte Arbeitskräftepotenzial vollständig zu absorbieren. Inwiefern darüber hinaus Ordnungspolitik für die Arbeitslosigkeit verantwortlich war bzw. zu ihrer Bekämpfung beitragen konnte, rückte verstärkt ins Zentrum der politischen Debatte.

Sozial-, Wirtschafts- und Finanzpolitik

Sozialpolitisch vollzog die Regierung Schmidt einen deutlichen Kurswechsel, indem sie das „Ende der wohlfahrtsstaatlichen Expansionsphase" einleitete und auf eine „Tendenz zur Konsolidierung und Kostendämpfung" [Hockerts in 592, S. 193] umsteuerte. Weit weniger eindeutig fiel die Kursbestimmung in der Wirtschafts- und Finanzpolitik aus.

Monetarismus

Die Bundesbank hatte bereits nach dem Übergang zum freien Wechselkurs gegenüber dem Dollar und im Zuge der Krise von 1973–75 einen Richtungswechsel vollzogen und praktizierte nun einen „pragmatisch gezügelten Monetarismus" [659: Richter, S. 70]: oberste Priorität gab sie der Stabilität des Binnen- wie des Außenwerts (Letzteres im Gegensatz zur strengen wirtschaftswissenschaftlichen Theorie des Monetarismus) der Währung, und sie orientierte sich, über den Zinssatz für Zentralbankgeld, am Zwischenziel der Geldmenge. Dabei nahm sie zwar durchaus konjunkturpolitische Rücksichten (auch dies entgegen der reinen Lehre), stand jedoch monetärer Konjunkturpolitik – Fiskalpolitik im Allgemeinen und Globalsteuerung im Besonderen – skeptisch gegenüber.

Nur wenige Jahre später verschob sich – vor dem Hintergrund nicht zuletzt der amerikanischen Erfahrung, dass selbst außerordentlich hohe Haushaltsdefizite keinen nachhaltigen Wirtschaftsaufschwung generierten – die herrschende Meinung in den Wirtschaftswissenschaften. Den Veränderungen der Weltmarktbedingungen – der zunehmenden Konkurrenz Japans und der asiatischen Schwellenländer und der Sättigung wichtiger Märkte – sollte vielmehr auf Angebotsseite durch die Entwicklung neuer Produkte und Produktionsverfahren begegnet werden. Zugrunde lag dieser Sichtweise das „Theorem, nach dem das Angebot sich seine Nachfrage schafft", wie etwa der Sachverständigenrat zur Begutachtung der gesamtwirtschaftlichen Entwicklung in seinem Jahresgutachten 1981/82 formulierte: „Die Nachfrage ist keine Größe, die gegeben ist oder unabhängig vom Angebot entsteht. [...] Im Gegenteil, [...] in wichtigen Teilen des Marktgeschehens hat das Angebotshandeln einen Vorlauf. Das Angebot, das Produzieren, schafft über das Einkommen, das dabei erzielt wird, kaufkräftige Nachfrage. Im Vorlauf ist Angebotshandeln überall dort, wo investiert, also künftige Produktion vorbereitet wird. [...] Der Einkommenseffekt expansiver Angebotshandlungen sorgt dafür, dass die Gruppe im ganzen gewinnt". [Angebotsorientierung]

Gegenüber der in den siebziger Jahren beklagten zu geringen Rentabilität von Produktivvermögen setzte die im Kern neo-liberale Angebotsorientierung auf Entlastung der Unternehmen von Kosten und Investitionshemmnissen, um Gewinne erwirtschaften und investieren zu können und somit Arbeitsplätze zu schaffen, auf Stärkung des freien Marktes durch Deregulierung und Wettbewerb anstelle seiner Steuerung über nachfragestützende Konjunkturprogramme.

Den von der Bundesbank praktizierten Monetarismus und die grundsätzlich von Unionsparteien und FDP vertretene Angebotsorientierung wiesen vor allem die Gewerkschaften und der Arbeitnehmerflügel der SPD als Förderung von Unternehmensgewinnen auf Kosten von Sozialleistungen und Lohnsteigerungen der Arbeitnehmer strikt zurück. Sie folgten einer keynesianisch inspirierten Nachfrageorientierung, die auf eine Steuerung der wirtschaftlichen Entwicklung und des Marktes nicht über unternehmerische Rentabilität, sondern über gesamtwirtschaftliche Nachfragegrößen (v.a. private Haushalte und Staat) setzte. Aktive Lohnpolitik durch tarif- und steuerpolitische Umverteilung sowie expansive Konjunkturpolitik und Staatsnachfrage sollten demzufolge für eine Auslastung der Kapazitäten sorgen und somit Wachstum herbeiführen. [Nachfrageorientierung]

Mit völlig konträren Ansprüchen von Seiten der FDP und der Bundesbank einerseits, der vom Strukturwandel der Textil-, Montan- und Schwerindustrie besonders betroffenen sozialdemokratischen und gewerkschaftlichen Klientel andererseits konfrontiert, lavierte Helmut Schmidts Regierung zwischen Marktorientierung und Keynesianismus. Nach anfänglichen Einsparmaßnahmen vollzog sie 1977 einen Kurswechsel in der Ausgabenpolitik und legte – begleitet [Wirtschaftspolitik] allerdings von Beschränkungen der Staatsausgaben – ein milliardenschweres Konjunkturprogramm auf, das mit einer Kombination von kaufkrafterhöhenden Steuerentlastungen, Staatsaufträgen für Hoch- und Tiefbau sowie Abschreibungserleichterungen für Unternehmen nachfrage- und angebotsorientierte Elemente mischte. Nach dem Bonner Weltwirtschaftsgipfel von 1978 folgte ein weiteres Konjunkturprogramm hauptsächlich in Form von Steuersenkungen. In der Rezession 1981/82 kam es dann zu einem scharfen Konflikt zwischen der Bundesregierung, die konjunkturbelebende Impulse setzen wollte, und der Bundesbank, die die wachsende – und politisch zunehmend kontrovers diskutierte – staatliche Neuverschuldung ablehnte und an ihrer Politik des knappen Geldes im Sinne der Stabilität der Währung festhielt.

Wahlen zum 9. Deutschen Bundestag 1980

Die richtungspolitischen Auseinandersetzungen um den finanz- und wirtschaftspolitischen Kurs der Regierung verschärften sich nach den Bundestagswahlen von 1980, die zunächst eine Bestätigung der Regierung erbrachten. Im Zusammenhang mit der Kanzlerkandidatur des CSU-Vorsitzenden Franz Josef Strauß auf Seiten der Union war der Wahlkampf hart und hoch polarisiert geführt worden. Am Ende verloren CDU und CSU gegenüber dem Ergebnis von 1976 gut 4 Prozentpunkte, blieben mit 44,5% aber stärkste Fraktion vor der SPD, die leicht auf 42,9% zulegte. Eigentlicher Gewinner der Wahl war die FDP, die sich von 7,9 auf 10,6% steigerte. Im Gefolge auch einer innerparteilichen Akzentverlagerung trug sie eine verstärkte wirtschaftliberale Komponente in die Regierung, während auf der anderen Seite der linke Flügel der SPD durch die Wahlen von 1980 an Gewicht gewonnen hatte und mit ca. 70 Abgeordneten nun ein knappes Drittel der Fraktion stellte.

Schmidt sah sich zunehmend in einen Dreifrontenkampf mit dem Gewerkschaftsflügel der SPD, dem linken Flügel der SPD sowie der FDP verstrickt, der in verschiedenen Schlachtordnungen auf zwei Feldern, der Sicherheits- und der Wirtschaftspolitik, ausgetragen wurde.

Sicherheitspolitische Kontroversen

Diametral standen Ziele und Ansichten der Friedensbewegung mit ihrem pazifistischen Friedensbegriff den sicherheitspolitischen Grundauffassungen Schmidts von Gleichgewicht und Stabilität ebenso wie den sicherheits- und bündnispolitischen Grundlagen der Bundesrepublik entgegen. Angesichts der herannahenden Stationierung der amerikanischen Mittelstreckenraketen für den Fall des Scheiterns der Genfer Verhandlungen fanden sie jedoch in wachsendem Maße Eingang in die SPD. Dass gegen Schmidts erklärten Willen mit Erhard Eppler und Oskar Lafontaine führende Vertreter der SPD an der Großkundgebung der Friedensbewegung am 10. Oktober 1981 in Bonn teilnahmen, zeigte eine zunehmend offene innerparteiliche Opposition gegen die eigene Regierung an, zumal auch der Parteivorsitzende nicht deutlich Einhalt gebot, sondern vielmehr eine wachsende Distanz zur Sicherheitspolitik der Regierung erkennen ließ. Dass Brandt erkennbar, wenn auch nicht offen, von Schmidt abrückte und sich auf die Friedensbewegung zu bewegte, führte – in Umkehrung der Konstellation von 1973/74 – zum Zerwürfnis zwischen beiden in der „Troika" genanntten Führung und innerhalb der gesamten SPD. Auf dem Kölner Parteitag im November 1983 – bereits nach dem Ausscheiden der Partei aus der Regierung – stimmten schließlich noch 14 Delegierte, darunter Helmut Schmidt, gegen 400 für den Vollzug des NATO-Doppelbeschlusses.

Auch die wirtschaftlichen Probleme drückten die Regierung zunehmend. Ein neuerliches Beschäftigungsprogramm Anfang 1982 war schon in der Koalition kaum mehr durchsetzbar und auch innerhalb der SPD umstritten. Um die Koalition zu disziplinieren, vor allem aber an die Adresse der eigenen auseinanderdriftenden Partei, stellte Schmidt im Hinblick auf die gesamte Politik am 5. Februar die Vertrauensfrage im Bundestag. Ihr erfolgreicher Ausgang setzte zwar vordergründig ein Zeichen der Treue; an der Wand standen aber die Zeichen des Verfalls der Koalition. Immer eindringlicher plädierte die FDP für eine angebotsorientierte Wende, die mit der SPD nicht zu machen war. Als Wirtschaftsminister Lambsdorff im September 1982 eine Zusammenstellung seiner Kritik an der Wirtschaftspolitik der sozial-liberalen Koalition vorlegte, waren die Gegensätze zwischen FDP und SPD bereits unüberbrückbar.

<small>Wirtschaftspolitik</small>

Unterdessen verlor die SPD die auf die Bundestagswahl folgenden Landtagswahlen. Im Mai 1981 musste sie das Amt des Regierenden Bürgermeisters von Berlin an die CDU abtreten, die im März 1982 in Niedersachsen sogar eine absolute Mehrheit gewann. Alarmierend an diesen Ergebnissen war für die Sozialdemokraten insbesondere, dass sie sowohl an die Grünen als auch an die CDU verlor und somit ihre strukturelle Mehrheitsfähigkeit selbst zusammen mit der FDP bedroht war, während Koalitionen mit den Grünen noch als Tabu galten, das erst im Dezember 1985 in Hessen auf Landesebene durchbrochen wurde. Am 6. Juni 1982 erlitt die SPD in Hamburg einen wahren Einbruch, indem sie 8,8 Prozentpunkte verlor, die CDU 5,6 gewann und erstmals stärkste Partei wurde, die Grün-Alternative Liste aus dem Stand 7,7% erzielte und die FDP den Sprung in die Bürgerschaft verpasste.

<small>Krise und Bruch der Koalition</small>

Mit diesem Tag „begann die Agonie der Koalition" [176: Eppler, S. 152]. Gegen die im Kompromiss mit der FDP erzielten Haushaltsbeschlüsse der Regierung fur 1983, die eine im Vergleich zu 1982 gesenkte Nettokreditaufnahme und kein weiteres Beschäftigungsprogramm vorsahen, machten nun die Gewerkschaften mobil. Alles steuerte auf den Bruch hin. Diesen aber wusste Helmut Schmidt am Ende so zu inszenieren, dass er der FDP als „Fahnenflucht" [161: Bölling, S. 69] angelastet wurde. „Im Akt des Untergangs tauchte der Kanzler zwar nicht in die Sachpolitik, aber doch emotional in die Solidarität mit seiner Partei und den Gewerkschaften zurück" [296: Jäger, S. 246]. Er forderte Lambsdorff auf, das Papier seiner (streng marktliberalen) Positionen vorzulegen, das allseits als ‚Scheidungspapier' der Koalition gelesen wurde. Am 17. September 1982 schließlich brachte er die FDP-Minister dazu, ihrer Entlassung durch einen Rücktritt zuvorzukommen. Damit aber war es, wie Schmidt öffentlich nachdrücklich kommunizierte, die FDP, die die Koalition verließ. Zwei Wochen noch regierte Schmidt mit einem Minderheitskabinett, bis er am 1. Oktober durch ein konstruktives Misstrauensvotum gestürzt wurde. Damit endeten fast 13 Jahre sozial-liberaler Koalition im Bund.

Bilanz Die sozial-liberale Regierungszeit setzt sich aus zwei unterschiedlichen Teilen zusammen. Der Modernisierungseuphorie der Regierung Brandt folgten, nach einer scharfen Zäsur allgemeiner ökonomischer, sozialkultureller und politischer Art, die Jahre des Krisenmanagements, der „Konzentration und Konsolidierung", der „Nüchternheit" und des „Realismus", wie Helmut Schmidt die Leitbegriffe seiner Kanzlerschaft formulierte, in einer Zeit erheblicher äußerer, innerer und ökonomischer Schwierigkeiten, in der auch bereits die Folgelasten der sozialstaatlichen Expansion der frühen siebziger Jahre spürbar wurden. Dies waren per se nicht die Voraussetzungen für vorwärtstreibend Neues und große Aktivposten in der Bilanz, sondern für eine reaktive und kleinerschrittige Politik nicht der Reform, sondern der Bestandssicherung. Dass die zentralen Anliegen der Regierung Schmidt – Sicherheits- und Wirtschaftspolitik – schließlich zu ihrem Ende führten, deutet vorderhand nicht auf Erfolg hin. In der Tat war Schmidt zwar als *der* Ökonom neben Ludwig Erhard unter den Bundeskanzlern reputiert, zugleich aber wirtschaftspolitisch umstritten wie kein zweiter. Seine Regierung lavierte zwischen Nachfrage- und Angebotsorientierung und am Schluss auch sicherheitspolitisch zwischen den Fronten. Letztlich bedeutsamer war jedoch Schmidts Loyalität zum NATO-Doppelbeschluss als ein Teil der Konsolidierung der Bundesrepublik im westlichen Bündnis, ohne die durch die sozial-liberale Ostpolitik geknüpften Verbindungen mit dem Osten zu kappen. Hinzu kamen konkrete Aktiva wie eine Zunahme an innerdeutschen Reisen und Osthandel oder die relative Währungsstabilität innerhalb des EWS. Diese verweist zugleich auf die allerdings stets schwer messbare Leistung der Verhinderung von Schlimmerem. Einschnürende Umstände und Sachzwänge machten Bewahrung bereits zum Aktivum einer Regierung zwischen den Zeiten und zwischen den Fronten nach außen und im Innern.

In dieser Konstellation wusste Schmidt die Gegensätze mit einer sach- und kompromissorientierten Politik der Mitte auszutarieren, die auch innerhalb der bürgerlichen Wählerschichten auf Sympathie insbesondere für die Person des Kanzlers stieß, bis die Fliehkräfte in der Sicherheits- und Wirtschaftspolitik unter dem Druck der doppelten Krise zu groß wurden. Im Herbst 1982 war die sozial-liberale Koalition kaum mehr handlungsfähig.

D. NEUORIENTIERUNG UND KONTINUITÄT (1982–1989)

1. Regierungswechsel als „Wende"?

Nach der knappen Niederlage als Kanzlerkandidat in den Bundestagswahlen von 1976 hatte Helmut Kohl die Oppositionsführung in Bonn übernommen. Dort sank jedoch sein zunächst so schnell aufgegangener Stern als Zukunftshoffnung der Union so sehr, dass er für eine neuerliche Kandidatur 1980 nicht in Frage kam. Dass er schließlich dem CSU-Vorsitzenden Franz Josef Strauß den Vortritt lassen musste, bedeutete im Ergebnis allerdings einen entscheidenden Sieg für Kohl in dieser harten Rivalität an der Spitze der Union. Denn nachdem Strauß mit 44,5% das schwächste Ergebnis der Union seit 1949 erzielt hatte, war sein Anspruch auf die bundespolitische Führung verspielt, Kohls Stellung als Oppositionsführer hingegen befestigt. Als Fraktionsvorsitzender im Bundestag lag seine Chance darin, Helmut Schmidt im Falle eines vorzeitigen Scheiterns der sozial-liberalen Koalition durch ein eigenes Bündnis mit der FDP abzulösen, auf das er hinarbeitete.

Als das Regierungsbündnis im September 1982 zerbrach, begann das Taktieren um die beste Ausgangslage für die Neujustierung der politischen Kräfte. Verfassungsrechtlich waren die Möglichkeiten eng begrenzt: Da Schmidts Minderheitsregierung keine Mehrheit im Bundestag besaß, bestand die Möglichkeit seines Rücktritts, ohne dass eine positive Mehrheit für einen neuen Kandidaten zustande gekommen wäre, oder der Vertrauensfrage des Kanzlers, die ebenfalls keine Mehrheit mehr gefunden hätte; in beiden Fällen hätte der Bundespräsident nach Art. 63 Abs. 4 bzw. nach Art. 68 GG den Bundestag auflösen und Neuwahlen ausschreiben können. Eine andere Möglichkeit lag in der Bildung einer neuen Regierung aus dem Parlament heraus über ein konstruktives Misstrauensvotum nach Art. 67; für diesen Fall sah das Grundgesetz allerdings keine Möglichkeit einer Parlamentsauflösung und vorgezogener Neuwahlen vor.

Regierungswechsel: Verfassungsrecht und Politik

Diese verfassungsrechtlichen Fragen wurden von politischen Problemen überlagert, denn durch den Bruch der Koalition geriet die FDP in eine Existenzkrise. Innerparteilich waren die Widerstände gegen einen Wechsel zu einer Koalition mit der Union erheblich – der Parteivorstand stimmte mit einer Mehrheit von nur 18 zu 15 Stimmen für Koalitionsverhandlungen –, und zugleich machten sich Abspaltungstendenzen bemerkbar. Außerdem lastete die demoskopisch ermittelte öffentliche Meinung den Bruch der Koalition der FDP als Verrat an. Neun Tage nach dem Rücktritt ihrer Minister blieb bei der Landtagswahl in Hessen nicht nur der erwartete Zuwachs für die CDU aus, während sich die Einbußen der SPD weit unter den ursprünglichen Erwartungen hielten und die Grünen 8% erzielten; vor allem erlebte die FDP mit einem Ergebnis von 3,1% ein Fiasko, das die Partei um ihre parlamentarische Existenz im Falle von Neuwahlen fürchten ließ.

Ebendies erhoffte Franz Josef Strauß. Er setzte auf eine absolute Mehrheit für die Union und auf eine Eliminierung der FDP. Darin einig mit dem aus dem Amt scheidenden Helmut Schmidt, plädierten beide für sofortige Neuwahlen. Helmut Kohl hingegen dachte in den Kategorien einer langfristigen Mehrheit und eines Gegengewichts zur CSU bzw. zu Strauß. Der CDU-Vorsitzende und aktuelle Kanzlerkandidat setzte auf eine Koalition mit der FDP, der er eine veritable Überlebensgarantie ausstellte. Kohl und Genscher verabredeten, zunächst den Regierungswechsel herbeizuführen, dem erst einige Monate später Neuwahlen folgen sollten. Die damit verbundene Kombination aus konstruktivem Misstrauensvotum (samt Mehrheit für eine neue Regierung) und Parlamentsauflösung war allerdings verfassungsrechtlich nicht vorgesehen.

Regierung Kohl/Genscher

Nach außerordentlich zügigen Koalitionsverhandlungen zwischen CDU, CSU und FDP wurde Helmut Kohl am 1. Oktober 1982 vom Bundestag zum sechsten Bundeskanzler der Bundesrepublik gewählt. In seinem ersten Kabinett nahmen die Minister Genscher (Äußeres), Lambsdorff (Wirtschaft) und Ertl (Landwirtschaft) ihre Ressorts aus der sozial-liberalen Regierung wieder ein; neu hinzu kam aus den Reihen der FDP Justizminister Hans Engelhard, weil insbesondere die CSU den linksliberalen Innenminister Gerhart Baum ablehnte. Seinen Platz übernahm der als ‚Hardliner' bekannte bisherige CSU-Landesgruppenvorsitzende im Bundestag Friedrich Zimmermann; die bayerische Schwesterpartei erhielt ebenso wie die FDP vier Ministerien. Aus den Reihen der CDU übernahmen der bisherige schleswig-holsteinische Ministerpräsident Gerhard Stoltenberg das Finanzministerium, der Verteidigungsexperte Manfred Wörner das Verteidigungsministerium, der Vorsitzende der Christlich-Demokratischen Arbeitnehmerschaft Norbert Blüm das Arbeits- und Sozialministerium und der programmatisch-sozialreformerische Kopf und Generalsekretär der CDU Heiner Geißler das Ministerium für Jugend, Familie und Gesundheit. Somit deckte die neue Ministerriege ein recht breites mittleres bis rechtes Spektrum von sozialreformerischen bis ordnungspolitischen Orientierungen ab.

Parlamentsauflösung und Neuwahlen

Nach der Regierungsbildung verblieb das Problem der Neuwahlen, das aus einer in den vorhergegangenen Jahrzehnten entstandenen Diskrepanz zwischen Verfassungsnorm und Verfassungswirklichkeit entstanden war. Denn die vom Grundgesetz vorgesehene repräsentativ-demokratische Form des Machtwechsels, die die Regierungen stabilisieren und „Weimarer Verhältnisse" verhindern sollte, wurde allgemein nicht mehr als hinreichend, sondern als der direktdemokratischen Rechtfertigung bedürftig erachtet. Abgesehen von allem taktischen Kalkül war dies auch die Grundlage des Vorgehens der neuen Regierung, die Verfassung zu biegen, um Neuwahlen zu erreichen. Da eine Verfassungsänderung – die Einführung eines Selbstauflösungsrechts des Bundestages – außer Reichweite lag, stellte Kohl am 17. Dezember 1982 im Bundestag die Vertrauensfrage, die er wie vorgesehen durch Enthaltung der meisten Abgeordneten der neuen Koalition verlor. Dem Ersuchen um Auflösung des Bundestages nach Art. 68 Abs. 1 GG folgte der Bundespräsident im Januar trotz Bedenken, aber im

Hinblick auf die Einigkeit aller Parteien und die politische Ausnahmesituation, die auch das Bundesverfassungsgericht seiner Entscheidung über die Rechtmäßigkeit dieses Vorgehens zugrunde legte.

Die Bundestagswahlen vom 6. März 1983 wurden dann zum Triumph der neuen Regierung. CDU und CSU erzielten mit 48,8% das nach 1957 beste Ergebnis ihrer Geschichte und verfehlten die absolute Mehrheit nur knapp; auf eine Koalition mit der FDP angewiesen zu sein, war jedoch durchaus in Kohls Sinne. Die Freidemokraten hatten zwar 3,6 Prozentpunkte gegenüber 1980 verloren, aber erstens war die „Strauß-Wahl" eine Ausnahme zugunsten der FDP gewesen, und zweitens hatte sie sich deutlich über der 5%-Hürde stabilisiert und ihre Existenzkrise überlebt. Die SPD erlitt eine schwere Niederlage, indem sie mit 38,2% erstmals seit 1965 wieder unter 40% rutschte. Erstmals zogen, mit 5,6% der Stimmen, die Grünen in den Bundestag ein. Das zweite Kabinett Kohl blieb – mit Ausnahme der Übertragung des Landwirtschaftsministeriums von der FDP auf die CSU – unverändert.

<small>Wahlen zum 10. Deutschen Bundestag 1983</small>

Vor dem Hintergrund einer stark polarisierten öffentlichen Diskussion waren die inhaltlich-programmatischen Vorgaben der neuen Regierung vom Kampf um Begriffe geprägt. Dazu gehörte, wie Kohl in seiner ersten Regierungserklärung am 13. Oktober 1982 betonte, die Positionierung der neuen Regierung als „Koalition der Mitte". Sie begann mit der Diagnose einer Wachstums-, Beschäftigungs- und Finanzkrise und der Gefährdung der Sozialversicherung aufgrund unkorrigiert überzogener „Ansprüche an den Staat und die Systeme der sozialen Sicherung", worin einer der Hauptvorwürfe an die sozial-liberale Regierung lag. Zugleich formulierte Kohl den Anspruch auf „eine neue Wirtschafts- und eine neue Gesellschaftspolitik": in ihrem Zentrum sollten „Freiheit, Dynamik und Selbstverantwortung" stehen, während der Staat „auf seine ursprünglichen und wirklichen Aufgaben" zurückgeführt und „die sozialen Leistungen von Staat und Gesellschaft auf die wirklich Hilfsbedürftigen" konzentriert werden sollten. Kohl verknüpfte marktliberale Vorstellungen mit zentralen Elementen der christlichen Gesellschaftslehre, indem er auf das Strukturprinzip der Subsidiarität abhob und zugleich die „soziale Verpflichtung" von „freie[r] Initiative und Leistung" betonte.

<small>Regierungsprogramm</small>

Die angekündigte Wirtschaftspolitik stand im Zeichen der Angebotsorientierung, indem sie Investitionsanreize, steuerliche Entlastungen für den Mittelstand und verbesserte Ertragschancen der Unternehmen in Aussicht stellte. Monetaristische Akzente setzte die Vorgabe einer auf Inflationsbekämpfung angelegten Geld- und Währungspolitik. Finanzpolitisch baute Kohl in grundsätzlicher ordnungspolitischer Absicht – unter dem Leitsatz „Über geordnete Finanzen zu einem geordneten Staat" – auf eine Sanierung der Staatsfinanzen und eine Senkung der öffentlichen Neuverschuldung. In diesem Sinne verkündete er auch eine „Atempause in der Sozialpolitik." Zugleich sah die neue Regierung eine rückzahlbare unverzinsliche Abgabe für höhere Einkommen vor (die von den sozialliberalen Koalitionären diskutiert worden war, auf die sie sich aber nicht hatten einigen können). Dieser Tribut an Forderungen sozialer Gerechtigkeit war zugleich ein erstes Anzeichen dafür, dass die neue Regierung keinen kompromisslos scharfen Bruch zugunsten von Monetarismus und Angebotsorientierung vornehmen würde.

Außenpolitisch bekannte sich Kohl zur Bindung an die NATO und zum NATO-Doppelbeschluss und gab angesichts der bündnispolitischen Differenzen am Ende der Regierung Schmidt das Ziel vor, die „deutsch-amerikanischen Beziehungen aus dem Zwielicht [zu] befreien". Ostpolitisch stellte sich die Bundesregierung auf die Grundlage der bestehenden Verträge, auch gegenüber der DDR und dem gefundenen *modus vivendi*, wobei Kohl zugleich das Ziel der „Einheit in Freiheit" bekräftigte, dessen Verwirklichung jedoch „nur in historischen Zeiträumen denkbar" sei.

„Wende" Die durchaus ambitionierte Regierungserklärung stand im Kontext eines mit hohem diskursivem Aufwand inszenierten Konzepts der „Wende" als eines eigenen christlich-demokratischen Gegenentwurfs von Politik und Gesellschaft – nicht in der Regierungserklärung, aber in der allgemeinen Diskussion war die Rede gar von der „geistig-moralischen Wende" –, mit dem die Union im öffentlich-politischen Meinungskampf den emanzipatorisch-partizipatorischen Modernisierungsanspruch der sozial-liberalen Reformpolitik konterte. Dieser Entwurf kombinierte christliches Menschenbild, Subsidiarität und gesellschaftliche Solidarität sowie die Förderung der Familie einerseits mit Eigeninitiative und Markt, Wettbewerb und technisch-ökonomischem Fortschritt andererseits. Er verknüpfte somit „in eigentümlicher Weise konservative, liberale und fortschrittsorientierte Elemente" zu einem „‚progressiv'-konservative[n] Gesellschaftskonzept zur Krisenbewältigung" [581: WIRSCHING, S. 130]. In sich durchaus widersprüchlich, ermöglichte dieses Konzept nichtsdestoweniger, wie die Wahlen von 1983 zeigten, die Sammlung eines mehrheitsfähig großen Teils der Gesellschaft. Mit seiner zugespitzten Inszenierung ebenso wie durch die grundsätzliche und schroffe Ablehnung als Politik „sozialer Kälte" und antimoderner Reaktion auf Seiten der politischen Gegner war es zugleich Gegenstand kontroverser Debatten in einem polarisierten Meinungsklima.

Die charakteristische Tendenz der Politik nach der „Wende" lag in einer ambivalenten Mischung von Neuorientierung und Kontinuität. Signifikant ist im Vergleich zur aufgeheizten zeitgenössischen Diskussion, dass die neue Regierung weder im diachronen nationalen Maßstab die sozial-korporativen Traditionen des Sozialstaats und der „sozialen Marktwirtschaft" kappte, noch dass sie, im synchronen Vergleich, die scharf angebotsorientierte, neo-liberale Wende mit vollzog, wie sie in Großbritannien und den USA in den achtziger Jahren stattfand. Und auch eine gesellschafts- oder kulturpolitische Wende blieb aus.

Politisches System und Regierungsstil Kontinuität mit eigenen Akzenten prägte auch die Entwicklung des politischen Systems und Kohls Regierungsstil. Eine Verstärkung bereits angelegter Tendenzen lag in der Zunahme informeller Entscheidungsstrukturen und der Parteipolitisierung der Entscheidungsprozesse, durch die die Verfassungsorgane an Bedeutung verloren. Kohls Regierungspraxis setzte auf Konsens, Kompromiss und Moderation innerhalb der Koalition. Den Koalitionsgremien wuchs somit entscheidende Funktion zu, während das Kabinett zum reinen Beschlussorgan wurde. Insbesondere in der Amtszeit von Kanzleramtsminister Wolfgang Schäuble (November 1984 bis April 1989) baute Kohl das Kanzleramt zur entscheidenden Schaltstelle aus, wo er sich auf seine informelle, auf der Basis von „Loyalität, Solidarität und Vertrauenswürdigkeit" [145: ACKERMANN, S. 406] und ohne Rücksicht auf die amtsinterne Hierarchie zusammengesetzte „politische Familie" [447: KORTE, S. 25] stützte. Im Gegensatz zu Ehmkes Planungsstab unter Brandt und zu Schmidts Regieren aus der Beherrschung des hierarchisch-bürokratischen Apparats heraus war Kohls Führungsstil in der Regierung und auch in der Partei situationsbezogener und hochgradig personalisiert. Ein weit gespanntes Netz loyaler Zuträger gewährleistete ein ausgeprägtes Informationssystem, auf dem ein als „System Kohl" bekannt gewordener Apparat des Machterhalts ruhte.

2. BÜNDNISFRAGEN UND DEUTSCHLANDPOLITIK

Die neue Regierung, die mitten in der Debatte um den NATO-Doppelbeschluss ins Amt gekommen war, musste – als erste große außenpolitische Herausforderung – im Herbst 1983 nach dem erklärten Scheitern der Genfer Abrüstungsverhandlungen den Stationierungsteil des Beschlusses durchsetzen. Die inneren Widerstände in der Bundesrepublik hatten zwar die Bestätigung der dem Doppelbeschluss gegenüber erklärtermaßen loyalen Regierung in den Bundestagswahlen vom März 1983 nicht zu verhindern vermocht, sie waren aber dennoch erheblich, wie sich in den abermals massiven Protestveranstaltungen im Umfeld des Bundestagsbeschlusses zur Stationierung der Mittelstreckenwaffen in der Bundesrepublik am 22. November 1983 zeigte. Die Durchsetzung war ein politischer Kraftakt, den die Bundesregierung als Nachweis ihrer Bündnistreue unternahm (und auf den sie sich in den folgenden Jahren und insbesondere im Zusammenhang der Wiedervereinigung innerhalb des Bündnisses auch wiederholt berief). Verlässlichkeit und Berechenbarkeit innerhalb des westlichen Bündnisses wurden, wie Kohl bereits in seiner Regierungserklärung angekündigt hatte, zum zentralen Charakteristikum der Außenpolitik dieser Regierung.

Stationierung der Mittelstreckenwaffen

Die Regierung Reagan betrieb ihre Außenpolitik unterdessen im Verhältnis zu den Bündnispartnern als unilaterale Interessenpolitik: das galt für die Genfer Abrüstungsverhandlungen, die ohne Konsultation der Bundesregierung scheiterten, ebenso wie für die antikommunistische Konfrontationspolitik gegenüber der Sowjetunion in Reagans erster Amtszeit und für das Projekt des Raketenabwehrsystems SDI. Indem es absolute Sicherheit für die USA versprach, unterminierte es zum einen die gesamte Logik der atomaren Abschreckung und beschwor zum anderen abermals die Gefahr einer Abkopplung der dann unver-

Deutsch-amerikanisches Verhältnis

wundbaren USA von Europa (und schließlich unabsehbare Kosten) herauf. Die Bundesregierung gab der amerikanischen Bitte um Kooperation schließlich eine bedingte und auf die Forschungsphase beschränkte Zustimmung. Trotz erheblicher Interessenunterschiede wahrte der Atlantiker Kohl stets Loyalität gegenüber den USA.

Deutsch-sowjetisches Verhältnis

Im Vergleich zu diesem klaren bündnispolitischen Profil gewann die Ostpolitik der Regierung Kohl/Genscher, insbesondere das Verhältnis zur Sowjetunion, hingegen wenig Kontur, stand vielmehr in den ersten Jahren ganz im Schatten des NATO-Doppelbeschlusses und generell der konfrontativen Supermächtebeziehungen. Auch als sich die sowjetischen Verhältnisse nach dem Amtsantritt des neuen Generalsekretärs Gorbatschow im März 1985 zu ändern begannen (vgl. dazu Kap. I.E.1), reagierte Kohl zunächst zögerlich, und dass er Gorbatschow in einem vergleichenden Zusammenhang mit dem nationalsozialistischen Propagandaminister Goebbels erwähnte, belastete die deutsch-sowjetischen Regierungsbeziehungen bis 1989.

INF-Abkommen 1987

Ohne Konsultation mit der Bundesregierung vollzog die US-Regierung mit ihrer „Mischung aus ideologischer Militanz [...] und diplomatischer Flexibilität" [356: KISSINGER, S. 853] auch die Kehrtwende hin zu einer Wiederannäherung der Supermächte in der zweiten Amtszeit von Reagans Präsidentschaft. Bereits im März 1985 hatten die beiden Weltmächte wieder Rüstungskontrollverhandlungen aufgenommen. Auch wenn ein plötzlich greifbar nahe scheinender Durchbruch auf dem sowjetisch-amerikanischen Gipfel in Reykjavik im Oktober 1986 schließlich doch nicht gelang, hatten die Abrüstungsbemühungen binnen kurzer Zeit neue Dynamik und neue Perspektiven gewonnen – im Dezember 1987 schlossen die USA und die Sowjetunion in Washington ein Abkommen zum vollständigen Abbau der beiderseitigen nuklearen Mittelstreckenwaffen mit einer Reichweite zwischen 500 und 5000 km innerhalb von drei Jahren.

Kontroverse um die nuklearen Kurzstreckenwaffen

Mit diesem weit reichenden und in der weltpolitischen Konfrontation wenige Jahre zuvor noch undenkbaren Abrüstungsschritt waren der NATO-Doppelbeschluss und sein zentraler Grund revidiert. Die Entfernung der Raketen aber „war mit ebensoviel Zwistigkeiten verbunden wie ihre Aufstellung" [418: HANRIEDER, S. 98]. Denn die neue Situation war für die Bundesrepublik durchaus derjenigen von 1977 ähnlich, zwar in einem veränderten, hinsichtlich der künftigen Entwicklung aber schwer einschätzbaren internationalen Umfeld. Wieder war nämlich das von Helmut Schmidt besonders betonte Abschreckungskontinuum von konventionellen zu nuklearen Waffen von kurzer, mittlerer und langer Reichweite durchlöchert, so dass abermals die Befürchtung einer „Abkopplung" der selbst nicht bedrohten USA von Westeuropa aufkam, das dann einer im Bereich der konventionellen Bewaffnung drückend überlegenen Sowjetunion gegenübergestanden hätte. Hinzu kam, dass an nuklearen Waffen in Europa allein die Gefechtsfeldwaffen (Short Range Nuclear Forces – SNF) mit einer Reichweite unter 500 km verblieben. Dies bedeutete eine Sonderbedrohung für beide deutschen Staaten und eine Singularisierung der Bundesrepublik im westlichen Bündnis. Ein Abzug auch der atomaren Kurzstreckenwaffen hingegen hätte den Verlust des gesamten nuklearen Schutzes für Deutschland und die verbleibende konventionelle Überlegenheit der Sowjetunion bedeutet. Die NATO hatte bereits 1983 die Modernisierung der SNF beschlossen. Auch Verteidigungsminister Wörner plädierte unter bündnis- und sicherheitspolitischen Gesichtspunkten für die Modernisierung, während Außenminister Genscher nach dem INF-Abkommen unter abrüstungspolitischen Aspekten für den Abzug auch der SNF eintrat und dabei vom Unions-Fraktionsvorsitzenden Dregger aus deutschlandpolitischen Gründen unterstützt wurde, um die Sonderbedrohung für Deutschland abzuwenden. Kohl bezog zunächst eine Position der Mitte, indem er sich für Verhandlungen über die SNF ohne das Ziel ihres vollständigen Abzugs aussprach.

Da die amerikanische und die britische Regierung jedoch auf der Modernisierung der bestehenden SNF beharrten, traten 1988/89 schwere Differenzen innerhalb der NATO zutage. Insbesondere Genscher lehnte die Modernisierung vehement ab und forderte stattdessen, im Konflikt mit Kohl ebenso wie mit der US-Regierung, Verhandlungen über ihren Abzug und kooperative Sicherheitsstrukturen mit der Sowjetunion und den Staaten Osteuropas. Hinter dem anglo-amerikanischen Vorwurf des „Genscherismus" als zu wenig bündnissolidarischer Entspannungspolitik standen die grundsätzliche Sorge vor einer selbstbewussteren und unabhängigeren Politik Bonns ebenso wie ungebrochener Argwohn, die Bundesrepublik könne Versuchungen national-neutraler Sonderlösungen erliegen. Als die NATO im Mai 1989 eine Entscheidung über die Modernisierung bis 1992 vertagte, war der Konflikt vorläufig beigelegt. Zum Ende der achtziger Jahre hin aber erodierte der sicherheitspolitische Konsens innerhalb der NATO, in sich die Frage nach der künftigen Verteidigungsstrategie und der Rolle der Bundesrepublik stellte. Dem Austrag dieses Strukturkonflikts kam schließlich der Zusammenbruch des Ostblocks zuvor.

Vor dem Hintergrund der sicherheitspolitischen und ökonomischen Probleme ging seit den mittleren achtziger Jahren auch die europäische Einigung voran (vgl. Kap. I.A.2), nachdem die Europapolitik zu Beginn der Regierung Kohl/Genscher noch ganz unter dem Diktat der unmittelbaren Gefahrenabwehr (der Agrar- und Budgetkrise der EG sowie der allgemeinen wirtschaftlichen Krise) gestanden hatte. Indem Kohl eine Hierarchisierung der bundesdeutschen europapolitischen Interessen zugunsten der Integration vornahm, leitete er eine Repolitisierung der in Zeiten Schmidts primär ökonomisch ausgerichteten Europapolitik ein. Insbesondere durch den Amtsantritt von Jacques Delors als EG-Kommissionspräsident 1985 gewannen die Einigungsbestrebungen auf europäischer Ebene wieder an Schwung. Im Februar 1986 unterzeichneten die Mitgliedstaaten die Einheitliche Europäische Akte, die den Abbau von Handelshemmnissen und die Verwirklichung des europäischen Binnenmarktes bis 1992 sowie den Ausbau des EWS vorsah. Der 1989 angenommene Delors-Bericht visierte dann die Vollendung der Europäischen Wirtschafts- und Währungsunion

Europäische Einigung

in drei Stufen an. Am Vorabend des weltpolitischen Umbruchs von 1989/90 hatten die Mitgliedsstaaten der EG den grundsätzlichen Beschluss gefasst, die erste Stufe – den Abbau aller Beschränkungen im Devisen- und Handelsverkehr – zum 1. Juli 1990 zu verwirklichen. Die beiden weiteren Stufen – die Angleichung der Finanz- und Währungspolitik und ein System fester Wechselkurse sowie dann eine gemeinsame Währung unter dem Dach einer Europäischen Zentralbank – waren als Ziele ins Auge gefasst, aber noch nicht beschlossen.

Deutsch-französisches Verhältnis

Vor allem zwischen der Bundesrepublik und Frankreich bestanden aber grundlegende Interessenkonflikte. Auf deutscher Seite hegte insbesondere die Bundesbank Bedenken gegen eine gemeinsame Währung, um deren Stabilität sie sich sorgte, während die auf einen europäischen Bundesstaat und überhaupt auf multilaterale Einbindung hin orientierte Bundesregierung die verstärkte politische Integration mit vermehrten Rechten für das Europäische Parlament anstrebte. Die auf nationale Souveränität bauende französische Regierung hingegen setzte ganz auf europapolitischen Intergouvernementalismus und strebte weichere Kriterien für eine gemeinsame Währung an, der in ihren Augen vor allem die Funktion zukam, die Dominanz der D-Mark in Europa zu brechen; zudem ging es Frankreich um die Subventionierung der eigenen Landwirtschaft durch die EG. Trotz dieser grundlegenden Interessenunterschiede vermochten die französische und die deutsche Regierung, insbesondere Kohl und Präsident Mitterrand, jedoch den europäischen Einigungsprozess voranzubringen und durchgängig zu kooperieren. Diese Zusammenarbeit erstreckte sich mit der Gründung einer gemeinsamen deutsch-französischen Brigade im Januar 1988 sogar auf den militärischen Bereich, was den Argwohn der NATO-Bündnispartner der Bundesrepublik auf sich zog. Aber auch vor dem Hintergrund der nuklearstrategischen Differenzen innerhalb der NATO kamen keine Ambitionen auf, die Bundesrepublik stattdessen unter den nuklearen Schirm Frankreichs zu stellen.

Deutschlandpolitik

Auch in deutschlandpolitischer Hinsicht war der Regierungswechsel von 1982 umstritten, vielfach eine „neue Eiszeit" in den deutsch-deutschen Beziehungen vorausgesagt worden. Zum Charakteristikum der Deutschlandpolitik der Regierung Kohl wurde hingegen eine spezifische Verbindung von normativer Distanz und praktischer Kooperation. Öffentlich wies Kohl verstärkt auf bundesdeutsche Rechtsstandpunkte und auf die Offenheit der deutschen Frage hin, wobei die Betonung auf der Freiheit und dem Selbstbestimmungsrecht (mit dementsprechend offener Zielperspektive) anstelle der territorialen Einheit lag. Selbstbestimmung, so erklärte Kohls außenpolitischer Berater Teltschik dem sowjetischen Botschafter noch Ende September 1989, „bedeute in der deutschen Frage konkret: Es könne Einheit heißen, müsse es aber nicht zwangsläufig". Operative Wiedervereinigungspolitik betrieb auch die Regierung Kohl nicht. Vielmehr versicherte der Bundeskanzler dem Staatsratsvorsitzenden der DDR Erich Honecker, so die DDR-Aufzeichnung eines Telefonats am 19. Dezember 1983: „Sie sprechen hier mit einem Mann, der nichts unternehmen wird, um Sie in eine ungute Lage [...] zu bringen. Mein Interesse ist, dass das, was mühsam aufgebaut wurde und was unendlich schwierig und nur mit kleinen Schritten fortzuentwickeln ist, fortentwickelt wird" [123, S. 234]. In der praktischen Kooperation zeigte sich die Regierung Kohl – was ihr leichter fallen mochte als einer sozialdemokratisch geführten Regierung, die stets dem Vorwurf zu großer Nähe entgegenarbeiten musste – gar großzügig.

Ausgerechnet Franz Josef Strauß, der kompromisslose Widersacher der sozial-liberalen Ost- und Deutschlandpolitik, vermittelte eine (verkürzt als „Milliardenkredit" bekannte) Bürgschaft des Bundes für einen Bankenkredit an die DDR im Juni 1983 (und nochmals im Juni 1984). Wie zu sozial-liberalen Zeiten erbrachte die Bundesrepublik finanzielle Leistungen gegen informelle Zusicherungen humanitärer Erleichterungen durch die DDR; die Senkung des im Oktober 1980 erhöhten Mindestumtauschs, der Abbau von Selbstschussanlagen und zügigere Abfertigungen an der innerdeutschen Grenze sowie vermehrte Ausreisegenehmigungen standen auf der Haben-Seite dieser Politik nach der Verhandlungsdevise „Vertrauen gegen Vertrauen" [447: Korte, S. 170]. Abermals laut dem SED-Protokoll sagte Kohl im März 1985 am Rande eines Staatsbegräbnisses in Moskau zu Honecker, „seit seinem Amtsantritt habe er eine Reihe von Schritten getan, an die seine Vorgänger nicht zu denken gewagt, geschweige denn unternommen hätten. Diese Entwicklung habe ihm nicht geschadet, im Gegenteil. Er habe E. Honecker als einen Partner kennen gelernt, auf den Verlass sei" [123, S. 310].

Zugleich bemühte sich die SPD um eine verstärkte Kooperation mit der SED. Egon Bahr verfolgte in den achtziger Jahren das Konzept einer Sicherheitspartnerschaft, das an seine Idee eines mitteleuropäischen Sicherheitssystems anknüpfte und abermals mit dem atlantischen Sicherheitsbündnis der Bundesrepublik nicht vereinbar war. In diesem Sinne betrieb die SPD eine veritable „Nebenaußenpolitik", indem sie mit der SED drei fertige Vertragsentwürfe für eine chemiewaffenfreie Zone und einen atomwaffenfreien Korridor in Mitteleuropa sowie eine „Zone des Vertrauens und der Sicherheit in Zentraleuropa" ausarbeitete und schließlich im August 1987 ein gemeinsames Papier mit der SED über den „Streit der Ideologien und die gemeinsame Sicherheit" vorlegte. Die außen- und deutschlandpolitische Orientierung der SPD in den achtziger Jahren war von einer „Relativierung der Westbindung" [569: Groh/Brandt, S. 318] und einer grundsätzlichen Abschwächung des Legitimationsvorbehalts gegenüber SED und DDR gekennzeichnet. War Egon Bahrs Politik in ihrer kurz- und mittelfristigen Praxis zu Beginn der siebziger Jahre mit der westlichen und amerikanischen Politik kompatibel gewesen, so bewegte sich die SPD in den achtziger Jahren innerhalb des westlichen Bündnisses in die Isolation.

Kontakte zwischen SPD und SED

Seit Schmidts Besuch in der Uckermark 1981 war ein Gegenbesuch Honeckers in der Bundesrepublik geplant, auf sowjetischen Druck hin aber wiederholt verschoben worden. Im September 1987 kam Honecker dann zu einem Besuch nach Westdeutschland, dessen Bedeutung weniger auf der Ebene konkreter

Besuch Honeckers in der Bundesrepublik 1987

Vereinbarungen als vielmehr besonders hoch aufgeladener politischer Symbolik lag. Die Bundesregierung und insbesondere Kohl praktizierten eine Politik der Balance zwischen protokollarischen Ehren und der Symbolik gleichberechtigter Zweistaatlichkeit einerseits sowie prinzipiellem Legitimationsvorbehalt gegen Teilung und Zweistaatlichkeit und letztlich auch gegen die DDR andererseits: Kohl bekannte sich in seiner im Fernsehen beider deutscher Staaten übertragenen Tischrede zum Verfassungsauftrag, „in freier Selbstbestimmung die Einheit und Freiheit Deutschlands zu vollenden", und ließ „keinen Zweifel, dass dies dem Wunsch und Willen, ja der Sehnsucht der Menschen in Deutschland entspricht. [...] Die Menschen in Deutschland leiden unter der Trennung. Sie leiden an einer Mauer, die ihnen buchstäblich im Wege steht und die sie abstößt".

Allgemein wurde Honeckers Besuch unterdessen als die politische Anerkennung der DDR durch die Bundesrepublik aufgefasst. Honecker war ein begehrter Gesprächspartner bei Politikern und Wirtschaftsführern, er wurde in vier Bundesländern empfangen, zuletzt mit höchsten protokollarischen Ehren in München von Franz Josef Strauß. Überhaupt machte in diesen Jahren eine Fülle westdeutscher Politiker ihre Aufwartung in Ost-Berlin; die Kontakte mit der SED-Führung waren in den meisten Fällen von einem hohen Maß an Einvernehmen geprägt.

Deutsche Frage am Ende der achtziger Jahre

Ermäßigung des Pflichtumtauschs für Rentner, Abbau der Selbstschussanlagen an der innerdeutschen Grenze, vermehrte Reisegenehmigungen aus der DDR in die Bundesrepublik, Verbesserungen bei Familienzusammenführungen und vermehrte Bewilligung von Übersiedlungsanträgen, eine zunehmende Zahl von deutsch-deutschen Städtepartnerschaften – am Ende der achtziger Jahre zeichnete sich, ohne dass die Regierung es so genannt hätte, tatsächlich ein „Wandel durch Annäherung" ab, der der sozial-liberalen Regierung versagt geblieben war. Zugleich sah die Entwicklung des deutsch-deutschen Verhältnisses nach einer Erfolgsgeschichte für die SED aus. Doch auch dass der größte Triumph und der Untergang von SED und DDR ganz nahe beieinander lagen, verweist auf die stets präsent gebliebenen Widersprüchlichkeiten und Paradoxien der deutschen Frage.

3. Prosperität und Strukturprobleme: Die ökonomische und soziale Entwicklung

Primat der Haushaltskonsolidierung

Finanzpolitisch setzte die neue Regierung seit 1982 auf eine Konsolidierung des Bundeshaushaltes durch Senkung der Neuverschuldung, die auch eindeutige Priorität vor steuerlichen Erleichterungen besaß. Konkret bedeutete dies Einsparungen bei Personalausgaben und Bauinvestitionen, eine Heraufsetzung der Mehrwertsteuer von 13 auf 14%, verstärkte Rückführungen der Sozialausgaben (z. B. die Umstellung der Ausbildungsförderung für Studenten auf Darlehensbasis, Einsparungen bei Sozialhilfe, Arbeitslosengeld und -hilfe, eine Verschiebung der Rentenanpassung und die Einführung des Krankenversicherungsbeitrags für Rentner) und in der Konsequenz eine Absenkung der Neuverschuldung des Bundes von über 37 Mrd. DM in den Jahren 1981 und 1982 auf unter 20 Mrd. 1989. In der Stabilitätsorientierung sowohl im Hinblick auf den Haushalt als auch auf den Binnen- wie den Außenwert der Währung harmonierten Bundesregierung und Bundesbank. In unübersehbarem Gegensatz stand diese Politik hingegen zur amerikanischen Politik der „Reagonomics", die in ihrer uneingeschränkten Angebotsorientierung Steuererleichterungen eindeutige Priorität vor einem Ausgleich des Haushalts gab. Vor dem Hintergrund der jeweiligen historischen Erfahrungen galt als ökonomisches Hauptübel in den USA die Arbeitslosigkeit, in der Bundesrepublik hingegen die Inflation.

Die Regierung Reagan häufte durch Steuersenkungen und verstärkte Rüstungsausgaben hohe Haushaltsdefizite an. In Verbindung mit der restriktiven Geldpolitik unter Einschluss hoher Zinsen, zu der die amerikanische Zentralbank im Oktober 1979 übergegangen war, trugen sie zu einem Höhenflug des – in den siebziger Jahren chronisch schwachen – Dollar bei. Für den deutschen Export war diese Entwicklung günstig, ihre Schattenseiten lagen jedoch in hohen Einfuhrpreisen (unter Einschluss des Öls, dessen zweite Preiserhöhung stärker auf die Bundesrepublik durchschlug als die vom niedrigen Dollarkurs abgefederte erste), hohen Zinsen und Kapitalabflüssen, ganz abgesehen von ihrer Wirkung auf die in die Schuldenkrise der achtziger Jahre mündende Schuldenlast der Dritten Welt.

Internationale Wirtschafts- und Währungsprobleme

1985 kehrte sich die Entwicklung um: plötzlich verfiel der Dollar in einem Maße, das den deutschen Export gefährdete. Mit der Forderung einer expansiven Geld- und Wachstumspolitik an die Bundesrepublik legte die US-Regierung die Lokomotiven-Theorie von 1978 wieder auf, der Bundesbank und Bundesregierung diesmal allerdings nicht folgten, vielmehr ihrerseits von der amerikanischen Regierung eine Politik des Haushaltsausgleichs forderten. Nachdem die internationale Währungsdiplomatie zwischen 1985 und 1987 weitgehend wirkungslos geblieben war, verschärften sich die amerikanisch-deutschen Spannungen im Herbst 1987. Als der amerikanische Finanzminister drohte, den Dollar noch weiter verfallen zu lassen, wenn die Bundesrepublik nicht von ihrer Stabilitätsfixierung abgehe, entluden sie sich in einem Börsenkrach am 19. Oktober. Wider Erwarten beruhigten sich die Turbulenzen danach.

Hatte die – von Steuersenkungen für Unternehmen begleitete – vorrangig auf Haushaltskonsolidierung setzende Finanzpolitik in den ersten Jahren der Regierung Kohl zu einer Minderung des verfügbaren Einkommens der Verbraucher geführt, so setzte die Regierung ab 1986 und besonders in ihrer zweiten vollen Legislaturperiode wieder neue wirtschafts- und sozialpolitische Impulse mit eigenem Akzent, vor allem an der „Schnittstelle von Familien- und Arbeitsmarktpolitik" [596: SCHMIDT, S. 104]. Die Einführung des Bundeserziehungsgeldes und des Erziehungsurlaubs 1986 folgte – im Gegensatz zur eingespielten Praxis des bundesdeutschen Sozialstaates – dem Ziel der „Gleichrangigkeit von Erwerbs-

Neue wirtschafts- und sozialpolitische Impulse

und Familienarbeit" [70, S. 7]. Dies gilt auch für die Anrechnung von Kindererziehungszeiten in der Rentenversicherung, die als eines der expansiven Elemente in die im November 1989 verabschiedete und 1992 in Kraft getretene Rentenreform einging. Die Rentenreform versuchte dem Problem der demographischen Alterung der Gesellschaft mit ihrer Konsequenz eines steigenden Anteils von Rentnern durch verschiedene Kostenreduzierungen zu begegnen, indem die Altersgrenze von 60 auf 63 Jahre angehoben, die Rentenformel neu gestaltet und beitragsfreie bzw. beitragsgeminderte Zeiten neu bewertet sowie schließlich die Renten an die Netto- statt Bruttolohnentwicklung gebunden wurden.

Die zentrale wirtschafts- und finanzpolitische Maßnahme lag in der Steuerreform, die – nach erheblichen Differenzen vor allem zwischen dem Arbeitnehmer- und dem Wirtschaftsflügel in der CDU – 1986, 1988 und 1990 in drei Stufen umgesetzt wurde und die vor allem mit Steuerfreibeträgen operierte (die das Steuerrecht zugleich weiter komplizierten). Bezieher kleiner und mittlerer Einkommen wurden vor allem durch eine dreimalige Anhebung des Grundfreibetrages entlastet, Familien durch die Anhebung von Kinder-, Ausbildungs- und sonstigen Freibeträgen (demgegenüber plädierten SPD und Grüne für einkommensunabhängige kinderbezogene Pauschalleistungen) sowie des Baukindergeldes, und 1990 schließlich wurden der Eingangssteuersatz von 22 auf 19% und – besonders umstritten – der Spitzensteuersatz von 56 auf 53% gesenkt sowie ein linear-progressiver Tarif eingeführt.

Konjunkturelle Entwicklung

Gleichzeitig mit dem Regierungswechsel setzte im Winter 1982/83 ein zunächst verhaltener, allerdings ungewöhnlich lang andauernder konjunktureller Aufschwung ein. Er kam langsamer in Gang, als Bundesregierung und angebotsorientierte Volkswirtschaftslehre dies von der Investitionstätigkeit steuerbegünstigter Unternehmen erwartet hatten, und zunächst stiegen die Gewinne stärker als die Investitionen, die allerdings seit 1985 schubartig zunahmen. Hinzu kamen 1984 kräftige Exportzuwächse, die vom hohen Dollarkurs profitierten; dieser Vorteil schwand zwar mit dem Verfall des Dollar zwischen 1985 und 1987, und der Export stagnierte, die Ausfuhrüberschüsse aber nahmen seit 1985 zu. Zugleich sanken die Einfuhrpreise, insbesondere für Öl, und zwischen 1986 und 1988 herrschte praktisch Preisstabilität (mit einer negativen Preisentwicklungsrate 1986).

Begünstigt durch diese Kostenminderungen ebenso wie durch eine hohe Inlandsnachfrage nicht zuletzt von Seiten der durch die Steuerreform entlasteten Privathaushalte ging der moderate Aufschwung mit Wachstumsraten um 2% dann in eine veritable Hochkonjunktur mit Wachstumsraten um 4% und 1990 gar über 5% bei relativ geringen Inflationsraten zwischen 1988 und 1990 über.

Arbeitslosigkeit

Bereits seit 1985 nahm auch die Zahl der Erwerbstätigen deutlich zu, allein zwischen 1985 und 1987 um eine knappe halbe Million. Ein substanzieller Rückgang der Arbeitslosigkeit war damit allerdings nicht verbunden. Ein Grund lag, neben dem fortschreitenden wirtschaftlichen Strukturwandel, in der erhöhten Nachfrage nach Erwerbsarbeit durch geburtenstarke Jahrgänge und insbesondere durch Frauen. Grundsätzlich ging die Annahme einer angebotsorientierten Wirtschaftstheorie, dass steigende Unternehmensgewinne direkt zu Investitionen führten und somit neue Arbeitsplätze geschaffen würden, bis 1989 nur unzureichend in Erfüllung. Die 1983 im Jahresmittel über 2 Mio. gestiegene Zahl der Arbeitslosen verblieb bis 1989 über dieser Grenze, mit einem Spitzenwert von über 2,3 Mio. im jährlichen Mittel 1985. Im Zuge der Hochkonjunktur schien sich eine Trendwende abzuzeichnen, als das Jahresmittel 1990 wieder unter 1,9 Mio. sank; im Zuge der Vereinigung und der darum erst verzögert eintretenden Rezession drehte dieser Trend sich aber wieder um.

Trotz des vorderhand weitgehend günstigen Konjunkturverlaufs monierten insbesondere Ökonomen bereits in den achtziger Jahren eine mangelnde Attraktivität des Wirtschaftsstandorts Deutschland. Sie beklagten eine ausbleibende Flexibilisierung und Differenzierung der Löhne, die erst es erlauben würde, gering qualifizierte Arbeitslose (und damit die Hauptbetroffenen) zu niedrigen Löhnen in den Arbeitsmarkt einzugliedern und zugleich die Verlegung von Produktionsstandorten ins Ausland zu verhindern. Kritisiert wurden weiterhin zu hohe Lohnnebenkosten vor allem in Form der Sozialversicherungsbeiträge sowie mangelnde Rückführungen der sozialen Leistungen „auf die wirklich Hilfsbedürftigen", wie Kohl 1982 angekündigt hatte. Kritik richtete sich weiterhin auf unzureichende Deregulierungen des Wirtschaftslebens – Genehmigungsverfahren, Vorschriften, Ladenöffnungszeiten – und den mangelnden Abbau marktwidriger Subventionen. Strukturprobleme

Allgemein lässt sich feststellen, dass Liberalisierungen und Deregulierungen am ehesten dann umgesetzt wurden, wenn der Druck internationaler Märkte und technologischer Internationalisierung sowie (seit den achtziger Jahren zunehmend) der Zwang europäischer Vereinheitlichungen in Vorbereitung des Binnenmarktes sie unumgänglich machten – dies gilt beispielsweise für das Börsenrecht und die Maßnahmen zur Liberalisierung der Kapitalmärkte sowie für den Bereich der Telekommunikation –, sehr viel weniger hingegen im Bereich autonomer nationaler Zuständigkeit etwa für Ladenöffnungszeiten, das Gesundheitswesen oder die sozialen Sicherungssysteme.

Auf dem Feld der Arbeitsbeziehungen trug die Regierung Kohl einen schweren Konflikt mit den Gewerkschaften aus: Nachdem der Metallarbeiterstreik von 1984 nach der Strategie vorgegangen war, gezielt Zulieferbetriebe zu bestreiken und somit die Einstellung der Produktion in weiterverarbeitenden Betrieben herbeizuführen, so dass die Bundesanstalt für Arbeit den Betroffenen Lohnersatzleistungen zahlte, soweit der Betrieb außerhalb des umkämpften Tarifbezirks lag, brachte die Bundesregierung 1985 einen Gesetzentwurf zur „Sicherung der Neutralität der Bundesanstalt für Arbeit bei Arbeitskämpfen" ein. Die (im März 1986 verabschiedete) Änderung des § 116 des Arbeitsförderungsgesetzes schränkte die Gewährung von Leistungen durch die Bundesanstalt für Arbeit an durch einen Streik mittelbar von Kurzarbeit bzw. Arbeitslosigkeit betroffene Arbeitnehmer ein und führte zu erheblichen gesellschafts- und rechtspolitischen Arbeitsbeziehungen

Auseinandersetzungen. Dies blieb allerdings der einzige offene Konflikt mit den Gewerkschaften, der obendrein weit hinter der geradezu existenziellen Härte zurückblieb, mit der sich etwa die Regierung Thatcher mit den britischen Gewerkschaften auseinandersetzte.

Seit den späteren siebziger Jahren steckten die Gewerkschaften sich zunehmend das Ziel einer Verkürzung der Wochenarbeitszeit unter 40 Stunden, die auch als ein Instrument zum Abbau von Arbeitslosigkeit gedacht war. In dieser Frage herrschten jedoch verhärtete Fronten zwischen den Tarifpartnern. Nach einem siebenwöchigen Arbeitskampf in der Metallindustrie 1984 – der den Anlass für die Änderung des § 116 AFG gab – wurde die 38,5 Stunden-Woche eingeführt, in deren Gefolge die Wochenarbeitszeit in der Metallindustrie bis 1989 auf 37 Stunden gesenkt wurde; da auch andere Branchen mit Arbeitszeitverkürzungen folgten, sank die Wochenarbeitszeit im gesamtwirtschaftlichen Durchschnitt zwischen 1984 und 1988 um knapp eine Stunde auf 39 Stunden. Hinzu kam über Vorruhestandsregelungen auch eine faktische Verkürzung der Lebensarbeitszeit, der die Rentenreform von 1989/92 wiederum entgegenarbeitete.

Auf diese Weise gewann Freizeit einen größeren quantitativen Umfang und zugleich eine veränderte qualitative, soziale Dimension. Konsum- und Freizeitverhalten in Verbindung mit Werthaltungen und Mediennutzung machte G. Schulze als zentrale Merkmalsattributionen seiner Soziologie der „Erlebnisgesellschaft" aus. Auch wenn die soziologische Analyse sich in der Folgezeit von lebensstilorientierten Kategorien wieder verstärkt zu materiellen Schichtungskriterien hin orientierte, bleiben die Befunde dieser zeitgenössischen Kultursoziologie nicht nur im Hinblick auf die Sozialstruktur der bundesdeutschen Gesellschaft in den achtziger Jahre von Belang, in der materielle Schichtung weniger offensichtlich wurde. Sie sind auch ein Indiz für die politische und Sozialkultur eines Jahrzehnts, in dem Freizeit und Erlebnis in einem besonderen und neuartigen Maße wahr- und wichtiggenommen wurden.

Bilanz   Im Vergleich zur scharf angebotsorientierten neo-liberalen Wende in Großbritannien und den USA in den achtziger Jahren bedeutete der Wirtschafts-, Finanz- und Sozialpolitikwechsel der Regierung Kohl gegenüber der sozial-liberalen Koalition eine „sanfte Konsolidierung des westdeutschen Sozialstaates" (C. Offe), insbesondere der Staatsfinanzen einschließlich der Sozialfinanzen, unter Wahrung des sozialen Konsenses. Die Arbeitslosigkeit allerdings ging nicht nachhaltig zurück. Hinter der Hochkonjunktur und der allgemeinen Prosperität der „80–90%-Gesellschaft" [675: GEISSLER, S. 201] am Ende der achtziger Jahre taten sich Probleme des ökonomischen und demographischen Strukturwandels auf; weitreichende Anpassungen und zureichende Vorsorge für die langfristige Leistungsfähigkeit des Systems blieben aus. Diese indigenen bundesdeutschen Strukturprobleme wurden dann durch die (Folge-)Lasten der deutschen Wiedervereinigung massiv verstärkt.

4. POLITIK, GESELLSCHAFT UND KULTUR

Die Integration der Grünen stellte die wesentliche Veränderung des politischen Systems in den achtziger Jahren dar, das sich somit vom über zwei Jahrzehnte hin befestigten Drei- zum Vierparteiensystem (wenn man die Unionsparteien in diesem Zusammenhang als eine Partei zählt) entwickelte. Ihr Ergebnis von 1983 konnten die Grünen bei den Bundestagswahlen von 1987 noch einmal um 2,7 Prozentpunkte auf 8,3% steigern, und auch die FDP verbesserte sich deutlich von 7 auf 9,1%. Verlierer der Wahl hingegen waren die Sozialdemokraten, die noch einmal mehr als einen Prozentpunkt verloren und nurmehr 37% auf sich vereinigten; Verluste von gar 4,5 Prozentpunkten mussten die Unionsparteien hinnehmen, die mit 44,3% das schlechteste Ergebnis seit 1949 erzielten, allerdings zusammen mit der FDP eine deutliche Mehrheit behielten. Dass der Wahlkampf von der Union unter dem Motto „Weiter so Deutschland" und auf allen Seiten ohne zentrale kontroverse Themen geführt worden war, verwies darauf, dass in der Bundesrepublik in den mittleren achtziger Jahren, nach der Kontroverse um die Stationierung der Mittelstreckenwaffen und nach dem Politisierungs- und Polarisierungsschub der siebziger Jahre, ein „Spannungsverlust im politischen System" [316: THRÄNHARDT, S. 290] eintrat.

Innenpolitische Beruhigung

Wahlen zum 11. Deutschen Bundestag 1987

Zunehmende politische Aufmerksamkeit zog nunmehr die Ausländerpolitik auf sich. Trotz des Anwerbestopps von 1973 war die Zahl der Ausländer aufgrund von Familiennachzug und höheren Geburtenraten nicht substanziell zurückgegangen, sondern vielmehr auf einer Höhe über 4 Millionen verblieben. In der schweren Rezession von 1980–82 machte sich eine spürbare Ausländerfeindlichkeit vor allem gegenüber den Türken – die als zumeist gering qualifizierte Beschäftigte besonders von strukturwandelsbedingter Arbeitslosigkeit betroffen waren – breit; zudem nahm Anfang der achtziger Jahre die Zahl der Asylbewerber zu, so dass die Zahl der Ausländer in der Bundesrepublik 1981/82 auf über 4,6 Millionen anstieg.

Ausländerpolitik

Die Bundesregierungen verfolgten dieser Entwicklung gegenüber eine Doppelstrategie von Zuzugsbegrenzung und Rückkehrförderung einerseits und „Integration" der in der Bundesrepublik lebenden Ausländer andererseits. Dies war auch der Tenor von Helmut Kohls Regierungserklärung vom Oktober 1982, in der er sich für „Integration" als „möglichst spannungsfreies Zusammenleben von Ausländern und Deutschen", zugleich aber gegen weiteren Zuzug aussprach, vielmehr die Förderung einer – in der freien Wahl der Ausländer liegenden – Rückkehr ankündigte, für die die neue Bundesregierung noch 1982 finanzielle Mittel vor allem in Form von Rückkehrprämien bereitstellte. Die Probleme lagen indessen in der Praxis und im Detail: in den Kriterien für eine Beschränkung des Familiennachzugs (Höchstalter der Kinder, Wartezeiten) und in der konkreten Gestaltung der Integration etwa im Hinblick auf Einbürgerungsoptionen oder Schulunterricht. Da allein schon innerhalb der Regierungskoalition erhebliche Differenzen vor allem zwischen CSU und FDP um das Maß und die Handhabung der Integration ebenso wie der rechtlich obendrein vielfach nurmehr sehr eingeschränkt möglichen Rückführungen ausgetragen wurden, kam es in den achtziger Jahren letztlich weder zu einer substanziellen Senkung der Zahl der Ausländer noch zu umfassenden konzeptionellen Integrationsmaßnahmen. Ein lange geplantes neues Ausländerrecht trat erst 1991 in Kraft und klammerte die Frage des Staatsbürgerschaftsrechts aus. Zu einer stringenten Einwanderungspolitik fand auch die Regierung Kohl nicht.

Seit 1988 stieg dann die Zahl der Asylbewerber, nunmehr vor allem aus Osteuropa, ebenso wie eine im Schnitt doppelt so hohe Zahl von deutschstämmigen, als deutsche Staatsbürger anerkannten Spätaussiedlern aus Ost- und Südosteuropa erheblich an. Allein im Jahr 1989 kamen ca. 500 000 Asylbewerber und Aussiedler in die Bundesrepublik, die somit neuerlich unter einem hinsichtlich der künftigen Potenziale schwer abschätzbaren Zuwanderungsdruck stand. Probleme der Ausländer-, Asyl- und Aussiedlerpolitik vermischten sich unterdessen in einer „Konfusion des Ausländerbegriffs" [zit. nach 700: HERBERT, S. 280] und führten zu einer zunehmenden Stimmung gegen Ausländer insbesondere in den sozial mit ihnen konkurrierenden unteren Schichten der deutschen Bevölkerung.

„Republikaner" Sie artikulierte sich nicht zuletzt in Wahlerfolgen der 1983 von ehemaligen CSU-Mitgliedern gegründeten Partei der „Republikaner", die mit ihrer nationalen und offen ausländerfeindlichen Ausrichtung Ressentiments zu sammeln vermochte; bei den (traditionell allerdings nicht sehr repräsentativen) Europawahlen 1989 erzielte sie gar 7,1 %, und sie zog in mehrere Landtage ein. Am Ende der achtziger Jahre war allgemein eine Tendenz zur Stärkung sowohl des rechten als auch des linken Flügels im Parteienspektrum der Bundesrepublik zu beobachten.

Geschichtsdebatten Nach der Dominanz von Sozial- bzw. Gegenwartswissenschaften im öffentlichen Diskurs der siebziger Jahre stieß in den achtziger Jahren die Geschichte auf ein vielfältig wiederbelebtes Interesse, das nachgerade einen Erinnerungsboom entfachte. Diese breite gesellschaftliche Hinwendung zur Geschichte erklärte H. Lübbe als Kompensation zur „Gegenwartsschrumpfung" (vgl. Kap. I.A.8); hinter solcher Selbstvergewisserung stand zugleich die – insbesondere im Ausland lebhaft gestellte – Frage nach dem Selbstverständnis der Deutschen in ihrem geteilten Land, die sich verstärkt in Debatten über Identität und Nation niederschlug. In das Zentrum der Geschichtsdebatten rückte dabei zunehmend der Nationalsozialismus, und in dessen Zentrum der Mord an den europäischen Juden, wie zunächst die starke öffentliche Resonanz auf die Ausstrahlung des amerikanischen Fernsehfilms „Holocaust" 1979 anzeigte.

In einer vorrangig auf die Opfer gerichteten Perspektive gewann der Anspruch der „Vergangenheitsbewältigung" zunehmend an Bedeutung, und in Teilen des gesellschaftspolitischen Feldes etablierte sich gar ein neuer bundesdeutscher „Gründungsmythos Auschwitz" [323: WINKLER, S. 653]. Jedenfalls rückte die Schuld der deutschen Verbrechen im Nationalsozialismus in den Mittelpunkt eines zunehmend ritualisierten, emotional und moralisch aufgeladenen Diskurses, wie sich an Kontroversen um einzelne Formulierungen und ihre Bedeutung zeigte. Allgemein positiv aufgenommen wurde 1985 die Rede des Bundespräsidenten von Weizsäcker zum 40. Jahrestag des Kriegsendes, die ihre Perspektive vor allem auf die „Befreiung" nach beispiellos schuldhafter Verstrickung der Deutschen anstelle der Niederlage des Nationalstaates richtete. Umgekehrt stieß Bundestagspräsident Jenninger auf schärfste öffentliche Kritik (in deren Folge er von seinem Amt zurücktrat), als er anlässlich des 50. Jahrestages der Pogrome gegen Juden am 10. November 1988 in einer räsonnierenden Rede über die Verführung der Deutschen durch den Nationalsozialismus seine (außer Frage stehende) Distanzierung vom Thematisierten rhetorisch nicht hinreichend deutlich zu machen verstand.

In Wechselwirkung mit diesem Kontext rekurrierte auch die Regierung Kohl sehr viel stärker als ihre Vorgängerin auf die Geschichte und betrieb eine Geschichtspolitik, die einerseits die nationalsozialistische Vergangenheit prominent mit einbezog, andererseits darüber hinausging und positive Gegengewichte verstärkte. Kohl setzte auf Rituale insbesondere in Form von Versöhnungsgesten nach Westen hin, die der allgemeinen westlichen Orientierung seiner Politik entsprachen: in Verdun gedachten Kohl und Mitterrand 1984 Hand in Hand der Gefallenen beider Weltkriege, und zum 40. Jahrestag des Kriegsendes besuchten Kohl und Reagan die KZ-Gedenkstätte Bergen-Belsen sowie den Soldatenfriedhof in Bitburg zu einer Zeremonie der Versöhnung über den Gräbern der Kriegsgefallenen. Allerdings war zuvor bekannt geworden, dass dort auch Angehörige der Waffen-SS bestattet waren; dass Kohl dennoch an der Wahl des Ortes festhielt, entfachte eine hitzige öffentliche Debatte.

Geschichtspolitik der Regierung Kohl (1)

„Eine Art Schadensabwicklung" sah Jürgen Habermas, und mit dem Vorwurf von relativierenden und „apologetischen Tendenzen" an der Regierung nahe stehende Historiker – konkret bezog er sich auf Ernst Noltes Interpretation, der „Klassenmord" der Bolschewisten sei „das logische und faktische Prius des ‚Rassenmords' der Nationalsozialisten" gewesen – eröffnete er im Juli 1986 den so genannten „Historikerstreit" [98, S. 62 und 45]. Die schnell eskalierte Debatte ging bald über die Grenzen des wissenschaftlichen Fachs hinaus und war in der Tat keine sachbezogene wissenschaftliche Auseinandersetzung, sondern ein „Kulturkampf" [755: GLASER, S. 407] um die Deutungshoheit über Geschichtsbilder. Dahinter stand, vor dem Hintergrund des Diskurses um die nationale Identität in den achtziger Jahren, noch einmal die Auseinandersetzung zwischen dem emanzipationspolitischen Anspruch des „Projekts Moderne" (J. Habermas), wie er sich *in politicis* nicht zuletzt mit der sozial-liberalen Koalition und dem Konzept ihrer Reformpolitik verbunden hatte, und einer Gegenbewegung, die sich politisch nicht zuletzt im Konzept der „Wende" artikulierte.

„Historikerstreit"

Neben den Versöhnungsgesten nach Westen setzte die Regierung Kohl einen zweiten geschichtspolitischen Schwerpunkt, indem sie verstärkt die Geschichte der Bundesrepublik aufgriff. Schon Kohls 1984 in Israel geäußerte – und stark kritisierte – Formulierung von der „Gnade der späten Geburt" zeigte an, dass die

Geschichtspolitik der Regierung Kohl (2)

Bundesrepublik nach seinem Verständnis nicht allein im Schatten des Nationalsozialismus stehe. Kohl setzte darüber hinaus auf eine positive Anerkennung und Identitätsfindung der Bundesrepublik, die er mit einer bereits in seiner Regierungserklärung von 1982 angekündigten „Sammlung zur deutschen Geschichte seit 1945 in Bonn" zu visualisieren gedachte. Gerade im Hinblick auf die positive Anerkennung der westlichen Bundesrepublik mit ihrer politischen, gesellschaftlichen und wirtschaftlichen Ordnung eröffnete sich ironischerweise ein erhebliches Konsenspotenzial zwischen Kohl und seinen Kritikern auf Seiten der politischen Linken, wo die in den siebziger Jahren verbreitete Systemkritik zunehmend abgeschmolzen war.

Politische Symbolik — Zur Affirmation der Bundesrepublik gehörte auch der Ausbau Bonns als Bundeshauptstadt vor allem in den achtziger Jahren, der an die bewusste politische Symbolarmut der Bundesrepublik in bewusst nüchterner, zurückhaltender Modernität anknüpfte. Die „Heiterkeit und Zivilität der Bonner Architektur" [DÖRNER in 514, S. 247] manifestierte sich programmatisch von Günter Behnischs Gestaltung des Olympiageländes in München 1972 bis hin zu seinem neuen Plenarsaal in Bonn. Dieser war einerseits architektonisches Indiz für die – im Widerspruch zur verstärkten Deklaration der Offenheit der deutschen Frage – akzeptierte westliche Bundesrepublik und Zweistaatlichkeit und wurde zugleich zum Symbol der Zeitenverschiebung, denn bei seiner Fertigstellung 1992 waren bereits der Umzug von Regierung und Parlament des vereinten Deutschlands nach Berlin beschlossen und neue Bauten monumentaleren Stils dort in Planung.

Politik, Technologie und Umwelt — Kontrastierend mit der innen- und gesellschaftspolitischen Beruhigung waren die achtziger Jahre eine Zeit der stürmischen Veränderungen im technologischen, nicht zuletzt im kommunikationstechnischen Bereich (vgl. dazu Kap. I.A.3). Zumeist vollzogen sie sich eigenständig – so insbesondere im Bereich der Mikroelektronik und der Veränderung von Arbeits- und Lebenswelt durch den Computer –, teilweise fielen sie aber auch in den Zuständigkeitsbereich der Politik. Dies gilt neben staatlich geförderter Großforschung insbesondere für die Einführung des dualen Rundfunksystems, das 1984 mit zunächst lokal begrenzten Kabelpilotprojekten begann. Hier lag die Gesetzgebungskompetenz auf Seiten der Länder, während die Bundeskompetenz auf die durch die Regierung Kohl nachdrücklich geförderte Bereitstellung der neuen Übertragungstechniken (Kabel und Satellit) begrenzt war, die sich in der Praxis indessen als höchst durchsetzungskräftig erwies.

An der Atomenergie hielt die Bundesregierung zunächst, gegen die gesellschaftlichen Widerstände der Anti-Atomkraft-Bewegung, zwecks kostengünstiger Energieversorgung fest. Der Reaktorunfall von Tschernobyl im April 1986 markierte indessen – auch wenn der havarierte Bautyp ganz anderer Art als die westlichen Reaktoren war – einen weiteren substanziellen Akzeptanzverlust für die Kernenergie. Kohl richtete nach diesem Unfall ein eigenes Umweltministerium ein, das, wie schon das zuvor zuständige Innenministerium, rege Regulierungsmaßnahmen im Bereich des Umweltschutzes betrieb, die vor allem der Reduzierung von Schadstoffemissionen durch Feuerungsverordnungen und die (gegen europäische Widerstände durchgesetzte) Einführung des Drei-Wege-Katalysators für Automobile galten.

Im Jahr 1989 geriet Helmut Kohl nach über sechs Jahren Amtszeit als Bundeskanzler in eine politische Krise. Mit einer Kabinettsumbildung besetzte er zentrale Positionen seiner Regierung neu, indem Kanzleramtsminister Wolfgang Schäuble für Friedrich Zimmermann an die Spitze des Innenministeriums rückte, der CSU-Landesgruppenvorsitzende Theodor Waigel Gerhard Stoltenberg als Finanzminister ablöste, der wiederum in das Verteidigungsministerium umzog. Aber innerhalb der Partei gärte die Unzufriedenheit, die sich insbesondere in Differenzen zwischen Kohl und Generalsekretär Geißler um die politische Orientierung der Union zwischen Machtsicherung und Reform bzw. Öffnung nach links artikulierte. Im Zuge der sich zuspitzenden Auseinandersetzung trennte sich Kohl von seinem Generalsekretär; seine durch eine innerparteiliche Oppositionsgruppe geplante Abwahl als Parteivorsitzender auf dem Parteitag in Bremen im September 1989 vermochte er mit Hilfe seines Apparats loyaler Gefolgsleute zu verhindern. Im Herbst 1989 hatte sich Kohl somit machtpolitisch stabilisiert; innere Erosionserscheinungen seiner Regierung waren jedoch nicht zu übersehen. Nach sieben Jahren im Amt drohte ihm ebenso wie Helmut Schmidt das Ende seiner Kanzlerschaft.

Man hätte dann etwa folgende Bilanz der Regierungszeit Helmut Kohls gezogen, die in erheblichem Maße in Außen- und Sicherheitspolitik sowie in Finanz-, Wirtschafts- und Sozialpolitik aufging. Außenpolitisch eröffneten eine Stabilisierung der Bundesrepublik im westlichen Bündnis durch prononcierte Loyalität und Verlässlichkeit sowie ein grundsätzlicher Einklang mit den Bündnispartnern der Bundesrepublik Handlungsspielräume und einen Zugewinn an politischem Gewicht. Die europäische Einigung war forciert worden, ihr weiterer Fortgang aber noch unklar. Zugleich stand die westliche Allianz vor perspektivischen und strukturellen Problemen. Deutschlandpolitisch hatte die Bundesregierung mit einer Politik normativer Abgrenzung bei verstärkter praktischer Kooperation und Stabilisierung der DDR zu einer Verbesserung des deutsch-deutschen Verhältnisses und zu deutlichen humanitären Erleichterungen beigetragen.

Zwischenbilanz der Regierung Kohl 1989

Finanzpolitisch hatte die Regierung eine Konsolidierung des Haushalts erreicht; bei niedrigen Inflationsraten hatte die Konjunktur sich zunächst verhalten günstig entwickelt und war 1988 in Hochkonjunktur übergegangen, wobei steuerliche Entlastungen unterer und mittlerer Einkommen die Zunahme allgemeiner Prosperität beförderten. Hinzu kamen deutliche Leistungsverbesserungen zugunsten der Familien. Hingegen war die Arbeitslosigkeit nicht nachhaltig zurückgegangen, und auch die 1982 angekündigte Rückführung staatlicher Aufgaben und Leistungen war ebensowenig erfolgt wie wirtschaftspolitische Strukturanpassungen und eine langfristige Sicherung der Sozialsysteme. Der Anspruch einer veritablen „Wende" war damit nur teilweise eingelöst. Er hatte aber die Leistungsfähigkeit des Politischen ohnehin von vornherein ebenso überfordert wie der ursprüngliche Anspruch der sozial-liberalen Koalition auf eine qualitativ neue, gesellschaftliche Veränderungen gestaltende Politik. Dabei vermochte die Politik weder in den siebziger noch in den achtziger Jahren nachhaltige Anpassungen an den ökonomischen und demographischen Strukturwandel zu leisten.

Zwischenbilanz der Bundesrepublik 1989

Zugleich sorgten materielle Prosperität weitester Teile der Gesellschaft und grundsätzlicher sozialer Konsens, eine Beruhigung der innergesellschaftlichen Konflikte der siebziger und frühen achtziger Jahre sowie eine allgemeine positive Anerkennung der Bundesrepublik und ihres politischen Systems für eine demoskopisch messbare allgemeine Zufriedenheit mit dem „Modell Deutschland", wie sie auch in den Bilanzen anlässlich der Vierzig-Jahr-Feiern der Bundesrepublik zum Ausdruck kam. 1989 war die Bundesrepublik wie nie zuvor in ihrer Geschichte bei sich selbst angekommen; alles konnte, so mochte es scheinen, so bleiben wie es war. Dann kam alles anders.

E. ZUSAMMENBRUCH DES OSTBLOCKS UND DEUTSCHE WIEDERVEREINIGUNG (1989/90)

1. Die sowjetische Reformpolitik und der Zusammenbruch der DDR

Als Michail Gorbatschow am 11. März 1985 zum Generalsekretär der KPdSU gewählt wurde, war nicht abzusehen, welch grundstürzenden Umbrüche bevorstanden. Gorbatschow suchte, darin vorherigen Generalsekretären anfangs durchaus ähnlich, den kulminierenden Problemen einer leistungsschwachen und zudem durch außerordentlich hohe Militärausgaben überlasteten Volkswirtschaft mit Reformen zu begegnen, um das sozialistische System zu verbessern. Die unter den Leitbegriffen Perestroika (Umgestaltung) und Glasnost (Offenheit) betriebene Reformpolitik richtete sich zunächst gegen Korruption und Trunksucht, zog bald aber unvorhergesehene Weiterungen nach sich, weil im Zuge dieser Kampagnen ein Ausmaß von Missständen sichtbar wurde, das mit Einzelmaßnahmen nicht kurierbar war. Weitere Wirtschaftsreformen zielten auf die Stärkung von Eigenverantwortlichkeit und individueller Leistung. Indem sie begrenzte Privatisierungen und Eigenständigkeit der Betriebe sowie Elemente von Markt und Konkurrenz einführten, untergruben sie aber das System der zentralen Planwirtschaft und zogen teilweise chaotische Zustände nach sich.

Reformpolitik Gorbatschows

Die Kritik an Amtsträgern im Zuge der Anti-Korruptionskampagne weitete sich zu einer Delegitimierung des gesamten Systems aus. Vor allem die im Zuge der „Offenheit" eröffnete Geschichtsdebatte führte über das Eingeständnis des Geheimen Zusatzprotokolls zum Hitler-Stalin-Pakt und die öffentliche Diskussion des sowjetischen Terrors hinaus zu einer Erosion der gesamten Staatsideologie. Aufkommenden Oppositions- und Separationsbewegungen verschiedener Art suchte die Reformpolitik seit Mitte 1988 mit Demokratisierungsmaßnahmen zu begegnen, die indessen die Herrschaft der kommunistischen Partei und damit den Kern des politischen Systems der Sowjetunion perforierten. Die Reformen entwickelten eine unkontrollierbare Eigendynamik und unterminierten die sozialistischen Fundamente, die sie eigentlich ausbessern und verstärken sollten, waren aber ohne eine – bis zum Ende der Sowjetunion indes nicht auszuschließende – gewaltsame Kehrtwende um 180° nicht mehr zum Halten zu bringen.

Entspannung war die äußere Seite der Reformpolitik: eine Entlastung von durch den Ost-West-Konflikt, die Herrschaft über den Ostblock und den Afghanistan-Krieg entstandenen Überbürdungen sollte Handlungsspielräume für innere Reformen verschaffen. So zog Gorbatschow die sowjetischen Truppen aus Afghanistan zurück und eröffnete eine abrüstungspolitische Offensive, die im Dezember 1987 zum INF-Abkommen mit den USA über den vollständigen Abbau der Mittelstreckenraketen in Europa führte. Die Annäherung an den Westen stand im Zusammenhang seiner allgemeinen Vorstellung einer „Entideologisierung der zwischenstaatlichen Beziehungen" (Gorbatschow in einer Rede

Weltpolitische Entspannung

Widerruf der Breschnew-Doktrin

vor den Vereinten Nationen am 7. Dezember 1988). In ihrer Konsequenz lag auch, das ideologische Prinzip der zwischenstaatlichen Beziehungen im sowjetischen Machtbereich schlechthin aufzulösen: die (seit 1986 sachlich artikulierte, 1988/89 politisch verbindlich formulierte) Aufkündigung der Breschnew-Doktrin, die die sowjetischen Satellitenstaaten auf die Sowjetunion und den sowjetischen Kommunismus verpflichtete und im Falle der Abweichung militärische Intervention androhte.

Die Sowjetunion entzog sich damit selbst die Grundlage ihrer Herrschaft über die Staaten des Warschauer Paktes, denen sie die Souveränität verlieh. In der Folge wandten diese sich vom Kommunismus nach innen und von der Sowjetunion nach außen ab; 1989 brach der Ostblock zusammen. Die sowjetische Führung verfolgte demgegenüber keine geordnete Politik – der frühere Botschafter in Bonn Julij Kwizinskij sprach im Hinblick auf die Deutschlandpolitik von einem „surrealistischen Wust von Ideen" [221, S. 12] –, verzichtete aber auf die Anwendung militärischer Gewalt.

Zusammenbruch der DDR

Die DDR stand dadurch vor einem besonderen Problem, hatte die Breschnew-Doktrin in ihrem Falle doch nicht nur das sozialistische System, sondern den gesamten Staat garantiert, wie Leonid Breschnew 1970 Honecker gegenüber formuliert hatte: „Erich, ich sage dir offen, vergesse das nie: die DDR kann ohne uns, ohne die SU, ihre Macht und Stärke nicht existieren. Ohne uns gibt es keine DDR" [P. PRZYBYLSKI, Tatort Politbüro. Bd. 1: Die Akte Honecker. Berlin 1991, S. 281]. In der Tat: die Souveränität der DDR bedeutete ihren Untergang. Denn ohne sowjetische Unterstützung für das SED-Regime, ohne militärische Hilfe gegen innere Opposition kamen die gesamten indigenen Schwächen der DDR zum Ausbruch: die mangelnde Legitimität des Zwangssystems, der niedrige Lebensstandard insbesondere im Vergleich zur stets präsenten Bundesrepublik, verschärft durch den bevorstehenden wirtschaftlichen Kollaps des überschuldeten Staates. Kopf- und hilflos erlag die SED im Herbst 1989 dem gewaltlosen Ansturm ihrer eigenen demonstrierenden Bevölkerung.

Gegenüber sich regenden Widerständen oder auch nur Sympathiebekundungen für Gorbatschows Reformpolitik in der eigenen Bevölkerung hatte die SED 1988 und Anfang 1989 zunächst noch mit verstärkten Restriktionen – verschärfte Überwachungen, Verhaftungen, Abschiebungen in die Bundesrepublik – reagiert. Unter dem Eindruck des sukzessiven Regimewechsels in Polen und Ungarn wuchs jedoch im Laufe des Jahres 1989 die Opposition zusehends an, vor allem im Protest gegen gefälschte Ergebnisse der Kommunalwahlen im Mai 1989.

Fluchtbewegung

Die akute Krise ging unterdessen von einer anderen Entwicklung aus: nachdem Ungarn im Mai 1989 mit dem Abbau von Grenzsperren nach Österreich begonnen hatte, setzte im Sommer eine Fluchtbewegung über Ungarn in die Bundesrepublik ein, in deren Folge die ungarische Regierung im September 1989 die Grenze nach Österreich ganz öffnete. Zugleich suchten Ausreisewillige aus der DDR Zuflucht in den bundesdeutschen Botschaften in Prag und Warschau. Die

DDR-Führung gewährte ihnen schließlich die – als Ausweisung deklarierte – Ausreise, nicht zuletzt mit dem Ziel eines ungestörten Ablaufs der Feiern zum 40. Jahrestag der Gründung der DDR am 7. Oktober. Zugleich schwoll die Protestbewegung innerhalb der DDR immer weiter an. Eine besonders zugespitzte Situation herrschte am 9. Oktober 1989 bei einer Demonstration mit 70 000 Teilnehmern in Leipzig. Die SED-Führung schreckte aber vor einer bewaffneten Niederschlagung und somit vor der Verteidigung ihrer Herrschaft mit militärischer Gewalt zurück.

Protestbewegung

Im September und Oktober 1989 formierte und organisierte sich die Oppositionsbewegung. Neue Parteien und Bewegungen erlebten großen Zulauf ebenso wie die Massendemonstrationen, die am 23. Oktober in Leipzig etwa 300 000 und am 4. November in Ost-Berlin etwa 600 000 Teilnehmer zählten. Unterdessen versuchte die SED, nachdem Erich Honecker am 17. Oktober im Politbüro zum tags darauf erfolgten Rücktritt gezwungen worden war, durch innere Reformen Boden zurückzugewinnen. Ein geplantes neues Reisegesetz führte indessen durch seine vorzeitige Verkündung zur in dieser Form ungeplanten und unkoordinierten Öffnung der innerdeutschen Grenzen und der Berliner Mauer am 9. November 1989. Die letzte Hoffnung der SED lag in der Wahl Hans Modrows, der als Reformsozialist galt, zum Ministerpräsidenten durch die Volkskammer am 13. November. Aber auch er konnte den Niedergang der DDR nicht aufhalten, der Anfang 1990 in einen veritablen administrativen Kollaps überging, zumal seit der Grenzöffnung eine wöchentlich teils nach Zehntausenden zählende Massenübersiedlerbewegung in die Bundesrepublik eingesetzt hatte.

Öffnung der Grenze

Aus der Flüchtlingskrise des Sommers 1989 war im Herbst eine Systemkrise und im Winter 1989/90 eine Staatskrise geworden. Bereits im November 1989, nach der Grenzöffnung, war innerhalb der Protestkundgebungen zunehmend die Forderung einer Vereinigung mit der Bundesrepublik laut geworden. Diese Bewegung verstärkte sich im Winter und manifestierte sich in den ersten freien Volkskammerwahlen vom 18. März 1990: Die mit der bundesdeutschen Union verbündete „Allianz für Deutschland", die als Hauptziel eine zügige Vereinigung mit der Bundesrepublik verfolgte, ging mit über 48% als klarer Sieger aus der Wahl hervor und führte unter der Leitung von Ministerpräsident Lothar de Maizière eine Regierung an, der neben dem „Bund freier Demokraten" mit 5,3% auch die sich ebenfalls zur Vereinigung bekennende SPD mit 21,8% der Stimmen angehörte. Die aus der SED hervorgegangene PDS erzielte 16,3% der Stimmen, während die aus der Bürgerbewegung des Herbstes 1989 hervorgegangenen Verbindungen kaum zur Geltung kamen und insgesamt weniger als 4% der Stimmen gewannen. Die ersten (und letzten) freien Volkskammerwahlen waren ein klares Plebiszit für die Vereinigung der DDR mit der Bundesrepublik. Als es in der DDR Freiheit gab, gab es bald keine DDR mehr.

Forderung nach Wiedervereinigung

Freie Volkskammerwahlen

Dass der größte Triumph der DDR als sozialistischer Staat – Honeckers Besuch in der Bundesrepublik – und ihr Zusammenbruch nur zwei Jahre auseinander lagen, und dass sie unterging, als sie ihr Ziel erreichte und endgültig souverän

Deutsch-deutsche Ironien und Paradoxien

wurde, sind nur zwei von vielen Ironien und Paradoxien im deutsch-deutschen Verhältnis: dass die DDR, je mehr sie ihren Anspruch auf (politische) Gleichrangigkeit mit der Bundesrepublik durchsetzen konnte, (ökonomisch) immer abhängiger von ihr wurde, die Bundesrepublik somit in eine Position der Stärke gegenüber der DDR gelangte, ohne sie jedoch politisch umzusetzen, zumal sie stets erpressbar blieb; dass die Bundesrepublik vielmehr in den siebziger und achtziger Jahren eine Politik der Stabilisierung der DDR betrieb, die ihr Ziel einer Liberalisierung der DDR verfehlte, dafür entgegen ihren Absichten eine Destabilisierung der DDR beförderte, die wiederum dazu beitrug, das ursprüngliche Ziel der Bonner Deutschlandpolitik der fünfziger Jahre zu erreichen; oder dass die Wiedervereinigung kam, als kaum jemand mehr (jedenfalls in absehbarer Zeit) damit rechnete, und zwar faktisch gemäß Adenauers Magnettheorie, als diese politisch längst obsolet war – diese Ironien und Paradoxien liegen unterdessen zum großen Teil in dem Umstand aufgehoben, dass die deutsche Frage nicht in deutscher Hand lag, sondern substantiell an die internationalen Bedingungen gebunden war. So wie diese die Teilung bestimmt hatten, so ermöglichten sie die Wiedervereinigung Deutschlands.

2. Die Wiedervereinigung Deutschlands

„Wende in der Wende"

Deutschlandpolitischer Kurswechsel der Bundesregierung

Zehn-Punkte-Programm Kohls

Während der Fluchtbewegung des Sommers 1989 und auch noch nach ihrem Umschlag in eine Systemkrise im Oktober verhielt sich die Bundesregierung gegenüber der DDR abwartend und zurückhaltend. Als sich jedoch nach der Öffnung der innerdeutschen Grenze eine „Wende in der Wende" [468: JARAUSCH, S. 137] abzeichnete und die Abkehr der Mehrheit der Demonstranten und der Bevölkerung von einer Reform des Sozialismus in einer eigenständigen DDR zugunsten einer Vereinigung mit der Bundesrepublik spürbar wurde, griffen die Bonner Regierung und insbesondere Helmut Kohl diese Entwicklung entschlossen auf. Im November vollzog die Bundesregierung einen deutschlandpolitischen Kurswechsel von Kooperation und Stabilisierung hin zu einer Politik der Stärke von offener Einmischung und der Forderung nach wirtschaftlichem und politischem Systemwandel als Voraussetzung für bundesdeutsche Unterstützung der DDR. Um „öffentlich die Meinungsführerschaft im Hinblick auf die Wiedervereinigung [zu] übernehmen" [259: TELTSCHIK, S. 49], unterbreitete Kohl im Bundestag am 28. November ein „Zehn-Punkte-Programm zur Überwindung der Teilung Deutschlands und Europas". Es reichte von Sofortmaßnahmen für medizinische Versorgung und die Finanzierung von Reisen über eine deutsch-deutsche „Vertragsgemeinschaft" bis zu „konföderative[n] Strukturen" zwischen beiden deutschen Staaten „mit dem Ziel, eine Förderation, das heißt, eine bundesstaatliche Ordnung in Deutschland zu schaffen. [...] Wie ein wiedervereinigtes Deutschland schließlich aussehen wird, das weiß heute niemand." Jedenfalls aber sollte die innerdeutsche Entwicklung „eingebettet in den gesamteuropäischen Prozess" und die KSZE sein, und zeitlich veranschlagte Kohl für eine Wiedervereinigung etwa fünf bis zehn Jahre.

Dass Kohl am 19. Dezember bei einem Treffen mit DDR-Ministerpräsident Modrow in Dresden von einer großen Zahl von Menschen stürmisch gefeiert und mit lebhaften Forderungen nach einer Wiedervereinigung konfrontiert wurde, markierte, wie er sich erinnert, sein „Schlüsselerlebnis auf dem Weg zur Einheit" [220: KOHL, S. 213]. Jedenfalls verbanden sich der spürbare, aber nicht institutionalisierte Wille der DDR-Bevölkerung zur Wiedervereinigung und die politische Umsetzung durch die Bonner Regierung.

Indessen stieß Kohls deutschlandpolitische Offensive auf erhebliche äußere Widerstände. Gorbatschow warf Außenminister Genscher am 5. Dezember 1989 in Moskau vor, Kohl stelle „ultimative Forderungen" und gefährde die Stabilität Europas [188: GORBATSCHOW, S. 714]. Gorbatschow war in höchster Sorge – so hatte er Kohl schon am Tag nach der Öffnung der innerdeutschen Grenze wissen lassen – vor unkontrollierten Eskalationen und Radikalisierungen, und in der Tat bargen die sich überstürzenden Entwicklungen das Potenzial für eine Destabilisierung des gesamten mittel- und osteuropäischen Raumes mit unabsehbaren Gefahren von Bürgerkriegen bis hin zu einer neuen Ost-West-Krise. Wenige Tage später musste Kohl auf einem EG-Gipfel in Straßburg eine nach seiner Erinnerung „fast tribunalartige Befragung" in „eisiger Atmosphäre" über sich ergehen lassen [220: KOHL, S. 195]. Die Regierungen in London und Paris fürchteten – Margaret Thatcher ganz offen, François Mitterrand zurückhaltender, aber wohl kaum weniger – ein vergrößertes und machtvolleres, hegemoniales Deutschland in Europa, beschworen gar die Situation von 1913 und 1938, vertrauten aber auf die Widerstände der sowjetischen Regierung. Die internationalen Widerstände gegen eine sich abzeichnende deutsche Vereinigung und die forcierte bundesdeutsche Politik schwollen im Dezember 1989 so stark an, dass Kohl offenkundig kurzfristig den Gedanken erwog, der Sowjetunion ein Wiedervereinigungsmoratorium anzubieten [259: TELTSCHIK, S. 83].

Äußere Widerstände

Die sowjetische Regierung agierte allerdings letztlich konzeptionslos. Die Frage der deutschen Einheit wurde im Politbüro nie grundsätzlich diskutiert, bevor ein „ad-hoc-Komitee" von Entscheidungsträgern eine deutsche Wiedervereinigung am 26. Januar 1990 als gegeben hinnahm. Bedingung sollte dabei eine Entmilitarisierung und Neutralisierung Deutschlands sein.

Sowjetische Haltung

Dies lief wiederum den Absichten der amerikanischen Regierung, die im Vereinigungsprozess eine entscheidende Rolle spielte, diametral zuwider. Die Regierung Bush hatte nach ihrem Amtsantritt im Januar 1989 eine Kursbestimmung ihrer internationalen Politik vorgenommen und schließlich, wie Bush Ende Mai 1989 formulierte, die Direktive einer Überwindung des Status quo zugunsten eines „ungeteilten und freien Europa" und seiner „Einheit auf der Grundlage der westlichen Werte" ausgegeben. Somit sollte der Kalte Krieg nicht nach Gorbatschows Vorstellungen vom „Haus Europa" mit nebeneinander bestehenden unterschiedlichen Systemen beendet werden, sondern durch eine neue europäische

Amerikanische Position

Staatenordnung auf westlichen Grundlagen – Selbstbestimmungsrecht und Demokratie, Pluralismus und freier Markt, wie Außenminister Baker der sowjetischen Führung im Gipfelgespräch vor Malta Anfang Dezember 1989 darlegte. Grundsätzlich eingeschlossen war in dieses Konzept auch eine Wiedervereinigung Deutschlands. Als dieses Thema im November 1989 auf die internationale Agenda kam, reagierte die US-Regierung auf Kohls „Zehn Punkte" mit eigenen „Vier Prinzipien": die Verwirklichung des Selbstbestimmungsrechts, ein allmählicher und schrittweiser Prozess, die Unverletzlichkeit der Grenzen in Europa sowie, vor allem, die fortgesetzte Zugehörigkeit Deutschlands zur EG und zur NATO.

Deutsch-amerikanischer Schulterschluss

Die Bündniszugehörigkeit eines vereinten Deutschlands hatte Kohl in seinen Zehn Punkten nicht erwähnt, und Anfang 1990 entstand darüber im Bundeskabinett auch Streit: während der sicherheitspolitische Flügel der Union um Verteidigungsminister Stoltenberg für eine uneingeschränkte NATO-Mitgliedschaft eintrat, war Außenminister Genscher zu einer faktischen Neutralisierung des Territoriums der DDR bereit. Dass Kohl diesen Streit Mitte Februar zugunsten Genschers beilegte, widersprach den Interessen der US-Regierung, die die bevorstehenden Konsultationen mit dem Bundeskanzler für einen „historischen Handel" [487: ZELIKOW/RICE (deutsche Fassung), S. 297] nutzte: Kohls Zusage der vollen Aufrechterhaltung der deutschen NATO-Verpflichtungen gegen die amerikanische Abschirmung des Wiedervereinigungsprozesses nach außen. In der Tat vollzogen Kohl und die US-Regierung am 24. und 25. Februar in Camp David einen Schulterschluss und koordinierten ihre Positionen: künftig übernahmen die USA die Führung auf internationaler und sicherheitspolitischer, die Bundesregierung auf nationaler und ökonomischer Ebene. Dabei betonte Bush die Bedeutung der Rücksicht auf das Prestige der Sowjetunion: „We are going to win the game, he said, but we must be clever while we are doing it" [487: ZELIKOW/RICE (engl. Fassung), S. 216].

Zwei plus Vier und Zwei plus Eins

Die Entscheidungen im Vereinigungsprozess auf internationaler Ebene wurden im Dreieck Bonn-Washington-Moskau ausgehandelt. Faktisch nachgeordnet blieb demgegenüber stets der am Rande einer internationalen Konferenz in Ottawa am 13. Februar 1990 eingesetzte „Zwei-plus-Vier"-Prozess aus beiden deutschen Staaten und den vier Siegermächten des Zweiten Weltkrieges, der vor allem der diplomatischen Kanalisierung der Entwicklung unter internationaler Einbindung der Sowjetunion und der Umsetzung der Beschlüsse von „Zwei-plus-Eins" diente.

Innerdeutsche Weichenstellungen Anfang 1990

Als der Strom der Übersiedler aus der DDR in die Bundesrepublik um die Jahreswende 1989/90 unaufhörlich anschwoll und ein administrativer Kollaps neben dem bevorstehenden wirtschaftlichen Zusammenbruch und einem unkontrollierten Sturm auf die Zentrale des MfS in Berlin eine „Implosion der DDR" [468: JARAUSCH, S. 174] anzeigten, beschleunigte sich der Vereinigungsprozess ganz erheblich. Zugleich gewann die Vereinigungspolitik der Bundesregierung an Legitimation, die nun zu einer Politik der großen Schritte überging:

sie stellte die Kooperation mit der Regierung Modrow ein und traf stattdessen Vorbereitungen für eine Wirtschafts-, Währungs- und Sozialunion mit der DDR sowie eine Rechts- und Verwaltungsangleichung. Am 7. Februar 1990 wurden ein Kabinettsausschuss Deutsche Einheit eingesetzt und der DDR-Führung Verhandlungen über die Einführung der D-Mark und der Marktwirtschaft in der DDR angeboten. Zugleich legte sich die Bundesregierung auf eine Vereinigung über einen Beitritt der DDR zur Bundesrepublik nach Art. 23 GG anstelle einer Vereinigung über einen Zusammenschluss unter Ausarbeitung einer neuen Verfassung nach Art. 146 GG fest.

Nach diesen Weichenstellungen hing der weitere Verlauf von den Volkskammerwahlen in der DDR am 18. März 1990 ab. Das Wahlergebnis bedeutete ein klares Plebiszit für eine schnelle Wiedervereinigung. Dieses Manifest des Selbstbestimmungsrechts sowie mangelnde Koordinierung zwischen den Regierungen in Moskau, London und Paris ließen die äußeren Widerstände gegen eine deutsche Vereinigung zusammenbrechen.

Zu einem außenpolitischen Problem wurde unterdessen die Frage der definitiven Anerkennung der polnischen Westgrenze. Der polnischen Regierung genügte die auf den Warschauer Vertrag von 1970 rekurrierende Entschließung des Bundestages vom 8. November 1989 nicht, die Bundesrepublik habe „keinerlei Gebietsansprüche" und werde „solche auch in Zukunft nicht erheben". Da Kohl zwar eine definitive Anerkennung durch ein vereintes Deutschland in Aussicht stellte, durch die rechtlich dazu nicht befugte Bundesrepublik vor der Vereinigung aber ablehnte (nicht zuletzt mit Rücksicht auf die Vertriebenen), geriet die Bundesrepublik in einer Frage unter politischen Druck, die in der Sache keineswegs strittig war, an der sich aber allgemeine Vorbehalte gegen den Wiedervereinigungsprozess manifestierten.

Vereinigungsprozess auf internationaler Ebene

Das eigentliche außenpolitische Problem lag in der Bündniszugehörigkeit des vereinten Deutschlands, konkret: der sowjetischen Zustimmung zu einer NATO-Mitgliedschaft des gesamten vereinten Deutschlands. Kohl hatte in Camp David die Erwartung geäußert, Gorbatschow wolle „mit der anderen Weltmacht abschließen" und werde „im Gespräch mit Präsident Bush diese Konzession machen" [79, S. 877]. In der Tat machte Gorbatschow beim amerikanisch-sowjetischen Gipfel in Washington am 31. Mai 1990, offenkundig direkt am Verhandlungstisch, das entscheidende Zugeständnis, Deutschland solle seine Bündniszugehörigkeit frei wählen können, das allerdings noch der offiziellen Vereinbarung und der vertraglichen Fixierung bedurfte.

NATO-Zugehörigkeit

So arrangierten die amerikanische und die bundesdeutsche Regierung im Mai und Juni 1990 westliches Entgegenkommen gegenüber der Sowjetunion: als die sowjetische Regierung Anfang Mai in Bonn wegen eines Kredits anfragte, ließ Kohl aus politischen Gründen im Sinne einer „konstruktive[n] Lösung der anstehenden Fragen" ein bundesdeutsches Kreditangebot über 5 Mrd. DM ausarbeiten [79, S. 1136], während die US-Regierung ein 9-Punkte-Programm über Abrüstungsschritte, eine Weiterentwicklung der KSZE und einen Strategiewechsel der NATO vorlegte, den die NATO auf ihrem Gipfel Anfang Juli 1990 in London auch formell beschloss und somit dem Warschauer Pakt weit entgegenkam. All dies diente der Unterstützung für Gorbatschow, der innenpolitisch zunehmend in Bedrängnis geriet, so dass der Westen seinen Sturz oder einen Richtungswechsel der sowjetischen Politik befürchtete, und der in der ersten Julihälfte zunächst einen Parteitag der KPdSU überstehen musste.

Sowjetisch-deutscher Gipfel im Juli 1990

Danach traf er mit der Bundesregierung am 15. und 16. Juli in Moskau und im Kaukasusdorf Archys zu den konkreten Verhandlungen über die noch offenen Fragen der Wiedervereinigung zusammen. Von einer gesamtdeutschen NATO-Mitgliedschaft ging er dabei bereits aus. Vereinbart wurden vor allem Übergangsregelungen und die Modalitäten für den Abzug der sowjetischen Truppen aus der DDR durch einen Überleitungsvertrag, ein zu schließender großer sowjetisch-deutscher Vertrag sowie eine Höchststärke der Bundeswehr von 370 000 Mann. Im September 1990 erhob Gorbatschow, kurz vor dem geplanten Abschluss des diese Vereinbarungen fixierenden Zwei-plus-Vier-Vertrages, noch einmal finanzielle Nachforderungen zum Überleitungsvertrag, die schließlich zu einer Einigung auf 12 Mrd. DM und einen zinslosen Kredit von 3 Mrd. DM führten. Alles in allem hat die Bundesrepublik Deutschland zwischen 1989 und 1991, so das Bundesfinanzministerium, Zahlungen in Höhe von 57,3 Mrd. DM an die Sowjetunion geleistet.

Zwei-plus-Vier-Vertrag

Die bilateralen Vereinbarungen wurden von den Zwei-plus-Vier-Gremien zu einem multilateralen „Vertrag über die abschließende Regelung in Bezug auf Deutschland" ausgearbeitet, der am 12. September 1990 in Moskau unterzeichnet wurde. Er schrieb die Grenzen des vereinigten Deutschlands als „endgültig" sowie den deutschen „Verzicht auf Herstellung und Besitz von und auf Verfügungsgewalt über atomare, biologische und chemische Waffen" und eine Höchstgrenze der deutschen Streitkräfte von 370 000 Mann fest, verpflichtete Deutschland und die Sowjetunion zum Abschluss eines Vertrages über die Modalitäten des Abzugs der sowjetischen Streitkräfte aus Deutschland bis Ende 1994, betonte das „Recht des vereinten Deutschland, Bündnissen mit allen sich daraus ergebenden Rechten und Pflichten anzugehören" – realiter: die NATO-Mitgliedschaft des gesamten vereinten Deutschlands – und beendete die „Rechte und Verantwortlichkeiten" der alliierten Siegermächte des Zweiten Weltkrieges „in Bezug auf Berlin und Deutschland als Ganzes", so dass das vereinte Deutschland „volle Souveränität über seine inneren und äußeren Angelegenheiten" gewann. Nachdem die Vier Mächte ihre Rechte durch eine Erklärung schon zum 3. Oktober 1990, dem Tag der deutschen Wiedervereinigung, ausgesetzt hatten, trat der Vertrag nach der Ratifikation durch die Parlamente aller beteiligten Staaten, zuletzt von sowjetischer Seite, am 15. März 1991 in Kraft.

Außenpolitisch und international wurde die deutsche Wiedervereinigung somit zu westlichen Maximalbedingungen abgeschlossen, wie es die Bundesregierung noch Anfang 1990 nicht für möglich gehalten hätte. Mit der Verbindung von Westintegration und Wiedervereinigung erreichte die Bundesrepublik das für sie bis dahin Unvereinbare. Erstmals in ihrer Geschichte kamen ihre nationalen und ihre sicherheitspolitischen Interessen zur Deckungsgleichheit; damit war sie saturiert und der bundesdeutsche Revisionsvorbehalt gegen den Status quo obsolet.

Zwei Merkmale kennzeichneten den inneren Einigungsprozess, nachdem die Weichen im ersten Quartal 1990 gestellt worden waren: Erstens gewann die Bundesregierung politische Dominanz sowohl gegenüber den Institutionen der untergehenden DDR als auch innerhalb des politischen Systems der Bundesrepublik, in dem ihr in der „Stunde der Exekutive" [491: v. BEYME, S. 352] eine außergewöhnliche Steuerungs- und Entscheidungsfähigkeit zuwuchs, die indes bald wieder alten Mustern der bundesdeutschen Konsens- und Koordinationsdemokratie nicht zuletzt im Verbundföderalismus wich. Zweitens war der innere Vereinigungsprozess geprägt durch die Übertragung westdeutscher Institutionen, im engeren Sinne materieller Organisationen ebenso wie im weiteren Sinne von Denkmustern und geistigen Arrangements, auf das Beitrittsgebiet.

Innerer Einigungsprozess

Nach der Bildung der aus den Volkskammerwahlen hervorgegangenen Regierung de Maizière nahmen die beiden deutschen Regierungen am 27. April 1990 Verhandlungen über eine Wirtschafts-, Währungs- und Sozialunion auf, in denen binnen kürzester Zeit eine außergewöhnliche Fülle von grundsätzlichen Entscheidungen getroffen wurde, die am 18. Mai 1990 im (ersten) Staatsvertrag fixiert wurden. Er sah die Einführung der Wirtschafts- und Sozialordnung und – am konkretesten greifbar – der Währung der Bundesrepublik zum 1. Juli 1990 vor. Das wichtigste Verhandlungselement hatte im Umstellungskurs von DDR-Mark zu D-Mark gelegen: der Staatsvertrag sah eine Umstellung von Löhnen und Gehältern, Renten und Stipendien, Mieten und Pachten, weiteren wiederkehrenden Zahlungen sowie nach Alter gestaffelten Guthaben von 2000 bis 6000 Mark pro Person zum Kurs von 1 zu 1 vor, von darüber hinaus gehenden Guthaben sowie allen anderen Forderungen und Verbindlichkeiten zum Kurs von 2 zu 1. Einen Umtauschkurs von 2 zu 1 hatte der bundesdeutsche Zentralbankrat im Hinblick auf Kostenniveau und Verschuldung der DDR-Wirtschaft sowie auf den weit darunter liegenden realen Wert der DDR-Mark allgemein (mit Ausnahmen für pauschale Kontingente von Spargutahben) gefordert, aber gegenüber der politisch entscheidenden Bundesregierung nicht durchsetzen können.

Der Staatsvertrag verpflichtete die DDR weiterhin zur Schaffung der Voraussetzungen für die soziale Marktwirtschaft und sah die schrittweise Einführung der bundesdeutschen Arbeitsrechtsordnung, Sozialversicherung und Sozialhilfe, ebenso die Anpassung der öffentlichen Haushalte, Finanzen, Steuern, Zölle etc. in der DDR vor.

Die zunächst ungelösten Vermögensfragen wurden durch eine Gemeinsame Erklärung beider Regierungen vom 15. Juni 1990 geregelt, die in den Einigungsvertrag einging: dem Grundsatz nach sollten enteignete Grundstücke und Immobilien zurückgegeben werden, anstatt Entschädigungen zu zahlen, wobei volkswirtschaftlich förderungswürdige Investitionstätigkeiten Vorrang besitzen

Margin notes: Innerer Einigungsprozess; Wirtschafts-, Währungs- und Sozialunion; (Erster) Staatsvertrag; Vermögensfragen

sollten. Ein Problem lag unterdessen in den schwierigen Eigentumsverhältnissen, was insbesondere für die unter sowjetischer Besatzung bis 1949 enteigneten Güter galt. Unter Berufung auf Forderungen der Regierungen der DDR und vor allem der Sowjetunion verzichtete die Bundesregierung bereitwillig auf eine Revision der Enteignungen vor 1949.

<small>Treuhandanstalt</small>

Im Juni beschloss die Volkskammer gesetzlich die Errichtung einer Anstalt zur treuhänderischen Verwaltung des Volkseigentums (Treuhandanstalt) mit dem Ziel der Sanierung und vor allem der Privatisierung, oder aber der Stilllegung nicht sanierungsfähiger staatlicher Unternehmen der DDR. Ein weiteres ungelöstes Problem lag in der Finanzierung der deutschen Einheit. Vor allem in diesem Zusammenhang drängten die bei den Verhandlungen über den ersten Staatsvertrag kaum beteiligten Länder auf verstärkte Mitsprache und Beteiligung am Vereinigungsprozess, zumal der Bundesrat seit Mai 1990 von einer Mehrheit SPD-regierter Länder beherrscht wurde, so dass sich hier (und weniger im Bundestag) innere Opposition gegen die Bundesregierung kristallisierte.

<small>Finanzierung</small>

<small>Einigungsvertrag (zweiter Staatsvertrag)</small>

Wenige Tage nach dem Inkrafttreten der Wirtschafts-, Währungs- und Sozialunion am 1. Juli 1990 begannen die Verhandlungen über einen zweiten Staatsvertrag, die zwischen Bundesregierung, DDR-Regierung und westdeutschen Ländern geführt wurden und am 31. August mit der Unterzeichnung des Vertrages über die Herstellung der Einheit Deutschlands (Einigungsvertrag) endeten: Mit dem Beitritt der DDR zum Geltungsbereich des Grundgesetzes wurden die neu konstituierten Länder Mecklenburg-Vorpommern, Brandenburg, Sachsen-Anhalt, Thüringen und Sachsen Länder der Bundesrepublik Deutschland, ebenso das aus Ost- und West-Berlin zusammengelegte Berlin, das zugleich zur Hauptstadt der Bundesrepublik bestimmt wurde (zum Regierungssitz allerdings erst durch einen Bundestagsbeschluss vom 20. Juni 1991). Innenminister Schäuble, der Verhandlungsführer der Bundesregierung, lehnte, im Gegensatz zu DDR-Ministerpräsident de Maizière und den Forderungen des Koalitionsvertrags seiner Regierung, grundsätzliche Neugestaltungen des Grundgesetzes bzw. des gesellschaftlichen und politischen Systems der Bundesrepublik (etwa hinsichtlich der Namensgebung und der Staatssymbole der Bundesrepublik oder sozialer Sicherungsrechte wie des Rechts auf Arbeit, Wohnung oder Bildung als Staatszielbestimmungen etc.) strikt ab und beschränkte die Regelungen ganz auf Anpassungen für einen Beitritt der DDR zur Bundesrepublik.

Durch die Anpassung der Präambel und die Streichung des Beitrittsartikels 23 wurde der Provisoriumscharakter des Grundgesetzes aufgehoben. Weiterhin wurden die Geltung der EG-Verträge und der völkerrechtlichen Verträge der Bundesrepublik für Gesamtdeutschland, die Rechtsangleichung und die Einführung der öffentlichen Verwaltung und Rechtspflege der Bundesrepublik in den neuen Ländern geregelt. Auf Drängen der Länder wurde die Stimmenverteilung im Bundesrat so geändert, dass eine Verschiebung zuungunsten der alten und der großen Länder vermieden wurde, und ebenso fielen die Bestimmungen zur Finanzverfassung in den Interessenbereich der Länder.

Am 16. Mai 1990 war der „Fonds Deutsche Einheit" als vom Normalhaushalt getrennter, kreditfinanzierter Sonderfonds aufgelegt worden, der innerhalb von viereinhalb Jahren 110 Mrd. DM bereitstellen sollte, von denen 47,5 Mrd. von den westdeutschen Bundesländern (einschließlich der Gemeinden) aufzubringen waren. Für diesen nach dem Verständnis der Länder abschließenden Beitrag wurden die neuen Länder bis 1994 nicht in den Länderfinanzausgleich zwischen steuerstarken und steuerschwachen Ländern einbezogen und zudem die geplante Neuverteilung der Umsatzsteuer zugunsten des Bundes verschoben. Auch die Anschubfinanzierung für die Renten- und Arbeitslosenversicherung übernahm der Bund.

Finanzierung der Einheit

Im Einigungsvertrag wurde nun festgelegt, dass erforderliche zusätzliche Mittel für die neuen Länder aus dem „Fonds Deutsche Einheit" (auf Kosten der Mittel für Bundesaufgaben in den neuen Ländern) und aus Bundesmitteln bereitgestellt werden sollten; zudem übernahm der Bund die Gesamtverschuldung des Staatshaushalts der DDR bis 1994, und die Treuhandanstalt wurde als bundesunmittelbare Anstalt in die Verantwortung des Bundes gegeben.

All diese außerordentlich weit reichenden finanziellen Maßnahmen, wie etwa die Währungsumstellung oder die Sozialleistungsansprüche, öffneten die Schleusen. Im Hochgefühl bundesdeutscher Wirtschafts- und Leistungskraft in einer Zeit der Hochkonjunktur, wohl auch der Euphorie über den westlichen Sieg im Kalten Krieg, war die Erwartung, dass in der DDR „in 3 oder 4 Jahren ein blühendes Land entstehen wird" [79, S. 1143] und dass die Bundesrepublik durch die Vereinigung erheblich an wirtschaftlicher Potenz gewinne, ganz authentisch. Sie bedeutete indes eine dramatische Unterschätzung der bevorstehenden finanziellen Belastungen. Ende Juni 1990 kalkulierte der Bundesfinanzminister für das Jahr 1991 Reserven von 8 Mrd. DM für das Gebiet der DDR ein; Anfang August veranschlagte er bereits 79 Mrd. DM, und vier Wochen später war erneut eine Unterdeckung von ca. 50 Mrd. DM aufgetreten; es zeichnete sich ab, dass die Transferzahlungen zwei- bis dreimal so hoch sein würden wie im ersten Staatsvertrag vorgesehen. Als Muster für die Bewältigung dieser Zusatzkosten etablierte sich dabei die Kreditfinanzierung über Sonderfonds zu Lasten vor allem des Bundes.

Schon am 23. August, noch vor Abschluss des Einigungsvertrages, hatte die Volkskammer den „Beitritt der DDR zum Geltungsbereich des Grundgesetzes der Bundesrepublik Deutschland gemäß Art. 23 des GG mit Wirkung vom 3. 10. 1990" beschlossen. An diesem „Tag der Deutschen Einheit" war die deutsche Zweistaatlichkeit, auf die sich die Bundesrepublik für die Zukunft eingestellt hatte, binnen eines außergewöhnlich turbulenten Jahres Vergangenheit geworden.

Deutsche Einheit

AUSBLICK

Indem die Wiedervereinigung den Nationalstaat als Ordnungsrahmen wiederherstellte, lag sie quer zu zentralen Tendenzen der achtziger Jahre, die gerade auf seine Transzendierung hinausliefen: die ökonomische Globalisierung im Zeichen liberalisierter und internationalisierter Finanz-, Waren- und Arbeitsmärkte, die Digitalisierung mit dem ungebremsten Vordringen von Computertechnik und Kommunikationsmedien in alle Lebensbereiche, die Europäisierung, die seit den späteren achtziger Jahren die substanzielle Übertragung nationaler Souveränitätsrechte auf europäische Institutionen zum Ziel hatte. Der allgemeine fortschreitende Wertewandel im Zeichen der Postmoderne distanzierte die Bundesrepublik noch zusätzlich auf soziokultureller Ebene von der DDR.

Diese Tendenzen dominierten in wesentlichem Maße auch die neunziger Jahre. Die Staatenordnung befand sich nach dem Ende des Ost-West-Konflikts im Übergang und, abgesehen von der Dominanz und Hegemonie der USA als einzig verbleibender und gestärkter Weltmacht nach dem Sieg des Westens im Kalten Krieg, in einem Zustand der Unübersichtlichkeit. In Europa schritt die Europäische Union voran und prägte im Zuge der Vertiefung zunehmend bundesstaatliche Elemente aus, zu der konkurrierend aber auch die geplante Erweiterung auf Staaten des ehemaligen Ostblocks hinzutrat. Computer- und Kommunikationstechnologien verbreiteten sich im Zeichen von Internet, drahtloser Kommunikation und Privatfernsehen geradezu explosionsartig und beförderten die Medialisierung des Alltags auf eine neue Stufe. Eine neue Stufe erreichten auch die Gentechnik und Biotechnologie mit ihren unabsehbaren Veränderungspotenzialen nicht zuletzt im Hinblick auf den Menschen. Hinzu kam ein nach dem Ende des Ost-West-Gegensatzes geradezu entfesselter, vom Aktienmarkt beherrschter weltweiter Kapitalismus, der die Bundesrepublik mit neuerlichen umfassenden Strukturveränderungen und einer verschärften internationalen Konkurrenz, vor allem in Form von Niedriglohnländern in unmittelbarer räumlicher Nähe, konfrontierte. Das in den siebziger und achtziger Jahren allgemein als sozial konsensual befürwortete, korporatistisch geprägte „Modell Deutschland" schien mangels marktwirtschaftlicher Anpassungen in eine Strukturkrise zu geraten.

Zugleich erfüllten sich die Hoffnungen, die sich mit der Wiedervereinigung Deutschlands verbunden hatten, in vieler Hinsicht nicht. Stärker als erwartet wurden Mentalitätsunterschiede zwischen West- und Ostdeutschen greifbar. Wenn das Allensbacher Institut für Demoskopie in der neunziger Jahren ermittelte, dass im Verhältnis von Freiheit und Gleichheit in Westdeutschland der Vorrang bei der Freiheit, in Ostdeutschland hingegen eindeutig bei der Gleichheit gesetzt wurde, dann lagen dem grundlegende Auffassungsunterschiede über das Verhältnis von Gesellschaft und Individuum und somit zentrale weiterwirkende soziokulturelle Differenzen zugrunde. Zugleich wurden die Hoffnungen auf einen substanziellen Zuwachs an Wirtschaftskraft und Wohlstand in Deutschland mit einem Zusammenbruch der ökonomischen Strukturen und einer Deindustrialisierung auf dem Gebiet der DDR konfrontiert. Dort konnten keine selbsttragenden ökonomischen Potenziale aufgebaut werden; es wurden vielmehr unerwartet hohe und langwierige Transferleistungen erforderlich. Hinzu kamen zunehmend spürbare Auswirkungen der Strukturprobleme und -defizite des überlasteten und unverändert auf die neuen Länder übertragenen Sozialstaats.

Nach 40 Jahren Bundesrepublik waren 1989 weitestgehend positive Bilanzen einer „Erfolgsgeschichte" gezogen worden. Zehn Jahre später fielen die Bewertungen schon zurückhaltender aus, und nur wenige Jahre darauf schien die Bundesrepublik schließlich von ihren Strukturproblemen eingeholt. Im Lichte der jeweiligen Gegenwartserfahrungen wandelte sich die Sicht auf die Geschichte der Bundesrepublik. Dies wird auch weiterhin so bleiben, und es ist zugleich ein allgemeines Phänomen der Geschichtsschreibung, das im Falle der jüngsten Zeitgeschichte nur besonders offen zutage tritt. Dass die Geschichte im doppelten Sinne nicht zu Ende kommt, macht den keineswegs geringsten Reiz ihrer Erforschung aus.

II. Grundprobleme und Tendenzen der Forschung

1. Allgemeines, Methodik, Quellen

a) Die siebziger und achtziger Jahre als Zeitgeschichte

Die Geschichte der Bundesrepublik Deutschland zwischen 1969 und 1990 ist „Zeitgeschichte" im engeren Sinne des Begriffs als „Epoche der Mitlebenden und ihre wissenschaftliche Behandlung" (H. ROTHFELS). Dieser Zeitraum ist historiographisch bislang weit weniger erschlossen als andere Epochen, vielmehr als Forschungsfeld gerade erst im Werden. Daher sind im Folgenden oftmals weniger Bilanzen zu ziehen als Probleme, Fragestellungen und Ansätze künftiger Forschung zu benennen. Zeitgeschichte

Im Zeichen äußeren und, trotz erheblicher gesellschaftlicher Auseinandersetzungen, grundsätzlich auch inneren Friedens war die Bundesrepublik der siebziger und achtziger Jahre nach den politischen Richtungsentscheidungen der fünfziger Jahre geprägt (erstens) von politischer Stabilität, (zweitens) von materiellem Wohlstand für viele, wobei das „Modell Deutschland" langsam von einem tief greifenden ökonomischen Strukturwandel unterspült wurde, und (drittens) einem grundstürzenden sozialkulturellen Wandel. Das Spezifikum ihrer Entwicklung liegt nicht in der Dominanz einzelner Ereignisse oder Tendenzen, sondern in der Verbindung verschiedener, einander überlagernder Prozesse. Diesem Panorama von außen- und innenpolitischen, ökonomischen, sozialen und (im weitesten Sinne des Begriffs) kulturellen Entwicklungen ist ein historiographischer Themen- und Methodenpluralismus mit unterschiedlichen Bedeutungsgewichtungen, aber ohne Primatansprüche angemessen. Themen- und Methodenpluralismus

Dazu tragen auch die im Bereich der Zeitgeschichte besonders ausgeprägten Berührungen zwischen Historiographie und Gegenwartswissenschaften bei. Sozial- und Kulturwissenschaften haben ein im historischen Vergleich einzigartiges jeweils zeitgenössisches Wissen über Politik, Wirtschaft und Gesellschaft bereitgestellt und berühren sich in ihrer diachronen Dimension historischer Rückgriffe mit der Zeitgeschichtsschreibung unmittelbar. Sie unterscheiden sich jedoch (zumindest der Tendenz nach) hinsichtlich der Perspektiven und Erkenntnisinteressen: Den Gegenwartswissenschaften geht es vorrangig um eine synchrone Zustandsanalyse mit gegebenenfalls zukunftsorientierter Aussagekapazität und aktuellem, oft auch normativ-präskriptivem Anwendungspotenzial. Geschichtsschreibung und Gegenwartswissenschaften

Dagegen suchen die diachron orientierten Geschichtswissenschaften nach empirisch fundierten, d. h. an den Quellen bewährten, und – als „regulative Idee" (TH. NIPPERDEY) – werturteilsfreien Erklärungen für historische Entwicklungen an sich.

Hinsichtlich ihrer historiographischen Verwendbarkeit sind sozialwissenschaftliche Erklärungsmuster, Modelle und Theorien daraufhin zu überprüfen, ob sie als konkrete inhaltliche Beschreibungen mit den Quellen vereinbar und diachron anschlussfähig sind, und ob sie als allgemeine methodisch-theoretische Zugriffe zudem auf andere, historische Kontexte übertragbar sind. Der historiographische Wert solcher Ansätze lässt sich nur am jeweiligen Einzelfall (und im Folgenden innerhalb der einzelnen Sachkapitel) bestimmen.

Zeitgeschichte und Erkenntnisabstand

Zeitgeschichtsschreibung sieht sich dem zweifachen methodischen Vorbehalt ausgesetzt, es mangele ihr an (archivalischen) Quellen (vgl. dazu unten), und es mangele ihr aufgrund zeitlicher Nähe zum Gegenstand am nötigen Erkenntnisabstand. In der Tat ist Zeitgeschichte mit dem noch offenen Ende, mit der Unkenntnis der lang- und mittelfristigen Folgen und Wirkungen konfrontiert, wobei die Offenheit historischer Prozesse ein allgemeines historisches Problem darstellt. Insbesondere aber ist Erkenntnisabstand weniger ein zeitliches als vielmehr ein heuristisches Problem: die Lösung von eigenen Vorurteilen stellt sich der Geschichtsschreibung aller Epochen und Themen als Ideal und Norm. Die Zeitgeschichtsschreibung bezieht daraus obendrein die besondere gesellschaftspolitische Funktion, durch methodisch-kritische Reflexion des Erfahrungsraums der Mitlebenden und „interesselose Autonomie" (P. BOURDIEU) der gesellschaftlich-politischen Vereinnahmung und Instrumentalisierung von Geschichte und Erinnerung entgegenzuwirken [vgl. dazu 480: RÖDDER, S. 130–136]. Dass ein solches Geschichtsbild vorläufiger Natur ist und dass sich mit neuen Gegenwartserfahrungen die Perspektiven wandeln, ist abermals grundsätzlich ein Phänomen aller Geschichtswissenschaft, nicht nur der deutschen Geschichte nach 1945.

b) Gesamtdeutsche und westdeutsche Geschichte

Deutschland als Ganzes

Die Historiographie über Deutschland nach 1945 steht vor der Herausforderung, die doppelte deutsche Zeitgeschichte „im Horizont der Vereinigung aufeinander zu beziehen und miteinander zu verknüpfen", ohne sie „auf unzulässige Weise zusammenzuschieben" [594: HOCKERTS, S. 7f.] und an einer ahistorischen Teleologie auszurichten. Stattdessen muss ihre jeweilige zeitgenössische Offenheit gewahrt und die spezielle deutsche Frage in die allgemeine historische Entwicklung eingeordnet werden. In diesem ebenso einsichtigen wie in der bisherigen Geschichtsschreibung der deutschen Nachkriegsgeschichte keineswegs eingelösten Anspruch liegt unterdessen ein grundlegendes sachliches Problem.

Deutsch-deutsche Verflechtung

Denn einerseits blieb die deutsche Frage mit ihren spezifischen Problemen in Gesellschaft und Politik der Bundesrepublik trotz aller faktischer Einrichtung in der Zweistaatlichkeit immer, wenn auch oftmals subkutan, präsent. Die Geschichte beider deutscher Staaten war und blieb eine „asymmetrisch verflochtene Parallel- und Abgrenzungsgeschichte" [M. Sabrow, Die DDR im nationalen Gedächtnis, in 18, S. 99].

Auch wenn die DDR dabei in sehr viel stärkerem Maße auf die Bundesrepublik bezogen war als umgekehrt, stand auch die Bundesrepublik stets in Systemkonkurrenz zum zweiten deutschen Staat. Auch die Deutschlandpolitik als eigener politischer Gegenstandsbereich verwies darauf, dass die innerdeutschen Beziehungen trotz aller Gewöhnung keine „Normalität" darstellten; das gilt insbesondere für die Zustände an der innerdeutschen Grenze und in Berlin.

Andererseits liefen die zentralen Entwicklungslinien der bundesdeutschen Geschichte, insbesondere der 80er Jahre, in ganz andere Richtungen. Sie entfernten die Bundesrepublik von der deutschen Frage, von der DDR und von der Nation als Ordnungsrahmen, wie es etwa K. D. Bracher mit dem Begriff „postnationale Demokratie" [283, S. 406] zum Ausdruck brachte. Prägend für die bundesdeutsche Entwicklung war erstens ein Prozess, den der allgemein eher unklare Begriff „Globalisierung" (der erst in den mittleren neunziger Jahren überhaupt in Gebrauch gekommen ist) nichtsdestoweniger plausibel beschreiben kann, da er eine substanzielle Zunahme des grenzüberschreitenden und weltumspannenden Ausmaßes ökonomischer, kommunikativer und gesellschaftlich-kultureller Entwicklungen – von Waren- und Finanzströmen und Produktionsprozessen über neuartige Kommunikationsmöglichkeiten, Verkehrsformen und die Mobilität einer zunehmenden Zahl von Menschen bis hin zur Verbreitung von Massenkulturen – mit einem Begriff belegt. Prägend war zweitens insbesondere seit der zweiten Hälfte der achtziger Jahre ein Prozess zunehmender Europäisierung unter Einschluss der Übertragung staatlicher Souveränitätsrechte auf die Europäische Gemeinschaft bzw. die Europäische Union; drittens eine neue Stufe der technologischen Entwicklung im Zeichen elektronischer Datenverarbeitung und Digitalisierung, die schließlich die gesamten Lebensumstände solchermaßen prägte, dass von der „Informationsgesellschaft" gesprochen wird, deren Entstehung zugleich als eine dritte Stufe der „Industriellen Revolution" angesehen werden kann (die allerdings nicht mehr im klassischen Sinne „industriell" ist); und viertens ein grundlegender sozialkultureller Wandel im Zeichen zunehmender Individualisierung, radikaler Pluralisierung und fortschreitender umfassender Entnormativierung.

Westdeutsche Eigenentwicklung

Insofern enthält die darstellerische Gewichtung deutscher Geschichten – der Vorrang spezifisch westdeutscher Probleme und die Behandlung der DDR eher als Annex – zugleich eine Sachaussage. In diese ganz anders gearteten Entwicklungen hinein platzte die deutsche Wiedervereinigung, die historiographisch noch erst in die deutsche Nachkriegsgeschichte einzuordnen ist (dazu auch Kap. II.2).

c) Zur Quellenlage

Quellen Für die Geschichte der Bundesrepublik Deutschland zwischen 1969 und 1990 stellt sich die Quellengrundlage breit und fragmentarisch zugleich und je nach Forschungsfrage unterschiedlich dar, wobei drei zeitgeschichtliche Besonderheiten festzustellen sind: erstens die im Laufe insbesondere des 20. Jahrhunderts exorbitant angestiegene Quantität von Quellen in allen Bereichen, wodurch das Problem aufgeworfen wird, die Massen von Quellen überhaupt zu überblicken, zu strukturieren und repräsentativ auszuwählen; zweitens das Hinzutreten qualitativ neuartiger Quellen; und drittens die sehr unterschiedliche Zugänglichkeit archivalischer und persönlicher Quellen, die durch die historischen Personen selbst beeinflusst werden kann. Gerade vor diesem Hintergrund ist die Rechenschaft über die Verfügbarkeit von Quellen, über den Umfang und die Verbindlichkeit der zu gewinnenden und auch (noch) nicht zu gewinnenden Erkenntnisse methodisch streng geboten.

Da allgemeine oder übergreifende Quellensammlungen bislang nur in Form knapper Studienausgaben [91: GROSSER/BIERLING/NEUSS; 144: WILHARM] und thematische Editionen nur in Einzelfällen vorliegen, ist für eine vertiefte wissenschaftliche Beschäftigung mit den siebziger und achtziger Jahren zumeist der Zugriff auf Quellen im (gedruckten oder ungedruckten) Original erforderlich.

Gerade im 20. Jahrhundert sind zu den klassischen Gattungen neue Arten von Quellen hinzugetreten, vor allem Daten der empirischen Sozialforschung und mediale Erzeugnisse, und zudem die spezifisch zeithistorische, für die konkrete Forschung erst zu erzeugende Quelle der Befragung von Zeitzeugen.

Sozialstatistische Daten Die vor allem in der zweiten Hälfte des 20. Jahrhunderts entwickelte empirische Sozialforschung hat zum Teil hoch komplexes und zugleich fein differenziertes Datenmaterial hervorgebracht. Für den historiographischen Gebrauch sind etwa allgemeine sozialstatistische, insbesondere demographische Daten [vgl. 58: RYTLEWSKI/OPP DE HIPT (bis 1980) und vor allem 61], die Ergebnisse der Demoskopie [das 36: Allensbacher Jahrbuch der Demoskopie eröffnet, indem es Datenmaterial über einen längeren Zeitraum hinweg zur Verfügung stellt, auch die diachrone Dimension], der Markt- oder der Wahlforschung von Bedeutung [vgl. die Publikationen des Heidelberger Sinus-Instituts sowie 47: FISCHER; 48: Forschungsgruppe Wahlen; 56: RITTER/NIEHUSS oder 59: SCHINDLER]. Allerdings stellt sich bei all diesen Daten das „Problem einer forschungsproduzierten Quelle, die einer Spiegelung, Ergänzung und Relativierung durch prozessproduzierte Quellen" [20: ERKER, S. 211] sowie sorgsamer sozialwissenschaftlich-methodischer und quellenkritischer Behandlung bedarf.

Massenmediale Quellen Die Bedeutung von Öffentlichkeit und Medien ist kein neues Phänomen der Zeitgeschichte, und doch ist das 20. Jahrhundert durch eine substanzielle quantitative und qualitative Zunahme von Medienerzeugnissen geprägt. Medien sind dabei nicht nur Produzenten von Quellen, wobei insbesondere für die (im Laufe der bundesdeutschen Geschichte immer bedeutsamer werdenden) audiovisuellen Medien historisch-quellenkritische Methoden noch kaum entwickelt sind, sondern zugleich relevante historische Akteure und Wirkungsfaktoren und somit selbst „Gegenstände historischer Analyse" [30: REQUATE; vgl. dazu methodisch auch 21: FÜHRER/HICKETHIER/SCHILDT sowie 31: SCHILDT].

Zeitungen und Zeitschriften sind weitgehend über Bibliotheken zugänglich, stehen zum Teil auch bereits digitalisiert bzw. online zur Verfügung; hinzuzuzählen ist auch die umfangreiche „graue Literatur" nicht über Verlage verbreiteter Schriften. Medienarchive – Quellen über Medien und Medien als Quellen – sind zumeist bei den einzelnen Anstalten, Verlagen oder Unternehmen angesiedelt. Das gilt auch für die Rundfunkanstalten, wobei Produktionen und Akten der ARD im Deutschen Rundfunkarchiv in Frankfurt zusammengeführt sind. Bild-, Plakat- und audiovisuelle Sammlungen der dem jeweiligen Sammelgebiet entsprechenden Provenienz und Pertinenz werden in fast allen Archiven unterhalten [zur Archivierung filmischer Quellen vgl. 8: BUCHER, S. 508–516].

Eine der Besonderheiten von Zeitgeschichte liegt darin, dass sie sich durch Befragung noch lebender historischer Personen Quellen selbst schaffen kann, wobei deren Wert je nach Thema, Fragestellung und methodischer Professionalität sehr unterschiedlich ausfällt [vgl. dazu methodisch 24: HOCKERTS, S. 108–110, sowie 23: GEPPERT]. Insbesondere politikwissenschaftliche Untersuchungen politischer Entscheidungsprozesse legen häufig Interviews mit Beteiligten zugrunde, deren Äußerungen oftmals zum Nennwert genommen und collagiert werden. Dies widerspricht den (geschichts-)wissenschaftlichen Standards der Nachprüfbarkeit von Belegen und der quellenkritischen Prüfung ihres Aussagewerts, der angesichts nicht nur bewusster, sondern dem menschlichen Gedächtnis grundsätzlich eigener Erinnerungsverschiebungen oftmals eher dürftig ist und mehr Aufschluss über die Person zum Zeitpunkt der Erinnerung denn über das Erinnerte gibt. Und ganz grundsätzlich ist „der Erklärungshorizont des Zeithistorikers [...] nicht identisch mit dem Erlebnishorizont des Zeitzeugen" [24: HOCKERTS, S. 110]. Professionelle quellenkritische Handhabung ist die unabdingbare Voraussetzung für die wissenschaftliche Verwendung von Interviews und Zeitzeugenbefragungen.

,Oral history' – Interviews

Auch im Bereich der traditionellen Schriftquellen ist im 20. Jahrhundert eine erhebliche quantitative Ausweitung festzustellen. So stehen auf der einen Seite große Mengen öffentlicher Quellen zur Verfügung, deren Bedeutung in einer pluralistisch-demokratischen Gesellschaft auch für den früher arkanen Bereich politischen Entscheidungshandelns nicht zu unterschätzen ist. Auf der anderen Seite sind vielerlei staatlich-behördliche und persönliche Quellen durch Sperrfristen für Archivalien, durch Bestimmungen personenbezogenen Datenschutzes oder durch persönliche Verfügungsberechtigung nicht zugänglich.

Traditionelle Schriftquellen

Während die traditionell unmittelbar zeitgenössisch publizierten Editionen für die Geschichte der Bundesrepublik uneingeschränkt verfügbar sind – Gesetze [68; 69], staatliche Verträge [140], Parlamentsprotokolle [138 u. 139], Gerichtsentscheidungen [80–84], amtliche und behördliche Dokumentationen

Editionen und Dokumentationen

[z. B. 65 oder 125] –, haben die großen wissenschaftlichen Editionen (Kabinetts- und Fraktionsprotokolle, Quellen zur Geschichte der Gewerkschaftsbewegung etc.) die siebziger und achtziger Jahre noch nicht erreicht. Allein die Akten zur Auswärtigen Politik der Bundesrepublik Deutschland [64] bewegen sich entlang der für Archivgut des Bundes gültigen dreißigjährigen Sperrfrist in diesen Zeitraum hinein, an dessen Ende eine Sonderedition von Akten des Bundeskanzleramtes im Zusammenhang der Wiedervereinigung von 1989/90 steht [79; öffentliche Quellen sind dokumentiert bei 102: KAISER]. Ansonsten liegen einzelne thematische Editionen wie etwa zur politischen Geschichte Deutschlands [76], zur Geschichte Europas [86: GASTEYGER] und zur Deutschlandpolitik [122 u. 123: POTTHOFF; 78] vor.

Öffentliche Quellen sind in erheblichem Maße im Europa-Archiv dokumentiert und in Verbindung mit einem (allerdings nicht strikt chronologischen) geschichtskalendarischen Abriss auch im Archiv der Gegenwart [38; als Kalendarium auch 53: LEHMANN].

Archive   Da wissenschaftliche Forschungen zu den meisten Themen der siebziger und achtziger Jahre auf archivalische Quellen angewiesen sind, soll ein allgemeiner Überblick über wichtige Archive für zentrale Fragestellungen [vgl. ergänzend dazu die Auswahl von Beständen im Anhang] als Grundlage für weitere Recherchen dienen. Als Ausgangspunkt dafür bieten sich der von F. SCHUMACHER edierte „Introductory Guide" [17] sowie die Homepage der Archivschule Marburg an (www.uni-marburg.de/archivschule), die „Archive im Internet" aufführt sowie vielfältige weitere nützliche Hinweise und Links bereitstellt. Allgemeine archivalische Bestandsverzeichnisse sind weitgehend online verfügbar, konkrete Findbücher einzelner Bestände sind teils publiziert, ansonsten am Ort zu benutzen.

Staatsverwaltung –   Die Akten der Staatsverwaltung der Bundesrepublik – oberste Organe und
Bundesarchiv   Bundesministerien mit nachgeordneten Behörden – werden weitgehend im Bundesarchiv in Koblenz aufbewahrt. Vor ihrer Übernahme durch das Bundesarchiv wurden die Akten der Ministerien nach Maßgabe der Entbehrlichkeit zunächst nach zwei und mehr Jahren in das Zwischenarchiv in Hangelar abgegeben, dort bewertet und nach Ablauf der (bis zu 30 Jahren währenden) Aufbewahrungsfrist kassiert (d. h. vernichtet) oder in das Bundesarchiv überführt, so dass Ministerialakten der siebziger und achtziger Jahre noch nicht vollständig im Bundesarchiv eingetroffen sind. Dabei kann die Sperrfrist von 30 Jahren für wissenschaftliche Forschungsvorhaben unter Einwilligung der urhebenden Stelle grundsätzlich verkürzt werden. Andererseits können Sperrfristen unter bestimmten Umständen, insbesondere im Falle so genannter besonders schutzwürdiger Interessen (meist personenbezogener Daten), auch verlängert werden, und vor allem erstreckt sich die Freigabe nach 30 Jahren nicht auf Verschlusssachen, die fallweise herabgestuft werden müssen.

Zwei Ministerien geben ihre Akten nicht an das Bundesarchiv Koblenz ab: das Auswärtige Amt besitzt ein eigenes Archiv, und die Akten des Bundesministeriums der Verteidigung werden zusammen mit den Akten der Bundeswehr im Bundesarchiv-Militärarchiv Freiburg aufbewahrt.

Über die Akten der Staatsverwaltung auf Bundesebene hinaus finden sich im Bundesarchiv Koblenz auch verschiedene Einzelsammlungen, Nachlässe (die Mehrzahl der Politiker gibt ihre Nachlässe jedoch an die Archive der parteinahen Stiftungen ab) und einige Bestände nichtstaatlicher Organisationen.

Um die „Politikverflechtung" im Rahmen des föderalen Aufbaus der Bundesrepublik nicht zuletzt im Bereich der Sozialpolitik historiographisch zu erfassen, ist das Schriftgut der Staatsverwaltung auf Bundesebene um die Überlieferungen auf Länderebene, die in den (je nach Bundesland unterschiedlich bezeichneten) Hauptstaats-, Staats- oder Landesarchiven aufbewahrt werden, und auf kommunaler Ebene in den Kommunalarchiven zu ergänzen.   *Länder- und Kommunalebene*

Der Bundestag verfügt mit dem Parlamentsarchiv über ein eigenes Archiv, das   *Parlamentsarchiv*
neben den Akten der Parlamentsverwaltung vor allem zwei wesentliche Arten von Quellen zur Verfügung stellt: zum einen Gesetzesdokumentationen (eine systematische Zusammenstellung des vollständigen Werdegangs jedes einzelnen Gesetzes) und zum anderen die Materialien, vor allem die Protokolle der Ausschüsse, die in der Regel nach Ablauf einer weiteren Wahlperiode (für die siebziger und achtziger Jahre also vollständig) zugänglich sind. Parlamentarische Untersuchungsausschüsse legen Sperrfristen ihrer Unterlagen selbst fest. Das Ton-, Video- und Bildarchiv des Parlamentsarchivs enthält Tonaufnahmen der Parlamentssitzungen.

Von zentraler Bedeutung für die politische Geschichte sind die Archive politischer Parteien bei den parteinahen Stiftungen: das Archiv für christlich-demokratische Politik in Sankt Augustin (CDU), das Archiv für christlich-soziale Politik in München (CSU), das Archiv der sozialen Demokratie in Bonn (SPD), das Archiv des deutschen Liberalismus in Gummersbach (FDP) sowie das Archiv grünes Gedächtnis in Berlin (Die Grünen). Die Archive sind grundsätzlich ähnlich aufgebaut und bewahren vor allem Parteiakten (auf Bundes- und in unterschiedlichem Maße auf Länder- und nachgeordneter Ebene) und Fraktionsakten (Bundestags- und in unterschiedlichem Maße Landtagsfraktionen), Nachlässe und Deposita von Politikern, Bestände von den Parteien nahe stehenden Organisationen sowie Druckschriften, Bild-, Ton- und Plakatbestände auf.   *Archive politischer Parteien*

Die 30-Jahres-Regelung des Bundesarchivgesetzes können auch die Archive der politischen Parteien anwenden, wobei sie über große Spielräume verfügen: die Parteiakten der SPD etwa sind, zuzüglich der Möglichkeiten weiterer Verkürzungen, nach 20 Jahren zugänglich, und die Akten der Grünen aus den achtziger Jahren sind vollständig benutzbar; ausgenommen sind in der Regel Personal- und Finanzakten. Für personenbezogene Bestände gelten jeweils vertraglich geregelte individuelle (und sehr unterschiedliche) Zugangsbestimmungen. Eine umfangreiche Quelle sind schließlich die jeweiligen Pressedienste der Parteien.

Das Archiv der sozialen Demokratie bewahrt auch die Unterlagen einer zunehmenden Zahl gewerkschaftlicher Organisationen auf, darunter die Akten des   *Gewerkschaften*

Wirtschaft DGB, der DAG und der größten Einzelgewerkschaft, der IG Metall. Ein Pendant zur zentralen Archivierung der Bestände der Gewerkschaften und der Arbeitnehmerbewegungen gibt es auf Seiten der Arbeitgeber bzw. der deutschen Wirtschaft nicht. Die Spitzenverbände archivieren uneinheitlich: die Bundesvereinigung der deutschen Arbeitgeberverbände bewahrt nur (nicht einsehbare) Präsidiumsakten auf, und die (als Tarifparteien auftretenden) Landes- und Branchenverbände archivieren selbst, ebenso der Bundesverband der deutschen Industrie, während der Deutsche Industrie- und Handelstag seine Akten im Bundesarchiv Koblenz deponiert. Akten von Verbänden und Unternehmen werden ansonsten in den regionalen Wirtschaftsarchiven (Stuttgart, München, Darmstadt, Köln, Dortmund und Leipzig), in einzelnen Branchen-, Unternehmens- und Bankarchiven sowie in den Wirtschaftsarchiven an den Universitäten Köln und Kiel aufbewahrt [vgl. dazu das Verzeichnis Deutsche Wirtschaftsarchive (vgl. Anhang) sowie 17: Archives in Germany, S. 73–112].

Kirchen Die katholische Kirche verfügt über kein zentrales Archiv; sie archiviert vor allem auf den beiden Ebenen der Bistums- bzw. Diözesanarchive und der Pfarrarchive, während überdiözesane Einrichtungen wie Misereor, Renovabis, Caritas oder das Zentralkomitee der deutschen Katholiken sowie katholische Vereine, Verbände und Institutionen ihre Bestände selbst, aber sehr uneinheitlich aufbewahren. Die Akten der Deutschen Bischofskonferenz sind im Diözesanarchiv Köln deponiert. Auf protestantischer Seite existiert demgegenüber das Evangelische Zentralarchiv in Berlin, in dem u. a. die Bestände der Evangelischen Kirche in Deutschland und des Deutschen Evangelischen Kirchentags aufbewahrt werden. Hinzu kommen die Archive der einzelnen Landeskirchen. [Überblick über die kirchlichen Archive beider Konfessionen in 17: Archives in Germany, S. 25–71.]

Neue soziale Bewegungen Sehr uneinheitlich ist die archivalische Überlieferung und Organisation der Neuen sozialen Bewegungen der siebziger Jahre. Für den Einstieg in diese Materie bietet sich das Archiv des Hamburger Instituts für Sozialforschung mit seiner Sondersammlung „Archiv Protest, Widerstand und Utopie in der BRD" an. Zugangsmöglichkeiten werden nach Einzelfall und Fragestellung unter Maßgabe des Datenschutzes gehandhabt. Von diesem Archiv aus lassen sich weitere Spezialarchive, insbesondere Frauenarchive und oft private Einzelbestände erschließen.

Akten der DDR Einen Sonderfall stellen die Bestände der DDR dar, weil sie, mit Ausnahme der Überlieferung des Außenministeriums und vorbehaltlich der personenschutzrechtlichen Einschränkungen für die Benutzung der Unterlagen des Staatssicherheitsdienstes, ohne Sperrfristen zugänglich sind (die staatliche Überlieferung ist formal für 20 Jahre gesperrt, der Zugang wird aber pragmatisch gehandhabt). Die Akten der DDR – vor allem die „Abteilung DDR" und die „Stiftung Archiv der Parteien und Massenorganisationen der DDR" im Bundesarchiv Berlin sowie die Unterlagen des Staatssicherheitsdienstes bei dem bzw. der Bundesbeauftragten ebenfalls in Berlin – sind für die bundesdeutsche Geschichte in vielerlei Hinsicht bedeutsam: als Gegenüberlieferung für Deutschlandpolitik und innerdeutsche Beziehungen auf politischer und gesellschaftlicher Ebene; für die Einschätzung und die Bedeutung der Bundesrepublik in der DDR und zugleich als Spiegel der Bundesrepublik in der Wahrnehmung der DDR; als Primärüberlieferung für in westdeutschen Akten nicht festgehaltene Kontakte insbesondere westdeutscher Politiker in die DDR und in diesem Zusammenhang artikulierte genuin bundesdeutsche Sachverhalte, und darüber hinaus für geheimdienstliche Erkenntnisse und Informationen über die Bundesrepublik (beispielsweise Abhörprotokolle); schließlich für die Einwirkung der DDR in die Bundesrepublik (vgl. zu den Beständen der DDR die Erläuterungen im Anhang).

Die Akten der Europäischen Gemeinschaft werden grundsätzlich im Historischen Archiv der Europäischen Gemeinschaften in Florenz (einem Teil des European University Institute) archiviert und sind nach dreißig Jahren zugänglich; Kopien der Bestände der Europäischen Kommission, zudem von Präsidenten, Mitgliedern und hohen Beamten, sowie textliche und audiovisuelle Sammlungen werden auch beim Historischen Archiv der Europäischen Kommission in Brüssel aufbewahrt. Europäische Gemeinschaft

Insgesamt sind die Zugangsbedingungen zu den archivalischen Quellen sehr unterschiedlich geregelt. Die 30-Jahres-Regelung stellt eine rechtliche Grundlage dar, von der weite Abweichungen möglich sind: Einerseits drohen Verlängerungen von Sperrfristen aufgrund nicht deklassifizierbarer Verschlusssachen (insbesondere im Falle ausländischer Beteiligter am Aktenvorgang) oder aufgrund personenbezogenen Datenschutzes. Andererseits ist im Bundesarchivgesetz die Möglichkeit vorzeitiger Aktenfreigabe „für ein wissenschaftliches Forschungsvorhaben" vorgesehen, während die nichtstaatlichen Archive ohnehin über größere Spielräume verfügen; jeweils gesonderte Bedingungen gelten für personenbezogene Bestände und Nachlässe. Zugangsgenehmigungen sind daher im Einzelfall vor Ort zu klären. Dabei üben die den üblichen Sperrfristen entgegenstehende Zugänglichkeit der Archivalien der ehemaligen DDR und das daraus resultierende archivalische Ungleichgewicht einen wissenschaftsfreundlichen Druck auch auf westdeutsche Archive aus. Zugangsbedingungen

Der Einordnung in „Quellen" und „Literatur" entziehen sich Darstellungsformen wissenschaftlicher und nichtwissenschaftlicher Art, die spezifischen und oftmals erheblichen historischen Erklärungs- und Aussagewert besitzen, der auf Visualisierung in Verbindung mit künstlerischer Ästhetik beruht. Beispielhaft genannt seien filmische Dokumentationen wie die Dokumentarspiele von Heinrich Breloer oder die fiktive Chronik „Heimat" von Edgar Reitz über den sozialkulturellen Wandel eines Dorfes, allgemein auch Umsetzungen zeitgeschichtlicher Stoffe in Literatur und Theater oder museale Präsentationen wie die Ausstellungen des Hauses der Geschichte der Bundesrepublik in Bonn. Andere Darstellungsformen

2. Gesamtdarstellungen und allgemeine Deutungen. Zäsuren und Periodisierungen

a) Thematische Schwerpunkte

Die Geschichtsschreibung über die Bundesrepublik Deutschland in den siebziger und achtziger Jahren ordnet sich bislang weder um zentrale Deutungsachsen noch um große interpretatorische Kontroversen. Charakteristisch ist vielmehr die thematische Breite der einzelnen Darstellungen, die den für die bundesdeutsche Geschichte spezifischen Zusammenhang verschiedenartiger Entwicklungen und Prozesse spiegelt.

Der Hauptschwerpunkt der Historiographie liegt auf der Regierung und der Regierungszeit Willy Brandts, in erster Linie auf der Ostpolitik, daneben aber auch der inneren Reformpolitik. Weniger dicht wird hingegen schon die Beschreibung der deutschen Außenpolitik während der Kanzlerschaft Helmut Schmidts, der zunehmenden Krise der Entspannungspolitik bis hin zum NATO-Doppelbeschluss und den daraus folgenden inneren und gesellschaftlichen Auseinandersetzungen zu Beginn der achtziger Jahre. Die Friedensbewegung und allgemein die sogenannten „Neuen sozialen Bewegungen" (neben der Friedensbewegung die Umweltschutz- bzw. Anti-Atomkraftbewegung und die Frauenbewegung) samt ihrer gesellschaftlichen Milieuausprägung und darüber hinaus ihrer politischen Formierung in der Partei der Grünen werden allgemein als bedeutende gesellschaftlich-politische Entwicklungen der siebziger Jahre benannt, zumeist aber nur skizzenhaft präsentiert.

Die Deutschlandpolitik und ihre Entwicklung nach dem Grundlagenvertrag stellt ein weiteres Feld historiographischen Interesses dar. Allerdings werden, im Lichte des Wissens um die schließliche Wiedervereinigung, häufig gegenwartspolitisch motivierte Auseinandersetzungen um den Grad der Anerkennung der Zweistaatlichkeit und der Kooperation mit der DDR bzw. das Festhalten am Wiedervereinigungsanspruch vor allem in den achtziger Jahren ausgetragen, was den wissenschaftlichen Aussagewert begrenzt. Darüber hinaus werden die Deutschlandpolitik und die deutsch-deutschen Beziehungen insbesondere in anglo-amerikanischen Darstellungen breit thematisiert.

Diese englischsprachigen Darstellungen, meist überblicksorientierte „textbooks", umfassen vielfach und mehr als deutschsprachige Studien [Ausnahmen: 300: Kielmansegg und die knappe Skizze von 301: Klessmann] die Geschichte beider deutscher Staaten [288: Fulbrook; 317: Turner; 299: Kettenacker; 448: McAdams]. Besondere Aufmerksamkeit widmen sie dabei der Frage der „nationalen Identität" und namentlich den Geschichtsdebatten bzw. der Geschichtspolitik in der Bundesrepublik [288: Fulbrook; 276: Bark/Gress].

Die achtziger Jahre haben historiographisch noch kaum Kontur gewonnen, vielmehr droht ihnen mangels herausragender Ereignisse, jedenfalls vom Regierungswechsel 1982/83 bis etwa 1988, das Verblassen zwischen den aufgewühlten

2. Gesamtdarstellungen und allgemeine Deutungen. Zäsuren und Periodisierungen 119

siebziger Jahren und der Wiedervereinigung, gar die Reduzierung auf deren bloße Vorgeschichte. Aus der Perspektive der achtziger Jahre sieht dies freilich ganz anders aus: ihnen war „nicht anzumerken, dass sie das letzte Jahrzehnt des bundesrepublikanischen Teilstaates abgeben" würden [315: Süss, S. 9]. Statt ihnen eine unhistorische Teleologie zu unterlegen, sind die achtziger Jahre aus ihrem eigenen Kontext heraus zu interpretieren und zu analysieren. In Gesamtdarstellungen werden sie bislang zumeist allenfalls kompilatorisch behandelt, wobei am ehesten die Wirtschafts-, Finanz- und Sozialpolitik der Regierung Kohl thematisiert wird, vor allem im Verhältnis zu den viel radikaleren marktwirtschaftlichen Reformen in Großbritannien und den USA [91: GROSSER, zudem, mit dem anglo-amerikanischen Kontrastbeispiel zum sogenannten „Modell Deutschland" vor Augen, 305: NICHOLLS, S. 288–290, und 306: PULZER, S. 147].

Während in der Mehrzahl der Darstellungen die Deskription gegenüber der einordnenden Deutung überwiegt, hat P. GRAF KIELMANSEGG die bislang weitest reichende und pointierteste Interpretation vorgelegt, die vor allem anhand von Staat und Gesellschaft große Linien zieht. Sie fügen sich „zur Skizze eines nach zögerlichem Beginn [in den fünfziger Jahren] mit historisch beispielloser Geschwindigkeit ablaufenden Prozesses revolutionären gesellschaftlichen Strukturwandels zusammen, eingebettet zwar in politische Stabilität und ökonomische Prosperität [...], aber, was die Dramatik der Veränderungen angeht, eben doch revolutionär." Im „Zentrum des vielgestaltigen Gesamtprozesses vehementen sozialen Wandels, der die Industriegesellschaften in der zweiten Jahrhunderthälfte so gründlich verändert hat", stand der „Wertewandel", eine in den sechziger Jahren „mit einer gewissen Plötzlichkeit" einsetzende „starke Beschleunigung des im Allgemeinen langsam, stetig, phasenweise kaum merklich fortschreitenden Prozesses der Veränderungen grundlegender normativer Orientierungen" [300, S. 416 u. 428 f.]. P. Graf Kielmanseggs Deutung

Während die beiden Bände über die „Ära Brandt" und die „Ära Schmidt" in der „Geschichte der Bundesrepublik Deutschland" [283; 296] ebenso wie der zweiten Band der „History of West Germany" [276: BARK/GRESS] vorrangig auf politisches Entscheidungshandeln (mit Weiterungen in „Zeitgeist" und politische Kultur) ausgerichtet sind, nimmt M. GÖRTEMAKER mit häufig allerdings detailorientiertem Fokus ein breites thematisches Spektrum der bundesdeutschen Geschichte von Politik, Wirtschaft, Gesellschaft und Kultur in den Blick. Seine als grundlegende Interpretationsfigur dienende These von der „Umgründung der Republik" um 1969 – der „kulturrevolutionäre Protest von 1968" in Verbindung mit dem „Machtwechsel" zur sozial-liberalen Koalition von 1969 samt ihren materiellen Voraussetzungen und sozialkulturellen Folgewirkungen – [291, S. 475 u. 653; zustimmend 323: WINKLER, S. 323 f.] führt zur Frage nach Zäsuren in der bundesdeutschen Geschichte seit den sechziger Jahren.

b) Periodisierung und Zäsuren

„Umgründung der Republik" 1968/69

Die Vorstellung einer „Umgründung" hatte schon zeitgenössisch den Erwartungen an die sozial-liberale Koalition innegewohnt, wie sie nicht zuletzt Willy Brandt selbst artikuliert hatte. In einer zweiten Welle wurde die Frage einer „Umgründung" mit der ersten wissenschaftlichen Aufarbeitung der Regierung Brandt zu Beginn der achtziger Jahre diskutiert und – während W. JÄGER in der Geschichte der Bundesrepublik eher zurückhaltend plädierte [283, S. 154f.] – insbesondere von A. BARING in seinem Bericht aus den inneren Zirkeln der Politik über den „Machtwechsel" vertreten [275: BARING]. W. HENNIS sprach daraufhin kritisch vom „Mythos der ‚Zweiten Stunde Null' von 1969" [ZParl 14 (1983), S. 160].

Im Zusammenhang der Fünfzigjahrfeiern der Bundesrepublik und der zunehmend einsetzenden historischen Forschung über die siebziger Jahre ist das Konzept einer „Umgründung der Republik" dann in den späteren neunziger Jahren nicht nur in der politischen Essayistik, sondern auch historiographisch vorgetragen worden. Zugespitzt resümiert C. ALBRECHT die zunehmend gängige Sicht der „zweiten Gründung" der Bundesrepublik von 1968/69 als der „entscheidende[n] Schwelle, über die die Bundesrepublik aus dem autoritären und restaurativen Adenauer-Staat in der westeuropäischen Moderne angekommen sei, was sich nicht nur in kritischem Geist [...] und der Liberalisierung alltäglicher Verhaltensmuster zeige, sondern vor allem in der politischen Partizipation durch eine vielfältig und dauerhaft engagierte Bürgerbewegung, die sich aus der Außerparlamentarischen Opposition entwickelt habe" [818, S. 497f.].

Der Regierungswechsel von 1969 wird dabei, mehr oder minder im Zusammenhang mit dem Studentenprotest von 1968, analytisch aber kaum weiter spezifiziert, als „Auftakt einer weit reichenden Erneuerung von Politik, Wirtschaft und Gesellschaft" [291: GÖRTEMAKER, S. 475], häufig im normativ-positiven Sinne einer „Fundamentalliberalisierung" [C. LEGGEWIE in 352, S. 642] verstanden. Damit wird, so H. BUDE, „eine Tradition erfunden, die eine Kontinuitätsbrücke zwischen den Generationen, über den Einschnitten und jenseits der Kontroversen darstellt" [792, S. 122]. Neben dieser Kritik am Werturteil ist zudem im Hinblick auf das Sachurteil erstens einzuwenden, dass sich die angesprochenen gesellschaftlich-politischen Phänomene vielmehr in den grundlegenden und vorgängigen, in den mittleren sechziger Jahren einsetzenden Entwicklungsprozessen im Zeichen von „Wertewandel" und „Postmoderne" (dazu v.a. Kap. II.8) verorten lassen. Konstituiert durch diesen über die Wiedervereinigung hinaus wirksamen fundamentalen sozialkulturellen Wandel, aber abgelöst vom normativen und verengten Bezug auf die Ereignisse von 1968/69, lässt sich im Übrigen durchaus plausibel argumentieren, dass um die Mitte der sechziger Jahre eine neue Phase der bundesdeutschen Geschichte einsetzte.

Zweitens sind die Kontinuitäten der Regierung Brandt zu den sechziger Jahren im Hinblick auf die Vorstellungen von der Machbarkeit und der Planbarkeit der Zukunft, kurz: die „Modernisierungsideologie" [M. E. LATHAM, Modernization as Ideology. American Social Science and „Nation Building" in the Kennedy Era. Chapel Hill 2000], von hoher Bedeutung. Insofern schloss die Reformpolitik der Regierung Brandt „eher eine Epoche ab, als dass sie eine neue einleitete" [283: JÄGER, S. 155; mit ähnlicher Tendenz 304: METZLER, bes. S. 98–102].

In dieser Hinsicht ist eine allerdings scharfe Zäsur um das Jahr 1973 anzusetzen, in dem, so die plastische Darstellung von E. HOBSBAWM, das seit den fünfziger Jahren herrschende „goldene Zeitalter" im globalen Maßstab in eine „Ära der langfristigen Schwierigkeiten" umschlug [295: HOBSBAWM, S. 20 u. 24]. Am wenigsten strittig ist dieser Befund im Bereich der ökonomischen Entwicklung, wo, weit über den Zusammenbruch des Weltwährungssystems und die Ölkrise hinaus, ein struktureller Umschlag von hohen Wachstumsraten und Vollbeschäftigung in Arbeitslosigkeit, von *grosso modo* ausgeglichenen staatlichen Budgets in dauerhafte und wachsende Haushaltsdefizite unter zumindest vorübergehender „Stagflation" – ausbleibendem Wirtschaftswachstum bei steigenden Preisen – zu konstatieren ist [K. BORCHARDT in 285, S. 26–29]. Dieser Umschlag wirkte unterdessen weit über das Ökonomische hinaus in den gesellschaftlich-politischen Bereich hinein, als umfassende Krise der „Modernisierungsideologie", als „radikale Wende gegen den Fortschrittsoptimismus" und somit auch, so K. D. BRACHER, „der Linken gegen sich selbst, dort also, wo sich doch bislang Sozialismus und Fortschritt aufs engste verbunden sahen" [283, S. 346–350, Zitat S. 347].

Krise und Umschlag der „Modernisierungsideologie" um 1973

Die Bedeutung sowohl dieses Umschlags als auch der Veränderungen der späteren sechziger Jahre, ohne sie im oben beschriebenen Sinne überhöhend zur „Umgründung der Republik" zuzuspitzen, berücksichtigt die von A. SCHILDT vorgeschlagene Periodisierung: der Gründungsphase von 1949 bis 1957 und einer Übergangsphase im Zeichen der Konsolidierung und des zugleich beginnenden gesellschaftlichen Wandels bis zum Ende der Regierung Erhard sei eine „Zeit reformerischer Aufbrüche" zwischen 1966 und 1974 gefolgt, die von einer bis 1990 währenden „vierte[n] Phase" abgelöst worden sei, der unterdessen ein wirklich charakteristisches Signum fehle [SCHILDT, Entwicklungsphasen der Bundesrepublik nach 1949, in 287, S. 21–36, hier S. 31 f.].

Phaseneinteilung 1966–74 und 1974–90

Dieser Zäsur zwischen der „Ära der großen Erwartungen" bis 1973 und der „Zeit der großen Ernüchterung" hat K. D. BRACHER eine weitere Unterteilung hinzugefügt, indem er um 1977 den „Einbruch eines neuen Krisendenkens" ansetzt, das in zunehmendem Maße „,Angst' als spezifisch deutsche Gegenfigur des Fortschrittsgedankens" und im Zusammenhang der „Neuen sozialen Bewegungen" eine „emotionale und ideologische Vertiefung der Fortschrittskrise Ende der siebziger Jahre" mit sich brachte [283, S. 286 u. 353 f.].

Im Politischen symbolisierte sich der Umschlag im Kanzlerwechsel von Willy Brandt, dem Visionär, zu Helmut Schmidt, dem Krisenmanager 1974. In dieser und manch anderer Hinsicht bedeutete der Regierungswechsel von 1982/83 eine weniger einschneidende Zäsur als der Wechsel von 1974, zumal die angekündigte und zeitgenössisch viel diskutierte „Wende", so der historische Befund, eben

„Wende" 1982/83

nicht explizit vollzogen wurde. Die Politik der neuen Regierung aus Union und FDP setzte gegenüber der Politik namentlich Helmut Schmidts auf grundsätzliche Kontinuitäten bei allerdings merklich veränderten Akzentsetzungen [276: BARK/GRESS, S. 391; 316: THRÄNHARDT, S. 257]: sicherheitspolitische Kontinuität durch Vollzug des NATO-Doppelbeschlusses, Festigung der Allianz mit den USA, deutsch-französische Kooperation nicht zuletzt mit dem (deutlich nachdrücklicher verfolgten) Ziel zunehmender europäischer Einigung, eine von der Regierung Schmidt begonnene (von ihr jedoch stets keynesianisch flankierte) marktorientiertere Wirtschaftspolitik, ebenso die Fortsetzung eines sozialpolitischen „Austeritätsjahrzehnt[s]" mit zunächst deutlicheren, jedoch bereits seit 1984 zurückgenommenen Rückführungen [H. G. HOCKERTS in 285, S. 41].

Inwiefern namentlich soziale und sozialkulturelle (demographischer Wandel, „Wertewandel" und „Postmoderne"), technologische und ökonomische („Digitalisierung" und „Globalisierung") sowie internationale Entwicklungen (europäische Einigung, Ost-West-Konflikt und Nord-Süd-Gegensatz) als machtvolle Tiefenströmungen unter der vergleichsweise windstillen Oberfläche die achtziger Jahre zumindest wirkungsgeschichtlich zu einem Jahrzehnt stürmischer Veränderungen machten, bleibt historiographisch im Einzelnen noch zu vermessen.

Dass der Zusammenbruch der DDR und die deutsche Wiedervereinigung 1989/90 und in ihrem Gefolge der – zeitgenössisch so benannte – gesamtdeutsche Übergang von der „Bonner" zur „Berliner Republik" trotz aller verfassungsmäßiger und institutioneller Kontinuitäten eine tiefe Zäsur in der Geschichte der Bundesrepublik markiert, steht außer Frage. Dabei stellt sich jedoch das historiographische Problem, diese Zäsur mit den gleichzeitigen machtvollen Kontinuitäten in Beziehung zu setzen.

c) Bilanzen

„Erfolgsgeschichte"

Im großen Zusammenhang der deutschen Geschichte des 20. Jahrhunderts bleibt gegenüber den hier vorgestellten Zäsuren das (vor der Wiedervereinigung geäußerte) Diktum von H.-P. SCHWARZ zu bedenken: die „eigentliche Zäsur in der neuesten Geschichte Deutschlands und Europas ist die Geschichte der Bundesrepublik selbst". Auch und gerade nach dem Umbruch von 1989/90 gilt, dass die Geschichte der Bundesrepublik in erheblichem Maße eine „Stabilitätsgeschichte" ist [in 285, S. 18], die indes allzu schnell als (zudem politisch hoch konsensuale) „Erfolgsgeschichte" [310: SCHILDT] erzählt wird. Abgesehen davon dass solcherlei politische Werturteile nicht Gegenstand geschichtswissenschaftlicher Erkenntnis sind, bleiben im Hinblick auf ein differenziertes historisches Sachurteil die Verbreitung von Massenwohlstand, die Außenpolitik oder die institutionelle und gesellschaftliche Entwicklung der pluralistischen parlamentarischen Demokratie auf der einen Seite gegenüber den Strukturproblemen der demographischen und ökonomischen Entwicklung sowie des Sozialstaats oder

der zunehmenden staatlichen Regulierung immer weiterer Bereiche der Gesellschaft andererseits abzuwägen.

Als eine übergreifende Deutung der deutschen Geschichte zumindest in der zweiten Hälfte des 20. Jahrhunderts hat sich am ehesten die Interpretationsfigur des „Westens" etabliert. Als zentrales Kriterium des „Westens" sieht H. A. WINKLER die „Menschen- und Bürgerrechte in der Tradition der englischen Habeas-Corpus-Akte von 1679, der amerikanischen Unabhängigkeitserklärung von 1776 und der Erklärung der Menschen- und Bürgerrechte durch die französische Nationalversammlung am 26. August 1789", die „tief genug in der politischen Kultur der westlichen Demokratien verankert [waren], um Verstöße gegen dieselben zum öffentlichen Skandal zu machen und den Kampf um ihre weitere Verwirklichung voranzutreiben" [323, S. 648]. Aus dem westlichen Verständnis individueller Freiheit resultierten Individualismus und Pluralismus als gesellschaftliche Richtgrößen, wobei die unterschiedlichen, divergierenden Interessen durch Demokratie und Parlamentarismus ausgeglichen wurden [G. KRUIP, Deutsche Tradition und westliches Denken, in 758: DOERING-MANTEUFFEL u. a., S. 12f.] – gegenüber der hegelianischen, preußisch-deutschen Tradition der ganzheitlichen „Vorstellung eines starken Staates [...] als de[s] ‚überparteiliche[n]' Sachwalter[s] des Allgemeinwohls, das er gegen jede Form des gesellschaftlichen Partikularismus zu schützen hatte" [324: WIRSCHING, S. 7f.]. In dieser Perspektive stellt die Geschichte der Bundesrepublik nach 1949 die entscheidende Etappe auf Deutschlands „lange[m] Weg nach Westen" dar [323: WINKLER].

„Westen"

Deren Entwicklungen sind unterdessen in weiten Teilen nicht zuletzt der „Moderne" oder auch, in den siebziger und achtziger Jahren, dem (postmodernen) Wertewandel zuzuordnen. So stellt sich erstens die Frage nach ihren spezifisch oder genuin „westlichen" Qualitäten, somit nach dem Verhältnis von „Westen" und „Moderne" bzw. „Postmoderne". Zweitens stellt sich die Frage nach der inhaltlichen Beziehung zwischen dieser allgemeinen Vorstellung vom „Westen" und der im engeren Sinne auf die Geschichte der vierziger „bis zum Ende der sechziger Jahre" bezogenen Interpretation der „Westernisierung" der Bundesrepublik. Gemeint ist damit ein Prozess der Implementation westlicher Wertvorstellungen, konkret einer „liberal democracy" und eines staatsinterventionistisch-planungsorientierten „Konsensliberalismus", der auf deutscher Seite seine Erfüllung in der Großen Koalition und der ‚Globalsteuerung' fand [vgl. A. DOERING-MANTEUFFEL in 311, S. 311–341, bes. S. 314f., 321f., 326, 336–339]; angesichts gerade des Scheiterns der „Modernisierungsideologie" um 1973 und der marktradikalen Wende in Großbritannien und den USA in den achtziger Jahren bleibt die Beziehung dieses Konzepts vom „Westen" zur Entwicklung der Bundesrepublik ebenso wie der westlichen Länder in den siebziger und achtziger Jahren zu klären.

Zweifellos ist die Bedeutung der nicht nur militärischen und politischen, sondern auch umfassenden soziokulturellen Westorientierung für die Geschichte der Bundesrepublik kaum zu überschätzen. Um seine historiographischen Analysekapazitäten auszuschöpfen, bedarf der Begriff vom „Westen" jedoch präziser inhaltlicher Spezifikation und Differenzierung. Seine zunehmend anzutreffende Stilisierung zum Synonym einer inneren und äußeren „Fundamentalliberalisierung" der Bundesrepublik [S. GOCH in: AfS 41 (2001), S. 641] als Abkehr vom deutschen ‚Sonderweg' verkürzt nicht nur – abgesehen von ihrem oftmals normativ-teleologischen Charakter – die deutsche Entwicklung, sondern unterstellt auch dem „Westen eine hohe innere Konsistenz, die dieser wohl niemals besessen hat" [PH. GASSERT, Die Bundesrepublik, Europa und der Westen, in 18, S. 69–84 (Zitat S. 84)].

Was, in kleinerem Maßstab, die Gesamtbilanz sowohl der sozial-liberalen Ära als auch der achtziger Jahre der Regierung Kohl betrifft, so herrscht historiographisch einstweilen, im Gegensatz zu den scharfen zeitgenössischen politischen Kontroversen insbesondere in den siebziger Jahren, ein weitreichender Konsens mit Differenzen höchstens in Akzentuierungen. (Im Folgenden werden nur Gesamteinschätzungen skizziert, die Beurteilungen einzelner Politikfelder werden in den einzelnen Sachkapiteln vorgetragen.)

Bilanz der sozial-liberalen Ära

Die sozial-liberale Ära wird in der Regel getrennt nach ihren beiden sehr unterschiedlichen Phasen bilanziert: zum einen die Reformphase, die mit der Regierung Brandt zusammenfiel (jedenfalls bis 1973), zum anderen die Zeit der Regierung Schmidt 1974–1982.

Im Zentrum der Aufmerksamkeit der Regierung Brandt steht ihre Ostpolitik, die allgemein als Normalisierung, als Arrangement mit dem Status quo und als Harmonisierung mit der weltpolitischen Lage aufgefasst wird, die der Bundesrepublik außenpolitische Handlungsfähigkeit verschaffte [283: LINK, S. 275]. Skeptische Bewertungen hinsichtlich der Aussichten auf eine Wiedervereinigung, wie sie etwa A. HILLGRUBER in den achtziger Jahren vornahm, sind nicht zuletzt im Wissen um die schließlich doch erfolgte Vereinigung inzwischen deutlich zurückgetreten. Auch das Viermächte-Abkommen über Berlin wird nicht mehr als „Status quo minus" eingeschätzt [294, S. 6], sondern als „Absicherungen der Lebensfähigkeit West-Berlins" [281: BOROWSKY, S. 32]. In dieser Perspektive werden allgemein auch die Deutschlandpolitik und insbesondere der Grundlagenvertrag gesehen. Zugleich blieben, auch dies ist in der Forschung unumstritten, die namentlich von Egon Bahr, dem *spiritus rector* der Ostpolitik, ursprünglich gehegten Hoffnungen auf Wandel und Konvergenz der Systeme mit dem Ergebnis eines die militärischen Blöcke überwindenden mitteleuropäischen Sicherheitssystems gänzlich unerfüllt [276: BARK/GRESS, S. 308].

Deutlich gemischter fällt die Bilanz der inneren Reformpolitik aus. Während die Regierung vieles in Angriff nahm, vermochte sie die hohen selbst gesteckten Erwartungen nicht zu erfüllen. Dabei stellt sich die Frage, ob die zweifellos ambitionierte Agenda, die Brandt in seiner ersten Regierungserklärung verkündete, einen angemessenen (und *mutatis mutandis* auch an andere Regierungen anzulegenden) Maßstab zur Beurteilung darstellt. Der fortschrittsoptimistische Versuch einer umfassenden und langfristigen Politik- und Reformplanung jedenfalls „lief sich fest" und war bereits 1972, wie selbst Horst Ehmke selbstkritisch feststellte, „gescheitert, bevor er noch richtig begonnen hatte" [172, S. 116; zu „Verwaltung und Planung" vgl. H. MÄDING in 506, S. 1043–1067]. Die „Phase der größten Beschleunigung der sozialstaatlichen Expansion" [H. G. HOCKERTS in 592, S. 192] führte unter „Abkoppelung der Reformen von den Möglichkeiten der vorhandenen Mittel" [283: JÄGER, S. 154] zu nicht mehr ungeschmälert finanzierbaren Folgekosten und hinterließ „eine teure Hypothek für die Anpassung der Bundesrepublik an radikal veränderte weltwirtschaftliche Rahmenbedingungen" [499: GLAESSNER, S. 289].

Bildungspolitisch ging die konsequente Fortführung der bereits in den sechziger Jahren begonnenen quantitativen Ausweitung des Bildungssystems mit einer zunehmenden Ideologisierung der Positionen einher, bevor dieser Streit in der zweiten Hälfte der siebziger Jahre „allmählich ein[schlief]. Die Fronten erstarrten im umkämpften Gelände" [300: KIELMANSEGG, S. 382] und hinterließen allgemein, so M. GÖRTEMAKERS repräsentative Einschätzung, ein „Erbe reformerischer Halbheiten" [291, S. 564].

„Die ersten sozial-liberalen Jahre waren eine Phase der allgemeinen Revision deutscher Politik, eine Zeit des brain-storming und der Inventur", resümiert W. JÄGER [vgl. auch W. VON KIESERITZKY, Einleitung zu 162: BRANDT, S. 77: „die politische Umsetzung des seit den 60er Jahren andauernden Wertewandels und der gesellschaftlichen Dynamik" nach dem „innenpolitischen Modernisierungsschub durch die Große Koalition"]. Ob man auf dieser unstrittigen Grundlage die Schlussfolgerung zieht, „gemessen daran waren viele Ergebnisse kümmerlich" [283, S. 154], oder ob man neben gescheiterten Reformen „in den Bereichen, wo es um wirtschaftliche Verfügungsmacht [...] oder um Neuverteilung des wirtschaftlichen Zugewinns ging", den Akzent auf den Ausbau der sozialen Sicherheit, die quantitative Ausweitung des Bildungswesens und eine Zunahme an Partizipation setzt [281: BOROWSKY, S. 99], umreißt den Rahmen der Bewertungen.

„Krisenmanagement" nach der Ernüchterung der Reformeuphorie, sowohl auf innen- und wirtschaftspolitischer als auch auf außen- und sicherheitspolitischer Ebene, hat sich als Schlüsselbegriff für die Regierung Helmut Schmidts etabliert. Die inneren Herausforderungen stellten sich zum einen bei der Bekämpfung des Terrorismus, dem die Regierung mit konsequenter Härte begegnete, wobei sich die zeitgenössische Diskussion um eine vermeintliche „Überreaktion" des Staates nicht in historiographischem Streit fortgesetzt hat. Zum anderen zwang das Versiegen finanzieller Quellen angesichts ausbleibenden Wachstums die Regierung zu sozial-, wirtschafts- und finanzpolitischen Konsolidierungsbemühungen einer rational gesteuerten Politik der „kleinen Schritte" anstelle „des großen Zukunftsentwurfs" [296: JÄGER, S. 271]. Dazu zählte eine Rückführung der Sozialausgaben, die entweder als „behutsamer Umbau" [316: THRÄNHARDT, S. 212] oder aber als Politik der „Austerität" charakterisiert wird

[HOCKERTS in 285, S. 41]. Dennoch blieb die zwischen Marktorientierung und keynesianischer Wirtschaftspolitik oszillierende Regierung Schmidt/Genscher in ihrem Bemühen um eine Konsolidierung des Haushalts angesichts der steigenden Verschuldung, die vor allem von den kostenintensiven Konjunktur- und Beschäftigungsprogrammen herrührte, so die einhellige Beurteilung, erfolglos.

Zugleich folgte die SPD ihrem Kanzler immer weniger in seiner von ihm selbst nur widerstrebend eingeleiteten Abkehr von der aktiven Entspannungspolitik, die 1979 zum NATO-Doppelbeschluss führte, an dem er konsequent festhielt. „Indem die Détente, das internationale Lebensmilieu der sozial-liberalen Koalition, zwischen den Supermächten abgebaut und schließlich von einer neuen Konfrontation abgelöst wurde, blieb die sozial-liberale Politik auf dem Wege zu einer neuen gesamteuropäischen Friedensordnung stecken – auf der Zwischenstufe, die schon nicht mehr durchschritten werden konnte" [296: LINK, S. 432]. Zugleich ist zu bilanzieren, dass die Bundesrepublik, trotz der gravierenden Spannungen mit den USA am Ende von Schmidts Kanzlerschaft, ihre Position im westlichen Bündnis hatte stärken, eine Dominanz der Sowjetunion über Westeuropa verhindern, ein erträgliches Verhältnis zu Moskau bewahren und das Niveau der deutsch-deutschen Beziehungen hatte halten können [305: NICHOLLS, S. 267].

<small>Bilanz der Regierung Kohl bis 1989</small>

Die zunehmend kontrovers und in vormals nicht gekannter gesellschaftlicher Breite geführte außen- und sicherheitspolitische Debatte um die so genannte „Nachrüstung" der NATO-Staaten mit Mittelstreckenraketen hatte in der Bundesrepublik dazu geführt, dass – mit der Opposition der Friedensbewegung unter Einschluss wachsender Teile der SPD – sich der auf atomare Abschreckung und das westliche Bündnis gegründete sicherheitspolitische Konsens immer mehr auflöste. Der Wechsel zur (historiographisch bislang ungleich weniger als die sozial-liberale Koalition bilanzierten) Regierung aus Unionsparteien und FDP bedeutete daher einen „Kurswechsel zum Zweck der Bewahrung von Kontinuität" [300: KIELMANSEGG, S. 233 f.] und der außen- und sicherheitspolitischen Stabilisierung im westlichen Bündnis. Europapolitisch entfaltete die Regierung Kohl/Genscher ein gesteigertes Engagement, um „die mächtige Bundesrepublik zwar nicht ganz, aber eben doch recht weitgehend in einem partnerschaftlich integrierten Europa aufgehen [zu] lassen" [H.-P. SCHWARZ, Die Ära Kohl, in: FAZ vom 18. Oktober 2002, S. 6]. Ihre Deutschlandpolitik konzentrierte sich unterdessen in Kontinuität zur Vorgängerregierung auf die „nüchterne, geschäftsmäßig, möglichst unbeeinträchtigt vom – durchaus bedeutsamen – Dissens im Grundsätzlichen zu übende Kunst des Möglichen und die Pflicht, das Mögliche zu versuchen" [300: KIELMANSEGG, S. 531].

Wirtschafts- und finanzpolitisch leitete die neue Regierung eine Politik der Haushaltskonsolidierung ein, der eine, durch marktwirtschaftlich orientierte politische Impulse begünstigte, konjunkturelle Erholung zugute kam, die in der zweiten Hälfte der achtziger Jahre von Preisstabilität begleitet wurde. Auf dem Höhepunkt der Konjunktur zeigte die bundesdeutsche Wirtschaft 1988/89 ein

„glänzendes Bild", das jedoch Schattenseiten verdeckte: gleichbleibend hohe Arbeitslosigkeit und ausbleibende strukturelle Anpassungen der bundesdeutschen Wirtschaft an die so genannte „Internationalisierung" der Ökonomie [91: GROSSER, S. 110–112 (Zitate)] – eine verschleppte „Strukturkrise der alten Bundesrepublik" [499: GLAESSNER, S. 306]. Dahinter steht die Frage nach dem Verhältnis zwischen der konsensualen bundesdeutschen „Politik des mittleren Weges" (M. G. SCHMIDT) und den radikal-marktwirtschaftlichen anglo-amerikanischen Modellen der „Reagonomics" und des „Thatcherismus" im Hinblick auf ökonomischen Nutzen und soziale Kosten. Dabei mögen die synchronen Qualitäten des insbesondere von außen als solches wahrgenommenen „Modell Deutschland" [306: PULZER, S. 129; auch 305: NICHOLLS, S. 288–290 oder die Beiträge zur französischen Sicht auf Deutschland in 363: MCCARTHY] und seine langfristigen wirkungsgeschichtlichen Aspekte erheblich differieren.

Zugleich setzte sich – wenn auch nicht im wörtlichen Sinne des ursprünglich tagespolitisch-polemischen Begriffs der „Zwei-Drittel-Gesellschaft" – die „bereits in den siebziger Jahren beobachtete Tendenz zur Spaltung der Gesellschaft in eine große, etwa drei Viertel der Bürger umfassende, gut verdienende und sozial gesicherte Mehrheit und eine von Arbeitslosigkeit und Armut bedrohte Minderheit" fort [91: GROSSER, S. 121; auch 301: KLESSMANN, S. 391]. Mit dem vor allem durch den Geburtenrückgang seit den mittleren sechziger Jahren bedingten demographischen Wandel, verbunden mit der Frage der Zuwanderung in die Bundesrepublik, sowie der Entwicklung der sozialen Sicherungssysteme und einer zunehmenden „Juridifizierung aller Daseinsbereiche" (H.-P. SCHWARZ) stauten sich gesamtgesellschaftliche Probleme an. Jedenfalls blieb trotz veränderter, stabilitätspolitischer und nicht zuletzt verstärkt familienpolitischer Akzentsetzungen die angekündigte „Wende" mit dem Regierungswechsel von 1982 weitgehend aus. Vielmehr lässt sich das Fortbestehen der für die bundesdeutsche Geschichte charakteristischen Mischung aus einem hohen Maß an sozialem Konsens und „Schwerbeweglichkeit der Politik [...] in vielen Hinsichten" [300: KIELMANSEGG, S. 388] konstatieren.

Zugleich waren die achtziger Jahre, nach dem Partizipations- und zugleich Polarisierungsschub der siebziger Jahre, nicht zuletzt im Zeichen zunehmender Prosperität und Saturiertheit eine Dekade der innenpolitischen Beruhigung [316: THRÄNHARDT, S. 290] und der Gewöhnung an den Status quo, nicht zuletzt in deutschlandpolitischer Hinsicht. Zur historischen Verortung vergangener Gegenwarten zählt die Erschließung ihrer noch offenen Zukunftshorizonte, die sich gerade in den achtziger Jahren fundamental von den schließlich eingetretenen Entwicklungen unterschieden: „The vision of the Federal Republic's future in 1989, then, was of a prosperous, export-orientated country with a highly trained and well-educated labour force which would be at the heart of a European community dedicated to promoting peace and improving living standards. It would continue to be protected by alliance with the USA, but would intensify Ostpolitik to eliminate tensions and create the most normal possible relationship with Soviet bloc countries, including the GDR. Ultimately the hope might be that, within a European framework, the two Germanys could come together. But this objective seemed a long way off. The West Germans were not at all inclined to destabilize East Germany" [305: NICHOLLS, S. 310].

d) Die Wiedervereinigung in der (bundes)deutschen Geschichte

„Es gehört zu den Ironien in der deutschen Geschichte, dass die ‚alte' Bundesrepublik eben in jenem historischen Augenblick an ihr Ende gelangte, als sich die Überzeugung durchgesetzt hatte, sie habe ihren ursprünglichen Status als teilstaatliches ‚Provisorium' definitiv überwunden" [324: WIRSCHING, S. 117]. Unerwartet traten der Zusammenbruch der DDR und die deutsche Wiedervereinigung zwischen ganz anders gerichtete sozialkulturelle, ökonomische und politische Prozesse. Nicht zuletzt diesem historischen Umstand dürfte geschuldet sein, dass – über die unumstrittene Würdigung der diplomatisch-politischen Herbeiführung der Einheit in Übereinstimmung mit der Staatengemeinschaft durch die Regierung Kohl als „statesmanship of the highest order" hinaus [276: BARK/GRESS, S. 731; etwa auch 102: KAISER, S. 21] – ihre Einordnung in die (bundes)deutsche Geschichte im Rahmen allgemeiner und übergreifender Darstellungen noch kaum fundiert erfolgt, die Wiedervereinigung historiographisch vielmehr ein (für sich allerdings durchaus gut erforschter) Solitär geblieben ist (dazu Kap. II.4).

In dieser Hinsicht liegen zentrale Fragen künftiger Geschichtsschreibung: nach Bezügen zwischen der deutschen Einheit und der deutschen Geschichte der siebziger und achtziger Jahre in internationaler und nationaler, in innen-, deutschland- und außenpolitischer sowie in ökonomischer, gesellschaftlicher und kultureller Hinsicht; nach lang- und kurzfristigen Kontinuitäten und Diskontinuitäten in gesamtdeutscher Perspektive; ebenso nach der Bedeutung der Kategorie des Nationalstaats und – nicht zuletzt angesichts der Rückkehr zu diesem aus dem 19. Jahrhundert überkommenen Modell in einer Zeit vielfältiger mit diesem Ordnungsrahmen substanziell konkurrierender transnationaler Ausrichtungen in ökonomischer, politischer und sozialkultureller Hinsicht – der Einordnung der Wiedervereinigung in seine Geschichte. H. A. WINKLER hat, in Abgrenzung von K. D. BRACHERS aus den achtziger Jahren stammender Beschreibung der Bundesrepublik als „postnationale Demokratie unter Nationalstaaten" [283, S. 406], für das vereinte Deutschland den Begriff „demokratischer, postklassischer Nationalstaat unter anderen" eingeführt und diese Sicht in die Perspektive einer „europäischen Normalisierung Deutschlands" eingeordnet [323, S. 655]. Der Befund, dass dabei auf innerdeutscher Ebene die Differenzen zwischen den westlichen Bundesländern und den aus der DDR hervorgegangenen „neuen Ländern" in beinahe jeder Hinsicht so groß (geworden) waren, dass die international höchst heikle Herstellung der äußeren Einheit im Vergleich zur Herbeiführung der inneren Einheit (im Sinne einer politischen, ökonomischen, sozialen und kulturellen Angleichung der Verhältnisse in einem zwischen den einzelnen Teilen der „alten Bundesrepublik" üblichen Maße) noch das geringere Problem darstellte, generiert wiederum historiographische Fragen und Kategorien für die gesamte und die getrennte deutsche Geschichte nach 1945.

e) Personen und Biographien

Im Hinblick auf die handelnden Personen dominieren bislang die Autobiographien, während Biographien vor allem als journalistisch oder essayistisch skizzierte Personenbilder [vgl. etwa 865: SCHÖLLGEN; 870: CARR; 872: RUPPS; 868: DREHER; 873: KRIEGER], mit Ausnahme des allerdings ebenfalls von einem beteiligten Journalisten stammenden feinsinnigen Charakterbildes von Willy Brandt [864: MERSEBURGER], hingegen nicht als wirklich wissenschaftliche Lebensbeschreibungen vorliegen.

Dabei liegt in Viten etwa der führenden Politiker der siebziger und achtziger Jahre bedeutender historiographischer Stoff, spiegelt sie doch gerade in ihrer Unterschiedlichkeit, ja Gegensätzlichkeit die deutsche Geschichte des 20. Jahrhunderts mit all ihren Brüchen. Dies gilt in ihrer spezifischen Konstellation insbesondere für die sozialdemokratische „Troika": den zum Demokraten und Christen gewendeten, eisern disziplinierten Herbert Wehner mit traumatischer kommunistischer Vergangenheit und all seinen Aversionen gegen den ebenso charismatischen wie psychisch labilen Willy Brandt, der es an die Regierungsspitze des Landes brachte, aus dem er einst emigriert war, für das hingegen sein Rivale Helmut Schmidt als Offizier im Krieg gewesen war, der mit kühler Brillanz und hoher Disziplin aus der Beherrschung des bürokratisch-institutionellen Apparats heraus regierte. Hinsichtlich der Vergangenheit und der intellektuellen Präsenz ähnlich, wenn auch zumindest in der Selbstbeherrschung ganz im Gegensatz zu Franz Josef Strauß, unterlagen schließlich beide dem von ihnen verachteten, Partei und Regierung vollauf beherrschenden Helmut Kohl, der als erster Regierungschef der Nachkriegsgeneration zum Kanzler nicht nur mit der längsten Amtszeit, sondern auch der deutschen Einheit und der europäischen Einigung avancierte. Sein dauerhaftes Bild in der Geschichte darüber hinaus ist jedoch nicht zuletzt vor dem Hintergrund der nach seiner Amtszeit bekannt gewordenen Spendenaffären und der erdrückenden Wirkungen seines Regierungsstils des sogenannten „Systems Kohl" einstweilen am wenigsten absehbar. Viel wird sich über die Menschen und ihre Zeit auch anhand der vielen anderen Persönlichkeiten aus der Politik, aber auch aus Wirtschaft, Verbänden, Gesellschaft und Kultur zeigen lassen, die biographisch beinahe allesamt noch kaum wissenschaftlich erschlossen sind.

3. Die Bundesrepublik in der Welt: Internationale Geschichte und Aussenpolitik

a) Grundlagen

Rahmenbedingungen deutscher Außenpolitik

Der weltpolitische Dualismus des Ost-West-Konflikts dominierte die internationale Geschichte bis 1989/90, und er war von konstitutiver Bedeutung für die Geschichte der Bundesrepublik, „weil Deutschland an der Nahtstelle zwischen den Weltsystemen in besonderem Maße davon abhängig war und in seiner äußeren und inneren Entwicklung davon geprägt wurde" [301: KLESSMANN, S. 346]. H. HAFTENDORN legt ihrer maßgeblichen Darstellung der bundesdeutschen Außenpolitik die Annahme zugrunde, dass Außenpolitik einen „Interaktionsprozess" darstellt, „in dem ein Staat grundlegende Ziele und Werte in Konkurrenz zu denen anderer Staaten zu realisieren versucht" und dieser Prozess zum einen „durch Anforderungen aus dem internationalen System und zum anderen durch solche aus Gesellschaft und Staat im Innern" beeinflusst wird. Widerstreitende äußere und innere Anforderungen kann ein Staat lösen, indem er entweder den internationalen Verhandlungspartnern seinen Willen aufzwingt („autonomes System") oder indem er Anpassungsleistungen innerhalb des Systems selbst erbringt. Dieser letztere Fall eines „strukturell abhängige[n] System[s]" traf auf die Bundesrepublik und die DDR zu, die während des Ost-West-Konflikts „große Anpassungsleistungen erbringen" mussten und deren Außenpolitik „in hohem Maße ein Reagieren auf weltpolitische Herausforderungen" darstellte [417, S. 13 u. 15].

Ziele und Methoden

In diesem Rahmen prägte die Bundesrepublik nichtsdestoweniger eine eigene Außenpolitik aus: „Kernziele der deutschen Politik waren die Wohlfahrt der Bevölkerung durch wirtschaftliche Integration, die Sicherung des Friedens nach innen und nach außen sowie die gleichberechtigte Mitwirkung in der Gemeinschaft der Völker", während die Wiedervereinigung Deutschlands als konkretes Ziel zunehmend an politischer Bedeutung verlor. Durchgängig verfolgte die Bonner Außenpolitik, beginnend mit Adenauers „Methode des Souveränitätsgewinns durch Souveränitätsverzicht", eine „Strategie des Multilateralismus und der Einordnung in integrative Zusammenschlüsse", eine Politik der „Selbstbehauptung durch Selbstbeschränkung" [417: HAFTENDORN, S. 433, 436 u. 442].

Die Außenpolitik der Bundesrepublik operierte dabei, so HAFTENDORN, am kreativsten und durchsetzungsfähigsten – jedenfalls gilt dies für die siebziger und achtziger Jahre –, wenn sie „ihre wirtschaftliche Leistungsfähigkeit einsetzen und in Übereinstimmung mit ihren engsten Verbündeten, seien es die USA, sei es Frankreich, handeln konnte. Sie geriet immer dann in Schwierigkeiten, wenn ihre sicherheitspolitischen Prioritäten von denen der Vereinigten Staaten abwichen, deren Schutz und Verteidigungsgarantie die Bundesrepublik nicht entbehren konnte" [416, S. 180]. Die zentralen Ebenen deutscher Außenpolitik waren daher Sicherheitspolitik und Außenwirtschaftspolitik.

Die Sicherheitspolitik war zugleich das Feld der eingeschränktesten deutschen Handlungsspielräume. Denn, so die grundsätzlichen Überlegungen von W. HANRIEDER [418, S. 27f. u. 32]: „Seit der Gründung der Bundesrepublik beruhte ihre Sicherheit auf der NATO und damit auf den Vereinigten Staaten von Amerika und deren Sicherheitspolitik". Eben diese geriet seit den sechziger Jahren und begünstigt durch die amerikanische Führungsschwäche in den siebziger Jahren zunehmend in die Krise. Denn vor dem Hintergrund des atomaren Patts und der gegenseitigen Vernichtungsfähigkeit bildete sich eine stille „alliance entre ennemies" (R. ARON) heraus, „die wiederum die Vertrauensgemeinschaft mit den Verbündeten beeinträchtigte", zumal sich angesichts der amerikanisch-sowjetischen Vereinbarungen über Interkontinentalwaffen für die europäischen Verbündeten die Frage nach der Teilbarkeit der Sicherheit bzw. nach der Verbindlichkeit der amerikanischen Bündnisgarantie stellte. Zugleich pokerte die Logik der Abschreckung mit dem Risiko der Selbstzerstörung, während die Glaubwürdigkeit der Drohung zunehmend schwierig aufrecht zu erhalten war.

Sicherheitspolitik

Ebenfalls insbesondere seit den siebziger Jahren profitierte die Bundesrepublik demgegenüber, so W. HANRIEDER, von einer fortschreitenden „Ökonomisierung der internationalen Politik", die „Elemente der Macht in eine für die Bundesrepublik vorteilhafte Richtung verschob". Insofern keine klare Trennung zwischen politischen und wirtschaftlichen Instrumenten der bundesdeutschen Außenpolitik herrschte, im Gegenteil mit wirtschaftlichen Mitteln durchweg in politischer Absicht agiert wurde, sei das Diktum von der Bundesrepublik als wirtschaftlichem Riesen und politischem Zwerg „unzutreffend und irreführend", auch wenn sich Wirtschaftsmacht keineswegs in direkte politische Macht umsetzen ließ, wie sich insbesondere auf dem Gebiet der Sicherheitspolitik in aller Deutlichkeit zeigte. Dabei warf die in erster Linie auf Geldwertstabilität fixierte Politik der Bundesrepublik das „Grunddilemma" auf, dass ihr Erfolg im Inneren „desto mehr Spannungen und Konflikte [...] im internationalen Umfeld" hervorrief, indem die Regierungen außenwirtschaftlicher Partnerstaaten zugunsten ihrer eigenen Leistungsbilanz von der Bundesrepublik eine expansivere Geld- und Konjunkturpolitik forderten und somit „Druck von außen [...] die Normen im Innern" gefährdete [418, S. 22f., 250 u. 255].

Außenwirtschaftspolitik

Ebenso plausibel wie die Einschätzung von der engen Verbindung politischer und wirtschaftlicher Elemente lässt sich für die siebziger und achtziger Jahre allerdings auch die These einer weitgehenden operativen „Entkoppelung" von transatlantischen Differenzen in der Außenwirtschaftspolitik einerseits und außen- und sicherheitspolitischen Streitfragen andererseits formulieren [599: BELLERS, S. 410f.]. Dieses Problem verweist auf das Forschungsdesiderat weiterer historiographisch-empirischer Verhältnisbestimmungen von Außenwirtschafts- und Außenpolitik, wobei als gemeinsamer Nenner die weit reichende Autonomie der an eigenen Interessen orientierten amerikanischen Politik identifizierbar ist. Neben der Außenwirtschaftspolitik bleibt auch das Verhältnis von Außen- und Innenpolitik bzw. Gesellschaft zu untersuchen und etwa anhand von H. HAFTENDORNS These vom Zurücktreten der innenpolitischen Entwicklungen hinter die auf weltpolitische Herausforderungen reagierende Außenpolitik [417, S. 15] zu diskutieren.

Theorien internationaler Beziehungen
Dabei stellt sich die Frage nach der Anwendung des Theoriearsenals der politikwissenschaftlichen Disziplin der Internationalen Beziehungen [vgl. den allgemeinen Überblick bei V. RITTBERGER (Hrsg.), German Foreign Policy since Unification. Manchester 2001, S. 37–137], seien es die ohnehin vielfältigen klassischen Ansätze der Nachkriegsjahrzehnte realistischer, liberaler oder sozialistischer Observanz, sei es darüber hinaus die grundsätzliche konstruktivistische Herausforderung all dieser „rationalistischen" Theorien und die weitere theoretische „Proliferation im Zeichen der Postmoderne" [27: MEYERS, S. 416].

Grundsätzlich hat R. MEYERS für die Internationalen Beziehungen als „Kriseninterpretations- und Krisenbewältigungswissenschaft" resümiert, „dass die Forderung nach einer empirisch gehaltvollen, umfassenden, eindeutigen und ein wissenschaftlich konsensfähiges Bild der internationalen Beziehungen vermittelnden Theorie nur schwerlich zu erfüllen war" [27, S. 425 u. 417]. Vor dem Hintergrund der starken Tradition pragmatischer anstelle theoriegeleiteter Politikanalyse in der deutschen Politikwissenschaft ist eine explizite Anwendung theoretischer Modelle der Internationalen Beziehungen in historischer Perspektive bislang am ehesten für die vor allem angelsächsische Diskussion der internationalen Beziehungen im Kalten Krieg festzustellen [vgl. dazu 387, mit dem Überblick von O. A. WESTAD, S. 1–23], für die Geschichte der Außenpolitik der Bundesrepublik hingegen kaum erfolgt. Den meisten Analysen dieser Geschichte liegen dabei zumindest implizit (neo-)realistische Ansätze zugrunde, die ihre Erklärungskraft sachlich aus der (trotz aller Modifikationen durch Elemente suprastaatlicher Integration und transnationaler Beziehungen) zentralen Bedeutung der (sicherheits-)politischen Dimension auf Staatenebene im Ost-West-Konflikt gewinnen [vgl. etwa 360: LINK, S. 31–34].

Angesichts der „Unübersichtlichkeit und Vielstimmigkeit" [U. TEUSCH in: NPL 44 (1999), S. 402] der vielfältigen Ansätze und Entwürfe sind auch Potenziale und Ertrag einer inhaltlichen und methodischen Ausweitung der Geschichtsschreibung von Außenpolitik und internationalen Beziehungen zu einer „neuen internationalen Geschichte" [vgl. dazu W. LOTH/J. OSTERHAMMEL (Hrsg.), Internationale Geschichte. Themen – Ergebnisse – Aussichten. München 2000] noch nicht zu resümieren, sondern ihre Umsetzung in der Praxis abzuwarten.

Phaseneinteilung
Die Außenpolitik der Bundesrepublik bis 1990 lässt sich mit W. HANRIEDER [418, S. 4] grundsätzlich in drei Phasen einteilen: die „formende Phase" bis zum Ende der fünfziger Jahre, dann die „Phase der außenpolitischen ‚Zwischenlösungen' in den sechziger Jahren" und schließlich die „‚Mittelmacht'-Phase der siebziger und achtziger Jahre, die in der Einigung Deutschlands ihren dramatischen Abschluss fand".

Innerhalb dieses Zeitraums steht in den allgemeinen Darstellungen zur Geschichte der Bundesrepublik die Ostpolitik der Regierung Brandt ganz im Zentrum des Interesses, das sich unterdessen häufig mit undifferenzierten politischen Bewertungen verbindet. Auch innerhalb der Gesamtdarstellungen zur Geschichte der Außenpolitik – problemorientiert insbesondere HANRIEDER [418] und auch HAFTENDORN [417], stärker deskriptiv HACKE [414] und SCHÖLLGEN [432] – und der genuin außenpolitischen Literatur liegt ein besonderer Schwerpunkt auf der Außen- und vor allem der Ostpolitik der Regierung Brandt, darüber hinaus auf den Weltwirtschafts- und Währungsproblemen der siebziger Jahre, der Sicherheitspolitik im Zusammenhang des NATO-Doppelbeschlusses und der Stationierung der Mittelstreckenraketen, ferner auf der Europapolitik der achtziger Jahre und der abermals sicherheitspolitischen Kontroverse um die Modernisierung der Kurzstreckenraketen nach der Einigung über den Abbau der Mittelstreckenwaffen 1987–89.

Eine Unterteilung dieser „Mittelmacht'-Phase" ergibt eine Deckungsgleichheit zwischen internationaler Politik und deutscher Außenpolitik, worin zum einen die Abhängigkeit der Bundesrepublik vom internationalen System und zum anderen die grundsätzliche Harmonisierung der bundesdeutschen Außenpolitik mit den internationalen Rahmenbedingungen seit den frühen siebziger Jahren zum Ausdruck kommt. Auch diese Phaseneinteilung orientiert sich sinnvollerweise an der sicherheitspolitischen Entwicklung. Am Beginn des Zeitraums steht die Entspannung bis zu ihrem vermeintlichen Höhepunkt der KSZE-Schlusskonferenz von Helsinki im August 1975, als ihre Krise und Erosion jedoch bereits, zumindest latent, begonnen hatte. Diese zweite Phase hielt bis 1979 an, als das internationale Klima dramatisch in die dritte Phase einer neuen „Eiszeit" umschlug. Diese währte bis 1984/85, als zwischen den Supermächten erneute Entspannungsbemühungen einsetzten. Die Jahre bis 1989 stellen, insbesondere nach Gorbatschows Regierungsantritt, die vierte Phase einer ambivalenten Übergangszeit dar, die von der letzten Phase, dem Zusammenbruch des Ostblocks und der Sowjetunion und dem Ende des Ost-West-Konflikts 1989–91 abzugrenzen ist.

b) Entspannung und KSZE

Die Entspannungspolitik begann auf der Ebene der Supermächte und insbesondere mit dem Bestreben der USA, namentlich der Regierung Nixon, die Kosten des Systemkonflikts zu reduzieren. Nixons Sicherheitsberater Henry Kissinger, der *spiritus rector* der amerikanischen Détente, nahm für sich in Anspruch, die amerikanische Tradition des Idealismus zugunsten eines Realismus zu überwinden, der auf Gleichgewicht, Status quo und Stabilität setzte. Dabei sollte mit einer Kombination von Druck und Anreiz gegenüber der Sowjetunion und unter Einbeziehung und Aufwertung Chinas durch eine Verknüpfung der Probleme ein Gesamtkonzept der Entspannung implementiert werden [356: KISSINGER, S. 788, 791, 793, 798]. Ein wirklicher Ausgleich war in dieser Politik jedoch nicht angelegt; denn auch wenn J. L. GADDIS' Einschätzung der Détente lediglich als eines weiteren Versuchs von „containment" [342, S. 289] überspitzt sein mag: jedenfalls war auch in der Entspannungspolitik Nixons und Kissingers die „Ambivalenz" [383: SOUTOU, S. 547] zwischen Systemkonflikt und Status quo keineswegs überwunden. So kam sie über „a moderated mix with greater cooperation and less friction in continuing competition" [346: GARTHOFF, S. 1146] nicht hinaus, zumal die sowjetische Seite in zunehmendem Maße „commitment to expanded military power beyond what was considered sufficient in the West for Soviet security" [381: SODARO, S. 262] erkennen ließ. 1974 war offensichtlich: Détente „did not work" [J. M. HANHIMÄKI in 387: WESTAD (Hrsg.), S. 329].

Die Détente war also bereits in der Krise, als die Konferenz für Sicherheit und Zusammenarbeit in Europa vom 30. Juli bis zum 1. August 1975 zu ihrer Abschlusssitzung zusammenkam. Die Schlussakte von Helsinki entsprach den sowjetischen Interessen einer Kodifizierung des Status quo, und zugleich schrieb sie das offensive westliche Verhandlungsziel der Menschenrechte fest, jene „Einmischung also, der der Osten gerade einen weiteren rechtlichen Riegel vorschieben wollte" [300: KIELMANSEGG, S. 221]. Auch dieser Zielkonflikt verwies auf die inhärenten Grenzen der Entspannung.

KSZE   Stellenwert und Bedeutung der KSZE – der Schlussakte von Helsinki und der Folgetreffen in Belgrad (1977–78), Madrid (1980–83) und Wien (1986–89) – werden allgemein in der deutschen Geschichtsschreibung höher eingeschätzt als in der angelsächsischen. Nicht zuletzt in der bereits einsetzenden Krise der Entspannung blieben die Vereinbarungen der Schlussakte zunächst papierener Art, vor allem die Achtung der Menschenrechte in den Staaten des sowjetischen Imperiums. Die Bedeutung ihrer Kodifizierung für die Menschenrechtsbewegungen im sowjetischen Machtbereich ist für die einzelnen Ländern unterschiedlich zu veranschlagen. Auf internationaler Ebene bot die KSZE mit ihrem „hohen Symbolwert für den Entspannungsprozess" ein „Forum der systemübergreifenden Kommunikation". Dass sie jedoch als internationale Institution eine wirklich eigenständige Rolle in der internationalen Politik gespielt, gar als normative Richtungsgeberin für die sowjetische Entspannungspolitik nach 1985 gedient und schließlich „durch Minderung des Außendrucks auf die sozialistischen Staaten" originär zur Beendigung des Ost-West-Konflikts beigetragen habe [so die These von 374: SCHLOTTER, S. 341 u. 346], dürfte trotz mancher Eigendynamik der KSZE ihren Charakter einer abgeleiteten Funktion der Supermächtepolitik unterschätzen.

c) Ostpolitik der Regierung Brandt

Die Détente auf Supermächteebene konstituierte die Rahmenbedingungen für die Regierung Brandt, die gleichwohl unmittelbar nach ihrer Bildung die bundesdeutsche Variante der Entspannung in Angriff nahm: die Ostpolitik. Die deutsche Außenpolitik war in den sechziger Jahren zunehmend in eine lähmende „Interessenblockade zwischen Deutschland- und Bündnispolitik" geraten und drohte sich zwischen der sowjetischen Entschlossenheit, die Anerkennung des Status quo zu erzwingen, und der zunehmenden Orientierung der westlichen Verbündeten am Status quo und ihrem Interesse an einer Entspannung mit dem Osten zu isolieren. Zwar waren seit den späteren Jahren der ‚Ära Adenauer' und insbesondere seit 1966 das Problem klar analysiert und Möglichkeiten eines *modus vivendi* mit der Sowjetunion und den Staaten ihres Machtbereichs erwogen und angestrebt worden [vgl. 361: LINK, S. 297f., sowie 293: HILDEBRAND, S. 187–202 u. 323–339]. Doch den Schritt zur Anerkennung des Status quo hatte keine dieser Bundesregierungen zu tun vermocht. Der Neuansatz der sozialliberalen Ostpolitik, so lässt sich der Grundkonsens der Forschung resümieren, lag im aktiven politischen Willen und konkreter Konzessionsbereitschaft im Hinblick auf die vertragliche Anerkennung des Status quo in Europa, unter Einschluss der Führungsrolle der Sowjetunion in ihrem Herrschaftsbereich, der Grenzen und der DDR als Staat.

Willy Brandt „personifizierte die Vision der Verständigung, Kooperation und der Aussöhnung mit dem Osten" [414: HACKE, S. 156], während die konkrete Konzeption und Gestaltung der Ostpolitik vor allem in den Händen des Staatssekretärs im Bundeskanzleramt Egon Bahr lag. Bereits 1963 hatte Bahr seine Vorstellung von ‚Wandel durch Annäherung' artikuliert und 1968 die langfristige Zielvorstellung einer ‚europäischen Friedensordnung', eines Sicherheitssystems gleichberechtigter mitteleuropäischer Staaten unter Garantie der Supermächte und unter Überwindung der Blockkonfrontation bzw. Konvergenz der Systeme entworfen.

<small>Egon Bahrs ostpolitische Konzeption</small>

Hinzu kam, auch darüber ist die Forschung grundsätzlich einig, die „herausragende Bedeutung der nationalen Motivation", denn diese Ordnung sollte die Einheit Deutschlands einschließen, die unterdessen weder mit der Westintegration noch der NATO-Zugehörigkeit der Bundesrepublik vereinbar sein würde [863: VOGTMEIER, S. 374 u. 376f.]. „Die neue deutsche Ostpolitik war von Deutschland her gedachte und auf Deutschland bezogene gesamteuropäische Politik" [283: LINK, S. 277], der ein Widerspruch innewohnte zwischen der „unmittelbar-,operativen' Ostpolitik", die auf amerikanische Mitwirkung angewiesen war, und ihrer langfristigen Konzeption, „die sich von den USA wegbewegte" [K. SCHWABE in 352, S. 12].

Die konkreten Ziele der sozial-liberalen Ostpolitik werden in der Forschung mehr summarisch aufgeführt als hierarchisierend präzisiert, so dass durchaus unaufgelöste Widersprüchlichkeiten bleiben. Zu nennen sind erstens ein Gewinn an Sicherheit gegenüber der Sowjetunion und der Abbau von Spannungen mit dem Osten, vor allem angesichts eines erwarteten Rückzugs der USA aus ihrem westeuropäischen Engagement, zweitens die Harmonisierung der Bundesrepublik mit der internationalen Politik und die Überwindung ihrer zumindest drohenden Isolierung, drittens menschliche Erleichterungen für die Bevölkerung der DDR durch vertragliche Regelungen und somit viertens die Wahrung der noch verbliebenen Substanz der Nation [413: GRIFFITH, S. 236 u. 239; 417: HAFTEN-

<small>Ziele der sozialliberalen Ostpolitik</small>

DORN, S. 215 f.]. Ein fünftes Ziel aber, die „Überwindung des Status quo, indem der Status quo zunächst nicht verändert werden soll" (E. Bahr), die innere Liberalisierung der DDR durch ihre Anerkennung, führt zum bislang nicht wirklich bestimmten Problem des Verhältnisses von Status quo und Veränderung, von Defensive und Offensive in der deutschen Ostpolitik. Auch G. NIEDHARTS Erklärung [428, bes. S. 240] als „Politik der Kooperation und des friedlichen Wandels, die einen langsamen Abbau nicht nur von ost-westlichen Antagonismen, sondern auch der sowjetischen Herrschaft herbeiführen sollte", löst diese Spannung nicht restlos auf. Es wird noch überlagert durch das Problem, ob die vertraglichen Regelungen als ein *modus vivendi* gedacht waren oder von vornherein als ein „Dauer-Arrangement" [so 405: BENDER, S. 172; vgl. auch 569: GROH/BRANDT, S. 294–299]. Diese innere Spannung hatte die Ostpolitik mit der amerikanischen Détente gemeinsam.

Procedere der Ostpolitik

Moskauer Vertrag

Die Ostpolitik setzte in realistischer Einschätzung der Machtverhältnisse und mit hohem Anfangstempo in Moskau an. Formell ein Gewaltverzichtsabkommen, schrieb der Moskauer Vertrag faktisch die Anerkennung der sowjetischen Vormacht in ihrem Einflussbereich und den Status quo sowie bereits die wesentlichen westdeutschen Konzessionen gegenüber Polen und der DDR fest. Zugeständnisse machte vor allem die Bundesrepublik, wobei Willy Brandt argumentierte, sie gebe nichts her, was nicht längst verloren sei [nach 413: GRIFFITH, S. 257].

Warschauer Vertrag

Noch weiter gingen die bundesdeutschen Zugeständnisse im zweiten Schritt des Warschauer Vertrages, wobei Bonns entscheidende Konzession, die politische Anerkennung der Oder-Neiße-Linie als polnische Westgrenze, bereits im Moskauer Vertrag festgeschrieben worden war. Da die polnische Seite nicht bereit war, ihrerseits den bundesdeutschen Vorstellungen hinsichtlich der Ausreise deutschstämmiger Polen entgegenzukommen, wurde 1975/76 eine „Nachbesserung" des Vertrages gegen westdeutsche Finanzhilfen erforderlich. Dass die Bundesregierung 1970 trotz seiner „Unausgewogenheit" [283: LINK, S. 197] in den Vertrag einwilligte, erklärt P. BENDER aus Brandts originär moralischem Impetus gerade gegenüber Polen, demzufolge es „kleinmütig" erschienen wäre, „nach Gegenleistungen zu fragen" [405, S. 169].

Viermächteabkommen über Berlin

Das formell nicht in den Zuständigkeitsbereich der Bundesregierung gehörende, informell indes von ihr maßgeblich mitgestaltete Viermächteabkommen über Berlin fixierte den rechtlichen Status der Stadt, den Verkehr zwischen Berlin und dem Bundesgebiet sowie die Besuchsmöglichkeiten für West-Berliner in Ost-Berlin und der DDR und bedeutete für West-Berlin, darüber herrscht inzwischen Konsens, einen „Status quo plus" [405: BENDER, S. 189].

Bundesdeutsche Ostpolitik und amerikanische Détente

Insbesondere im Berlin-Abkommen verbanden sich die Interessen der Regierung Brandt und der Nixon-Administration: „Solange Ostpolitik gleichbedeutend war mit einer Stabilisierung des Status quo, passte sie hervorragend in Kissingers Konzept der Ost-West-Beziehungen" [337: CLEMENS, S. 222]. Darüber hinaus lagen zwischen Bonner Ostpolitik und Washingtoner Détente aber zwei grundsätzliche Differenzen. Zum einen lief das langfristige Ziel einer mitteleuropäischen Friedensordnung den amerikanischen Vorstellungen zuwider, und Kissinger verdächtigte Bahr „eines nationalen und neutralistischen Programms" [356: KISSINGER, S. 811]. Zum anderen fürchtete Kissinger eine selektive Entspannung in Europa etwa seitens einer eigenmächtigen Bundesrepublik, die das Gesamtkonzept der „linkage"-Politik unter amerikanischer Führung ebenso wie den Zusammenhalt des Bündnisses unterlaufen würde [vgl. 346: GARTHOFF, S. 127 mit Anm. 6]. Zwar unterstützte die Regierung Nixon (ebenso wie die französische Regierung trotz erheblicher „unterschwellige[r] Reserven" aufgrund befürchteter „Perspektiven für eine Wiederherstellung der Einheit" [388: WILKENS, S. 189 u. 191]) die bundesdeutsche Ostpolitik offiziell. Doch im Verhältnis der Bundesrepublik sowohl zu den USA als auch zu Frankreich entwickelten sich in den siebziger Jahren spürbare Spannungen.

Bei der Bewertung der Ostpolitik gehen die Forschungsmeinungen nicht substanziell auseinander, wobei allerdings seit 1990 eine zunehmende Verschiebung der Akzente auf die deutschlandpolitischen Potenziale der Ostpolitik im Hinblick auf eine Wiedervereinigung festzustellen ist: Bilanzierte KISSINGER die Ostpolitik 1979 mit sichtlicher Genugtuung als „Überschreitung des Rubikon" durch die Bundesrepublik [215: KISSINGER, S. 533], so beurteilte W. LINK dreißig Jahre nach Abschluss der ersten Ostverträge die Aufrechterhaltung der Wiedervereinigungsperspektive als wichtigsten Erfolg der Verhandlungen und als „Essenz des Modus vivendi". Zugleich charakterisiert er die Ostpolitik – und diese Einschätzung ist für ihre historische Einordnung wohl wichtiger als die Wiedervereinigungsperspektive – als „aktive Anpassung der deutschen Politik an die Détente, die Haupttendenz der internationalen Politik" [361: LINK, S. 311 u. 313]. R. LÖWENTHAL betonte bereits zeitgenössisch den Charakter der Ostverträge als „Liquidierung des zwanzigjährigen deutschen Sonderkonflikts mit dem Sowjetblock". Die „Anerkennung der DDR als Staat unter Staaten" und der „Verzicht auf Grenzforderungen für alle Zukunft" [113: LÖWENTHAL/SCHWARZ (Hrsg.), S. 683] eröffneten der Bundesrepublik die Möglichkeit eines Arrangements mit der Nachkriegsordnung, einen *„Modus vivendi für den Status quo"* [417: HAFTENDORN, S. 215] und „relative Selbstständigkeit und ‚Selbstanerkennung' als ein Staat in Deutschland und als ‚Staat unter Staaten'", wie LINK 1986 hervorhob [283: S. 275]. Dadurch gewann die Bundesrepublik die einer Mittelmacht möglichen außenpolitischen und internationalen Handlungsspielräume und -fähigkeiten [vgl. 306: PULZER, S. 127].

Bedeutung und Beurteilung der Ostpolitik

d) Außenpolitik der Regierung Schmidt und NATO-Doppelbeschluss

Weltwirtschaftliche Probleme, zudem die Krise der Entspannungspolitik und die innere Herausforderung durch den Terrorismus stellten die Regierung Schmidt vor die Aufgabe einer dreifachen Krisenbewältigung. Ihre Außenpolitik war, darüber besteht in der Forschung grundsätzlich Einigkeit, nicht an visionärem Idealismus orientiert, sondern Realpolitik im Zeichen eines primär wirtschaftspolitisch definierten Gleichgewichtsdenkens. Für Schmidt bedeutete demzufolge, erstens und im Gegensatz insbesondere zu Egon Bahr, „die Stabilisierung des Status quo das tragende Fundament für Entspannung", und zweitens wurde die „wirtschaftspolitische Leistungskraft der Bundesrepublik [...] zur Leitidee seiner Staatsräson" [414: HACKE, S. 201, 222 u. 241].

<small>Außenwirtschaftspolitik</small>

Dabei verfolgte die Bundesregierung, so H. HAFTENDORN, vier außenwirtschaftspolitische Ziele: erstens langfristig feste, aber anpassungsfähige Wechselkurse im Verhältnis zu den Währungen der wichtigsten Partnerländer, zweitens Sicherung und stabile Preise der für die deutsche Industrie wichtigen Rohstoffe und Energieressourcen, drittens eine weitere Liberalisierung des Welthandels und viertens die Stabilisierung des Weltwirtschaftssystems durch Wiederherstellung des außenwirtschaftlichen Gleichgewichts zwischen den nationalen Volkswirtschaften [417, S. 240f. u. 244].

<small>Weltwirtschaftsgipfel und EWS</small>

Diesen Leitlinien folgte die vor allem von Schmidt in Kooperation mit dem französischen Präsidenten Giscard d'Estaing betriebene Krisendiplomatie, seit 1975 in der institutionalisierten Form der Weltwirtschaftsgipfel. Diesem Versuch einer „weltwirtschaftlichen Globalsteuerung" sollte nicht zuletzt die „Funktion eines Ersatzes für die vernachlässigte Führungsrolle der USA" in den mittleren siebziger Jahren zukommen; jedenfalls stellten sie einen Ansatz „kollektiven Krisenmanagement[s]" anstelle von Protektionismus, Dirigismus und nationalen Alleingängen dar [so 372: REBENTISCH, S. 332, 323 u. 325]. 1978 stand Schmidts Außenpolitik „in ihrem Zenit", nicht zuletzt angesichts der maßgeblichen bundesdeutschen Beteiligung an der Installierung des Europäischen Währungssystems, das der „europäische[n] Gegenmachtbildung zu Amerika mittels bereichsspezifischer Integration" [296: LINK, S. 425] diente. Das EWS war ein „regionales ‚Bretton-Woods'-System [...], um die wirtschaftlichen und politischen Vorteile fester Wechselkurse für die Gemeinschaft zu erhalten, während das globale System sich auf frei schwankende Wechselkurse hinbewegte, um den Nachteilen festgelegter Kurse zu entgehen" [418: HANRIEDER, S. 323].

<small>Weltwirtschaftliche und weltpolitische Doppelkrise</small>

Die wirtschafts- und währungspolitischen Spannungen innerhalb des Westens nahmen noch zu, als 1979/80 mit dem zweiten Ölpreisschock die schwerste Wirtschaftskrise der Nachkriegszeit ausbrach, die sich mit einer politischen Ost-West-Krise verband. Sie förderte auf westlicher Seite sicherheitspolitische Differenzen zutage, die ebenso wie die wirtschaftspolitischen Spannungen in erheblichem Maße auf den Verfall amerikanischer ökonomischer und politischer Führungskraft in den siebziger Jahren zurückgingen. In den westlichen Industriestaaten herrschte in den mittleren und späteren siebziger Jahren eine grundsätzlich pessimistische Stimmung bis hin zum Bewusstsein einer „allgemeinen Krise der westlichen Demokratien" [642: JAMES, S. 8f.].

Für die Verschärfung des Ost-West-Konflikts zu einer neuerlichen und schweren Krise in den späteren siebziger und frühen achtziger Jahren hat sich bis heute keine allgemein akzeptierte Bezeichnung durchgesetzt. Die Begrifflichkeiten von „Krise" oder „Niedergang" der Entspannung oder dem „zweiten Kalten Krieg" [F. HALLIDAY, The Making of the Second Cold War. London 1983] verweisen auf die zeitgenössischen ebenso wie historiographischen Schwierigkeiten, das Phänomen in die Entwicklung der Ost-West-Beziehungen einzuordnen und deren spezifisches Strukturprinzip zu benennen: unterbrochene Entspannung oder wieder aufgelebte Konfrontation.

Die Jahre der Entspannung waren zugleich die Jahre verstärkten sowjetischen Engagements in Afrika und der Stationierung neuer und höherwertiger atomarer Mittelstreckenraketen (SS-20) in Europa seit 1976. Die westliche Reaktion ging, wie schon die zeitgenössische Politikwissenschaft herausgearbeitet hat, aus der Verbindung zweier ursprünglich voneinander unabhängiger Entwicklungsstränge hervor: Zum einen wurde seitens der NATO unabhängig von der sowjetischen Stationierung eine Modernisierung der westlichen Mittelstreckenwaffen erwogen. Zum anderen sah Helmut Schmidt angesichts der amerikanisch-sowjetischen Rüstungskontrollvereinbarungen über die Interkontinentalwaffen (SALT) und angesichts der als „politisches Erpressungsinstrument" aufgefassten sowjetischen Mittelstreckenraketen die Gefahr von „Disparitäten auf nukleartaktischem und konventionellem Gebiet zwischen Ost und West", auf die er in seiner Rede vor dem Londoner Institut für Strategische Studien am 28. Oktober 1977 hinwies.

NATO-Doppelbeschluss

H. HAFTENDORN hat das „doppelte Missverständnis" [349] in der Entstehungsgeschichte des NATO-Doppelbeschlusses herausgearbeitet: zum einen wurde nämlich Schmidts Rede in den USA in erster Linie als Forderung nach rüstungspolitischen Maßnahmen verstanden und spielte somit den Rüstungskontrollgegnern in die Hände; zum anderen setzte die Bundesregierung nach der Verabschiedung des Doppelbeschlusses vorrangig auf Verhandlungen, die US-Regierung hingegen vor allem auf die Stationierung. Über den Beschluss als solchen herrscht in der Forschung – im Gegensatz zu den kontroversen zeitgenössisch-politischen Debatten – weithin Einmütigkeit, wobei höchstens die inhärenten Probleme des Beschlusses selbst und die Rolle Schmidts in der Sache und in ihrer Bedeutung unterschiedlich akzentuiert werden.

Hinsichtlich der Ziele des Doppelbeschlusses – Modernisierung, „Ankopplung" der europäischen an die transatlantische Nuklearabsicherung und Rüstungskontrolle – sieht TH. RISSE-KAPPEN keine wirkliche Kompatibilität und somit kein konsistentes „Angebot präventiver Rüstungssteuerung" [373, S. 77; vgl. auch 359: LAYRITZ, S. 380]. Zudem brachte die mit Rücksicht auf Bonn vorgenommene Zweiteilung für die Bundesregierung das Problem mit sich, dass zwar die Stationierung deutscher Zustimmung bedurfte, sie aber auf die Verhandlungen keinen Einfluss hatte, so dass die USA an Einfluss auf die deutsche Sicherheitspolitik noch hinzugewannen [418: HANRIEDER, S. 93].

„Mit dem Doppelbeschluss hatte sich Schmidt in eine Situation manövriert, die er selbst nicht mehr steuern konnte" [K. WIEGREFE, Helmut Schmidts Ringen um die Entspannungspolitik, in 384, S. 126]. Während Schmidt den „new Cold

War of 1980" als „result of mutual, not merely Soviet actions" ansah – Schmidt habe, so betonen D. BARK und D. GRESS, nur sehr zögerlich einsehen wollen „that they could not permanently appease or satisfy the Soviet Union" [276, S. 303 u. 307] –, war er zu einem „Balanceakt zwischen den USA und der UdSSR" gezwungen, „der in amerikanischen Augen bisweilen Zweifel an seiner Bündnisloyalität aufkommen ließ", während er sich um „Schadensbegrenzung für den europäischen Entspannungsprozess" bemühte [SCHWABE in 352, S. 19].

Friedensbewegung

Die historisch bislang noch wenig untersuchte Friedensbewegung war keine einheitliche, zentrale Organisation, sondern eine „lose Assoziation von unterschiedlichen autonomen Friedensinitiativen" [281: BOROWSKY, S. 161; zum Koordinationsausschuss der Friedensbewegung 780: LEIF]. Die Friedensbewegung als eine der Neuen sozialen Bewegungen (vgl. dazu Kap. II.8) verweist auf die enge Verschränkung von außenpolitischen und gesellschaftlichen Problemen in der Bundesrepublik, wobei der schließliche Vollzug der Stationierung gegen erhebliche innere Widerstände die Übermacht des innere Anpassung erzwingenden äußeren Drucks offenbart.

Außenpolitik und Gesellschaft

In der Debatte um den NATO-Doppelbeschluss ging es „um zentrale Orientierungen der westdeutschen Außen- und Sicherheitspolitik, um Bedrohtheitswahrnehmungen, um das Verhältnis von Abschreckung und Entspannung sowie um die Rolle von Nuklearwaffen in der Sicherheitspolitik" [373: RISSE-KAPPEN, S. 214]. „Faktisch stellte die Friedensbewegung einseitig das westliche Bündnis zur Disposition", urteilt P. GRAF KIELMANSEGG pointiert, nicht zuletzt indem sie die Unterschiede zwischen West und Ost nivellierte und die USA entschieden kritischer beurteilte. Die Friedensbewegung „zerbrach den sicherheitspolitischen Konsens, der zwei Jahrzehnte lang gehalten hatte" durch ihren „Aufstand [...] gegen die für das Bündnis konstitutive politische Strategie der Abschreckung mit Nuklearwaffen" [300, S. 234 u. 236]. Zugleich aber gelang die „Verzahnung der strategischen Interessen der USA mit denen der Bundesrepublik nicht", wie sich im INF-Vertrag von 1987 zeigte [339: DITTGEN, S. 258]. Das deutsch-amerikanische Verhältnis und das westliche Bündnis standen am Ende der Regierung Schmidt vor strukturellen Problemen, die auch die achtziger Jahre prägten.

Bilanz der Regierung Schmidt

Das Krisenmanagement der Regierung Schmidt bietet sich der Forschung weniger zur konzisen Bilanzierung an als die aktive Ostpolitik der Regierung Brandt. Den Schwierigkeiten im deutsch-amerikanischen Verhältnis, dem „Tiefpunkt an allianzpolitischem Einfluss" am Ende der Regierung Schmidt – einem der auch historiographisch konsensfähigsten bundesdeutschen Politiker – steht aufs Ganze gesehen der Befund gegenüber, dass diese Regierung deutsche Interessen sicherheits- und vor allem wirtschaftspolitischer Art „im westlichen Verbund, in Abstimmung mit der Europäischen Gemeinschaft und der Atlantischen Allianz" unter äußerst schwierigen Umständen grundsätzlich zu wahren und „mit der Außenpolitik der westlichen Hauptverbündeten im Großen und Ganzen verträglich" zu halten vermochte [296: LINK, S. 429 f.] – zusammen mit einer „reasonably positive relationship with Moscow [...] not a bad record" [305:

NICHOLLS, S. 267]. Allerdings waren es nicht zuletzt die außen- und sicherheitspolitischen „Anpassungsschwierigkeiten" an den neuerlichen weltpolitischen Wandel am Ende der siebziger Jahre [296: LINK, S. 432], über denen die sozialliberale Koalition zerbrach.

e) Außenpolitik der Regierung Kohl und Bündnisfragen

Die Außenpolitik der Regierung Kohl, der Schmidt mitten in der welt- und innenpolitischen Nachrüstungskrise folgte, ist bislang historiographisch weniger dicht aufgearbeitet. Dennoch schälen sich für die Jahre bis 1990 vier Schwerpunktthemen heraus: die Sicherheits- und Bündnispolitik und das deutsch-amerikanische Verhältnis, die Europapolitik, die Deutschlandpolitik und die Wiedervereinigung (dazu Kap. II.4).

Kohl war „zuerst Atlantiker", und seine Regierung setzte in der weltpolitischen Konfrontation auf eine Verbesserung des deutsch-amerikanischen Verhältnisses. „Verlässlichkeit und Berechenbarkeit wurden zum herausragenden Merkmal seiner Außenpolitik", während sie bis 1989 „nach Osten ängstlich, auf Vorsicht bedacht, ohne eigene Prägekraft" blieb, so urteilt C. HACKE [414, S. 274 u. 329]. Ebenfalls im Unterschied zu Helmut Schmidt suchte Kohl angesichts weiter bestehender Interessenunterschiede mit Washington eher stille Einflussnahme als offene Kontroverse.

Interessenunterschiede resultierten aus der weltwirtschaftlichen Entwicklung. Die Politik der Regierung Reagan führte in den Augen der Europäer zu ohen Zinsen, einem überbewerteten Dollar und zunehmender Schuldenlast in der Dritten Welt. Die amerikanischen Verantwortlichen leugneten diesen Zusammenhang und lehnten daher eine Politik des Haushaltsausgleichs und der Preisstabilität ab [vgl. 433: SPERLING, S. 89]. Die umgekehrte Währungsverzerrung monierten die Europäer in der zweiten Hälfte der achtziger Jahre, als der Dollarwert rapide verfiel; nun richtete sich der Druck der westlichen Industriestaaten auf die Bundesrepublik, ihre als „störrische und irrationale idée fixe" kritisierte Stabilitätspolitik aufzugeben. Vor allem der Börsenkrach vom Oktober 1987 trug dann zu einer Beruhigung bei, bevor die weltwirtschaftspolitischen Probleme an der Wende von den achtziger zu den neunziger Jahren hinter den weltpolitischen Umbrüchen zurücktraten [418: HANRIEDER, S. 340 f.].

Weltwirtschaftspolitische Probleme

Die Regierung Kohl hatte die Stationierung der Mittelstreckenwaffen seit 1983 nicht zuletzt als „Beweis ihrer Bündnistreue" vollzogen [418: HANRIEDER, S. 97], was sie aber nicht gegen den „rüstungskontrollpolitische[n] Unilateralismus" [M. BROER in 352, S. 238] der US-Regierung unter Präsident Reagan feite. Insbesondere das 1987 im Alleingang der Supermächte geschlossene INF-Abkommen über den vollständigen Abbau der atomaren Mittelstreckenraketen stellte dabei das gültige Sicherheitskonzept der NATO in Frage, das „von einem Kontinuum von konventionellen und nuklearen Waffen ausging" [417: HAFTENDORN, S. 299]. Durch den INF-Vertrag „sah sich die Bundesrepublik auf die

Rüstungskontrollpolitik

Situation zurückgeworfen, die Helmut Schmidt 1977 beklagt hatte" [W. KRIEGER in 352, S. 195 f.]. Die in Europa verbleibenden atomaren Kurzstreckenraketen (SNF) bedrohten allein deutsches Territorium. Bei der schweren Kontroverse innerhalb des Bündnisses um die Frage ihrer Modernisierung oder aber ihres Abbaus 1988/89 ging es um Nuklearwaffen und das Gesamtkonzept der NATO und letztlich um die Rolle der Bundesrepublik im westlichen Bündnis.

<small>Strukturprobleme im westlichen Bündnis</small>

„Weder die NATO noch die Europäische Gemeinschaft", so HANRIEDERS pointierte Interpretation, „konnte offenbar mit den politischen, strategischen und wirtschaftlichen Veränderungen der achtziger Jahre Schritt halten" [418, S. 353]. Deutlich hat die Forschung die strukturellen Probleme innerhalb des westlichen Bündnisses in der weltpolitischen Übergangsphase zwischen 1984 und 1989 herausgestellt. „Nur der Kollaps der UdSSR verhinderte eine Verschärfung des Konflikts in der Allianz" [406: BIERLING, S. 250].

<small>Bilanz der Regierung Kohl bis 1989</small>

Eine Zwischenbilanz der Außenpolitik der Koalitionsregierung Helmut Kohls bis 1989 ist nicht leicht zu formulieren, weil alle rückschauenden Betrachtungen im Schatten der Wiedervereinigung stehen. Dennoch sind einige hauptsächliche Befunde in der Forschung kaum kontrovers. Von großer Bedeutung waren das Festhalten am NATO-Doppelbeschluss und der Vollzug der Stationierung der Mittelstreckenwaffen; die Bundesregierung demonstrierte damit die Bündnisfähigkeit der Bundesrepublik und verschaffte ihr somit Handlungsspielräume. Allerdings stand diese ostentative Loyalität zu den USA im Kontrast zur schon der Regierung Schmidt widerfahrenen mangelnden Berücksichtigung genuin bundesdeutscher Interessen durch die US-Regierung Reagan. Kohls Allianzsolidarität blieb dabei letztlich, so C. HACKE, ohne „konzeptionelle Unterfütterung". Demgegenüber wurde die Europapolitik seit 1984/85 zu einem originären Aktivposten dieser Regierung. Während HACKE im Hinblick auf die Frage nach einer Weltmachtrolle Deutschlands ein Ausweichen der Bundesrepublik gegenüber internationaler Verantwortung konstatiert [414, S. 330 u. 334], legt W. HANRIEDER den Hauptakzent auf den Umstand, dass die „deutsche Diplomatie [...] es geschafft [hatte], ihre Hauptpartner zufriedenzustellen, was am Ende des Jahrzehnts eine unvorhergesehene, aber unüberschätzbare Bedeutung gewinnen sollte" [418, S. 355].

f) Ende des Ost-West-Konflikts

Die Nachkriegsordnung ging am Ende der achtziger Jahre in einer „Revolution der Staatenwelt" [422: HILDEBRAND, S. 625] unter. Nicht nur politisch umstritten, sondern auch von historisch zentraler Bedeutung sind Zusammenhänge und Kausalitäten zwischen Entspannung, neuer Konfrontation und dem Ende des Kalten Krieges auf internationaler Ebene und im deutschen Zusammenhang zwischen Ostpolitik, Raketenstationierung und Wiedervereinigung. Unabdingbar sind dabei klare Fragestellungen und Begriffe. Dazu zählt die Definition vom „Ende des Kalten Krieges", das sich in mehreren Etappen vollzog.

3. Die Bundesrepublik in der Welt: Internationale Geschichte und Außenpolitik 143

Erstens nahm der seit 1987 artikulierte Widerruf des universalen ideologischen Geltungsanspruchs des Sowjetkommunismus und des Systemkonflikts als Grundlage der Weltpolitik sowjetischerseits das Konstitutivum des Ost-West-Gegensatzes zurück. Bedeutete dies theoretisch das Ende des Kalten Krieges, so ist es nicht zu trennen von seiner unmittelbaren und historisch ungleich bedeutsameren Folge, die dem großen Umbruch seine historische Gestalt jenseits bloßen Konfrontationsabbaus verlieh.

Denn die 1989 auch formell ausgesprochene Abschaffung der Breschnew-Doktrin von der eingeschränkten Souveränität der sozialistischen Staaten, somit die Rücknahme der Garantie für die sozialistischen Regime und im Falle der DDR obendrein auch für ihre staatliche Existenz führte unmittelbar – zweitens – in den Zusammenbruch des sowjetischen Imperiums. Den endgültigen Schlusspunkt des Ost-West-Gegensatzes setzte dann – drittens – die Auflösung der Sowjetunion im Dezember 1991.

In summa: „Die Beendigung des Ost-West-Konflikts war das unbeabsichtigte Ergebnis einer Politik der integrativ-kooperativen Regulierung des Ost-West-Konflikts. Statt langfristiger Détente, die durch externe Kooperation ein neues wettbewerbsfähigeres sozialistisches System schaffen sollte, mündeten die Reformen in den Zusammenbruch des sozialistischen Systems", so bringt W. LINK den allgemein geteilten Befund auf den Punkt [in 375, S. 17]. Insofern also „der entscheidende unmittelbare Grund für das Ende des Ost-West-Konflikts das Scheitern des sowjetischen Systems" war [H. HUBEL in 375, S. 9], richten sich die entscheidenden Fragen zum einen auf die Ursachen und zum anderen auf den Verlauf der sowjetischen Politik, konkret: der Reformpolitik Gorbatschows seit 1985. *Zusammenbruch des sowjetischen Systems*

Die Gründe für Gorbatschows Politik der „Perestroika" lagen in der nicht nur strukturellen, sondern akuten Krise des sowjetischen Systems in den mittleren achtziger Jahren, vor allem den überbordenden wirtschaftlichen und sozialen Problemen sowie einer unübersehbaren ideologischen Erosion seit den ausgehenden siebziger Jahren [vgl. als Überblick H. ALTRICHTER, Kleine Geschichte der Sowjetunion 1917–1991. 2. Aufl. München 2001, 175–191; M. HILDERMEIER, Geschichte der Sowjetunion. München 1998, 1019–1052, sowie 326: ADOMEIT, S. 133–157]. Als „überzeugter Reformsozialist" [G. WETTIG in 375, S. 399] glaubte Gorbatschow indessen, das System durch Umgestaltung optimieren und erhalten zu können. Seine Reformpolitik war zunächst vor allem wirtschaftlicher Art, zog aber, einmal in Gang gekommen, bald unkontrollierbare innere und äußere Weiterungen nach sich. Um Handlungsspielräume für die inneren Reformen zu gewinnen, suchte Gorbatschow militärische und äußere Überbeanspruchungen abzubauen: den Rüstungswettlauf und allgemein den konstitutiven Systemkonflikt mit dem Westen sowie die Herrschaft über die sozialistischen Staaten Ostmittel- und Südosteuropas [vgl. dazu 326: ADOMEIT, S. 193–198 u. 271–283]. Der Reformprozess lief schließlich aus dem Ruder und beschleunigte im Ergebnis den Verfall, den er eigentlich verhindern sollte. *Gründe*

Gorbatschows Reformpolitik

144   II. Grundprobleme und Tendenzen der Forschung

Bedeutung der westlichen Haltung im „zweiten Kalten Krieg"

In diesem Zusammenhang kamen der westlichen Haltung im „zweiten Kalten Krieg" und der offensiven Konfrontationspolitik Ronald Reagans gegenüber der Sowjetunion Bedeutung zu, insofern die amerikanische Embargopolitik die ökonomisch-technologische Krise in der Sowjetunion verschärfte, indem sie ihre volkswirtschaftlich extrem belastenden militärischen Anstrengungen der siebziger Jahre auch politisch-strategisch frustrierten und insofern dies allgemein auf ideologischer Ebene rückwirkte. Allerdings: „The pressure from the West in the early 1980s revived Cold War tensions, but it is hard to see it as a decisive factor in the end of the Cold War world order. The [...] longer-term processes within the Soviet Union [...] played a much greater role" [V. ZUBOK in 387: WESTAD (Hrsg.), S. 361; vgl. auch 371: POWASKI, S. 260].

Bedeutung der Entspannung für das Ende des Ost-West-Konflikts

Dass die Entspannungspolitik kausal wesentlich zu Gorbatschows Reformpolitik und somit zum Ende des Ost-West-Konflikts geführt hätte [so dezidiert 362: LOTH, bes. S. 273–278], lässt sich freilich noch weniger belegen. Denn durch die Entspannungspolitik erzeugtes Vertrauen war gerade nicht der Bezugsrahmen für Gorbatschows Außenpolitik, sondern vielmehr die neue Konfrontation. Und innere Oppositionsbewegungen, die durch die Festschreibung der Menschenrechte in der Schlussakte von Helsinki befördert wurden, oder eine im Gefolge der KSZE vom Westen her beeinflusste politische Kultur lassen sich zwar in verschiedenen Ländern des sowjetischen Herrschaftsbereichs beobachten, jedoch nicht als Ursachen für die Reformpolitik in der Sowjetunion identifizieren. Höchstens ist eine subtiler ironische und unerwartete Kausalität zwischen der Entspannung und dem Ende des Kalten Krieges zu entdecken, insofern die Entspannung zunächst das Gegenteil des Gewollten und gerade dadurch das eigentliche Ziel des Westens im Kalten Krieg erreichte: „it was the belief that the tide of history was on the Kremlin's side that contributed to the demise of the Soviet state as the aging Brezhnev Politburo embarked on those adventures that Kissinger's principles of restraint and linkage were meant to prevent" [vgl. J. M. HANHIMÄKI in 387: WESTAD (Hrsg.), S. 333].

g) Europa

Im Zeichen seiner Abhängigkeit von den Supermächten im Ost-West-Konflikt versuchte sich Westeuropa mit wechselnder Intensität und mit wechselndem Erfolg durch einen Zusammenschluss der Staaten zu formieren. Die Geschichte der Europäischen Integration ist jedoch insbesondere von der deutschsprachigen Historiographie, außer dem ereignisgeschichtlichen Abriss von G. BRUNN [394; zur wirtschaftlichen Integration zudem 615: AMBROSIUS], bislang nur rudimentär behandelt worden. Ein europäischer, insbesondere auf die internationale Organisation gerichteter Bezugsrahmen ist nicht nur in der deutschen Geschichtswissenschaft nicht festzustellen. Stattdessen herrscht die Perspektive auf die bi- oder multilateralen Regierungspolitiken vor, die zugleich dem „Intergouvernementalismus" als „prägendem Prinzip der Gemeinschaftstätigkeit" [399: LEMMENS,

S. 225] und als historischem Spezifikum bis zum Ende der achtziger Jahre entspricht. Während der historiographische Blick bislang über die fünfziger und sechziger Jahre kaum hinausgeht, dominieren für die siebziger und achtziger Jahre politologische und rechtssystematische Untersuchungen und Kommentare zu den Verträgen sowie gegenwartsbezogene Gebrauchsliteratur.

Auch und gerade europapolitisch standen die siebziger und achtziger Jahre im Zeichen der Wirtschafts- und Währungsprobleme, die zunächst zu einer „Renationalisierung der Europapolitik" der Mitgliedsstaaten führte. Somit trat einerseits eine Lähmung des Einigungsprozesses ein, während zugleich alle wesentlichen institutionellen Mechanismen für die weitere Integration geschaffen wurden [399: LEMMENS, S. 148f.].

Wirtschafts- und Währungsprobleme und europäische Integration

Bundeskanzler Schmidt betrieb Europapolitik als intergouvernementale Kooperation vor allem mit Frankreich im Dienste konkreter Wirtschaftspolitik ohne gemeinschafts- oder integrationspolitische Orientierung [vgl. 397: GADDUM, S. 362]. Ihr greifbarstes Ergebnis war das Europäische Währungssystem von 1978. Dass die Mitgliedsländer dadurch ihre geldpolitischen Handlungsmöglichkeiten einbüßten und mit den verbleibenden wirtschaftspolitischen Mitteln der wachsenden Arbeitslosigkeit nicht beizukommen vermochten und dass sich zudem Probleme des Agrar- und Stahlmarktes aufstauten, führte in den frühen achtziger Jahren zur sogenannten „Eurosklerose". Sie wurde Mitte der achtziger Jahre überwunden, als, insbesondere mit dem seit 1985 amtierenden Kommissionspräsidenten Delors, eine Wirtschafts- und Währungsunion konkret anvisiert wurde. Dabei hebt B. EICHENGREEN [623, S. 219–222] besonders die Wechselwirkung zwischen Währungsvereinigung und Integrationsprozess hervor: Die Einheitliche Europäische Akte von 1986 vereinfachte ordnungspolitische Strukturen und sorgte in Vorbereitung des Binnenmarktes sowohl für Verbundvorteile als auch für eine Verschärfung des Wettbewerbs. Die zur Senkung der Transaktionskosten erforderliche Währungsintegration setzte die Liberalisierung der Finanzmärkte voraus, die wiederum, entgegen dem Wunsch nach Währungsstabilität, die staatlichen Kontrollmöglichkeiten der nationalen Währungen und somit, angesichts zunehmender Dynamik auf den Kapitalmärkten, die Aufrechterhaltung des Gleichgewichts im EWS erschwerte. Die Lösung des Problems wurde schließlich in der Konstruktion einer von einer einzigen Zentralbank geleiteten Währungsunion gesehen.

Zu den konkreten Integrationsfortschritten trug nicht zuletzt die Bonner Europapolitik bei, die unter Kanzler Kohl eine „Politisierung" erfuhr [418: HANRIEDER, S. 354]. Zwar verfügte seine Regierung, so pointiert E. GADDUM, nicht über ein geschlossenes Konzept europapolitischer Interessen in agrarpolitischer, institutioneller und währungspolitischer Hinsicht. Sie nahm aber eine Hierarchisierung zugunsten von Integrationsfortschritten mit der Zielvorstellung einer supranationalen Gemeinschaft gegenüber sachlichen Einzelinteressen vor. Mit der Regierung Kohl „gewann die deutsche Europapolitik ihren gemeinschaftsorientierten Bezugsrahmen zurück". Dabei war Frankreich in den wesentlichen

Einzelbereichen ein „herausragender Konfliktfaktor" für die bundesdeutsche Europapolitik. Diese Spannungen wurden aber letztlich hinter die „Notwendigkeit enger Partnerschaft um des integrationspolitischen Primats willen" zurückgestellt [397, S. 363 und 365].

Europäische Integration und deutsche Wiedervereinigung

Dies galt insbesondere für die deutsche Wiedervereinigung, die auf französischer Seite ein abermals erheblich verstärktes Interesse an der Einbindung Deutschlands in den europäischen Rahmen hervorrief. Zwar ging der grundsätzliche Beschluss zur Schaffung der Wirtschafts- und Währungsunion mit der Annahme des Delors-Berichts im Juni 1989 der deutschen Vereinigung zeitlich voraus. Doch die verbindliche deutsche Verpflichtung auf ihre keineswegs bereits gesicherte Umsetzung lässt sich mit guten Gründen als französische Bedingung für die deutsche Wiedervereinigung ansehen [394: BRUNN, S. 265–268]. In den Verhandlungen, die zum Vertrag von Maastricht vom 7. Februar 1992 führten, konnte sich die Bundesregierung im Hinblick auf die Stabilitätskriterien für die gemeinschaftliche Währung durchsetzen (Konvergenzkriterien, Unabhängigkeit der Europäischen Zentralbank), nicht jedoch hinsichtlich der Fortschritte einer politischen Integration [vgl. 417: HAFTENDORN, S. 316 u. 322].

Bedenkenswert ist die Erwägung von G. BRUNN, dass die größte Bedeutung des Europäischen Integrationsprozesses in der „Kultur des Konfliktmanagements" ohne „Gewalt und Gewaltandrohung" liegt, durch die „Krieg zwischen den Mitgliedern nicht nur undenkbar, sondern auch strukturell unmöglich" wurde [394, S. 307].

h) Bilaterale Beziehungen und Einzelfragen

Bilaterale Beziehungen sind bislang in verschiedener Dichte vor allem als politische Beziehungen auf Regierungsebene untersucht worden, während wirtschaftliche, gesellschaftliche und kulturelle Beziehungen noch wenig thematisiert worden sind.

USA

Eine Ausnahme stellt das Handbuch über die „USA und Deutschland im Zeitalter des Kalten Krieges" [352] dar. Es beleuchtet dieses für die Bundesrepublik in jeder Hinsicht prägende und elementare Verhältnis, das, so L. GARDNER FELDMAN, unter dem „Primat der militärischen Sicherheit" stand [ebd., S. 614; vgl. dazu die Ausführungen in den einzelnen Sachabschnitten], darüber hinaus in Wirtschaft, Kultur und Gesellschaft facettenreich und in großer thematischer Breite, wobei eine gewichtende Synthese dieser vielschichtigen Beziehungen in wechselnden Konstellationen von Nähe und Distanz erst im Lichte weiterer Forschungen vorzunehmen sein wird.

Großbritannien

Frankreich

Während das deutsch-britische Verhältnis in der Politik bis 1989 alles in allem „positive but relatively undramatic" ausfiel [379: SMITH/EDWARDS, S. 62], war das deutsch-französische Verhältnis von harten nationalen Interessen vor allem auf französischer Seite geprägt, wie G.-H. SOUTOU in großer Klarheit herausgestellt hat: „on souhaitait coopérer avec la RFA, mais en même temps on voulait conserver une supériorité sur elle" [382, S. 363]. Hinzu kamen sachliche Differenzen über die Agrarpolitik, seit den späten achtziger Jahren auch über die institutionelle Weiterentwicklung der Europäischen Gemeinschaft sowie im Hinblick auf die europäische Wirtschafts- und Währungsunion über die Konvergenz der Währungen und die Autonomie der Europäischen Zentralbank [vgl. R. MORGAN, France and Germany as Partners in the European Community, in 363, S. 105 f.]. Eine deutsche Wiedervereinigung konnte in dieses Konzept nicht hineinpassen und war von Pompidou bis Mitterrand unerwünscht, für Letzteren vielmehr ein „Schock", dem er mit der „idée d'encadrer la réunification dans une relance de la construction européenne" begegnete [382: SOUTOU, S. 395 u. 401]. Umso bedeutsamer war vor diesem Hintergrund die beiderseitige, durchgängige Fähigkeit zur Kooperation.

Während die bundesdeutsch-sowjetischen Beziehungen bislang nur aus der Perspektive der sowjetischen Deutschlandpolitik wissenschaftlich fundiert bearbeitet sind [326: ADOMEIT], haben die Beziehungen zwischen der Bundesrepublik und Polen ungleich größeres Interesse gefunden. Sie bewegten sich auf bundesdeutscher Seite in einem dreifachen Spannungsverhältnis von Interessen und Moral: erstens der Spannung zwischen deutscher Schuld gegenüber Polen im Zweiten Weltkrieg einerseits und den deutschen Verlusten der Ostgebiete und der Vertreibung samt den damit verbundenen Interessen andererseits; zweitens der Spannung zwischen Verständigung mit dem polnischen Volk und den Mechanismen des Ost-West-Konflikts; und drittens der Spannung zwischen einer Verständigung mit dem polnischen Volk und dem Kontakt mit vom Volk nicht legitimierten Machthabern. Während die Regierung Brandt im Warschauer Vertrag moralischen Erwägungen den Vorrang vor materiellen bundesdeutschen Interessen einräumte, verschärfte sich das dritte Spannungsverhältnis mit dem Entstehen der polnischen Oppositions- und Freiheitsbewegung in der Gewerkschaft Solidarnosc. Der insbesondere seitens der osteuropäischen Oppositionsbewegungen artikulierte (politische) Vorwurf vor allem an die Regierung Schmidt, „die Stabilität des kommunistischen Systems in Polen" gegen die gesellschaftliche Opposition unterstutzt zu haben [J. MACKÓW in ZfP 40 (1993), S. 391], verweist unterdessen auf das Problem des Umgangs mit der Regierung und/oder der Opposition in Polen auf Seiten der Bundesregierung. Dabei war „die latente Spannung zwischen politischem Realismus und moralischem Anspruch [...] während des Kalten Krieges und des Systemantagonismus nicht aufzulösen" [407: BINGEN, S. 327]. Zu einem prominenten Problem wurde im Zuge der Wiedervereinigung die Frage der deutschen Anerkennung der polnischen Westgrenze. Dabei ist allerdings noch zu klären, inwiefern diesen Auseinandersetzungen von Seiten der Bundesregierung wirklich sachliche Substanz zugrunde lag, oder ob dieses Thema als Projektionsfläche für anders gelagerte nationale und internationale Widerstände gegen die Bonner Vereinigungspolitik diente [vgl. auch 357: KÜSTERS, S. 849–863, und 426: KORGER, S. 64, 128 u. 130].

_{Sowjetunion}

_{Polen}

148 *II. Grundprobleme und Tendenzen der Forschung*

Israel

Vergleichbar moralisch beladen wie das Verhältnis zu Polen waren allein die deutschen Beziehungen zu Israel, die trotz ihrer historischen Bedeutung allerdings mit einer allgemeinen, aber nicht historisch-wissenschaflichen Darstellung [341: FELDMAN] und einem deskriptiven Abriss der zwischenstaatlichen Vertragsbeziehungen [434: WEINGARDT] historiographisch noch nicht aufgearbeitet sind.

Entwicklungspolitik

Ebendies gilt auch für die Entwicklungspolitik – „eine analytisch kaum entwirrbare Mischung aus karitativen Elementen, Hilfsinstrument bei der Eindämmungsstrategie gegenüber dem Kommunismus bzw. dem Kapitalismus, Unterstützung außenwirtschaftlicher Eigeninteressen und eigenständigen Ansätzen einer genuinen Entwicklungspolitik, die auf langfristige Beseitigung der Massenarmut in der Dritten Welt angelegt ist" [333: BRAUN, S. 209] – ebenso wie für die

Bundeswehr

Geschichte der Bundeswehr, deren Bedeutung nicht zuletzt aus der fundamentalen sicherheitspolitischen Orientierung der bundesdeutschen Außenpolitik resultiert [der politisch allzu einseitige Überblick von 404: D. BALD eröffnet immerhin Perspektiven einer Militärgeschichte der Bundesrepublik].

4. ZWEI STAATEN IN DEUTSCHLAND: DEUTSCHLANDPOLITIK, DEUTSCH-DEUTSCHE BEZIEHUNGEN – WIEDERVEREINIGUNG

Primat der Deutschlandpolitik in der Forschung

Die Deutschlandpolitik stand stets vor der Schwierigkeit, „den unregelmäßigen (und oft aussetzenden) Rhythmus der innerdeutschen Beziehungen dem tiefer pulsierenden Rhythmus der allgemeinen Ost-West-Beziehungen anzupassen" [418: HANRIEDER, S. 150]. Entsprechend dieser hohen Bedeutung der „gouvernemental-etatistisch[en]" Komponente [451: POTTHOFF, S. 342] im innerdeutschen Verhältnis ist historiographisch bislang vor allem die Deutschland*politik* untersucht worden, während die deutsch-deutschen Beziehungen auf gesellschaftlicher und kultureller Ebene und deren Wechselwirkungen mit der politischen Ebene noch kaum thematisiert worden sind.

Regierung Brandt

Die Deutschlandpolitik der Regierung Brandt war zentraler Bestandteil ihrer Ostpolitik. „Wandel durch Annäherung" sollte nach dem ursprünglichen Konzept zunächst praktische Verbesserungen der Beziehungen zwischen den Menschen in Ost- und Westdeutschland erbringen, auf diese Weise zweitens die Substanz der Nation bewahren und drittens, im Einvernehmen mit der Sowjetunion, durch eine Politik der Stabilisierung (statt der Unterminierung) der DDR samt der SED-Herrschaft zu ihrer Liberalisierung führen. Die konzeptionelle Verbindung von Anerkennung des Status quo und seiner Überwindung zugleich bleibt (wie überhaupt die komplexen konzeptionellen Grundlagen der sozial-liberalen Ostpolitik) unterdessen historiographisch noch erst zu differenzieren. Dies gilt ebenso für die Frage, ob der „'Philosophie' der Anerkennung" die (wie auch immer konkrete) Perspektive einer Wiedervereinigung innewohnte, was jedenfalls P. BENDER verneint [405, S. 166 f.].

Der deutsch-deutsche Grundlagenvertrag vom 21. Dezember 1972 stellte das deutsch-deutsche Verhältnis dann in vieler Hinsicht auf eine vertragliche Grundlage. Ob dabei wirklich von einer „Normalisierung der Beziehungen" [413: GRIFFITH, S. 291] gesprochen werden kann, ist allerdings zu bezweifeln. Denn erstens trat – wie besonders am Fall Berlins deutlich wird – eine wirkliche „Normalität" im deutsch-deutschen Verhältnis niemals ein, und zweitens ist auch dem Begriff als solchem gegenüber Vorsicht angebracht, weil der zeitgenössische „Schlüsselbegriff Normalisierung mit völlig unterschiedlichen Inhalten besetzt wurde": für die Bundesrepublik bedeutete er Annäherung und innere Liberalisierung der DDR, für diese strikte Autonomie und Abgrenzung von der Bundesrepublik [414: HACKE, S. 181].

Grundlagenvertrag

Mit der Bundesrepublik auf der Ebene souveräner Staaten umzugehen, andererseits vom Sonderverhältnis zur Bundesrepublik materiell zu profitieren, bedeutete für die DDR dabei ein geradezu dilemmatisches Spannungsverhältnis, zumal die Sowjetunion und die Ostblockstaaten, auch wenn sie selbst Kooperation mit der Bundesrepublik suchten, jede deutsch-deutsche Annäherung argwöhnisch beobachteten und zu unterbinden suchten [vgl. 376: SCHMIDT, S. 339–341].

Hinsichtlich der Folgewirkungen des Grundlagenvertrags besteht in der Forschung Einigkeit einerseits über die erhebliche Zunahme von persönlichen Kontakten durch Besuchsmöglichkeiten (vor allem von West nach Ost, in umgekehrter Richtung zumeist nur für Rentner) und über die Steigerung des innerdeutschen Handels. Zugleich ging auf der anderen Seite das Konzept der „Liberalisierung durch Stabilisierung" nicht auf, weil, im Gegenteil, die DDR-Führung aus „einfache[r] Selbsterhaltung" [405: BENDER, S. 198] eine „Eskalation der Abgrenzung" praktizierte [348: GARTON ASH, S. 280]. Und mehr noch, manches spricht dafür, dass die Anerkennung und Festigung des Status quo die DDR-Führung verleitete, „mit dem Schicksal vieler Menschen noch ungenierter" umzugehen und somit der Bundesrepublik insbesondere Häftlinge zum Freikauf anzubieten [432: SCHÖLLGEN, S. 122]. Denn die „Bundesrepublik hat lernen müssen, dass sie für alles, was sie von der DDR wollte, bar bezahlen musste". Die Erpressbarkeit der Bundesrepublik in humanitären Fragen führte dann unter Helmut Schmidt zur Praxis „mehr Menschlichkeit gegen Kasse" (H. Schmidt).

Ergebnisse und Folgen des Grundlagenvertrags

Dem Abschluss der grundsätzlichen vertraglichen Regelungen zu Beginn der siebziger Jahre folgte zunächst keine umfassende Ausgestaltung des innerdeutschen Verhältnisses. Die Regierung Schmidt brachte der Deutschlandpolitik weniger Aufmerksamkeit entgegen als die Regierung Brandt – und im Gefolge ist auch die Forschung darüber erheblich dünner. Pragmatismus auf der Grundlage des Status quo drohte Ende der siebziger Jahre in Stillstand überzugehen, bis Schmidt vor dem Hintergrund der weltpolitischen Krise zunehmendes Interesse an engeren Kontakten zur DDR-Führung entwickelte [448: MCADAMS, S. 113 f., 132 f. u. 138]. Das deutsch-deutsche Sonderverhältnis blieb auch über den Regierungswechsel von 1982 hinaus bestehen. Eine „neue Eiszeit" blieb signifikanter-

Deutschlandpolitik der Regierung Schmidt

weise und entgegen allen zeitgenössisch artikulierten Erwartungen gerade aus, nachdem die CDU/CSU seit Mitte der siebziger Jahre eine Anpassung an die sozial-liberale Ostpolitik vollzogen hatte [vgl. 546: HACKE, S. 44]. Dabei ist die Debatte um Kontinuität oder Neuorientierung der Bundesregierung Kohl gegenüber den sozial-liberalen Regierungen, um ihr Arrangement mit der deutschen Teilung oder ihre Perspektive der deutschen Einheit, mit der sie nach sieben Jahren konfrontiert wurde, bislang mit unverkennbar politischer Motivation im Wissen um die schließlich erfolgte deutsche Einigung geführt worden.

<small>Deutschland-
politik der Regie-
rung Kohl</small>

Unstrittig ist, dass die Regierung Kohl bis zum Herbst 1989 „keine operative Wiedervereinigungspolitik" [447: KORTE, S. 481] betrieb, weil das Thema nicht auf der internationalen Agenda stand. Zugleich wurde das Selbstbestimmungsrecht der DDR-Bevölkerung zum Zentralbegriff deutschlandpolitischer Zielvorstellungen: „Nicht die Einheit, sondern die Freiheit bildete den Kern der deutschen Frage" [ZIMMER, Konzeptionelle Dilemmata und operative Deutschlandpolitik in den achtziger Jahren, in 375, S. 424]. Die von M. ZIMMER benannten Ziele, „die Einheit der Nation zu wahren und die Teilungsfolgen zu lindern" [457, S. 234], humanitäre Erleichterungen zu erreichen und zugleich das Fernziel der deutschen Einheit aufrechtzuerhalten [458, S. 40f.], bedürfen allerdings der differenzierenden Konkretisierung.

Die kontroversen Urteile resultieren dabei aus der unterschiedlichen Gewichtung der beiden wesentlichen Komponenten der Deutschlandpolitik: zum einen, im Unterschied zur Praxis der sozial-liberalen Regierung, der verstärkten normativ-deklaratorischen Distanzierung von der DDR unter Betonung der grundsätzlichen ideologischen Differenzen und der Einheit der Nation [vgl. 447: KORTE, S. 479], und zum anderen zugleich dem Festhalten an der praktisch-operativen Kooperation mit der DDR. Während H. POTTHOFF das stabilisierende Entgegenkommen der Regierung Kohl gegenüber Ost-Berlin, das weniger als die sozial-liberalen Regierungen an humanitären Erleichterungen orientiert gewesen sei, polemisch weit überzieht [451], setzt auch P. BENDER den Hauptakzent auf die Kontinuität einer pragmatischen Politik des Nächstliegenden und des Möglichen [405, S. 220f.]. K.-R. KORTE und M. ZIMMER betonen hingegen gerade die Komplementarität von normativer Distanz und praktischer Kooperation und somit von Neuorientierung und Kontinuität.

Der „faktische deutschlandpolitische Konsens in der politischen Klasse der Bundesrepublik" in den achtziger Jahren [300: KIELMANSEGG, S. 539f.] kam dabei nicht zuletzt im von Franz Josef Strauß vermittelten „Milliardenkredit" für die DDR zum Ausdruck, während der Staatsbesuch Erich Honeckers in der Bundesrepublik im September 1987 sowohl die Betonung der ideologischen Fundamentalunterschiede in der Tischrede Kohls als auch die weit reichende westdeutsche Kooperationsbereitschaft, nicht zuletzt durch die höchste „faktische Anerkennung der DDR als unabhängiger und gleichberechtigter Staat durch die Bundesrepublik" [414: HACKE, S. 308], deutlich werden ließ.

Bilanziert man die deutsch-deutschen Beziehungen in der zweiten Hälfte der achtziger Jahre vor dem Zusammenbruch der DDR und der Wiedervereinigung, so ist eine qualitative Veränderung festzustellen: der Abbau der Selbstschussanlagen an der innerdeutschen Grenze, erleichterte Besuchsmöglichkeiten im Westen nicht nur für Rentner, Entgegenkommen der DDR bei Familienzusammenführungen und Übersiedlungsanträgen verleihen P. BENDERS Schlussfolgerung Plausibilität, dass die Konzeption des „Wandels durch Annäherung", die in den siebziger Jahren zunächst nicht aufgegangen war, Ende der achtziger Jahre unter einer unionsgeführten Regierung zum Tragen kam [437, S. 204].

Deutsch-deutsche Beziehungen Ende der achtziger Jahre

Die „kooperative Symmetrie" in den deutsch-deutschen Beziehungen dieser Jahre [457: ZIMMER, S. 231], nicht nur der Verzicht auf jede Destabilisierung der DDR, sondern das explizite Interesse an ihrer Stabilität [vgl. ZIMMER in 375, S. 425], und die immer höhere Zahl von Besuchen westdeutscher Politiker in der DDR, die im einzelnen im Hinblick auf ein Gesamtbild aufzuarbeiten sind, deuten allesamt auf ein hohes Maß an zeitgenössisch so empfundener Normalität in den innerdeutschen Beziehungen hin. T. GARTON ASH erklärt diesen Umstand – zwar jenseits des empirisch Fundierbaren, aber mit hoher Plausibilität – mit der normativen Kraft des Faktischen, mit kollektiver Autosuggestion, das immer wieder Gesagte irgendwann selbst zu glauben, und mit dem „Stockholm-Syndrom" (der besonderen Affinität einer Geisel zum Geiselnehmer) [348, S. 314–317]. Jedenfalls schlossen 1987 vier von fünf Deutschen aus, eine Wiedervereinigung noch im 20. Jahrhundert zu erleben (wobei etwa drei von vier das langfristige Ziel befürworteten) [443: HERDEGEN, S. 1263 u. 1265]. Und im Zeichen der „accomodation to the status quo" [448: MCADAMS, S. 176] wurde „die Sache der deutschen Einheit" in den achtziger Jahren „von keiner der deutschen Parteien mehr mit Energie und Nachdruck vertreten" [418: HANRIEDER, S. 413].

Auf Seiten der politischen Linken führte dies sogar zunehmend zu einer expliziten Wendung gegen eine Wiedervereinigung [276: BARK/GRESS, S. 548] im Zusammenhang mit einer, so H. A. WINKLER, Stilisierung der Teilung zur Sühne für „Auschwitz" [323, S. 653]. Die „Nebenaußenpolitik" mit der DDR, die die SPD seit 1982 aus der Opposition heraus führte, ist bislang ganz unter parteipolitisch-polemischen Vorzeichen diskutiert worden [vgl. etwa 568: FISCHER versus 451: POTTHOFF]. Unstritt dürfte jedoch sein, dass innerhalb der SPD in den achtziger Jahren zunehmend eine Abschwächung des Legitimationsvorbehalts gegenüber der SED und der DDR und generell der ideologisch-moralischen Dimension des Ost-West-Konflikts einsetzte und dass Teile der SPD sich in Vertraulichkeiten mit der Ost-Berliner Führung in einer gemeinsamen Opposition gegen die Bonner Bundesregierung verbanden [vgl. dazu, wenn auch pointierter im Urteil, 300: KIELMANSEGG, S. 543–545].

„Nebenaußenpolitik" der SPD

Nicht nur vor diesem Hintergrund stellt sich die Frage nach der Einwirkung der DDR auf die Bundesrepublik, zumal H. KNABE das Szenario einer vom ostdeutschen Geheimdienst „unterwanderte[n] Republik" suggeriert [444: KNABE, S. 302 f.; 445], den konkreten Nachweis allerdings nicht erbringt. Zwar unter-

Geheimdienstliche Einwirkung der DDR auf die Bundesrepublik

nahm das Ministerium für Staatssicherheit verschiedenartige direkte Aktionen gegen die Bundesrepublik wie die Einwirkung auf das konstruktive Misstrauensvotum 1972, die Platzierung von Agenten und die Anwerbung von Westdeutschen als Mitarbeiter der Staatssicherheit, physische Aktionen gegen ehemalige DDR-Bürger in der Bundesrepublik und die Unterstützung genehmer westdeutscher Organisationen beispielsweise in der Friedensbewegung. Dass zentrale politische Entscheidungen in der Bundesrepublik oder ihre politische Kultur durch die Einwirkung des MfS bzw. der DDR jedoch substanziell beeinflusst worden wären, lässt sich nach gegenwärtigem Kenntnisstand nicht belegen.

Ohnehin war der Einfluss der DDR auf die Bundesrepublik wirkungsgeschichtlich weit weniger bedeutsam als die umgekehrte Einwirkung. Wie kein anderer Staat im sowjetischen Herrschaftsbereich war die DDR ein vom Westen penetriertes System. Doch erst als die Sowjetunion dem SED-Staat die politische und damit zugleich die staatliche Bestandsgarantie entzog, konnten die innerdeutschen Faktoren wirksam werden, die das seines Fundaments beraubte SED-Regime zum Einsturz brachten und zur Wiedervereinigung führten.

Wiedervereinigung
Begriffe

Der Vorgang zur Herstellung der deutschen Einheit am 3. Oktober 1990 wird mit unterschiedlichen Begriffen bezeichnet. Eine „Neu-Vereinigung" [U. ALBRECHT in: APuZ 40 (1996), S. 11] war er jedoch nicht, und auch Bezeichnungen wie „Vereinigung" oder „deutsche Einheit" erfassen nicht seinen konstitutiven Rückbezug – die wenn auch partielle Wiederherstellung eines früheren territorialen Zustands und nicht ein neuartiger Zusammenschluss –, der dem Vorgang seine innere wie äußere Legitimität verlieh und der wiederum am treffendsten im Begriff der „Wiedervereinigung" (unabhängig von historischen oder zeitgenössischen politischen Konnotationen) zum Ausdruck kommt.

Forschung zur
Wiedervereinigung

Wissenschaftliche Forschungen zur deutschen Wiedervereinigung setzten bald nach dem Ereignis ein – vorrangig konzentriert auf den Prozess der Herstellung der deutschen Einheit und dabei vor allem auf die äußeren Aspekte –, was nicht zuletzt daran liegt, dass sehr rasch eine Fülle von Quellensammlungen und insbesondere von Selbstzeugnissen der beteiligten Akteure aus vielen Ländern publiziert wurden [vgl. dazu E. BRUCK in 461: BRUCK/WAGNER, S. 153–181, sowie 479: RÖDDER, S. 226–233], die wiederum die zeitgenössisch empfundene herausragende Bedeutung der Vorgänge wiederspiegeln.

Einen ersten Meilenstein setzte 1995 die Studie der beiden Mitarbeiter im Nationalen Sicherheitsrat von US-Präsident George Bush, PH. ZELIKOW und C. RICE, eine Mischung von wissenschaftlicher Monographie, narrativer Dokumentation unzugänglicher Akten und Selbstzeugnis vor allem aus amerikanischer Regierungsperspektive [487; treffender die engl. Ausgabe]. Zwar auf manche Stilisierungen der amerikanischen Rolle hin kritisch zu befragen, setzte diese fundierteste Darstellung nichtsdestoweniger die historiographischen Maßstäbe für die deutsche Wiedervereinigung. Auf deutscher Seite folgten drei Jahre später die Sonderedition von 430 Aktenstücken des Bundeskanzleramtes [79, darin auch eine umfangreiche Einleitung von H. J. KÜSTERS] sowie die voluminöse vierbändige „Geschichte der deutschen Einheit" über die „Deutschlandpolitik in Helmut Kohls Kanzlerschaft" [447: KORTE], den inneren Prozess [467: JÄGER/ WALTER], über die ökonomische Dimension mit dem „Wagnis der Währungs-, Wirtschafts- und Sozialunion" [463: GROSSER] und die „Außenpolitik für die deutsche Einheit" [486: WEIDENFELD/WAGNER/BRUCK; vgl. dazu HZ 270 (2000), S. 669–687]. Zusammen mit einer Fülle weiterer einzelner Monographien hat somit das Geschichtsbild der Wiedervereinigung bereits klarere Konturen gewonnen als das der achtziger Jahre.

Dabei haben sich insbesondere in der deutschen Historiographie (ebenso wie in der öffentlichen Erinnerung) zwei unterschiedliche und doch komplementäre Lesarten [so etwa bei 291: GÖRTEMAKER, S. 764 u. 787] etabliert, die zugespitzt als „Bürgerbewegungs-Legende" von der endlich geglückten demokratischen Revolution von unten und als „Kaukasus-Legende" von der geglückten „großen Politik" in Deutschland bezeichnet worden sind [480: RÖDDER, S. 128f.]. CH. MAIER [Das Verschwinden der DDR und der Untergang des Kommunismus. Frankfurt a.M. 1999, S. 26], K. JARAUSCH [468, S. 311–315; ganz pointiert in ZfG 48 (2000), S. 912–914 u. 917f.] oder H. POTTHOFF [451, S. 343] etwa erzählen die Geschichte der deutschen Einheit ganz aus der Perspektive der Bürgerbewegung der DDR, die den SED-Staat durch die „friedliche Revolution" gestürzt und als quasi automatische Folgewirkung die deutsche Einheit herbeigeführt habe. (Zur Frage der „Revolution in Deutschland" in einem auf das Ergebnis statt auf verursachende Faktoren und Genese zielenden Sinne vgl. die plausiblen Überlegungen von R. GRÜNBAUM [464, bes. S. 444 u. 449f.]. Sein auf den Gesamtvorgang unter Einschluss der internationalen Politik und der Wiedervereinigung abhebender Revolutionsbegriff ist jedoch vom auf die Bürgerbewegung verengten und dabei zumeist normativ aufgeladenen Revolutionsbegriff zu unterscheiden.)

,Große Erzählungen' der Wiedervereinigung

Die andere Erzählung stellt den „Durchbruch im Vereinigungsprozess" in den Mittelpunkt [so etwa 486: WEIDENFELD, S. 529–566, hier 558, im Einklang mit den Erinnerungen der beteiligten deutschen Politiker], den die Bundesregierung auf dem deutsch-sowjetischen Gipfel im Juli 1990 in Moskau und im Kaukasus erzielte, als sie die sowjetische Zustimmung zu einer uneingeschränkten deutschen NATO-Mitgliedschaft errungen habe. Demgegenüber heben die Quellenzeugnisse der amerikanischen und der sowjetischen Beteiligten sowie ZELIKOW/ RICE [487, S. 375 u. 384–390] ganz auf das amerikanisch-sowjetische Gipfelgespräch in Washington am 31. Mai 1990 ab, in dem Gorbatschow diese entscheidende Konzession grundsätzlich bereits gemacht hatte.

Beiden deutschen Lesarten gemeinsam ist die Unterschätzung der grundlegenden internationalen Ursachen. Die erste Ursache für den „Kollaps" der DDR ebenso wie für die Wiedervereinigung waren der Zusammenbruch der sowjetischen Herrschaft und die „Rücknahme der sowjetischen Unterstützung der DDR" [417: HAFTENDORN, S. 12]. Nicht für den Zusammenbruch der DDR, aber für die deutsche Vereinigung war zweitens die weltpolitische Disposition der Regierung Bush von grundlegender Bedeutung, die (im Gegensatz zur Re-

Ursachen der Wiedervereinigung

gierung Reagan in ihrer zweiten Amtszeit) mit einem Programm des „Europe whole and free" und der europäischen Einheit „based on Western values" offensiv darauf setzte, „das Spiel zu gewinnen" [487: ZELIKOW/RICE, S. 31 u. 216], und davon die Unterstützung für eine deutsche Wiedervereinigung ableitete.

Erst auf der Grundlage dieser weltpolitischen Konstellation konnten die genuin deutschen Faktoren für die Wiedervereinigung überhaupt wirksam werden: drittens der politische und administrative Zusammenbruch der DDR; viertens der mit der kaum kontrollierbaren Dynamik einer Massenbewegung artikulierte Wille der DDR-Bevölkerung zur möglichst schnellen Vereinigung mit der Bundesrepublik – gegen das dieserart manifestierte Selbstbestimmungsrecht der DDR-Bevölkerung wäre die Vereinigung nicht zustande gekommen; und schließlich das diese Bewegung aufgreifende Führungshandeln der Bundesregierung und insbesondere Helmut Kohls selbst, der in der Frage der Einheit gegen innere und äußere Widerstände „unbeirrt agiert[e]", wobei „erstmals [...] der Visionär Kohl den Machtpolitiker Kohl" überflügelte [410: FRÖHLICH, S. 261, 264, 288].

Äußere Widerstände gegen die Einheit

Gerade die äußeren Widerstände gegen eine sich abzeichnende Einheit waren Ende 1989 erheblich und sind von der Forschung klar herausgearbeitet worden. Die sowjetische Führung machte Bundeskanzler Kohl nach seinem Zehn-Punkte-Programm vom 28. November 1989 schwerste Vorwürfe, er gefährde die Stabilität in Europa [vgl. 460: BIERMANN, S. 340–343]. Die Gefährdung der Stabilität diente auch Margaret Thatcher als Fokus ihrer Vorbehalte gegen eine deutsche Vereinigung, die sich nicht zuletzt aus tiefsitzenden Überzeugungen vom „deutschen Nationalcharakter" speiste [260: THATCHER, S. 791; vgl. 469: KETTENACKER, S. 108 f. u. 120]. François Mitterrand, offenkundig gespalten zwischen den Werten der universalen Freiheit und französischen Interessen, belebte währenddessen französische Ängste vor einem „1914" und „1938" wieder [382: SOUTOU, S. 395; vgl. die wenn auch nicht durchgängig zuverlässigen Protokolle von 152: ATTALI, v.a. S. 350, 368–370, 495; differenzierter 481: SCHABERT]. Dabei standen die Regierungen jedenfalls in Paris und London mit ihren ablehnenden Haltungen keineswegs im Einklang mit der mehrheitlichen öffentlichen Meinung ihrer Länder [vgl. 473: LEHMANN]. Mangelnde Koordination zwischen diesen Regierungen, der Zeitfaktor insbesondere angesichts der Dynamik des Prozesses in Deutschland, schließlich das nach der Volkskammerwahl vom 18. März nicht mehr zurückzuweisende Argument der Selbstbestimmung der DDR-Bevölkerung machten Widerstand gegen die deutsche Einheit indes zunehmend unmöglich.

Innere Opposition

Auch innerhalb der Bundesrepublik stieß eine Wiedervereinigung – insbesondere auf der Grundlage eines Beitritts der DDR nach Art. 23 GG – keineswegs auf ungeteilte Zustimmung. Die SPD war in den Monaten des Vereinigungsprozesses tief gespalten über den Differenzen zwischen den Befürwortern einer Wiedervereinigung um Willy Brandt und denjenigen um Oskar Lafontaine, die zumindest gegen die hohe Geschwindigkeit des Prozesses, wenn nicht gegen eine staatliche Vereinigung an sich erhebliche Reserven hegten. Noch sehr viel dezidierter votierten die Grünen, die „bundesrepublikanischste' Partei in der deutschen Parteienlandschaft", zunächst mehrheitlich für die Zweistaatlichkeit, seit Februar 1990 für eine „Kooperation beider Staaten" ohne Wiederherstellung des Nationalstaats, aber unter Respektierung des Selbstbestimmungsrechts der DDR-Bevölkerung. Im Parlament lehnten sie die beiden Staatsverträge ab. Ebenso kamen viele kritische Stimmen aus den Reihen der Intellektuellen. Sie vermochten im politischen Entscheidungsprozess aber keinen Einfluss zu gewinnen, vielmehr waren die sozialdemokratisch regierten Bundesländer „der wichtigste Gegenpol der Regierungskoalition", wobei sie in erster Linie föderale Interessen verfolgten [vgl. 467: JÄGER/WALTER, S. 150–172, 180–195 u. 364–368; Zitate: S. 180, 188 u. 481; zur Haltung der Länder im Vereinigungsprozess vgl. auch 658: RENZSCH, S. 275–278].

Währenddessen stellten die wirtschaftlichen, sozialen, rechtlichen und administrativen Regelungen eine Aufgabe unübersehbaren Ausmaßes dar. Eine ökonomische „Stabilisierung der DDR aus eigener Kraft" wäre, so D. GROSSER pointiertes Urteil, „überhaupt nicht mehr möglich gewesen". Daher habe es zum Kurs der Bundesregierung mit einer frühen Währungs- und Wirtschaftseinheit nur eine realistische Alternative gegeben (da alle Stufenpläne „akademische Konstrukte ohne Realitätsbezug" auf die ökonomische Entwicklung einer eigenständigen DDR gewesen seien), nämlich Lafontaines Konzept eines „Verzicht[s] auf die Einheit mindestens jetzt" und des „Warten[s] auf eine europäische Lösung in der Zukunft", das jedoch dem Selbstbestimmungsrecht der DDR-Bevölkerung und der grundgesetzlichen Verpflichtung der Bundesrepublik widersprach. Der Einführung von D-Mark und Marktwirtschaft in der DDR am 1. Juli 1990 folgten der Absturz der Produktion und De-Industrialisierung, dauerhaft hohe Arbeitslosigkeit bei schneller Annäherung der Löhne und Renten an das Westniveau (die ebenso wie die Währungsumstellung politischen, nicht volkswirtschaftlichen Motiven folgte) – diese „Katastrophe" (K.-O. Pöhl) wäre, so GROSSER, „vielleicht in der ökonomischen Theorie, kaum aber in der politischen Praxis" abwendbar gewesen [463, S. 95, 497 u. 502 f.].

Wirtschafts-, Währungs- und Sozialunion

Das Problem des zu Zeiten der DDR enteigneten Besitzes an Grund und Boden bzw. Immobilien wurde in der Hoffnung auf dadurch angeregte Investitionstätigkeiten durch den Grundsatz „Rückgabe vor Entschädigung" geregelt. Inwieweit die Entscheidung, Enteignungen vor Gründung der DDR nicht rückgängig zu machen, auf sowjetischen Druck zurückzuführen war oder dieser, wofür manches spricht, der Bundesregierung jedenfalls sehr gelegen kam, um die Frage nicht eigens aufrollen zu müssen, bleibt im einzelnen noch zu klären [vgl. 463: GROSSER, S. 227–239, und 467: JÄGER/WALTER, S. 509–512]. Vom Juli 1990 an war der zweite Staatsvertrag – der Einigungsvertrag – das beherrschende innenpolitische Thema [dazu detailliert die Einleitung von H. J. KÜSTERS zu 79, S. 195–221, sowie JÄGER/WALTER, S. 478–525].

Hinsichtlich einer Bilanz der Wiedervereinigung bzw. des Prozesses zur Herstellung der deutschen Einheit besteht über die äußeren Aspekte weitgehend Einigkeit, dass es „die beste Lösung der deutschen Frage [war], die unter den gegebenen Umständen möglich war": die Gegensätze zwischen Wiedervereinigung und europäischer Sicherheit wurden „auf ein für alle erträgliches Maß" gemildert, „die Deutschen wurden vereint und blieben doch gebändigt. Es war beinahe die Quadratur des Kreises, die da glückte" [437: BENDER, S. 134] – selbst über ein so positiv wertendes Urteil wie „ein Glücksfall von Staatskunst" [102: KAISER, S. 21, auch 487: ZELIKOW/RICE, S. 370] besteht kaum Differenz. Hinsichtlich der inneren Seite der Vereinigung, insbesondere angesichts der sehr viel ungünstigeren ökonomischen Entwicklung in den neuen Ländern als 1990 erwartet und hinsichtlich der Schwierigkeit der inneren Integration allgemein liefert insbesondere D. GROSSERS offene und pointierte Darstellung einen auf das Ökonomische gerichteten Ansatzpunkt für Diskussion und Forschung, die noch ganz am Anfang steht.

5. INTEGRATION UND REGULIERUNG: STAATLICHE INSTITUTIONEN UND POLITISCHES SYSTEM

Staatsrechtslehre, Politikwissenschaft, Geschichtsschreibung

Staatliche Institutionen und das politische System stehen im Mittelpunkt der vorrangig rechtssystematisch orientierten Staatsrechtslehre und insbesondere der Politikwissenschaft, die stark „gegenwartsbezogene Erkenntnisinteressen" im Zusammenhang mit dem „Wertbezug ihres Untersuchungsprogramms" verfolgt [HOLTMANN in 287, S. 9 u. 14]. Unter solch synchronen und normativen Vorzeichen figuriert die historische Dimension zumeist nur als „Gegenwartsvorgeschichte" (E. SCHULIN). So sind genuin historische Deutungen in der Politikwissenschaft wenig etabliert [allein 300: KIELMANSEGG, das thematisch umfassende politikwissenschaftliche „textbook" von 499: G.-J. GLAESSNER, mit einem Schwerpunkt auf dem Regierungssystem im weiteren Sinne und der institutionellen Ausgestaltung der Bundesrepublik, sowie, thematisch umfassend und detailliert, 506; vgl. ansonsten die Bilanzen anlässlich der Jubiläen der Bundesrepublik, vor allem 298: KAASE/SCHMIDT (Hrsg.), 297: JESSE/LÖW (Hrsg.) und 287: ELLWEIN/HOLTMANN (Hrsg.)], und seitens der Geschichtswissenschaft bisher am ehesten im Bereich von Sozialstaat und Sozialpolitik in Angriff genommen worden.

Themen und Probleme

Zugleich benennen und problematisieren die unüberschaubar zahlreichen politologischen Publikationen [Überblick über Themen, Fragestellungen, Ansätze und Problemfelder sowie Positionen v.a. in 488 und in 525] die zentralen Themen, die anhand der Quellen in historischer Perspektive zu analysieren sind: Als *Verhandlungsdemokratie* ist der Zusammenhang von *Verbundföderalismus* und *Politikverflechtung* sowie deutschem *Korporatismus* bezeichnet worden, der durch die Einbindung organisierter Interessen in die Politik gekennzeichnet ist. Ein solch „vergesellschafteter Etatismus" [A. ZIMMER in 287, S. 223] bedeutete für das Verhältnis von *Staat und Gesellschaft* eine zunehmende staatlich-administrative Durchdringung und Regulierung von Gesellschaft und Wirtschaft unter der Beteiligung der intermediären Gewalten, wie sie sich insbesondere im *Sozialstaat* niederschlug. Zugleich verbanden sich mit dem *Parteienstaat* eine zunehmende Monopolisierung politischer Entscheidungsprozesse durch die *Parteien* und ihr zunehmendes Vordringen in die Gesellschaft hinein, während sich auf der Ebene des Regierungssystems die Form der *Koalitionsdemokratie* etablierte.

Zugrunde liegt den Entwicklungen des Staates und seines Verhältnisses zur Gesellschaft ein allgemeiner Wandel der Auffassung vom Staat – sei es als liberaler Rechtsstaat, sei es als Autorität *sui generis* oberhalb der gesellschaftlichen Interessen – hin zu einer Aushandlungsagentur zwischen den gesellschaftlichen Interessen und zum sozialinterventionistischen Wohlfahrtsstaat, „zum Generalagenten der Lebenszufriedenheit" der Bürger „mit nahezu allumfassender Zuständigkeit" [A. ZIMMER in 287, S. 224]. Wandel des Staatsverständnisses

Weitgehender Konsens, bei allerdings unterschiedlichen Gewichtungen der Komponenten, herrscht über den allgemeinen Befund zum politischen System der Bundesrepublik Deutschland in den siebziger und achtziger Jahren: der spezifischen Verbindung eines hohen Maßes an gesellschaftlicher Integration und politischer Stabilität durch Orientierung am Konsens mit einer Tendenz zu „langwierigen Aushandlungsprozessen und Entscheidungsblockaden" [J. SCHMID in 488, S. 111]. Allgemeiner Befund

a) Verhandlungsdemokratie, Korporatismus, Staat und Gesellschaft

Die institutionelle Grundlegung „für den Durchbruch der deutschen Verhandlungsdemokratie" ortet G. LEHMBRUCH in der Zeit der Großen Koalition, als mit dem Ausbau des deutschen ‚Verbundföderalismus' (W. STEFFANI) – etwa durch die Ausweitung des Steuerverbundes „zu einem komplexen Verflechtungssystem" – sowie „des deutschen Korporatismus" – etwa durch die Konzertierte Aktion im „Spannungsverhältnis zur Wettbewerbsdemokratie" – die „pfadabhängige Entwicklung der Verhandlungsdemokratie" wesentlich vorangetrieben worden sei. (Das der wirtschaftswissenschaftlichen Forschung entstammende Modell der Pfadabhängigkeit bezeichnet die Dauerhaftigkeit von einmal gewählten Institutionen und Arrangements unabhängig von den ursprünglichen Entstehungsbedingungen, wodurch der „Optionsspielraum für neue Entwicklungen" eingeengt wird.) [Die Große Koalition und die Institutionalisierung der Verhandlungsdemokratie, in 298, S. 42 f. u. 57 f.] „Verhandlungsdemokratie"

Obgleich „Korporatismus" zu einem „Modewort [...] in fast allen Konfliktfeldern" [491: v. BEYME, S. 231] geworden sein mag, lässt sich mit diesem begrifflichen Instrument doch das „Geflecht von Staatsorganen, Parteien und Großverbänden" erfassen, „aus deren Zusammenwirken die wirtschafts- und sozialpolitischen Entscheidungen des modernen Staates hervorgehen" [518: SONTHEIMER/BLEEK, S. 218], insbesondere auf den Feldern der Agrarpolitik, der Arbeitsbeziehungen und der Gesundheitspolitik. Die historische Entwicklung ebenso wie die „Korporatismus"

„spill-over Effekte des Korporatismus in immer weitere Bereiche und Agenden sind jedoch bisher nicht systematisch untersucht worden" [491: v. BEYME, S. 231].

Als Konstitutivum von Korporatismus erachtet G. LEHMBRUCH die politische Nutzung der institutionellen Strukturen. Demzufolge neigten insbesondere die sozialdemokratisch geführten Regierungen zur Realisierung von bundesdeutschem Korporatismus, während die Regierung Kohl auf konsensmaximierende Konzertierung verzichtete, ohne dass sich indes das institutionelle Gefüge geändert hätte [Zusammenfassung der Diskussion bei B. WESSELS, Die deutsche Variante des Korporatismus, in 298, S. 89–96]. Diese Position wirft die erst noch zu beantwortende Frage nach dem Verhältnis von prozesspolitischen und institutionellen Komponenten des Phänomens „Korporatismus" auf.

Zugleich steht „Korporatismus" wesentlich im Zusammenhang der allgemeinen Entwicklung, indem er ein zentrales Element der für die Bundesrepublik spezifischen „Politik des mittleren Weges" [M. G. SCHMIDT, in: APuZ 8–10 (1990), S. 23] darstellt, während die zunehmende gesellschaftliche Pluralisierung und Individualisierung zu „abnehmenden Mitgliederzahlen der Organisationen des korporatistischen Kerns" und zu „Legitimationseinbußen des korporatistischen Modells" führten [WESSELS in 298, S. 103].

Verrechtlichung

Ein Desiderat stellt die historisch-empirische Erarbeitung auch der Verrechtlichung zunehmender Bereiche von Wirtschaft und Gesellschaft dar. Zwar hat E. MÜLLER [511] die erhebliche Zunahme der Normenproduktion als quantitatives, nicht als qualitatives Problem einer umfassenden Verrechtlichung zuvor ungeregelter Lebensbereiche relativiert. Nichtsdestoweniger bedeutet Zunahme von Quantität ab einem gewissen Maße auch eine Veränderung der Qualität, und jedenfalls hat eben diese quantitative Ausweitung zunehmend zur Unübersichtlichkeit der für die Wirkung staatlichen Handelns besonders bedeutsamen Verwaltung geführt [N. DOSE, Der deutsche Rechtsstaat, in 287, S. 126 f.].

b) Sozialstaat und Sozialpolitik

Sozialstaat und Sozialpolitik

Der spezifisch deutsche Begriff des „Sozialstaats" bezeichnet das gesamte wohlfahrtsstaatliche Arrangement und steht in enger Beziehung zum inzwischen ebenfalls vorwiegend institutionell bestimmten Begriff „Sozialpolitik" [dazu grundlegend F. X. KAUFMANN in 592, S. 7-101, bes. S. 92–100, das folgende Zitat S. 99]. Diese dient der „Vermittlung von Staat und bürgerlicher Gesellschaft" und stellt somit in besonderem Maße das Feld des Zusammenwirkens von Staat, Wirtschaft und Gesellschaft dar. Ohnehin am ehesten Gegenstand historischer Analysen [vgl. den allgemeinen internationalen Überblick von G. A. RITTER, 595, die verschiedenen Überblicksdarstellungen von H. G. HOCKERTS, etwa in 285, sowie 594: DERS. (Hrsg.) (nach Sachthemen aufgegliederter Vergleich zwischen dem nationalsozialistischen Deutschland, der Bundesrepublik und der DDR), aus sozialwissenschaftlicher Sicht 596: SCHMIDT, den detaillierten, thematisch umfassenden Überblick von 591: FRERICH/FREY sowie den Artikel Sozialstaat in 686 von J. ALBER u. a.], wird dieser Gegenstandsbereich durch die integrale elfbändige „Geschichte der Sozialpolitik in Deutschland seit 1945" [592] historiographisch besonders fundiert erforscht.

Über die ursprüngliche Bestimmung zum Schutz vor Not und zur sozialen Sicherung des Einzelnen gegen die Grundrisiken des Einkommensverlustes hinaus haben Sozialstaat und Sozialpolitik ihren Aufgabenbereich auf die Förderung sozialen Ausgleichs bzw. die Kontrolle und Eindämmung sozialer Ungleichheit sowie die Regulierung der (hier in Kap. II.6 behandelten) Arbeitsbeziehungen ausgedehnt. Unstrittig ist der allgemeine Befund eines für die Geschichte der Bundesrepublik signifikanten Funktionswandels des Sozialstaates und der Sozialpolitik von individueller Risikoabsicherung zu umfassender Daseinsvorsorge.

Dabei spielt der „Sozialstaat" insofern eine „spannungsgeladene Doppelrolle", als er zwar zu sozialpolitischem Handeln verpflichtet ist, aber keinen aktiven gesellschaftssteuernden Interventionismus betreiben soll. Auch in dieser Hinsicht wird allgemein eine „Zwischenposition des deutschen Sozialstaats zwischen marktliberaler und sozialdemokratischer Ordnungspolitik bzw. zwischen Subsidiarität und Solidarität", zwischen knapp ausgestatteten Sicherungssystemen zur Ergänzung privater Vorsorge und universell-egalitären steuerfinanzierten Wohlfahrtsstaaten skandinavischen Typs konstatiert; der deutsche Sozialstaat „steht radikalen Reformen im Wege und begünstigt Kontinuität" [ALBER u. a. in 686, S. 653, 657 u. 659].

Auch hinsichtlich der Periodisierung der Geschichte des bundesdeutschen Sozialstaats und ihrer inhaltlichen Bedeutung herrscht breiter Konsens. Eine „Konstitutionsphase" zwischen 1949 und 1966 [L. LEISERING in 287, S. 184] im Rahmen eines europaweiten Aufbaus moderner Wohlfahrtsstaatlichkeit in Zeiten des Booms [643: KAELBLE, S. 29 f.] unterteilt H. G. HOCKERTS durch die Zäsur 1957/58 im Übergang vom Wiederaufbau zum Wohlstandserwerb. Insbesondere die Rentenreform von 1957 stellte Weichen, indem sie das an Arbeitseinkommen gebundene Sozialversicherungsprinzip mit lohnbezogenem Beitrag und beitragsbezogenem Leistungsanspruch als grundlegendes Ordnungsmodell bestätigte und zugleich einen Funktionswandel sozialstaatlicher Leistungen von der Überlebenshilfe zur Status-Sicherung einleitete [Metamorphosen des Wohlfahrtsstaates, in 285, S. 37 f.]. *Periodisierung*

Die „Modernisierung des Sozialstaats" seit 1966 [LEISERING in 287] geriet insbesondere während der Regierung Brandt zur „größten Beschleunigung der sozialstaatlichen Expansion" im Zeichen eines Übergangs von Sozialpolitik zu „Gesellschaftspolitik" mit dezidiert sozialplanerischem Anspruch [HOCKERTS in 592, S. 192]. Diese Expansion basierte weitgehend auf einer „Allparteienkoalition"; insbesondere die Rentenreform von 1972 war das „Ergebnis eines beispiellosen Sozialpolitikwettlaufs" [596: SCHMIDT, S. 97, detailliert dazu 593: HOCKERTS] und bedeutete zugleich, so M. G. SCHMIDT, eine „riskante Grundsatzentscheidung": eine Schmälerung der Einnahmen und erhöhte Inanspruchnahme *Expansion Anfang der siebziger Jahre* von Sozialleistungen im Falle einer Rezession oder rückläufiger Wachstumsraten konstituierte eine „strukturelle Finanzkrise der Sozialpolitik" [596, S. 98], die mit der Trendwende von 1973 alsbald akut wurde.

Wende 1974/75 Vor diesem Hintergrund stellte der im Sozialpolitischen sehr viel deutlicher als in der Wirtschafts- und Arbeitsmarktpolitik ausfallende Kurswechsel der Regierung Schmidt 1974/75 die wichtigste und allseits besonders betonte Wendemarke der Sozialstaatsentwicklung in den siebziger und achtziger Jahren dar [vgl. auch F. KAHLENBERG in 592, S. 103–167, oder 591: FRERICH/FREY]. In diesem Übergang von der Expansion zur Bestandserhaltung erkennt J. ALBER im Hinblick auf das Gesundheitswesen auch Konturen einer „ordnungspolitischen Strategie": eine „politisch betriebene [...] Veränderung der Machtrelationen im System der Vielfachsteuerung zugunsten der Kassen und des Bundes" [589, S. 164]. Zugleich zeichnete sich, so M. G. SCHMIDT, am Ende der sozial-liberalen Koalition „eine langfristig bedrohliche Entwicklung ab: ein teurer Sozialstaat mit wachsender Expansionstendenz infolge von Arbeitslosigkeit und Alterung auf der einen Seite und stagnierende, schrumpfende oder bestenfalls im Schneckentempo wachsende Beschäftigung auf der anderen" [596, S. 101].

Sozialpolitik der Regierung Kohl Die mit diesen Problemen konfrontierte Sozialpolitik der Regierung Kohl findet eine ebenfalls im Grundsatz einhellige Einschätzung im Befund einer „moderaten Konsolidierungspolitik" unter Rückführung der Sozialleistungsquote von 33,3% im Jahr 1982 auf 29,5% im Jahr 1990, die aber keinen „Kahlschlag" darstellte, sondern bald schon aktiv an „Traditionen des ‚Sozialen Kapitalismus'" anknüpfte. „Neuerungen an der Schnittstelle von Familien- und Arbeitsmarktpolitik" [596: SCHMIDT, S. 103–105 (Zitate) u. 107] bestanden vor allem in Erziehungsgeld, Erziehungsurlaub und der Anrechnung von Kindererziehungszeiten im Rentenrecht, deren rechtssystematische Bedeutung H. G. HOCKERTS hervorhebt, denn sie „lockerte die erwerbsarbeitszentrierte Ausrichtung der Sozialversicherung und erweiterte sie um die Anerkennung der Familienarbeit" [in 592, S. 194, vgl. auch S. 571 (H. F. ZACHER)]. Diese grundsätzliche „Aufwertung familien- und frauenpolitischer Anliegen in der Sozialversicherung" [596: SCHMIDT, S. 105] hat C. OFFE als „konservativen Staatsfeminismus" gedeutet [zit. nach 596: SCHMIDT, S. 105].

Wiedervereinigung Im Zuge der deutschen Wiedervereinigung wurden die bundesdeutschen sozialstaatlichen Institutionen auf die neuen Länder übertragen, so dass dort ein „gigantischer Wohlfahrtsstaat im Übergang" entstand, der zusammen mit der bereits angelegten strukturellen Finanzkrise des Sozialstaats zu seiner finanziellen Überlastung und auch öffentlichen Infragestellung in den neunziger Jahren führte [LEISERING in 287, S. 185].

Krise des Sozialstaats Dabei blieb der Sozialstaat in den siebziger und achtziger Jahren eine nationalstaatliche Domäne [596: SCHMIDT, S. 245 u. 252]. Die europäische Einigung machte sich sozialpolitisch erst in den neunziger Jahren bemerkbar, und auch da weniger durch konkrete Maßnahmen als durch eine Europäisierung der politischen und ökonomischen Rahmenbedingungen. Sehr viel nachhaltiger schlug, so

H. F. ZACHER, die Globalisierung auf den Sozialstaat durch, indem sie insbesondere durch die Lösung des Kapitals aus seinen nationalen Bindungen die „Herrschaft der Nationalstaaten über die wirtschaftlichen und sozialen Verhältnisse" in historisch beispielloser Weise minderte und die Frage nach der Verteilung der Kosten für den Sozialaufwand zwischen Kapital und Arbeit ganz neu stellte [in 592, S. 588–594, Zitat S. 589].

c) Verbundföderalismus und Politikverflechtung

Der föderative Staatsaufbau der Bundesrepublik ist gekennzeichnet durch ein dezentralisiertes Aufgaben- und Finanzsystem und zugleich durch ein Verbundsystem zwischen Bund, Ländern und Gemeinden. Für diese gemeinsame Ausübung von Kompetenzen durch mehrere unabhängige politische Ebenen hat F. W. SCHARPF in den siebziger Jahren den Begriff der „Politikverflechtung" eingebracht. Zugleich hat sich – in Unterscheidung von der stärkeren Trennung der Ebenen etwa in den USA, die als „dualer" oder „separativer Föderalismus" charakterisiert wird – die Bezeichnung als „kooperativer" bzw. „Verbundföderalismus" etabliert [R. ZINTL in 287, S. 471].

Schon in den frühen sechziger Jahren hat K. HESSE eine zunehmende Tendenz zum „unitarischen Bundesstaat" angenommen, und übereinstimmend wird ein zunehmendes legislatives, finanzwirtschaftliches und administratives „Vordringen des Bundes in Aufgabenbereiche der Länder" insbesondere seit 1969 festgestellt [E. H. RITTER und W. RENZSCH in 287, S. 346–348 u. 376 (zweites Zitat)]. Seine legislativen Instrumente waren hauptsächlich die 1969 eingerichteten „Gemeinschaftsaufgaben" zwischen Bund und Ländern (v.a. zum Hochschulbau und zur regionalen Wirtschafts- und Agrarstruktur) sowie der „Finanzausgleich" (in vertikaler Dimension zwischen Bund, Ländern und Gemeinden und in horizontaler Dimension zwischen finanzstarken und finanzschwachen Ländern unter Berücksichtigung der Gemeinden).

Bund und Länder

Die Finanzverfassungsreform von 1969, mit der die Mehrwertsteuer in den Finanzverbund einbezogen wurde, stellt für W. RENZSCH die „einschneidendste Veränderung des föderalen Gefüges der Bundesrepublik" im Zeichen der „Politikverflechtung" dar, indem sie die Finanzkraftunterschiede der Länder 1970 auf ein Spanne von 95,6 bis 104,7% einebnete [658, S. 282]. So kam das Deutsche Institut für Wirtschaft 1987 zu dem nur auf den ersten Blick widersprüchlichen Befund, dass zwischen den Bundesländern beträchtliche Unterschiede beim Wachstumstempo und hinsichtlich der Arbeitslosigkeit zugunsten der südlichen Bundesländer bestanden, während sich die Niveauunterschiede beim Bruttosozialprodukt und in der Finanzkraft deutlich vermindert hatten. Im Rahmen eines sich ausprägenden Süd-Nord-Gefälles in der Bundesrepublik gingen dabei in den siebziger Jahren insbesondere die Entwicklung in Bayern, dessen Entwicklung zunächst als rasches Aufschließen an das wirtschaftliche Niveau in der übrigen Bundesrepublik (und schließlich seine Überholung) zu deuten ist, und

Finanzverfassung

in Nordrhein-Westfalen, das am härtesten vom gesamtwirtschaftlichen Strukturwandel zuungunsten der traditionellen warenproduzierenden Industrien getroffen wurde, signifikant auseinander [630: GEPPERT u. a. (Hrsg.), S. 439–463, 470–476, 504, 511–515; zur Geschichte der einzelnen Länder vgl. überblicksweise 521: WEHLING (Hrsg.), zur speziellen wissenschaftlichen Aufarbeitung paradigmatisch die Reihe 277].

Bundesrat

Wenn W. RENZSCH für den bundesdeutschen Föderalismus bilanzierend Konsens, Stabilität und politische Integrationskraft einerseits mit Entscheidungsträgheit und Effizienzmängeln andererseits kontrastiert [in 287, S. 382], entspricht diese Ambivalenz ganz dem allgemeinen Befund zum politischen System. Dies gilt ebenso für den Bundesrat als der Institutionalisierung des „Beteiligungsföderalismus" [H. ABROMEIT/F. WURM nach 287, S. 348]. P. GRAF KIELMANSEGG sieht in diesem Zusammenhang das „Charakteristikum des bundesrepublikanischen Föderalismus" in dem Umstand, „dass die Länder ihre politische Bedeutung weniger aus ihrer Autonomie als aus ihrer Mitregierung im Bund gewinnen", wobei „Verfassungsregeln, denen es eigentlich um die Balance zwischen Bund und Ländern ging, [...] die Balance zwischen Regierung und Opposition" veränderten. Die „eigentliche politische Bedeutung des bundesrepublikanischen Föderalismus" lag demzufolge darin, „eine stabile Struktur der Machtteilung zwischen den beiden großen Parteien" herbeizuführen [300, S. 311 u. 314]. Dies bedeutete zugleich eine Überlagerung des Bundesstaates durch den Parteienstaat [U. ANDERSEN in 488, S. 82].

Kommunen

Von herausragender Bedeutung für die Struktur der Gemeinden war die kommunale Gebietsreform am Ende der sechziger und Anfang der siebziger Jahre mit dem Ziel, vergrößerte und homogene Verwaltungseinheiten zu schaffen (die Zahl der selbstständigen Gemeinden verringerte sich von insgesamt etwa 24 000 auf 8 500, wobei vor allem kleine Gemeinden mit weniger als 1000 Einwohnern wegfielen). In der Bilanz ist ein „radikal veränderte[s]" Erscheinungsbild der Kommunalverwaltungen festzustellen: professionalisierte Verwaltungen durch die Umwandlung von Honoratioren- in „Inspektorenverwaltung", daher „bessere Sachkunde und höhere Rechtssicherheit, andererseits aber auch mehr Bürokratie" und Distanz zwischen Wählern und Gewählten, bei institutionalisierten Partizipationsmöglichkeiten und zugleich erhöhten Einflussmöglichkeiten der politischen Parteien in den vergrößerten Einheiten [W. THIEME in 506, S. 1041 f. (Zitate), O. W. GABRIEL in 287, S. 160–162, ebd. S. 544–564 auch der Überblick zur Entwicklung der kommunalen Selbstverwaltung von H.-G. WEHLING].

d) Wahlen und Wähler

Zu allen Bundestagswahlen sind zeitnah detaillierte Wahl- und Wähleranalysen vorgenommen worden [bibliographische Erfassung u. a. im Anhang der umfassenden und reichhaltigen Sammlung von wahlstatistischem Material in einem weiten Sinne von Wahlgeschichte von 56: RITTER/NIEHUSS]. Aus den verschiedenen Untersuchungen [Zusammenfassung der Ergebnisse von R.-O. SCHULZE in 488, S. 632–634, sowie von H. D. KLINGEMANN in 298, S. 121–125] lassen sich zwei große Trendbewegungen in der Geschichte der Bundesrepublik ableiten: einem Konzentrationsprozess hin zu einem zweipoligen Parteiensystem mit den Parteien CDU/CSU, FDP und SPD in den ersten drei Jahrzehnten folgten seit der zweiten Hälfte der siebziger Jahre Dekonzentrationsprozesse und ein Rückgang struktureller Wählerbindungen. Diese Entwicklungen waren eingebettet in die allgemeinen sozialkulturellen Entwicklungen von Individualisierung, Pluralisierung und Entnormativierung (vgl. Kap. II.8), die sich allerdings nicht unmittelbar im Wählerverhalten abbildeten.

<small>Trendbewegungen</small>

Denn der – historiographisch noch zu fundierende und konkretisierende – Befund für die Entwicklung seit den späteren siebziger Jahren ist von spezifisch doppelter Art, weil zugleich machtvolle Persistenzen zu beobachten sind: „Einer deutlichen Verschiebung in der sozialstrukturellen Komposition des Elektorats steht eine weitgehend intakt gebliebene politische Prägkraft der sozialstrukturell begründeten Interessenlage der Wähler gegenüber. [...] Die Wähler mit Parteiidentifikation verlieren quantitativ an Bedeutung. Andererseits deuten die Befunde auf eine weitgehend stabile Determinationskraft der Parteiidentifikation hin" [J. W. FALTER/H. SCHOEN, komprimiert in 287, S. 454–470]. Auch die Zuordnungen von „neuen Milieus", Lebenslagen und Lebensstilen (vgl. Kap. II.7) zu Parteibindungen sind problematisch und am ehesten im Fall der Grünen griffig [U. v. ALEMANN in 538: MINTZEL/OBERREUTER (Hrsg.), S. 101–103].

<small>Rückgang und Persistenz von Parteiidentifikation</small>

Die Persistenz von Parteibindungen im Wahlverhalten lässt sich – nach allgemeiner politikwissenschaftlicher Übereinstimmung – sozialstrukturell vor allem anhand zweier gesellschaftlicher Konfliktlinien erklären: zwischen Arbeit und Kapital bzw. sozialstaatlicher Umverteilung und marktwirtschaftlicher Orientierung sowie zwischen den Konfessionen („‚cleavage'-Theorie" [konzise Zusammenfassung in 525, S. 243–248] in Verbindung mit dem „Ann-Arbor-Ansatz" von der prominenten Bedeutung längerfristiger Wählerbindungen an Parteien).

<small>Wahlverhalten entlang gesellschaftlicher Konfliktlinien</small>

Für die Konfliktlinie Kapital-Arbeit gilt abermals der doppelte Befund, dass die Bindung gewerkschaftlich orientierter Wähler an die SPD und allgemein die „traditionellen sozialen, wirtschaftlichen, sozialkulturellen und weltanschaulichen Milieuverankerungen in den Wählerschaften der Parteien" aufrechterhalten blieben. Zugleich haben H.-J. VEEN und P. GLUCHOWSKI für die sechziger und frühen siebziger Jahre – die „eigentliche soziale Nivellierungsphase" für die großen Parteien – eine in den achtziger Jahren zum Stillstand gekommene sozialstrukturelle Annäherung zwischen Unions- und SPD-Wählern, „am ausgeprägtesten in ihren Bildungs- und Berufsprofilen und den Frauen- und Männeranteilen", festgestellt. Insgesamt wurden „soziale Herkunft, Schicht, Bildung und Beruf für die individuelle Parteipräferenz immer weniger bestimmend" [531, S. 183 f.].

Konfession und Wahlverhalten

Die konfessionelle Prägung des Wahlverhaltens bis in die frühen achtziger Jahre hat insbesondere K. SCHMITT untersucht. Trotz der offensichtlichen Erosion des katholischen Milieus (vgl. Kap. 8) hat er angesichts der fortdauernden Konzentration katholischer Wählerstimmen auf die Union und einer gleichbleibenden Differenz des Anteils von Unionswählern unter Protestanten (30–40%) und Katholiken (ca. 60%) keine Nivellierung der konfessionellen Unterschiede im Wahlverhalten feststellen können. Als Erklärung führt er den „Doppelcharakter der Unionsparteien als Milieupartei des Katholizismus einerseits und als Sammlungsbewegung rechts von der SPD andererseits" an, der aus dem katholischen Milieu ausgetretenen Wählern die Kontinuität ihrer parteipolitischen Loyalität ermöglichte. Zugespitzt: „Der fortbestehende Konfessionalismus des Wahlverhaltens verdankt sich der Entkonfessionalisierung der Unionsparteien" [530, bes. S. 136–140, 298 u. 304 (Zitat)].

e) Parteienstaat, Parteiensystem, Parteien

Von besonderer Relevanz für die Verfassungswirklichkeit der Bundesrepublik sind die Konzepte „Parteienstaat" und „Volkspartei" [zur politologischen Diskussion der Begriffe 513: NICLAUSS, S. 25–35].

Begriffe: Parteien

Parteien sind, so G.-J. GLAESSNER im Anschluss an die klassische Definition von O. STAMMER (1969), Verbände erstens mit der besonderen Aufgabenstellung, gesellschaftliche Interessen im staatlichen Bereich bei besonderem Zugang zu Gesetzgebung und Verwaltung zu vertreten, sowie zweitens mit politisch und ideologisch motivierten Zielvorstellungen, die ihre Wirksamkeit drittens im Rahmen eines Parteiensystems entfalten und viertens auf den Gewinn von Wählerstimmen ausgerichtet sind [499, S. 318]. P. LÖSCHE und andere heben neben der Transmissionsfunktion zwischen Staat und Gesellschaft sowie der daraus abgeleiteten Legitimierungsfunktion für den politischen Prozess auch die Aufgabe der politischen Elitenrekrutierung auf Seiten der Parteien hervor [536, S. 14f.].

„Parteienstaat"

Das politische System der Bundesrepublik war und ist, ganz im Gegensatz zur Weimarer Republik, so sehr durch die starke Stellung der Parteien geprägt, dass von einem „Parteienstaat" zu reden ist. Insbesondere unter dem verfassungsrechtlichen Einfluss von G. LEIBHOLZ ist er als eine „,rationalisierte Erscheinungsform der plebiszitären Demokratie oder [...] ein Surrogat der direkten Demokratie im modernen Flächenstaat'" interpretiert und legitimiert worden [nach J. SCHMID in 488, S. 444]. Differenziert, aber kompliziert definiert A. MINTZEL den demokratischen Parteienstaat als „gesellschaftliche und politische Konfliktregelung, in welcher eine Mehrzahl dem Anspruch nach demokratisch organisierter und orientierter politischer Parteien sowohl im Bereich gesellschaftlicher Interessenvermittlung als auch im Bereich staatlicher Entscheidung und Steuerung eine dominante und zentrale Stellung einnehmen" [hier nach 285, S. 80].

„Volksparteien"

Auf O. KIRCHHEIMER (1965) geht die Wortprägung der „catch-all parties" als „echte Volksparteien" unter Verlust der ideologischen Unterschiede zurück. Der politisch-affirmativen Verwendung des Begriffs „Volksparteien" durch die Parteien selbst hält K. NICLAUSS jedoch seine mangelnde analytische Kapazität entgegen [513, S. 30–33]. Auch hier hat A. MINTZEL einen differenzierten Begriff von „Großparteien" als „Klassen und Schichten übergreifenden, in sich hoch komplexen ‚Massen- und Apparatparteien modernen Typs'" bzw. als „hoch komplexe Mischtypen" und zugleich weltanschaulich und sozialstrukturell (und regional) unterscheidbare „Tendenzbetriebe" vorgeschlagen [hier nach 285, S. 84 u. 86], der sich allerdings nicht vollständig etabliert hat.

Das Parteiensystem der Bundesrepublik ist von G. SARTORI mit einer klassischen Formulierung als „gemäßigter Pluralismus" charakterisiert worden: drei bis fünf relevante Parteien in einem „maßvollen Wettbewerb und einer relativ geringen ideologischen Distanz zueinander" (und keine in Opposition zum System) gruppiert um eine „bipolare Koalitions-Konfiguration" [J. SCHMID in 488, S. 453; als Übersichten vgl. 513: NICLAUSS; 538: MINTZEL/OBERREUTER (Hrsg.); zeitgenössisch 540: STÖSS (Hrsg.)]. Die bis 1961 etablierte Dreierkonfiguration aus Union, FDP und SPD wurde 1983 durch das Hinzutreten der Grünen zu einem Vier-Parteien-System erweitert, das aber bis 1990 „keine deutlichen Konturen mehr" gewann [300: KIELMANSEGG, S. 295]. — Parteiensystem

Die Forschung über Parteien verfolgt grundsätzlich sechs zentrale Fragestellungen und Themen: politische Entscheidungspraxis; Wettbewerbsposition im Parteiensystem; gesellschaftliche Interessenbezüge; Wählerpotenzial und -struktur; Ideologie und Programmatik; sowie die Organisation in einem weiten Sinne von der Sozialstruktur der Mitglieder über Aufbaustruktur und Führungsmuster bis zu Finanzierung und Kommunikationsressourcen. Jenseits allgemeiner und meist unstrittiger Aussagen ist die Geschichte der Parteien in den siebziger und achtziger Jahren noch völlig unzureichend erforscht. Ebenso zählen Entwicklung und Ausbau des Einflusses der politischen Parteien auf zunehmende Bereiche des staatlichen und gesellschaftlichen Lebens zu den zentralen Desideraten historisch-empirischer Forschung. — Parteienforschung

Dies gilt zunächst für die CDU, die P. HAUNGS als „Prototyp einer Volkspartei" bezeichnet hat [in historischer Perspektive beschreibt 548: KLEINMANN „mit Sympathie für den ‚Helden'" (S. 12), aber ohne Anmerkungen vor allem das Entscheidungshandeln in der Parteiführung bis 1982; thematisch breiter angelegt, flüssig und plausibel, aber analytisch nicht sehr tiefgehend 542: BÖSCH; zur Modernisierung der Parteiorganisation seit den 70er Jahren 549: LANGE; (wenn auch mitunter geneigte) chronologische, biographische und Sachartikel sowie statistisch-tabellarisches Material in 541; auf die besondere Bedeutung der Landesverbände verweist 551: SCHMID]. Im Mittelpunkt des bisherigen Interesses steht die Parteireform nach Helmut Kohls Wahl zum Vorsitzenden 1973 neben der Ausweitung der Sozialstruktur der Wählerschaft und der erheblichen Zunahme der Mitgliederzahl. Die Partei emanzipierte sich dabei von der Bundestagsfraktion und wurde „moderne Volkspartei" [552: SCHÖNBOHM]. Der „Ausbau des administrativen und vermittlungsorientierten Funktionskomplexes der Partei", so die — CDU gründlichste Studie zur Parteimodernisierung, ging einher mit einer „Professionalisierung des hauptamtlichen Personals". Im Zuge der Programmdiskussion erlebte die CDU eine „ideologische Ausfächerung der Parteiflügel", wobei die zentrale Strömung um Kohl als integrierender „pragmatischer Zentrismus" bezeichnet werden kann [549: LANGE, S. 482 f.].

Dass diese Entwicklung mit einer Demokratisierung der innerparteilichen Willensbildung verbunden gewesen sei [552: SCHÖNBOHM, S. 295–303], ist bestritten worden [545: FALKE, S. 256–262]. Für die noch weniger untersuchten Regierungsjahre nach 1982 lässt sich jedenfalls eine Verschiebung des Machtzentrums der Partei auf das Kanzleramt [549: LANGE, S. 495] und eine Tendenz hin zum „Modell der organisierten Kanzlerpartei" [542: BÖSCH, S. 270] beobachten, wobei auch die spezifische Verbindung von Parteiführung und Kanzleramt im zeitgenössisch so genannten „System Kohl" und seine Entwicklung über den Regierungsstil hinaus [dazu v.a. die Arbeiten von 447: KORTE] zu erarbeiten bleibt. Dies gilt auch für die Bedeutung der mit Heiner Geißler verbundenen, 1989 mit ihm gescheiterten reformpolitischen Bestrebungen innerhalb der CDU und den damit verbundenen Richtungsstreit in den achtziger Jahren.

CSU Eine „schrittweise Parteireform und Modernisierung" in Richtung einer „mitgliederstarken, gut durchorganisierten, funktional effektiven" modernen Großpartei hatte die CSU bereits seit 1955 vorgenommen. Die Besonderheiten der „institutionellen und politischen Doppelrolle als autonome Landespartei mit besonderem Bundescharakter" mit ihrer Mischung „konservative[r] und staatsbayerische[r] Akzente" hat für die siebziger und achtziger Jahre A. MINTZEL in mehreren Studien untersucht, ohne jedoch eine umfassende Geschichte der Partei vorzulegen [so MINTZEL selbst in 539: NIEDERMAYER/STÖSS (Hrsg.), bes. S. 117 f., die Zitate nach dem Beitrag in 538: MINTZEL/OBERREUTER, S. 240, 257, 259, das folgende S. 242]. Sein Fazit: „Die CSU blieb zwar eine Partei des alteingesessenen bäuerlichen, handwerklichen und kaufmännischen Besitzmittelstandes ländlicher und kleinstädtischer Gemeinden in den überwiegend katholischen Gebieten Bayerns, machte jedoch die spezifischen industriegesellschaftlichen Haupttrends beruflicher Umschichtung in charakteristischer Weise mit."

SPD Quantitativ viel Aufmerksamkeit, aber ebensowenig eine (der Darstellung von K. KLOTZBACH für die Zeit von 1945 bis 1965 vergleichbare) umfassende wissenschaftliche Parteigeschichte hat die SPD gefunden [eher anwendungs- und gegenwartsorientiert (und parteinah) als genuin historisch 566: BRAUNTHAL, ebenfalls parteinah und häufig harmonisierend der allgemeine Überblick von 572: MILLER/POTTHOFF, S. 220–274 (bis 1982/83), thematisch umfassend und flüssig parlierend 571: LÖSCHE/WALTER, ansonsten (bis 1982 und auf dem Stand von 1983) die entsprechenden Passagen von S. HEIMANN in 540: STÖSS (Hrsg.), S. 2025–2216, knapper, aber nicht sehr prägnant in 539: NIEDERMAYER/STÖSS (Hrsg.), S. 147–186].

Zu den Gegenständen besonderen Interesses zählt erstens der durch den erheblichen Mitgliederzuwachs vor allem zwischen 1969 und 1976 bedingte Strukturwandel der Partei. Geläufig sind dafür die Formeln „Verbürgerlichung" (ein zunehmender Anteil der neuen Mittelschichten, insbesondere aus dem Öffentlichen Dienst, bis zu einer dauerhaften Überrepräsentation gegenüber dem Arbeiteranteil), „Akademisierung" und „Verjüngung" (vor allem durch starken Zustrom der „68er-Generation") [571: LÖSCHE/WALTER, S. 159–161 (Zitate), 566: BRAUNTHAL, S. 69–90, SCHMITT in 538: MINTZEL/OBERREUTER (Hrsg.), S. 162–164, 572: MILLER/POTTHOFF, S. 226]. In diesem Zusammenhang ist, zweitens, eine Reideologisierung der SPD in den siebziger Jahren zu sehen, die sich in einem (meist mehr allgemein beschriebenen als analysierten, dazu am ehesten BRAUNTHAL [566, S. 195–201]) Dauerkonflikt zwischen dem antimarxistischen rechten Flügel, der Mitte um Willy Brandt und dem linken Flügel, vor allem den offensiv marxistischen Jungsozialisten niederschlug.

Nach 1982 sah sich die SPD dann – drittens – einem Zustand innerer Zerrissenheit ausgesetzt, dem sich ein erheblicher Verlust von Jungwählern zugunsten der Grünen zugesellte [H. SCHMITT in 538: MINTZEL/OBERREUTER (Hrsg.), S. 152–154]. „Aus der Avantgarde der Moderne" war Ende der achtziger Jahre, so bilanzieren P. LÖSCHE und F. WALTER pointiert, „die Nachhut der Industriegesellschaft geworden" [571, S. 99]. Jedenfalls thematisierte das neue Grundsatzprogramm von 1989 vor allem aus den achtziger Jahren heraufgekommene Probleme (ökologischer Umbau der Industriegesellschaft, Geschlechtergleichberechtigung und Neudefinition der Arbeit), die jedoch in den Turbulenzen der Wiedervereinigung zunächst zurücktraten [mit normativ-positivem Tenor 566: BRAUNTHAL, S. 205–208].

Vor diesem Hintergrund hat als vierter Gegenstand die Deutschland-, „zweite" Ost- und Sicherheitspolitik der SPD in den achtziger Jahren besondere Aufmerksamkeit der Forschung und zugleich politische Kontroversen auf sich gezogen (zur Deutschlandpolitik vgl. Kap. II.4). Zur Haltung der SPD zur Nation stellt die gedankenreiche Studie von D. GROH und P. BRANDT für die sechziger und frühen siebziger Jahre eine „Verbindung von Kulturnation und Bewusstseinsnation" anstelle der Staatsnation heraus, die seit dem Ende der siebziger Jahre einer „Orientierung an der Sicherung des Status quo als Voraussetzung für Entspannung und schrittweise innerstaatliche Demokratisierung" unter zunehmender Zurückhaltung gegenüber der deutschen Einheit wich. Einigkeit habe dabei, trotz unterschiedlicher Positionen, in der Ablehnung des NATO-Doppelbeschlusses unter „Relativierung der Westbindung" geherrscht [569, S. 302, 309, 313, 318, 332f.]. Auch wenn dies nicht für die gesamte Partei gelten mochte, haben Untersuchungen zur sozialdemokratischen Sicherheitspolitik die allgemeine Abwendung von Helmut Schmidts nüchterner Gleichgewichtspolitik hin zu einem „neuen sicherheitspolitischen Konsens" im Zeichen von „Sicherheitspartnerschaft" herausgearbeitet [565: TH. BENDER, S. 207–209, auch 567: ENDERS, S. 278–283].

Am wenigsten von allen Parteien ist die FDP historisch aufgearbeitet worden [neben einzelnen Aspekten und Splittern allein die Artikel von H. VORLÄNDER in

FDP

538: Mintzel/Oberreuter (Hrsg.), J. Dittberner in 540: Stöss (Hrsg.), von Th. Schiller in 539: Niedermayer/Stöss (Hrsg.)]. So kann ein Überblick über den Forschungsstand nur weithin allgemeine und bekannte Feststellungen über eine durch „geringe Mitgliederdichte" und hinsichtlich ihrer Wählerschaft durch einen relativ hohen Selbstständigenanteil und „Überrepräsentanz bei den Angestellten und Beamten, besonders den nicht-katholischen" gekennzeichnete [Schiller in 539: Niedermayer/Stöss (Hrsg.), S. 136f. u. 139], in ihrer Politik von einem „Überlebensimperativ" bestimmte Partei präsentieren. Innerhalb des politischen Systems nahm sie die Funktion sowohl der Mehrheitsbeschaffung als auch des Gegengewichts in den jeweiligen Regierungskoalitionen wahr, bekannte sich Anfang der siebziger Jahre zu einem „gesellschaftspolitischen Reformliberalismus", bewegte sich seit dem Ende dieses Jahrzehnts aber wieder verstärkt „in die Richtung einer Wirtschaftspartei". Ihre „schwerste innerparteiliche Zerreißprobe" und die „größte Gefährdung ihrer Existenz im Parteiensystem" erlebte sie über dem Koalitionswechsel von 1982 [Vorländer in 538: Mintzel/Oberreuter (Hrsg.), S. 270 u. 294 f.].

Die Grünen
In der hohen Zeit des voll ausgebildeten Dreiparteiensystems in den siebziger Jahren nahm zugleich seine Integrationsfähigkeit ab, wie die Neuen sozialen Bewegungen anzeigten, die sich in der Partei der Grünen organisierten und schließlich in das politische System einfügten [499: Glaessner, S. 444–446, das folgende Zitat S. 355]. Diese „Bewegungspartei neuen Typs" ist die wissenschaftlich am besten untersuchte Partei; zunächst stark parteiische Auseinandersetzungen – befürwortender und ablehnender Richtung – haben sich in den neunziger Jahren deutlich versachlicht [zentrale Arbeiten v.a. von 562: Th. Poguntke, auch in 539: Niedermayer/Stöss (Hrsg.) sowie zus. mit F. Müller-Rommel in 538: Mintzel/Oberreuter (Hrsg.), und von 563: Raschke, komprimiert in 488].

Für die Entstehung der Grünen sind verschiedene sozialwissenschaftliche Erklärungen vorgetragen worden. Am weitesten reicht die Interpretation einer neuen sozialstrukturellen, ökologisch zu nennenden Konfliktlinie innerhalb der Gesellschaft (‚cleavage'), an der sich die Neuen sozialen Bewegungen (vgl. auch Kap. II.8) kristallisierten. Diese (insbesondere in historischer Dimension kaum zu belegende) sozialstrukturelle Interpretation ist nur bedingt kompatibel mit der sozialkulturellen Deutung aus dem Wertewandel, nach der die Grünen als Ausdruck des „linken Postmaterialismus in der BRD" aufzufassen sind [so Raschke in 488, S. 39; zur Kategorie des „Postmaterialismus" vgl. Kap. II.8]. Eine dritte Erklärung zielt auf Integrationsdefizite der parlamentarischen Repräsentationsdemokratie und ein Versagen der Großparteien [so Poguntke in 539: Niedermayer/Stöss (Hrsg.), S. 204f.], während W. Jäger die Entstehung der Grünen als „Spaltung der Volkspartei SPD" interpretiert: mit den jungen Angehörigen der akademischen Mittelschichten, die um 1970 zunächst der SPD zugeströmt waren, organisierte sich in der neuen Partei „ein Gutteil des sozial-liberalen Reformpotenzials" [296, S. 162f.].

In der Entstehungsgeschichte aus den Ländern seit 1977 ist eine tragende

Rolle der Neuen sozialen Bewegungen (ohne dass die Grünen mit ihnen kongruent gewesen wären) und „von den versprengten Resten der APO, deren Veteranen teils auf dem Umweg über verschiedene K-Gruppen den Weg zu den Grünen fanden", festzustellen [POGUNTKE in 539: NIEDERMAYER/STÖSS (Hrsg.), S. 189f. u. 202f.]. Für die achtziger Jahre sind mit ‚Ökolibertären', ‚Realos', ‚Ökosozialisten', ‚Fundis', der ‚Zentralo-Fraktion' und dem vermittelnden ‚Grünen Aufbruch '88' mindestens fünf Strömungen zu beobachten. Die Grünen stellten eine „ideologische Rahmenpartei" ohne Anspruch auf ein „geschlossenes System mit Antworten auf alle relevanten Gesellschaftsprobleme" dar, die auf der „Ebene ‚halbstrukturierter' Ideologiebildung" verharrte [563: RASCHKE, S. 131f., 135 u. 855–864].

Die Wähler der Grünen waren in den achtziger Jahren zumeist jünger als 35 Jahre, formal meist hoch qualifiziert (oder in dementsprechenden Ausbildungen) und entstammten in überdurchschnittlichem Maße den neuen Mittelschichten, insbesondere den Humandienstleistungsberufen [POGUNTKE in 539: NIEDERMAYER/STÖSS (Hrsg.), S. 189f. u. 202f.]. Zu einem geringen Organisierungsgrad kamen „Defizite der institutionellen Struktur" hinzu, und J. RASCHKE diagnostiziert „verfestigte, auch machtpolitisch operierende Strömungen" in den achtziger Jahren als „Scheitern" nicht nur aller Ansätze interner Konfliktregelung, sondern auch von Basisdemokratie und Bewegungspartei [563, S. 482, 486, 640].

Zu den prominenten Themen politikwissenschaftlicher Forschung zählt die Finanzierung der politischen Parteien. CH. LANDFRIEDS Bestandsaufnahme für die 80er Jahre konstatiert eine Tendenz zur wachsenden Finanzierung der Parteien aus öffentlichen Geldern („Etatisierung"), während eine Privilegierung von Großspenden im Verhältnis zu Beiträgen und Kleinspenden („Kapitalisierung") zwar „auf den Ebenen von Gesetzgebung und Rechtsprechung, nicht aber für die reale Einnahmenstruktur" nachweisbar ist. Dass ein unbekannter Anteil an Großspenden allerdings nicht entsprechend dem Parteiengesetz ausgewiesen wurde, sondern auf Umwegen floss, warf nicht nur das Problem der Steuerhinterziehung auf, sondern vor allem die Frage nach „dem Prinzip ‚Leistung gegen Geld'" in der Politik [535, S. 14, 275–279, 288].

Parteienfinanzierung

Zwar ist nicht festzustellen, dass Politik und Parteien in strukturelle „Abhängigkeiten von den Geldgebern" geraten wären. Doch lag das „Hauptproblem der Interessentenzahlungen" in ihrer Konkurrenz mit der Gemeinwohlorientierung der Politik, wie sich insbesondere im Falle der „Flick-Affäre" zeigte. Aus den publizierten gerichtlichen und parlamentarischen Unterlagen ergebe sich das „Bild eines fein verästelten Netzwerkes zwischen Konzern, Parteiführungen und Regierung" mit dem Ziel, ein „allgemein wohlwollendes Klima der politischen Landschaft für die Unternehmen" und auch „konkrete Vorteile" herbeizuführen, wobei der strafrechtliche Tatbestand der Bestechung „trotz schwer wiegender Verdachtsmomente" gerichtlich nicht nachgewiesen wurde. Nichtsdestoweniger wertet LANDFRIED die „Veralltäglichung korrupter Methoden der Parteienfinanzierung" durch „illegale Spendenakquistion" unter „Gleichsetzung

„Flick-Affäre"

von Partei- und Staatsinteresse" im Selbstverständnis und Rechtsempfinden der betroffenen Politiker als Indiz für eine Abkopplung der politischen Klasse von Parteimitgliedern und Wählern [535, S. 14, 189, 204, 206f., 233, 242, 292f.].

<small>Parteienstaatskritik der achtziger Jahre</small>

In diese Richtung zielte auch die nicht zuletzt an verschiedenartigen Skandalen entzündete zeitgenössische Kritik an der Entwicklung der Republik „zu einem Gemeinwesen, das, so der Vorwurf, übermächtige, allgegenwärtige, aus Steuergeldern wohl dotierte Parteien gleichsam zu ihrem Eigentum gemacht hätten" [300: KIELMANSEGG, S. 306]. Sie hätten sich, so W. HENNIS, „von der autonomen Willensbildung des Volkes in einer Weise abgekoppelt, dass ihre demokratische Funktion, wenn nicht gefährdet, so in der verschiedensten Weise problematisch erscheint" [Überdehnt und abgekoppelt, in 106: KROCKOW (Hrsg.), S. 32].

f) Institutionen: Regierungssystem, Parlamentarismus, Bundesverfassungsgericht

Unerschüttert von aller Parteienstaatskritik blieb die „bemerkenswerte Stabilität von Regierungen" in der Bundesrepublik, die G.-J. GLAESSNER aus der Verbindung von institutionellem Arrangement – den Kompetenz- und Aufgabenzuweisungen an Verfassungsorgane durch das Grundgesetz –, innen- und außenpolitischen Rahmenbedingungen und der Bedeutung der Bundeskanzler als Persönlichkeiten erklärt [499, S. 230].

<small>„Koordinations-" statt „Kanzlerdemokratie"</small>

Anhand von Konrad Adenauers Regierungsstil ist der Begriff der „Kanzlerdemokratie" geprägt worden, um die „herausragende politische Führungsrolle des Bundeskanzlers" als Kennzeichen des bundesdeutschen Regierungssystems allgemein zum Ausdruck zu bringen [500: HAUNGS, S. 61; auch 512: NICLAUSS]. A. DOERING-MANTEUFFEL und andere sehen darin jedoch einen nur für die Adenauer-Ära signifikanten Begriff [495, S. 4]. Denn obwohl das Regierungsinstrument der Richtlinienkompetenz unangetastet blieb, erschwerten veränderte Rahmenbedingungen – eine Zunahme an Aufgabenbereichen, Komplexität, nationalen und internationalen Entscheidungsebenen, Akteuren und medialer Transparenz – die politische Führung substanziell, so dass Begriffe wie „Mediendemokratie", „Koalitionsdemokratie" und „Parteiendemokratie" aufgebracht worden sind, um andere Spezifika des politischen Systems als die Machtfülle und den Führungsanspruch des Bundeskanzlers hervorzuheben. W. JÄGER [505] hat den Begriff „Koordinationsdemokratie" vorgetragen, um die politische Führungsleistung nicht einsamer Entscheidungen, sondern von Koordinationskompetenz herauszustellen, und es war die zurückgegangene Kanzlermacht, die Willy Brandt und ganz besonders Helmut Kohl (nicht aber Helmut Schmidt) durch die Macht als Parteiführer kompensierten [KORTE in 297, S. 123].

Kohls Regierungspraxis hat K.-R. KORTE anhand der Deutschlandpolitik detailliert untersucht. Nicht Polarisierung, Sachbezogenheit und Programmplanung standen demzufolge im Mittelpunkt, sondern „ausgleichende Moderation des Konflikts", Integration und Zusammenfassung, „Regieren als Kunst des

Machterhalts" durch Konzentration auf Partei und Koalition, wobei sich ein schleichender Verfassungswandel durch die Herausbildung regelmäßiger Koalitionsrunden als neuartiger (wenn auch schon unter Adenauer angelegter) Entscheidungsgremien vollzog. Zudem pflegte Kohl eine besondere „unorthodoxe, personenbezogene Arbeitsweise" durch „Personalisierung und Agieren in informellen Netzwerken" [447, S. 494 f., konzentriert in 297, S. 122, 124, 133, 136, 139].

Im Hinblick auf die politischen Institutionen ist wenig historisch anschlussfähige Literatur vorzufinden; an grundlegenden Institutionengeschichten herrscht allenthalben Mangel. Dies gilt nicht zuletzt für Bundestag und Parlamentarismus. Das Problem der vorzeitigen Auflösung des Bundestages nach dem Regierungswechsel von 1982, um die neue Regierung durch die Wählerentscheidung und nicht, wie verfassungsrechtlich vorgesehen, durch die (vorhandene) parlamentarische Mehrheit legitimieren zu lassen, des Konflikts zwischen parlamentarisch-demokratischem Verfassungsrecht und stärker plebiszitär-demokratischer politischer Kultur, ist zumeist rechtssystematisch behandelt und hinsichtlich seines historisch-politischen Problemgehalts nur von P. GRAF KIELMANSEGG angesprochen worden [300, S. 309].

Mangel an Institutionengeschichten
Parlamentarismus und Bundestag

Für den Bundestag hat S. SCHÜTTEMEYER die Professionalisierung politischer Ämter und politischer Arbeit hervorgehoben, durch die zunehmend organisierte und hierarchisierte Fraktionen zu Trägern der Regierungsstabilität wurden und zur zentralen Ressource für politisches Führungspersonal auf zunehmend standardisierten Karrierewegen. Eine „konsensuale Orientierung" zwischen den Fraktionen in der Parlamentsarbeit bedeutete sowohl Effizienzhemmung als auch „breite Inklusion von Interessen" [517, konzentriert in 287, S. 487–495 (Zitate S. 489 u. 495)] – auch hier eine Bestätigung des allgemeine Befundes zum politischen System der Bundesrepublik.

Eine seiner Besonderheiten lag in einem „Verfassungsgericht von überragender Autorität, das den Handlungsspielraum der Politik durch verbindliche Verfassungsauslegung bestimmt" [300: KIELMANSEGG, S. 389]. In Verbindung mit einer stetigen Verdichtung des Gewebes verbindlicher Vorgaben hat dies zur These der „Justizialisierung von Politik" durch Vorgaben des Bundesverfassungsgerichts geführt, zu der auch eine „Antizipation verfassungsgerichtlicher Entscheidungen" auf Seiten der regierenden Mehrheit gehört [CH. LANDFRIED in IPSR 15 (1994), S. 113–124, bes. S. 119, sowie 508, S. 84]; hinzu kommt eine „stark legalistisch geprägte politische Kultur", in der höchstrichterliche bzw. verfassungsgerichtliche Entscheidungen Vorrang vor parlamentarischen Mehrheitsentscheidungen genießen [L. HELMS, Entwicklungslinien der Verfassungsgerichtsbarkeit, in 297, S. 141–164, bes. S. 152–155, Zitat S. 154]. G.-J. GLAESSNER charakterisiert die Position des Bundesverfassungsgerichts mit der Formel „Mitregent per Aufforderung", der korrigierende Eingriffe in den Gesetzgebungsprozess vornimmt, gelegentlich auch eigene Zielvorgaben steckt, dabei aber (im Hinblick auf die eigenen Wirkungsmöglichkeiten umgekehrt propotional) vom Ausmaß der

Bundesverfassungsgericht

Konfliktschlichtungsfähigkeit der anderen Verfassungsorgane untereinander abhängt [499, S. 242 f.].

g) Innenpolitische Themen und Ereignisse

Ebenso wie die Geschichte der Institutionen zählt die quellengestützte Rekonstruktion der vielfältigen inneren Ereignisse zu den grundlegenden historiographischen Desideraten für die siebziger und achtziger Jahre.

Neben der Ost- und der Reformpolitik der Regierung Brandt und ihrer Bilanz (vgl. Kap. II.2 und II.3) haben die internen Vorgänge schon in A. BARINGS Bericht aus den inneren Zirkeln große Aufmerksamkeit gefunden [275; zur Regierungsbildung auch 578: HOFMANN]. Von besonderem Interesse war dabei seit jeher das geheimnis- und skandalumwitterte Scheitern des konstruktiven Misstrauensvotums der Opposition am 27. April 1972. Der 1973 aufgrund von Bestechungsvorwürfen eingesetzte parlamentarische Untersuchungsausschuss erzielte in 51 Sitzungen kein eindeutiges, konkretes Ergebnis, und die Äußerungen der verschiedenen Beteiligten (v.a. Herbert Wehners, Karl Wienands, Markus Wolfs, eines früheren Stasi-Offiziers, auch Rainer Barzels) sind weitgehend kryptisch. P. MERSEBURGER [864, S. 689–696] formuliert den letzten Stand der Kenntnisse: damit er Barzel seine Stimme verweigerte, erhielt der CDU-Abgeordnete Julius Steiner 50 000 DM – unklar ist, ob von Wienand bzw. der SPD oder vom Ministerium für Staatssicherheit der DDR oder von beiden. Der nahe liegende Gedanke einer Zahlung des MfS durch Wienand scheide, so MERSEBURGER bestimmt, aber ohne Angabe näherer Gründe, „wohl definitiv aus"; dass aber kein Zusammenhang zwischen Bestechungen durch Wienand (der 1996 rechtskräftig als Informant des MfS verurteilt wurde) und das MfS bestanden habe, ist unwahrscheinlich. Im Rahmen einer Befragung durch die Bundesanwaltschaft sagte ein früherer MfS-Offizier aus, auch der CSU-Abgeordnete Leo Wagner sei vom MfS bestochen worden. Bestechungen bzw. Bestechungsversuche der Unionsparteien gegenüber Koalitionsabgeordneten wurden behauptet, aber nicht belegt. „Somit kann heute als gesichert gelten, dass Willy Brandt sein Überleben als Regierungschef im Frühjahr 1972 dem DDR-Staatssicherheitsdienst verdankt […], der für den Spion im Kanzleramt zuständig ist, über den Brandt zwei Jahre später stürzen wird" [864: MERSEBURGER, S. 692, das folgende Zitat S. 720]. Der Fall Guillaume war allerdings, auch darüber herrscht Einigkeit, „bestenfalls der Anlass, nicht aber die Ursache für den Rücktritt Willy Brandts", der vielmehr aus einer vielschichtigen persönlichen und politischen Krise resultierte und dessen konkrete Abläufe samt der Rolle Herbert Wehners – „politische Kaltblütigkeit", aber kein konspirativ inszenierter Sturz, wie von Brandt vermutet – A. LEUGERS-SCHERZBERG detailliert rekonstruiert hat [874, Zitat S. 322].

Zu den zeitgenössisch umstrittensten Problemen der Regierung Brandt zählte die Frage der Zulassung von „Extremisten" zum öffentlichen Dienst, die ein als

„Radikalenerlass" kritisierter gemeinsamer Beschluss des Bundes und der Länder vom Januar 1972 unterband. Der Streit hat sich historiographisch nicht in einer Kontroverse fortgesetzt. Vielmehr stellt P. GRAF KIELMANSEGGS Abwägung von „deutsche[m] Legalismus mit seinem Verfahrensrigorismus" und der „Schwäche der pragmatischen Vernunft" einerseits, andererseits dem „fehlende[n] Sinn dafür, dass ein Gemeinwesen ein Recht auf die Loyalität derer hat, denen es ein Amt anvertraut", eine wohl konsensfähige Einschätzung dar [300, S. 336; detaillierte Darstellung und dezidiert kritischere Wertung als Restriktion bürgerlicher Freiheiten demgegenüber bei 494: BRAUNTHAL].

Während Rechtsextremismus aufs Ganze gesehen für die siebziger und achtziger Jahre wenig signifikant war, stellte der Linksextremismus die Bundesrepublik mit einer neuen Qualität von Terrorismus vor die wohl „ernsteste Herausforderung der Demokratie und des Rechtsstaates" [499: GLAESSNER, S. 443; Überblick über die Varianten des durch Ablehnung des demokratischen Verfassungsstaates und der Pluralität der Interessen gekennzeichneten Extremismus bei 533: BACKES/JESSE sowie über Rechts- und Linksterrorismus (auf dem Stand von 1991) bei 583: BACKES sowie 586: RABERT]. Terrorismus

Die Geschichte der „Rote Armee Fraktion" ist vor allem journalistisch [v.a. 582: AUST; B. PETERS, RAF. Stuttgart 1991] dargestellt worden. Die aufschlussreiche Milieuschilderung der Militarisierung und der terroristischen Szene von G. KOENEN [218, S. 317–414] ist eher als Quelle für die Entstehung des Terrorismus aus der Studentenbewegung heraus (vgl. Kap. II.8) zu verwenden. Hinzu kommen zeitgenössische Dokumentationen der Bundesregierung, Aussagen ehemaliger RAF-Mitglieder (v.a. nach der Festnahme von Aussteigern in der DDR im Juni/Juli 1990) sowie neben Akten bundesdeutscher staatlicher Stellen auch Akten des MfS, das die RAF-Aussteiger in der DDR betreute [zu den Quellen 587: WUNSCHIK, S. 135–159].

Genuin wissenschaftlich angelegt ist die Studie von T. WUNSCHIK zur „zweiten Generation" der RAF und ihrer Fixierung auf die Befreiung der Gefangenen der „ersten Generation" [587, S. 418 f.]. Beschreibungen der dramatischen Vorgänge im Herbst 1977 (vgl. Kap. I.C.2) beschränken sich zumeist auf dokumentarische Ereignisrekonstruktionen [chronologisch 585: PFLIEGER; nicht ohne Engagement und Tendenz, zuweilen auch kryptisch das gründlich recherchierte politischjournalistische „Protokoll" von 582: AUST]. Selbst da bleibt viel Ungeklärtes, etwa Mängel und Pannen der Fahndung nach der Schleyer-Entführung und andere „Fragen, Zweifel, Widersprüche" nicht zuletzt hinsichtlich der in Stuttgart Inhaftierten [582: AUST, S. 658]. Mehr noch fehlen politik- und gesellschaftsgeschichtliche Analysen insbesondere von Ursachen, Hintergründen (etwa der Soziologie der – den bürgerlichen Mittelschichten ebenso wie Heimen entstammenden – Terroristen und ihres Umfeldes oder der politischen Kultur, in der die von der RAF systematisch kolportierte „Mord-Legende" [582: AUST, S. 7] weite Verbreitung finden konnte) und Folgen des Terrorismus und seiner Zuspitzung 1977 [allein: zeitgenössische Auffassungen von Wissenschaftlern in 584]. Herbst 1977

Die Einschätzungen insbesondere des Herbstes 1977 haben die extrem polarisierte zeitgenössische Stimmung überwunden. Schwach schimmert noch der zeitgenössische Vorwurf einer „Überreaktion des Staates" in G.-J. GLAESSNERS Feststellung von der „Entwicklung eines Klimas der Verdächtigung und der Angst" seitens der politisch Verantwortlichen durch [499, S. 443], ebenso in S. AUSTS Kritik, die Bundesrepublik habe in der Auseinandersetzung mit dem Terrorismus „an Liberalität verloren" [582, S. 659]. Demgegenüber beurteilen D. BARK und D. GRESS die staatlichen Maßnahmen zur Terrorismusbekämpfung als „mild in historical perspective" und schreiben der konsequenten Unnachgiebigkeit der Bundesregierung das Verdienst zu, dass 1977 zu einem „major turning point" wurde [276, S. 353]. In der Tat lag das historische Spezifikum des „deutschen Herbstes" letztlich – trotz weiterer einzelner Mordanschläge bis 1991 – im Sieg des Rechtsstaates über den Terrorismus als struktureller Bedrohung.

Regierungswechsel 1982/83

Der Regierungswechsel von 1982 war durch aufwändige öffentliche Inszenierungen auf allen Seiten geprägt. Neben der „,Verrats-Kampagne' der SPD" gegenüber der FDP und der „von taktischen, nicht grundsätzlichen Überlegungen" bestimmten „Beschwörung des Wählerwillens als letzter Instanz" durch die neue Koalition bei der Herbeiführung vorgezogener Neuwahlen [499: GLAESSNER, S. 298 f.] am Rande des Verfassungsrechts (vgl. oben) gilt dies vor allem für das christlich-demokratische Konzept der „Wende". Dass der medial vermittelte, diskursive Aufwand nicht dem sachlich-politischen Gehalt der Folgejahre entsprach, bringt A. WIRSCHING mit der „Doppelstruktur demokratischer Politik im modernen Medienzeitalter" zwischen medialer „Konstruktion" und „Sachpolitik" in Verbindung [581, Zitate S. 136], was auf die Grundfrage nach der Bedeutung und Entwicklung medialer Inszenierung und Rezeption von Politik verweist.

Medien und Politik

Für die Wahlkampfberichterstattung der Tageszeitungen haben J. WILKE und C. REINEMANN keine signifikanten Entwicklungen und Veränderungen seit 1949 feststellen können [532]. Die besondere Bedeutung des Fernsehens und generell audiovisueller Medien für Politik und politische Kultur und die hier sehr viel grundlegenderen Wandlungsprozesse sind hingegen historisch-systematisch noch unerforscht. (Fernsehen und Medien allgemein, ebenso Fragen der politischen Kultur und Protestbewegungen werden in Kap. II.8 behandelt.)

6. Ökonomischer Strukturwandel und „Modell Deutschland"

Die Wirtschafts-, Gesellschafts- und Kulturgeschichte der jüngeren Bundesrepublik ist historiographisch sehr viel weniger erschlossen als ihre politische Geschichte. „Zeitgeschichte als Sozialgeschichte" [20: ERKER] bleibt einstweilen – mit Ausnahme der Sozialpolitikgeschichte – ein Postulat, während sich die wirtschaftsgeschichtliche Erforschung der Bundesrepublik bislang vor allem auf die unmittelbare Nachkriegszeit und auf die Phase des „Wirtschaftswunders" konzentriert [627: FELDENKIRCHEN, S. 103 u. 109]; eine umfassende wissenschaftliche Gesamtdarstellung der wirtschaftlichen Entwicklung der Bundesrepublik steht bislang aus [Überblick der gesamteuropäischen Entwicklung im 20. Jahrhundert bei 614: ALDCROFT bzw. nach 1945 im Hinblick auf die wirtschaftliche Integration Europas bei 615: AMBROSIUS; zur bundesdeutschen Wirtschaftsgeschichte bis 1980 vgl. 608: ABELSHAUSER, verschiedene Themen und Aspekte auf dem Stand des Jahres 1988 in 279: BENZ; plakativ, aber nicht wissenschaftlich die Übersicht von 666: WEIMER].

a) Strukturwandel der Wirtschaft und Sektorentheorie

In den siebziger und achtziger Jahren beschleunigte sich unter den Vorzeichen akuter Krisenerscheinungen ein umfassender ökonomischer und gesellschaftlicher Strukturwandel. In weltwirtschaftlicher Perspektive vollzog er sich einerseits durch die Entstehung neuer Märkte und neuer regionaler Wirtschaftsmächte, namentlich zunächst Japans und dann der sogenannten „Tigerstaaten" Ostasiens. Zusammen mit den Warenmärkten veränderten sich andererseits die Finanzmärkte, und diese Wandlungsprozesse fügten sich zu einem komplexen und interdependenten Prozess, der auch die Entwicklung von Verkehr und Kommunikation und zugleich gesellschaftlich-kulturelle sowie politische Dimensionen umschließt und der erst in den neunziger Jahren des 20. Jahrhunderts allgemein mit dem Begriff „Globalisierung" belegt worden ist (vgl. dazu Kap. II.1), deren große Zusammenhänge historiographisch erst noch zu erschließen sind.

Weltwirtschaftliche Dimension – Globalisierung

In Verbindung mit den Waren- und Finanzmärkten unterlagen auch die Arbeitsmärkte dem grundsätzlichen Wandel. Die Verlegung von Teilen der verarbeitenden Industrie in Länder der „Dritten Welt" mit der Konsequenz der Freisetzung von Arbeitskräften vor allem in den klassischen Industrien (Textil-, Montan- und Schwerindustrie) in der Bundesrepublik steht dabei im Zusammenhang mit ihrer volkswirtschaftlichen Entwicklung. Für deren Erklärung ist das Drei-Sektoren-Modell gebräuchlich, und zugleich wird es kritisch hinterfragt, zumal schon eine eindeutige Aufteilung zwischen den Sektoren nicht möglich ist.

Volkswirtschaftliche Dimension – Theorie des sektoralen Wandels

Ausgehend von einem im internationalen Vergleich ursprünglich überproportionalen Anteil der Beschäftigten im sekundären Sektor (dem üblicherweise das produzierende Gewerbe unter Einschluss der Energiewirtschaft, von Bergbau und Bauindustrie zugerechnet wird) gegenüber einem eher unterentwickelten Dienstleistungssektor (vor allem Handel, Transport-, Verkehrs- und Kommunikationswesen, Banken und Versicherungen sowie der gesamte Bereich der staatlichen Dienstleistungen) [vgl. 654: PIERENKEMPER, S. 32] besagt die Theorie des sektoralen Wandels anhand der Relation der Beschäftigtenzahlen, dass der tertiäre Sektor seit den frühen 1970er Jahren zum dominierenden Sektor geworden sei, und spricht somit von einer „Tertiarisierung" der bundesdeutschen Volkswirtschaft.

Übergang zur „Dienstleistungsgesellschaft"?

Die These vom „Übergang von der Industrie- zur Dienstleistungsgesellschaft" [608: ABELSHAUSER, S. 129, auch 309: RITTER, S. 81] zieht unterdessen eine dreifache Kritik auf sich: erstens kombiniert der Begriff „Dienstleistungsgesellschaft" eine ökonomische und eine gesellschaftliche Bedeutungskomponente und setzt die Entwicklungen auf beiden Ebenen ohne weiteres gleich; zweitens stellen, so die Einwände von T. PIERENKEMPER, „die sektoralen Produktionsbedingungen" kein „entscheidendes Klassifikationskriterium" für Tätigkeiten oder Güter dar; und drittens indiziere der Begriff „Dienstleistungsgesellschaft" die Dominanz von Dienstleistungen als Endverbrauchsprodukt im Wirtschaftsleben [654, S. 91–96], während vielmehr eine Parallelität von „Tertiarisierung der Warenproduktion" und „Sekundarisierung der Dienstleistungsproduktion" zu beobachten sei. In einem „kombinierten Industrie-Dienstleistungssektor" sei auch nicht von „Deindustrialisierung" zu sprechen, vielmehr von einer weiterbestehenden „vorherrschenden Stellung der Industrie im wirtschaftlichen, aber auch im politischen und gesellschaftlichen Gefüge der Bundesrepublik" [AMBROSIUS in 663: SPREE (Hrsg.), S. 64; kritisch aus postmarxistischer Perspektive 664: VOY u. a., S. 52–59].

„Tertiarisierte Industriewirtschaft" bzw. – vom Ökonomischen ins Gesellschaftliche geweitet – „tertiarisierte Industriegesellschaft" wären die dafür zutreffenden Begriffe. Jedenfalls bleibt der damit gemeinte Strukturwandel anhand von Branchen und Unternehmen historisch-empirisch zu differenzieren und zu konkretisieren. Dabei überholte der tertiäre Sektor den sekundären nach der Zahl der Beschäftigten zu dem Zeitpunkt, der allgemein als „watershed in the development of western capitalist economies" [614: ALDCROFT, S. 188] nach dem Zweiten Weltkrieg angesehen wird: die Jahre um 1973.

b) Trendwende 1973

Der Höhepunkt des Booms bedeutete zugleich den Wendepunkt zu einer schweren Wirtschaftskrise. Zur konjunkturellen Rezession kamen der Zusammenbruch des Weltwährungssystems im Frühjahr [zur viel beachteten turbulenten Entwicklung der Weltwährungsordnung in den siebziger und achtziger Jahren vor allem 642: JAMES, S. 131–222, ausführlicher in 641, S. 205–546, und 623: EICHENGREEN, S. 174–248] sowie der Ölpreisschock im Herbst 1973 hinzu, mit dem die Periode billiger Energieversorgung der westlichen Industriestaaten zu Ende ging. Über die Summe der einzelnen Phänomene hinaus markierte ein „tief greifender Systemschock" einen Wendepunkt im Grundsätzlichen, das „Ende des ‚Goldenen Zeitalters'" [643: KAELBLE, S. 14] und das Auftreten neuer struktureller Probleme: die in Zeiten des Booms unangefochtene Leitidee des Wachstums als Garant von Wohlstand wurde in Frage gestellt; zugleich verringerten sich die bis dahin außergewöhnlich hohen Wachstumsraten des Bruttosozialprodukts, von Reallöhnen und Gewinnen drastisch und nachhaltig. Dies verband sich mit der nach Zeiten der Voll- bzw. Überbeschäftigung wachsenden

Arbeitslosigkeit und hohen Inflationsraten zum neuartigen Phänomen der „Stagflation"; hinzu kamen strukturelle Haushaltsdefizite und eine wachsende Staatsverschuldung.

Zwar sind Wirtschaftswissenschaftler und Wirtschaftshistoriker über den strukturellen und fundamentalen Charakter dieser Trendwende der ökonomischen Entwicklung einig, doch gehen die Erklärungen dafür auseinander, deren grundsätzlich drei angeboten werden [vgl. dazu zuerst 617: BORCHARDT, S. 153–168]. Die am wenigsten gebräuchliche Lange-Wellen-Theorie greift auf die Vorstellung der Kondratieffschen Zyklen – Schwingungen von rund fünfzigjähriger Wellenlänge als langfristige Reaktionen auf schubweise Innovationen und Impulse – zurück, demzufolge die Aufschwungphase der fünfziger Jahre in den siebziger Jahren ihren Höhepunkt überschritten hatte; der empirische Nachweis einer solchen Gesetzmäßigkeit bzw. solcher Wellen lässt sich allerdings nicht erbringen [vgl. dazu 608: ABELSHAUSER, S. 88–90]. Pointiert vertritt W. ABELSHAUER die zweite Erklärung: das Modell der Rekonstruktionsperiode. Es geht von der Annahme aus, dass die deutsche Volkswirtschaft seit etwa 1850 in einem langfristig konstanten, logarithmisch-linearen Trend gewachsen sei und dass der Boom der Nachkriegszeit das durch den Krieg beeinträchtigte Wachstum wieder zur Trendlinie hin korrigiert habe. Demzufolge markierte die Zäsur von 1973 „das Ende der Rekonstruktionsperiode", mit dem das Wachstum der Bundesrepublik „in die Kontinuität der langfristigen Entwicklung der deutschen Volkswirtschaft eingemündet ist" [608: ABELSHAUSER, S. 92 u. 101]. Gegenüber diesem Modell linearen langfristigen Wachstums [zugespitzte Kritik etwa bei 627: FELDENKIRCHEN, S. 109] hat mit der angebotsorientierten Wende der Volkswirtschaftslehre seit den späteren siebziger Jahren eine dritte Erklärung Zuspruch gefunden: die Strukturbruchhypothese geht davon aus, „dass es durch Schocks zum Bruch der für wirtschaftliches Wachstum relevanten ökonomischen, sozialen und politischen Strukturkonstellationen kommt" [R. METZ, Das Wachstum der deutschen Wirtschaft im 20. Jahrhundert, in 663: SPREE (Hrsg.), S. 86f.]. H. GIERSCH, K.-H. PAQUÉ und H. SCHMIEDING [631, S. 154–163 u. 207–221] machen einen erheblichen Anstieg der Arbeitskosten, die Explosion der Energiepreise und die zunehmende Staatstätigkeit für eine drastische Verschlechterung der Angebotsbedingungen und somit für Stagflation und Wachstumsschwäche verantwortlich. R. METZ [in 663: SPREE (Hrsg.), S. 87] bemüht hingegen hauptsächlich einen exogenen Faktor: die Wachstumsverlangsamung in den USA.

Wie meistens wird am ehesten eine Kombination von Faktoren und Erklärungsansätzen überzeugen. H. SCHRÖTER verbindet die Strukturbruch-Hypothese mit soziokulturellen Faktoren [662, S. 353], während L. LINDLAR eine „Mittelposition zwischen der Rekonstruktionstheorie und der neoliberalen Sichtweise" bezieht: Er interpretiert das Wachstum des ‚Booms' als „historisch einzigartige" Verbindung von Rekonstruktionsprozess (bis Mitte der fünfziger Jahre) und aufholendem Wachstum gegenüber den USA im westeuropäischen

Rekonstruktionshypothese

Strukturbruchhypothese

Rahmen. Das Ende dieser Prosperität Mitte der siebziger Jahre war nicht durch einen Abschluss des Aufholprozesses gegenüber den USA bedingt (der sich vielmehr bis in die neunziger Jahre fortsetzte), sondern durch eine „Verschlechterung der gesamtwirtschaftlichen Rahmenbedingungen" und Schocks im Zusammenhang mit unvermeidlichen Revisionen der außergewöhnlichen Wachstumsmuster der sechziger Jahre (zurückhaltende Lohnsteigerungen trotz Vollbeschäftigung, fehlende Wechselkursanpassungen, niedrige Energiepreise), denen die meisten Länder jedoch nicht mit zureichenden Anpassungen insbesondere der Verteilungsansprüche begegneten [648, S. 334–341].

Dieses Modell vermag mit seiner Kombination von strukturellen gesamtwirtschaftlichen Anpassungen und ordnungspolitischen Anpassungsschwierigkeiten auch für die Einschätzung der ökonomischen Entwicklung der siebziger Jahre die Sichtweise der Rekonstruktionshypothese, die ihre Einordnung als Normalisierung nahelegt, mit der Position der Strukturbruchhypothese zu verbinden, die Stagflation, Arbeitslosigkeit und Staatsverschuldung als Phänomene einer (zumindest teilweise) wirtschaftspolitisch generierten Krise deutet.

c) Staat und Wirtschaft 1969–1982

Nicht nur in diesem Zusammenhang stellt sich die grundlegende Frage nach der Bedeutung des Verhältnisses zwischen Staat und Wirtschaft, das sich auf den vier Ebenen monetärer, güterwirtschaftlicher, wirtschaftspolitischer und ordnungsetzender Beziehungen (die Volkswirtschaft bestimmende Regeln und Institutionen) vollzieht [598: AMBROSIUS, S. 1f.]. Vor dem Hintergrund des Wandels zum wirtschafts- und sozialpolitischen Interventionsstaat des 20. Jahrhunderts liegt die erhebliche Bedeutung der Politik für die Wirtschaft auf nationaler Ebene offen zu Tage, deren Handlungsspielräume in den siebziger Jahren durch den Übergang zu flexiblen Wechselkursen vor der Hand noch zuzunehmen schienen.

Zugleich und in Verbindung damit ist eine gegenläufige Bewegung festzustellen: eine Einschränkung staatlicher Regulierungsmöglichkeiten aufgrund größerer Währungsinstabilitäten und -turbulenzen nach dem Zusammenbruch des Gold-Dollar-Standards [vgl. 623: EICHENGREEN, S. 187 u. 254 f.], durch die Liberalisierung der Kapitalmärkte und die zunehmende Ausdehnung wirtschaftlicher Tätigkeiten in internationaler Dimensionen unter Abwesenheit einheitlicher staatlicher Instanzen und durch die Übertragung nationalstaatlicher Regelungskompetenzen an europäische Institutionen. Dies führt zurück zur Frage nach dem Verhältnis ganz unterschiedlich gelagerter Faktoren: von globalen und nationalen Faktoren (etwa dem Wirkungsverhältnis von Weltwährungsturbulenzen, Ölpreiserhöhungen und expansiven Staatsausgaben zu Beginn der siebziger Jahre; oder von zweitem Ölpreisschock, expansiver Haushaltspolitik und hohen Zinsen in den USA 1981/82) oder von strukturellen, mikroökonomischen und ordnungspolitischen Faktoren (etwa dem Verhältnis zwischen Arbeitslosigkeit, wirtschaftlichem Strukturwandel und keynesianischer bzw. expansiver oder monetaristischer bzw. stabilitätsorientierter Wirtschaftspolitik).

Im Hinblick auf die Wirtschaftspolitik lassen sich für die Gegenstandsbereiche der Haushalts- und Finanzpolitik, der Geld- und Kreditpolitik sowie der Konjunkturpolitik in den siebziger und achtziger Jahren mit G. AMBROSIUS [598: S. 31–51; zur Finanzpolitik auch 600: EHRLICHER, S. 2] drei Phasen unterscheiden: eine erste Phase der keynesianisch inspirierten Konjunkturpolitik der „Globalsteuerung" in Verbindung mit einer konjunktur- und beschäftigungspolitisch orientierten Haushaltspolitik, die Regierungszeit Helmut Schmidts als eine zweite Phase, in der Konjunktur-, Haushalts- und Geldpolitik nicht im Gleichtakt liefen, und schließlich die erste Halbzeit der Regierung Kohl, die grundsätzlich zur Angebotsorientierung überging und mit ihrer Ausrichtung an der Geldwertstabilität geldpolitisch mit der Politik der Bundesbank harmonierte.

Phasen der Wirtschaftspolitik

Maßgabe der „Globalsteuerung" war zwar eine antizyklische Konjunktur- und Haushaltspolitik. Nichtsdestoweniger attestieren selbst der sozial-liberalen Koalition gewogene Historiker der planungseuphorischen Sozialreformpolitik der Regierung Brandt eine (allerdings auf allen Seiten des politischen Spektrums anzutreffende) „Neigung zu unverantwortlichem Geldausgeben" [316: THRÄNHARDT, S. 200] entgegen den antizyklischen Prinzipien des Keynesianismus, während hinsichtlich der Einnahmengestaltung eher „Passivität" herrschte [604: MUSCHEID, S. 198].

Regierung Brandt

1973 galt, ungeachtet der Frage, ob die Instrumente nur falsch bedient worden oder generell unzureichend seien, die „ultimate ineffectiveness" dieser „mechanistic view of anti-cyclical state investment as a pump-priming boost, limited in time", wie selbst der grundsätzlich keynesianisch orientierte J. LEAMAN urteilt [647, S. 183–192, Zitate S. 192 u. 186], als erwiesen. Zumal angesichts zunehmender Staatsverschuldung war die Wirksamkeit antizyklischer Fiskalpolitik erschöpft [598: AMBROSIUS, S. 50].

Probleme der Globalsteuerung

Die Bundesbank vollzog bereits 1973/74 einen Paradigmenwechsel hin zur (restriktiv-antiinflationären) Orientierung an der Geldmenge als monetärer Zielgröße. Ihre stabilitätsorientierten Ziele – Währungsstabilität nach außen, Geldwertstabilität und Wachstum im Inneren sowie die Kontrolle über die geldpolitischen Instrumente – vermochte sie im Innern letztlich zu behaupten, wie E. KENNEDY anhand des Konflikts der Regierung Schmidt mit der Bundesbank 1981/82 gezeigt hat. Gefährdet wurde die Autonomie der Bundesbank vielmehr über ihre „exposed external flank": unkontrollierbare Kapitalbewegungen einerseits und andererseits politischer Druck auf die Bundesrepublik, angesichts ihrer Außenhandelsüberschüsse eine expansivere Wirtschaftspolitik zu betreiben [644: KENNEDY, S. 60; zur Bundesbank vgl. auch die journalistische, an Detailkenntnissen vor allem zur deutschen Wiedervereinigung reiche Darstellung von 652: MARSH].

Währungspolitik der Bundesbank

Den monetaristischen Kurswechsel der Bundesbank [dazu 659: RICHTER, S. 70–91] ebenso wie die wenige Jahre später erfolgende Verschiebung der herr-

Regierung Schmidt

schenden Meinung der Wirtschaftstheorie von der Nachfrage- zur Angebotsorientierung weder vollständig zurückweisend noch ihnen konsequent folgend, nahm sich die Wirtschaftspolitik der Regierung Schmidt als „unstetes Schwanken" [662: SCHRÖTER, S. 389] zwischen keynesianisch inspirierten wirtschaftlichen Belebungsversuchen und Haushaltskonsolidierung aus.

Hinzu kam die vor allem amerikanische Forderung an die Bundesrepublik, angesichts hoher Außenhandelsüberschüsse die Funktion der „Konjunkturlokomotive" zu übernehmen und eine expansive Politik zwecks Steigerung ihrer Wachstumsraten zu ergreifen. Trotz erheblicher innerer Widerstände erklärte die Bundesregierung auf dem Bonner Weltwirtschaftsgipfel 1978 ihre Bereitschaft zu Maßnahmen zur Steigerung des BSP um 1%. Auf diese Weise, so kalkuliert H. JAMES [641, S. 294–296], wurden zwar neue Arbeitsplätze geschaffen, doch in der Folge des zweiten Ölpreisschocks stiegen die Steuereinnahmen nicht, während das Haushaltsdefizit zugenommen hatte und die Außenhandelsbilanz sich, wie gewollt, verschlechterte. In der schweren Rezession von 1981/82 leitete die Bundesregierung zumindest in Ansätzen eine Politik der Haushaltskonsolidierung ein [631: GIERSCH/PAQUÉ/SCHMIEDING, S. 193], die allerdings angesichts des ungünstigen gesamtwirtschaftlichen und wirtschaftspolitischen Umfeldes ihre Wirkung weitgehend verfehlte [604: MUSCHEID, S. 199]. Die Gesamtbeurteilung dieser schon zeitgenössisch höchst umstrittenen Wirtschafts- und Finanzpolitik der Regierung Schmidt schwankt dabei auch historiographisch zwischen der Einschätzung „als ökonomische und soziale Stabilisierung" [316: THRÄNHARDT, S. 209] oder aber als „kurzatmige Fiskalpolitik" [296: JÄGER, S. 266].

Staatsausgaben und Steuerpolitik

Unstrittig ist die Feststellung, dass sich der Anteil der Staatsausgaben am Bruttosozialprodukt in den siebziger Jahren deutlich erhöhte, während die Steuerquote (das Verhältnis des Steueraufkommens zum BSP) vergleichsweise konstant zwischen 23 und 25% blieb, die Sozialabgabenquote (das Verhältnis der Sozialbeiträge von Arbeitgebern und Arbeitnehmern zum BSP) hingegen nach 1970 sprunghaft anstieg und bis 1986 von 12,6 auf 17,3% zunahm [vgl. 633: GROSSER, S. 68, auch 58: RYTLEWSKI/OPP DE HIPT, S. 188f. u. 201–206]. Hinsichtlich der Steuerpolitik ist dabei trotz unterschiedlicher Akzentsetzungen – „ordnungspolitische Fundierung der Besteuerung" auf Seiten von Unionsparteien, FDP und Arbeitgeberverbänden gegenüber dem Vorrang „verteilungs- und prozesspolitische[r] Aspekte" bei Gewerkschaften, SPD und später den Grünen – ein hohes Maß an grundsätzlicher Übereinstimmung festgestellt worden [601: FRANKE, S. 142f.], zumal sich größere Veränderungen im Steuersystem in der Geschichte der Bundesrepublik als nur sehr schwer durchsetzbar erwiesen [604: MUSCHEID, S. 201].

d) Arbeitslosigkeit und Arbeitsbeziehungen

Zu einem zentralen ökonomischen, gesellschaftlichen und politischen Problem im Zusammenhang des übergreifenden Faktors Arbeit [die Breite der Fragen und Probleme eröffnet der allerdings nicht als historisch-systematische Konkretisierung angelegte Aufriss 646] wuchs seit 1974 das ein Jahrzehnt zuvor bereits überwunden geglaubte Problem der Arbeitslosigkeit heran. Erst im Kontext des raschen Anstiegs der Arbeitslosenzahlen begann die Erforschung von Arbeitslosigkeit durch die zeitgenössischen Sozialwissenschaften, die jedoch ebensowenig unstrittige Erklärungen und Beschreibungen für Genese, Charakter und Formen, Bedeutungsumfang und Folgen sowie Gegenmittel liefern konnten wie die Politik über erfolgreiche Rezepte verfügte: Die zeitgenössische keynesianische Erklärung für die Massenarbeitslosigkeit zielte auf Nachfragemangel, die neoklassische Erklärung auf zu hohe Arbeitskosten, das sog. „Hysterese-Modell" auf einen Kreislauf zunehmend schlechterer Einstellungschancen mit der Dauer der Arbeitslosigkeit und eine vierte, angebotsorientierte Erklärung auf ein „set of microeconomic reasons" vor allem von Inflexibilitäten und Überregulierungen des Arbeitsmarktes [Zusammenfassung der Positionen bei 631: GIERSCH/PAQUÉ/SCHMIEDING, S. 195–203, vgl. auch 590: BÄCKER (Hrsg.), S. 190–244].

Arbeitslosigkeit

Verschiedentlich vorgetragene, aber untereinander kaum gewichtete Faktoren stellen immer nur Teile einer Erklärung dar: die Kombination von Beschäftigungsstrukturwandel und Produktivitätsentwicklung [631: GIERSCH/PAQUÉ/SCHMIEDING, S. 201]; das „Ungleichgewicht zwischen Erwerbspersonenpotenzial, rasch steigender Arbeitsproduktivität und demgegenüber zurückbleibenden Wachstumsraten" [637: HEINELT/WACKER/WELZER, S. 261 u. 316]; oder auch eine Kombination von Marktsättigung in verschiedenen Branchen, gestiegenem Preiswettbewerb auf dem Weltmarkt, der Inflexibilisierung und Verteuerung von Arbeitsverhältnissen, von gut ausgebauten (und demzufolge für Beschäftigung anreizarmen) sozialen Sicherungssystemen, gesunkener Mobilität der Arbeitnehmer und schließlich höherer Nachfrage nach Arbeit durch eine gestiegene Zahl von Doppelverdienerhaushalten [so 620: BRAUN, S. 214]. So stellt die Erforschung der Arbeitslosigkeit als volkswirtschaftliches, gesellschaftliches, sozialpsychologisches bzw. sozialkulturelles und als (sozial-)politisches Problem ein historiographisches Desiderat dar.

Arbeitslosigkeit prägt auch die Arbeitsbeziehungen allgemein und insbesondere die Politik der Gewerkschaften, deren wechselhafte Entwicklung vor allem M. SCHNEIDER abgewogen skizziert: Ihre „weitgehende Integration [...] in die sozialdemokratisch geführte Regierungspolitik" unter Willy Brandt war gefolgt vom „Weg in die politische Defensive" angesichts des gesamtwirtschaftlichen Strukturwandels und der wachsenden Arbeitslosigkeit, bis sie sich in den ersten Jahren der Regierung Kohl „auf dem Abstellgleis" wiederfanden. Sie reagierten darauf mit einem „Konfrontationskurs" um ihre zentralen Forderungen im Bereich von Lohnerhöhungen, Rationalisierungsschutz und Arbeitszeitverkürzung, mit dem sie eine Stabilisierung der Lohnhöhe und Arbeitszeitverkürzungen durchzusetzen vermochten, aber keine Resonanz bei den Arbeitslosen und kein konstruktives Verhältnis zum technologischen Wandel fanden [577,

Gewerkschaften

S. 340–403, die Zitate S. 340, 370 u. 375; vgl. auch die Beiträge von K. LOMPE, K. v. BEYME und W. MÜLLER-JENTSCH in 576: HEMMER/SCHMITZ (Hrsg.)].

"Konfliktpartnerschaft"
Dennoch ist als Spezifikum der Arbeitsbeziehungen in der Bundesrepublik mit ihren institutionalisierten Konflikt- und Streitregelungsmechanismen innerhalb der Autonomie der Tarifparteien [vgl. 643: KAELBLE, S. 23 f.] weniger von "worsening of industrial relations" nach 1973 [631: GIERSCH/PAQUÉ/SCHMIEDING, S. 213] zu sprechen als eher vom Fortbestand einer Balance in den Arbeitsbeziehungen, die mit dem Begriff "Konfliktpartnerschaft" (W. MÜLLER-JENTSCH) anstelle von Klassenkampf bezeichnet worden ist [W. PLUMPE, Konzept und Praxis der industriellen Beziehungen im 20. Jahrhundert, in 663: SPREE (Hrsg.), S. 193].

Abhängige Erwerbstätigkeit als Regelfall
Bedeutsam ist dabei, wie H. F. ZACHER herausgestellt hat, die insbesondere in den frühen siebziger Jahren etablierte Typisierung abhängiger Beschäftigung (gegenüber selbstständiger und Nichterwerbsarbeit) zum Normalarbeitsverhältnis nicht zuletzt als Norm für die Sozialversicherungssysteme bzw. als Voraussetzung sozialstaatlicher Sicherung, und somit eine Entwicklung der "Arbeitsgesellschaft" hin zu einer "Gesellschaft der abhängig Erwerbstätigen". In den achtziger Jahren bemühte sich die Regierung Kohl um Korrekturen durch Verbesserungen für familiäre Nichterwerbsarbeit, nicht für außerfamiliäre Nichterwerbsarbeit und selbstständige Erwerbsarbeit. Zugleich gerieten die auf das "durchnormalisierte" Arbeitsleben abgestimmten sozialen Sicherungssysteme in Kollision mit der sich ausweitenden Individualisierung [592, S. 537, 565 f. u. 569 f.,].

e) Staat und Wirtschaft 1982–1990

Die Koalitionsregierung aus Unionsparteien und FDP trat mit dem wirtschaftspolitischen Anspruch einer liberalisierend marktorientierten ‚Wende' an, und ihre Spezifika sind im Innern im Vergleich zu den korporatistisch-kooperativen Traditionen der bundesdeutschen Wirtschafts- und Sozialpolitik und nach außen im Vergleich zur radikal angebotsorientierten Politik in Großbritannien und den USA zu bemessen.

International waren die achtziger Jahre das Jahrzehnt einer umfassenden Liberalisierung, namentlich der Finanz- und Kapitalmärkte. Freier Kapitalverkehr und Freihandel, der Weltmarkt als „einzige[r] zuverlässige[r] Führer zu richtiger Verteilung knapper Ressourcen", konsequente politische Unterstützung des Marktes statt Dirigismus und staatlicher Planung, Preisstabilität, Wachstum und ausgeglichener Außenhandel – darüber stellte sich in der Wirtschaftspolitik der führenden Industriestaaten bis zur Mitte der achtziger Jahre, so H. JAMES, ein „neuer Konsens" ein [642, S. 212 u. 240 f.]. Zugleich blieben schwere weltwirtschaftspolitische Konflikte nicht aus, deren Geschichte im einzelnen noch zu schreiben ist: die Forderungen Frankreichs und der USA nach einer expansiven bundesdeutschen Haushaltspolitik, der sich Bundesregierung und Bundesbank widersetzten; hinzu kamen die extremen Entwicklungen des Dollarkurses in Verbindung mit währungspolitischer Passivität der US-Regierung gegenüber dem Interesse der amerikanischen Handelspartner an der Stabilisierung seines Wertes [vgl. dazu v.a. 433: SPERLING, sowie 418: HANRIEDER, S. 336–342].

Im Hinblick auf die Wirtschafts-, Finanz- und Sozialpolitik der Regierung Kohl richtet sich die zentrale Frage darauf, ob sie eine marktwirtschaftliche Neuausrichtung im Sinne einer konsequenten Angebotsorientierung vorgenommen und strukturelle Reformen eingeleitet habe. Unbestritten ist die pointierte Ausrichtung der Regierung Kohl an einer Politik der Sanierung des Haushalts – im Gegensatz zur amerikanischen Politik der Regierung Reagan, die Steuererleichterungen den Vorrang vor dem Haushaltsausgleich gab – durch eine Anhebung der Mehrwertsteuer und durch Einsparungen bei Sozial- und Personalausgaben sowie Bauinvestitionen und somit einer Rückführung der Staatsverschuldung [vgl. 602: HORST, S. 398, 401–404, das folgende Zitat S. 401]. Ob es am „Entwicklungsgesetz in der Politik" lag, „dass mit zunehmender Amtsdauer einer Regierung die Orientierung am Status quo zunimmt und die Umschichtungen im Budget geringer werden" – jedenfalls endete die Konsolidierungsphase der öffentlichen Finanzen 1986 [vgl. 633: GROSSER, S. 113 f.] zugunsten neuer Sozialleistungen vor allem im familienpolitischen Bereich und einer dreistufigen Steuerreform in den Jahren 1986, 1988 und 1990, die zu einer Zunahme der Nettoneuverschuldung führte [vgl. dazu 600: EHRLICHER, S. 23 f.]. Zu einer grundlegenden Neugestaltung des Steuersystems führte sie jedenfalls nicht.

Eine Bereitschaft zu strukturellen ordnungspolitischen Reformen hat D. WEBBER im Falle äußeren Drucks „from the technology-induced internationalisation of markets and the extension of the policy-making powers of the EC" beobachtet (Börsen und Telekommunikation), weniger hingegen in genuin nationalen Angelegenheiten (Ladenschluss oder soziale Sicherungssysteme) [606, S. 178]. Dort stellte zwar das Beschäftigungsförderungsgesetz von 1985, das unter anderem die Möglichkeit zeitlicher Befristung von Arbeitsverhältnissen einräumte, ein „significant element of flexibility" dar. Aber, so der ordoliberale Einwand: „the core of the employment protection laws has been left untouched", ebenso „corporatist and institutional constraints" der deutschen Wirtschaftsverfassung [631: GIERSCH/PAQUÉ/SCHMIEDING, S. 207].

So ist die Bilanz nicht umstritten, dass die Regierung Kohl keine „neo-liberale Gegenrevolution" nach amerikanischem oder britischem Vorbild einleitete [306: PULZER, S. 147]. Vielmehr blieb, trotz neuer Akzentsetzungen, die „Wendepolitik im Kontext einer recht kontinuierlichen Entwicklung" der über lange Zeit „strukturell, institutionell und habituell verfestigt[en]" Arbeits- und Sozialbeziehungen in der Bundesrepublik [H. u. H. KASTENDIECK in 611, S. 190 f.; ähnlich der Befund von 607: ZOHLNHÖFER, zusammengefasst in HPM 8 (2001), S. 172–174].

Regierung Kohl

f) Wirtschaftliche Entwicklung nach 1982

Die erste Hälfte der Regierungszeit Kohls war von einem konjunkturellen Erholungsprozess geprägt, über dessen Qualität hingegen die Meinungen auseinander gehen. Im Winter 1982 setzte ein zunächst „verhaltener, aber lange dauernder Aufschwung ein", dessen Wachstumsraten jedoch deutlich hinter den Erwartungen zurückblieben. Eine trotz der staatlichen Ausgabenkonsolidierung belebte Inlandsnachfrage, kräftige Exportzuwächse seit 1984, zugleich die Verbilligung von Importen durch den Verfall des Dollar seit 1985 und zudem sinkende Ölpreise, seit 1985 dann auch kräftige Investitionsschübe der privaten Unternehmen, Preisstabilität in den Jahren 1986 bis 1988 sowie zugleich eine verstärkte Inlandsnachfrage im Gefolge der Steuerreform benennt D. Grosser als Stützen der konjunkturellen Erholung, die dann 1988/89 mit Wachstumsraten von 3,7 und 4% ihren Höhepunkt erreichte. Auch nahmen die Erwerbstätigenzahlen seit Mitte der achtziger Jahre um 200–300000 jährlich zu; doch die nicht nachhaltig sinkende Arbeitslosigkeit (erst 1989 setzte ein Rückgang ein, der sich in den neunziger Jahren wieder umkehrte) stellte das große Passivum der wirtschaftlichen Entwicklung der achtziger Jahre dar [91: Grosser, S. 110f., auch 633, S. 112f.].

An diesem Punkt setzt die Kritik des Erholungsprozesses ein, dem W. Glastetter, G. Högemann und R. Marquardt aus nachfrageorientierter Perspektive „eher unterdurchschnittlichen Charakter" attestieren, den sie wiederum auf eine ausgeprägte Nachfrageschwäche und mangelnde öffentliche Investitionsprogramme zurückführen. Erst als seit 1987, so ihre Schlussfolgerung, „wieder Nachfrageelemente in die Politik einflossen, kam es zu ausgeprägteren Wachstums-, Investitions- und Beschäftigungsgewinnen" [632, S. 23–26, 32, 34].

Diese unterschiedlichen Auffassungen ruhen auf Unterschieden im Grundsätzlichen: während die Nachfragetheoretiker angebotsorientierte Politik für wirkungslos halten und zu geringe Nachfrage für die wirtschaftlichen Fehlentwicklungen der achtziger Jahre verantwortlich machen, lokalisieren die Angebotstheoretiker das Problem gerade umgekehrt in einem zu geringen Maße an strukturellen marktorientierten Reformen. Hinter dieser Kontroverse steht die zentrale Frage nach dem sogenannten „Modell Deutschland" im weltwirtschaftlichen Strukturwandel.

g) „Modell Deutschland"

Die vor allem im angelsächsischen Sprachraum geführte Debatte um das „Modell Deutschland" [vgl. etwa 657: Porter über Kriterien und Mechanismen nationaler volkswirtschaftlicher Prosperität aus neoliberal-wettbewerbsorientierter Perspektive; 647: Leaman; auch 631: Giersch/Paqué/Schmieding wurde typischerweise auf Englisch publiziert] hat, in engem Zusammenhang mit den jeweiligen zeitgenössischen ökonomischen Entwicklungen und Erfahrungen, unterschiedliche Stadien durchlaufen.

Das „Modell Deutschland" bzw. das „rheinische Modell" des Kapitalismus bzw. der „sozialen Marktwirtschaft", das in den achtziger Jahren zunächst angesichts der sozialen Begleiterscheinungen der entfesselt marktwirtschaftlichen Entwicklung in den USA und in Großbritannien weithin als Erfolgsmodell perzipiert wurde, wird bestimmt durch sozialen Konsens aufgrund korporatistisch-kooperativer Strukturen unter Einschluß eines hohen Verrechtlichungsgrades der Arbeitsbeziehungen. Hinzu kommen die hohe Bedeutung des Mittelstandes und „ingrained habits of caution and long-term thinking", nicht zuletzt aufgrund der dominierenden Rolle langfristig engagierter Banken bei der Finanzierung der Industrie (im Gegensatz zur Dominanz der Börse und ihres kurzfristigen Gewinnhorizonts in den USA) [276: BARK/GRESS, S. 783 f. nach 613: ALBERT; vgl. auch JAMES in 352, S. 300, und 621: CARLIN, S. 483–489]. „Rheinischer Kapitalismus"

Vor dem Hintergrund der weltwirtschaftlichen Bewegung der achtziger Jahre kam auch diese Debatte in Bewegung, und so lassen sich an der Wende von den achtziger zu den neunziger Jahren zwei ganz entgegengesetzte Positionen extrapolieren, die W. CARLIN als „sclerosis view" und als „successful adaptation view" charakterisiert [Überblick über die Positionen 621, S. 473, 477–481].

Die These der „Sklerose" vertreten insbesondere H. GIERSCH, K.-H. PAQUÉ und H. SCHMIEDING aus ordoliberal-angebotsorientierter und wirtschaftspolitisch-normativer Perspektive: vor allem in mangelnder Liberalisierung und Deregulierung, stattdessen Überregulierung vieler Wirtschaftsbereiche und „corporatist rigidities", in der staatlichen Fiskalpolitik der 70er Jahre, der Subventionierung absterbender Industrien und zu hoher Abgabenquote sowie in mangelnder Kapitalrentabilität bzw. im Mangel an rentablen Investitionsmöglichkeiten zur Absorption der steigenden Unternehmergewinne sehen sie die zentralen Ursachen für Produktivitäts- und Investitionsschwäche der Bundesrepublik, die ihre Fähigkeit zur Anpassung an den Strukturwandel gehemmt habe [631, S. 207–221, 243–250; vgl. auch PORTER, S. 382 u. 715–719].

Die ganz anders gelagerte These von der „erfolgreichen Anpassung" der Bundesrepublik vertreten etwa P. KATZENSTEIN (1989) oder A. S. ENGLANDER und A. MITTELSTÄDT in einer OECD-Studie (1988) aufgrund einer qualitativen Analyse des Verhaltens von Unternehmen gegenüber Markterfordernissen: im Maschinenbau, der Automobil- und der Chemieindustrie habe vor allem aufgrund der korporatistisch-kooperativ verfaßten deutschen Wirtschaftsordnung eine erfolgreiche Anpassung an erhöhten Wettbewerb auf den Produktmärkten stattgefunden, hingegen habe die restriktive Geld- und Fiskalpolitik der achtziger Jahre wegen mangelnder Nachfrage zu mangelnder Auslastung der Produktionskapazitäten geführt.

Solchen nachfragetheoretischen Positionen gegenüber dominierte in den achtziger Jahren die monetaristische bzw. angebotsorientierte Sicht in Politik und Wirtschaftswissenschaften [Überblick über Gegenströmungen in der Bundesrepublik bei 647: LEAMAN, S. 244–251]. Weniger keynesianisch als vielmehr pragmatisch betonten vor allem angelsächsische Autoren wie A. J. NICHOLLS [305, S. 288] gegenüber der ordoliberalen Kritik am deutschen Korporatismus seine Erfolge in den achtziger Jahren: „If we compare the West German performance with that of Great Britain, the European country most committed to the new laissez-faire doctrines of the right, we see that the British, despite possessing an extraordinary advantage in the shape of North Sea oil, constantly failed to match the West Germans in almost all indicators of economic success – currency stability, inflation, trade balance, research and development, median living standards and overall competitiveness."

Vor dem Hintergrund der weltweiten Entfesselung der Marktkräfte samt dem davon ausgehenden Anpassungsdruck auf die Volkswirtschaften in den neunziger Jahren des 20. Jahrhunderts, vor dem Hintergrund auch des in der Bundesrepublik um sich greifenden Unternehmenskonzepts des „shareholder value" verstärkten sich der neoliberale Mainstream im Wirtschaftsdenken und die Kritik an struktureller „Immobilität und Reformunfähigkeit" der deutschen Wirtschaft [vgl. 463: GROSSER, S. 92, auch JAMES in 352, S. 299–301] unterdessen weiter: „Die Globalisierungsdebatte erschütterte das ‚deutsche Modell'" [662: SCHRÖTER, S. 416], was zugleich auf das Forschungsthema der Geschichte des Wirtschaftsdenkens als politische Kulturgeschichte verweist [vgl. dazu K. BORCHARDT, Ein Jahrhundert wechselnder Einschätzungen von Rolle und Leistung der Volkswirtschaftslehre in Deutschland, in 663: SPREE (Hrsg.), S. 200–222].

Zugleich verweisen die zunächst stets zeitgenössisch wirtschafts- und sozialpolitisch geführten Debatten um das „Modell Deutschland" auf die Forschungsaufgabe, die hier vor allem aus makroökonomischer Perspektive betrachteten Themen und Probleme sowohl gesamtwirtschaftlich als auch anhand einzelner Branchen und Unternehmen historisch zu konkretisieren und anhand der Quellen aufzuarbeiten.

h) Branchen und Unternehmen

Branchen und Unternehmen sind historiographisch bislang nur sehr vereinzelt untersucht worden, Letztere am ehesten in Form wissenschaftlicher Festschriften aus Anlass von Firmenjubiläen (im Folgenden nicht eigens vorgestellte Titel sind in Kap. III.6 aufgeführt).

Auf dem Gebiet der Finanzgeschichte sind verschiedene Studien vor allem allgemein überblickender Art vom Institut für Bankhistorische Forschung in Frankfurt ausgegangen. Im Rahmen der Deutschen Börsengeschichte skizziert B. RUDOLPH Organisation und Institutionen nach 1945. Die Harmonisierung des europäischen Börsenrechts zwecks Vereinheitlichung der europäischen Finanzmärkte in Vorbereitung auf den europäischen Binnenmarkt und Reformen der Londoner Börse führten zu einer Weiterentwicklung der Börsentechnik und Börsenstrukturen in Deutschland – die Einführung des geregelten Marktes und

Börsen

der Deutschen Terminbörse, Überführung der Frankfurter Wertpapierbörse in private Trägerschaft, erleichterter Börsenzugang für ausländische Papiere und die Einführung des Computerhandels – und im Ergebnis zu einer „Internationalisierung und Globalisierung der Kapitalmärkte" vor allem in den achtziger Jahren [655, S. 291–375, das Zitat S. 358].

Ein Überblick über Organisation und Institutionen des durch die Dominanz der Universalbanken gekennzeichneten Banken-, Sparkassen- und Versicherungswesens sowie eine Auflistung von Quellen und Literatur findet sich bei E. WANDEL [665; für einen allgemeinen Überblick bis zum Beginn der achtziger Jahre vgl. auch H. E. BÜSCHGEN im bereits 1983 publizierten dritten Band der 640: Deutschen Bankengeschichte, S. 349–406]. Banken und Versicherungen

Im für Deutschland charakteristischen System der Universalbanken (in denen das Wertpapiergeschäft nicht nach angelsächsischem Muster vom Kredit- und Einlagengeschäft abgetrennt ist und die über das Leistungsprogramm hinaus auch hinsichtlich der Kundengruppen und Standorte universal ausgerichtet sind) stellt die Kreditwirtschaft ein Geschäftssegment dar, deren Geschichte in einer eigenen Studie aufgearbeitet ist [656: POHL]. Sie erfuhr im Übergang von den sechziger zu den siebziger Jahren einen Wandlungsprozess, indem die Arbeitsteilung zwischen den einzelnen Institutsgruppen (Geschäftsbanken, Sparkassen, Genossenschaftsbanken) verschwand. Vielmehr entstand durch die Entdeckung der Privathaushalte als zentraler neuer Kundengruppe aufgrund wachsenden Spar- und Zahlungsverkehrsbedarfs und durch die Verdichtung des Bankfilialennetzes ein zunehmender nationaler Wettbewerb, während die Großbanken zugleich das Auslandsgeschäft vermehrten [POHL in 656, S. 248]. Für die achtziger Jahre ist dann im Zeichen der Deregulierung und Internationalisierung der Finanzmärkte eine „Verselbständigung des monetären Sektors" gegenüber dem realen Sektor festzustellen [W. EHRLICHER in 656, S. 299–340, das Zitat S. 327]. Diese zentralen Entwicklungen sind alles in allem jedoch noch wenig problemorientiert-historisch untersucht.

Neben der bereits seit den fünfziger Jahren in einem umfassenden Transformationsprozess begriffenen Landwirtschaft, deren Geschichte in ökonomischer, sozialer, kultureller und politischer, nicht zuletzt in europäischer bzw. europapolitischer Dimension zu schreiben ist [bislang liegen detaillierte Darstellungen allein der Agrarpolitik der jeweiligen Bundesregierungen für die siebziger und achtziger Jahre (603: KLUGE) sowie über ihre einkommenserhöhende und nicht marktwirtschaftliche Agrareinkommenspolitik vor (605: STREB)], gerieten im Zuge des ökonomischen Strukturwandels vor allem klassische Branchen des verarbeitenden Gewerbes in tief greifende Krisen. S. LINDNER beschreibt im deutsch-französischen Vergleich die Entwicklung der traditionell arbeitsintensiven Textilindustrie zur automatisierten und globalisierten, „kapitalintensive[n] High-Tech-Industrie", in deren Verlauf die Zahl der Beschäftigten in der Bundesrepublik von 600 000 auf 200 000 zurückging [649, bes. S. 137–174 u. 247–255, Zitat S. 247]. Textilindustrie

Bergbau und Schwerindustrie

Die ersten Krisenzeichen machten sich zur selben Zeit bemerkbar wie im Bergbau, der sich seit dem Beginn der „Kohlenkrise" 1957/58 angesichts dramatisch fallender Ölpreise vor elementaren Strukturproblemen sah. Ihre Lösung durch die Gründung der Ruhrkohle AG 1969 bedeutete, so W. ABELSHAUSER, eine „Stabilisierung des Ruhrbergbaus auf niedrigerem Niveau", die durch das „Modell des unmittelbaren Interessenausgleichs auf der Spitzenebene der Wirtschaftsverbände, der Gewerkschaften und des Staates" in der „deutsche[n] Tradition kooperativer Wirtschaftspolitik" gelang. Der Kritik an den damit verbundenen Markteingriffen und Subventionen hält er die sozialen und regionalen Aktiva der Gestaltung eines zunächst unberechenbaren und unkontrollierbaren Niedergangs „zu einem geordneten Anpassungsprozess" entgegen, so dass „der wirtschaftliche und politische Notstand" ausblieb, „der 1967 schon zum Greifen nahe schien" [609, S. 9f., 148 u. 164].

Die Restrukturierung der deutschen Stahlindustrie in den siebziger Jahren in Form einer Neuorganisation der Produktionsstruktur und des Beschäftigtenabbaus erfolgte durch „corporatist regulation" im Konsens zwischen staatlichen Institutionen, Unternehmen und Gewerkschaften mit der genuin privatkapitalistischen Zielvorgabe der Anpassung an Weltmarktbedingungen. Auch dies ordnen J. ESSER und W. VÄTH [in 653: MÉNY/WRIGHT (Hrsg.), S. 623–691, hier 636] in die Geschichte des „Modell Deutschland" ein.

Auch die deutsche Schiffbauindustrie geriet in eine tief greifende Strukturkrise, die schon seit den frühen sechziger Jahren angelegt war, aber erst nach dem Ende des Tankerbooms 1975 voll durchschlug. Die mikroökonomischen Untersuchungen von G. ALBERT [612, bes. S. 102–106, 307f. u. 316.] zeigen aber zugleich die durchaus vorhandenen und in unterschiedliche Handlungsstrategien umgesetzten, zu sehr verschiedenen Ergebnissen führenden Handlungsspielräume der einzelnen Werften.

Chemieindustrie

Probleme der Petrochemie skizziert W. ABELSHAUER anhand der BASF, die seit 1963 im Zuge einer Strategie der „Vorwärtsintegration und Akquisition" nicht ohne Fehl- und Rückschläge, sondern letztlich nur im Kerngeschäft der Basischemie reüssierend, „in ein transnationales Unternehmen" umgeformt wurde [610, S. 584–634, Zitate S. 585 u. 634].

Hoch- und Spitzentechnologie

Vom ökonomisch-technischen Strukturwandel vor allem in der Mikroelektronik profitierten Branchen der Hoch- und Spitzentechnologie, insbesondere im Bereich der Kommunikations- und Verkehrstechnik, Energieversorgung oder Medizintechnik. Der Zusammenhang von technologischer und wirtschaftlicher Entwicklung ist dabei von ebenso zentraler Bedeutung wie methodisch schwierig zu erfassen [als Versuch: D. C. MOWERY/N. ROSENBERG, Technology and the Pursuit of Economic Growth. Cambridge 1989]. Vor diesem Hintergrund ist auch das stets als typisch für das „deutsche Modell" geltende [276: BARK/GRESS, S. 785] Unternehmen Siemens anzusehen, das sich, so W. FELDENKIRCHEN, in Verbindung von Fortschritt und Innovation mit „Solidität, Liquidität und Bewahrung der unternehmerischen Eigenständigkeit" positiv entwickelte [626, S. 391].

i) Technologie, Energie, Umwelt und Verkehr

Die mit der ökonomischen Entwicklung eng zusammenhängende Technisierung des Lebens – von der Kernenergie über Mikroelektronik und Telekommunikation, Fertigungstechnik, Verkehr und Raumfahrt bis zur Medizintechnik – skizziert W. KAISER [830, S. 283–529]. Dabei war im Bereich der von G. A. RITTER überblickten außeruniversitären naturwissenschaftlich-technischen Großforschung, zunächst im Bereich der Kerntechnik, seit den sechziger Jahren auch verstärkt der Weltraumforschung, der „Verbund zwischen Wissenschaft, Wirtschaft und Staat besonders eng" [834, Zitat S. 10]. Gegen den damit verbundenen staatlichen Anspruch auf Forschungssteuerung bildete sich im Januar 1970 die Arbeitsgemeinschaft der Großforschungseinrichtungen, deren Entwicklung bis 1980 M. SZÖLLÖSI-JANZE beschreibt. Mit dem Scheitern „überzogener Prognose- und Planungserwartungen" nach 1973 setzte eine „forschungsadäquate Flexibilisierung" ein [836, S. 268], die mit einer – im Kontext der gesamtgesellschaftlichen Trendwende nach 1973 (vgl. Kap. II.2) zu sehenden – Abkehr von der Entwicklung großer technischer Systeme nach klaren Zielvorgaben einherging. Vor allem seit den mittleren siebziger Jahren verlagerten sich die Schwerpunkte der Großforschung auf die Entwicklung von EDV und neuen Technologien sowie Gesundheit und Umwelt [834: RITTER, S. 91, 100f., 106–111].

<small>Spitzentechnologie und Großforschung</small>

Mikroelektronik und Gentechnik galten seitdem als Inbegriff von „high tech", anstelle der Kerntechnik, deren mehrbändige Darstellung von W. D. MÜLLER [Geschichte der Kernenergie in der Bundesrepublik Deutschland. 2 Bde. Stuttgart 1990/96] der bislang nur die fünfziger und sechziger Jahre behandelt, während der informative allgemeine Überblick von J. RADKAU [833] ebenso wie die Darstellungen der Kernforschungsanlage Jülich und des Schnellen Brüters im Hinblick auf staatliche Technologieförderung [835: RUSINEK; 832: KECK] nur bis in die mittleren bzw. späten siebziger Jahre reichen und somit erst die Anfänge der 1974 einsetzenden Kontroverse um die Kernenergie aufnehmen [die dezidiert normative, gegen Atomenergie und „Atomstaat" gerichtete Darstellung von 837: ZÄNGL, Zitat S. 331, genügt wissenschaftlichen Ansprüchen nicht]. Kernenergie und Energie allgemein gerieten dabei ins Zentrum der grundlegenden gesellschaftspolitischen Auseinandersetzungen im Zusammenhang der Neuen sozialen Bewegungen (vgl. dazu Kap. II.8).

<small>Kernenergie</small>

Nicht zu trennen sind hier Fragen der Technik-, der Gesellschafts- und der Umweltgeschichte. Historische Ergebnisse der damit befassten „sehr junge[n] Disziplin" sind indessen bislang noch „Mangelware", konstatiert F.-J. BRÜGGEMEIER. Sein allgemeiner Überblick über das 19. und 20. Jahrhundert [730] thematisiert die seit den frühen siebziger Jahren in neuartigem und zunehmendem Maße bedeutsame gesellschaftlich-politische Umweltbewegung und Umweltpolitik (wobei die traditionell eher konservative Naturschutzbewegung auf die linke Seite des politischen Spektrums wanderte). Er führt Umweltbelastungen und Unfälle (wie vor allem, jenseits der deutschen Grenzen, die Reaktorkata-

<small>Umweltgeschichte</small>

strophe im ukrainischen Tschernobyl 1986) ebenso wie ungeprüft verzerrende Überzeichnungen in der öffentlichen Diskussion vor und formuliert verhalten optimistische „Ansätze einer [ökologiehistorischen] Bilanz, 1970–1995" im Hinblick auf Ressourcennutzung, Luft und Wasser, wobei gravierende Belastungen der Umwelt vor allem aus zunehmendem Konsum und insbesondere aus Schadstoffemissionen durch das Auto und sonstigen Verkehr resultierten [730, bes. S. 7-33, 208–250 u. 271–278, Zitate S. 301, 32 u. 233].

Verkehr   Im Bereich des Verkehrs ist indessen – neben dem insbesondere für die siebziger und achtziger Jahre nicht unparteiischen Abriss zum problematischen Verhältnis von Automobilinteressen und Umweltschutz von D. KLENKE [732, hier S. 103 u. 111] mit der These der „halbherzige[n] Ökologisierung der Verkehrspolitik seit den achtziger Jahren" nach „Anzeichen einer umweltpolitischen Wende" seit 1976 sowie einzelnen, übergreifenden „Beiträgen zur Historischen Verkehrsforschung" [735: SCHMUCKI; 736: ZELLER] – eine „relativ schwache Historisierung" zu beobachten, die immerhin von CH. KOPPER [733, bes. S. 83–87 u. 101–110, Zitat S. IX] zusammenfassend überblickt wird.

Eisenbahn   Allein die Geschichte der Eisenbahn nach 1945 hat G. SCHULZ ihrem „rote[n] Faden" entlang verfolgt: der Strukturkrise, die nicht zuletzt aus der rasch fortschreitenden individuellen Massenmotorisierung und dem gemeinwirtschaftlichen Auftrag der Bahn resultierte, der ihrer wirtschaftlich rentablen Ausrichtung entgegenstand. Das im Wettbewerb chancenlose „Unternehmen in Fesseln" befand sich in einem Teufelskreis von Defiziten, höherer Verschuldung und mangelnden Modernisierungskapazitäten und musste in den Nachkriegsjahrzehnten einen erheblichen „Bedeutungsverlust" hinnehmen, wobei sich die Zahl der Beschäftigten zwischen 1949 und 1989 mehr als halbierte. Die permanente Finanznot brachte in den achtziger Jahren jedoch substanzielle Reformbestrebungen in Gang, die schließlich gar zu einer „Renaissance der Bahn" und zur Bahnreform von 1994 führten [629: GALL/POHL (Hrsg.), S. 317–376, Zitate S. 319 u. 370f.].

7. SCHICHTEN, LAGEN, STILE: PROBLEME DER GESELLSCHAFTSGESCHICHTE

Für das Themenfeld der Gesellschaft bestätigt sich K. TENFELDES „Eindruck, dass zeitgeschichtliche Forschung ungern sozialgeschichtlich operiert" [DERS. (Hrsg.), Arbeiter im 20. Jahrhundert. Stuttgart 1991, S. 10], der ebenso umgekehrt zutrifft: dass nämlich sozialgeschichtliche Forschung ungern zeitgeschichtlich operiert. Während die Sozialgeschichte der Bundesrepublik zunächst vor allem als Geschichte der Sozialpolitik, zuvörderst der früheren Jahrzehnte aufgegriffen worden ist, lag die bundesdeutsche Gesellschaft der siebziger und achtziger Jahre in der Zuständigkeit synchroner sozialwissenschaftlicher Forschung [breiter und fundierter Überblick vor allem in 686].

a) Gesellschaftliche Gesamtbeschreibungen

Zeitgenössische Gesamtbeschreibungen suchten ihre Gesellschaft zumeist im Verhältnis zur „Industriegesellschaft" zu bestimmen, als deren Weiterentwicklung die „postindustrielle Gesellschaft" aufgefasst wurde [vgl. den Überblick bei S. IMMERFALL in 686, S. 261 f.]. Im Anschluss an J. FOURASTIÉ (zuerst 1952) wurde ihr Spezifikum in der Verschiebung des volkswirtschaftlichen Schwergewichts auf den tertiären Sektor gesehen (vgl. dazu Kap. II.6). An D. BELL (zuerst 1973) orientierte Interpretationen setzten insofern einen anders gelagerten Schwerpunkt, als sie auf die zunehmende Bedeutung von Bildung und Wissen abhoben und daraus das Modell der Informations-, Kommunikations- oder Wissensgesellschaft ableiteten.

Postindustrielle Gesellschaft, Informationsgesellschaft

Insbesondere für die fünfziger und sechziger Jahre ist der Begriff der „Konsumgesellschaft" eingeführt worden [vgl. 20: ERKER, S. 225 f.]. Ihr historisches Spezifikum liegt darin, „dass die Mehrheit der Bevölkerung an neuartigen Formen des Konsums teilhatte, wie industriell hergestellten Lebensmitteln, modischer Massenkonfektion, Haushaltstechnik, dem Automobil, Radio und Plattenspielern" [727: KÖNIG, S. 8]. Während wissenschaftlich bislang die Fülle der Phänomene des Massenkonsums thematisiert worden ist [über die Studien zu den fünfziger Jahren hinaus v.a. der nach einzelnen Sachgebieten gegliederte, oftmals mehr deskriptive als analytische Überblick von 727: KÖNIG; als Deutungsansatz für die gesamte Geschichte des 18.–20. Jahrhunderts das Panorama bei 729: SIEGRIST/KAELBLE/KOCKA (Hrsg.)], bleibt die gesellschaftsgeschichtliche Analysekapazität der Interpretationsfigur „Konsumgesellschaft" erst noch zu diskutieren.

Konsumgesellschaft

Insbesondere für die Binnendifferenzierung stellt sich die Grundfrage allgemeiner Gesellschaftsbeschreibungen, nämlich nach den Kriterien und Modellen für die „Ordnung der Gesellschaft" (P. NOLTE). Das klassische Modell fragt in vertikaler Perspektive nach sozialen Schichten oder Klassen, die aus den äußeren Lebensbedingungen hergeleitet werden: Berufsposition, materielle Ausstattung, Qualifikationsniveau, Einfluss und Sozialprestige. Da in dieser Hinsicht in der bundesdeutschen Gesellschaft insbesondere der siebziger und achtziger Jahre ein Prozess zunehmender Auflösung klar erkennbarer Grenzen zu verzeichnen war, „der das Hierarchiemodell sozialer Klassen und Schichten unterläuft und in seinem Wirklichkeitsgehalt in Frage stellt", diskutierte die Soziologie in den achtziger und neunziger Jahren alternative Einteilungskriterien und Modelle der bundesdeutschen Gesellschaft „jenseits von Klasse und Schicht" [Zitate: 669: BECK, S. 121 f.; Überblick bei 675: GEISSLER, S. 69–87 (hier und im Folgenden nach der 2. Aufl. von 1996) und 681: HRADIL, S. 36–46, 353–376 u. 425–436].

Binnendifferenzierung

Soziale Schichten/Klassen

Das Modell der sozialen Lagen bemüht sich um eine Kombination von sozialen Kriterien – Berufsstatus, Alter und Geschlecht –, aus der 40 Soziallagen gewonnen werden, die von der Wohlfahrtsforschung als Indikatoren für „objektive Wohlfahrt" mit der anhand von Umfragen ermittelten Lebenszufriedenheit als

Soziale Lagen

"subjektiven" Wohlfahrtskriterien kombiniert werden [vgl. den programmatischen Titel von 680: HRADIL, Sozialstrukturanalyse in einer fortgeschrittenen Gesellschaft. Von Klassen und Schichten zu Lagen und Milieus; vgl. auch 676: GLATZER/ZAPF sowie die Modelle der „Lagen" und „Milieus" im Anhang].

Soziale Milieus Einen anderen Zugang wählt der subjektivistische bzw. kulturalistische Ansatz der „sozialen Milieus" neuen Typs, die nach Wertorientierungen und Lebensstilen unterschiedene ‚subkulturelle' Einheiten innerhalb der Gesellschaft darstellen [v.a. 691: VESTER u.a.; 680: HRADIL, S. 131, und 681: HRADIL, S. 425–436 mit Zusammenfassung der 1979 begonnenen Marktforschungen des Heidelberger Sinus-Instituts].

Aus diesem Kontext sind zwei prominente zeitgenössische Gesellschaftsbeschreibungen vor allem für die achtziger Jahre hervorgegangen: die „Risikogesellschaft" und die „Erlebnisgesellschaft". U. BECK konstatierte in seinem Entwurf der „Risikogesellschaft" erstens eine „Ausdehnung von Modernisierungsrisiken", etwa in Form eines atomaren oder gentechnischen Unfalls [669, S. 48]. Zweitens beobachtete er die Auflösung von sozialen Klassen, Geschlechterrollen, von Ehe und Familie sowie von Arbeitsbeziehungen als sozial verbindlichen Institutionen zugunsten von Individualisierung und Selbst-Reflexivität mit der Folge neuer Chancen und Risiken für die Einzelnen.

„Risikogesellschaft"

„Erlebnisgesellschaft" In diese Richtung zielt auch G. SCHULZES umfassende kultursoziologische Analyse der Ausprägungen bundesdeutschen Alltagslebens im Zeichen des Bedeutungsverlustes von allgemeingesellschaftlichen Vorgaben, gegenständlichen Lebensverhältnissen, Schichtzugehörigkeiten und sozialer Herkunft, stattdessen selbstdefinierter und selbstinszenierter Formen von Lebenssinn und Lebensverlauf. Im Rahmen einer „auf Erlebnisdispositionen begründeten Milieustruktur" bestimmt er fünf nach Konsum- und Freizeitverhalten, Werthaltungen, Mediennutzung etc. unterschiedene neue Milieus [689, S. 54, 541 u. 277–333]: das „Selbstverwirklichungsmilieu" (bei mittlerer und höherer Bildung) und das „Unterhaltungsmilieu" (bei niedrigerer Bildung) in einem Lebensalter unter vierzig sowie ein „Niveaumilieu" (höhere Bildung und gehobenes Einkommen), ein „Integrationsmilieu" (mittlere Ausstattung) und ein „Harmoniemilieu" (untere Ausstattung) für Lebensaltersstufen über vierzig Jahre.

Kritik – Festhalten an sozialen Schichtungsmodellen Kritik an diesen Ansätzen hob vor allem darauf ab, dass „nicht der Abschied von Klasse und Schicht, sondern die Herausbildung einer dynamischeren, pluraleren und auch stärker latenten Schichtstruktur" als Spezifikum der gesellschaftlichen Entwicklung anzusehen sei. Mit sozialkritischem Anspruch betont etwa R. GEISSLER die fortwährende Bedeutung der Schichtzugehörigkeit für Lebenschancen, Wertorientierungen, Lebensstile und Verhaltensweisen und auch für den Umfang von Individualisierung und Pluralisierung [675, S. 78 u. 82–87; auch K. U. MAYER/H.-P. BLOSSFELD, Die gesellschaftliche Konstruktion sozialer Ungleichheit im Lebensverlauf, in 670: BERGER/HRADIL (Hrsg.), S. 311; vehement besteht auch H.-U. WEHLER angesichts der „Präsenz und Persistenz stabiler Ungleichheit" auf dem unaufgelösten „Klassencharakter der Gesellschaft", 693, S. 633 f.].

7. Schichten, Lagen, Stile: Probleme der Gesellschaftsgeschichte

Alles in allem ist eine „Vieldeutigkeit und Unübersichtlichkeit von Gesellschaftsmodellen" der soziologischen Forschung festzustellen, die seit den neunziger Jahren gegenüber der Lebensstilforschung wieder verstärkt auf wirtschaftliche, technologische und sozialstrukturelle Grundtatbestände abhob [IMMERFALL in 686, S. 266f.]. Vor diesem Hintergrund zählen quellenfundierte, genuin historische Gesellschaftsanalysen nicht zuletzt in internationaler Perspektive zu den zentralen Aufgaben künftiger Geschichtswissenschaft.

b) Demographische Probleme

Die grundlegenden quantitativen Entwicklungen der bundesdeutschen Bevölkerungsstruktur gehen aus den vor allem vom Statistischen Bundesamt bereitgestellten Daten eindeutig hervor. Das generative Verhalten war durch einen erheblichen und dauerhaften Geburtenrückgang seit den mittleren sechziger Jahren gekennzeichnet. Er lag im säkularen Trend und setzte sich zugleich scharf vom „Babyboom" nach dem Zweiten Weltkrieg ab, der als nachholende Entwicklung eingeschätzt wird; in seinem Ausmaß stellte der deutsche Geburtenrückgang „weltweit eine Ausnahme dar" [701: HUBERT, S. 298; 702: MARSCHALCK, S. 99]. Auch die von R. GEISSLER aufgeführten, zu unterschiedlichen Zeitpunkten eintretenden und in besonderem Maße sozialkulturellen Gründe [675, S. 340f.] unterliegen keinem Dissens und gehen substanziell über die verbesserten Möglichkeiten der Empfängnisverhütung hinaus, wie sie der irreführend verkürzte Begriff des „Pillenknicks" zum Ausdruck bringt: der Funktions- und Strukturwandel der Familie samt veränderter ökonomischer Bedeutung von Kindern in den sozialen Sicherungssystemen der Bundesrepublik, die Kollision von Erwerbstätigkeit und Kindererziehung für Frauen im Zuge veränderter Geschlechterverhältnisse, die Ausbreitung von anspruchsvollen und individualistischen Lebensstilen, stärker emotionale (d. h. weniger funktional angelegte) Paarbeziehungen und schließlich eine zunehmende gesellschaftliche Akzeptanz von Kinderlosigkeit.

Neben dem Geburtenrückgang prägte ein erheblicher Anstieg der Lebenserwartung die Bevölkerungsentwicklung, und beides führte zum Phänomen der „demographischen Alterung": dem Rückgang des Anteils jüngerer Menschen (zwischen 1970 und 1990 um etwa 30%) bei zunehmendem Anteil älterer Menschen an der Gesamtbevölkerung. Abgemildert wurde dieser Alterungsprozess dabei noch durch die jüngere Altersstruktur der Zuwanderungsbevölkerung [702: MARSCHALCK, S. 109].

Zwischen zwei großen, in erheblichem Maße von Migranten deutscher Nationalität getragenen Wanderungsschüben (Kriegsflüchtlinge und Vertriebene sowie DDR-Flüchtlinge bis 1961, Aus- und Übersiedler seit 1988) ist für die siebziger und achtziger Jahre migrations- und bevölkerungsgeschichtlich vor allem die aus der Anwerbung von Gastarbeitern resultierende Zuwanderung von Ausländern von Bedeutung. Die beschäftigungs- und nicht bevölkerungspolitisch

Geburtenrückgang

Demographische Alterung

Einwanderung

Ausländer

motivierte, kurzfristig angelegte Anwerbung vor allem der sechziger Jahre bis zum Anwerbestop von 1973 wurde über den Verbleib vieler Gastarbeiter in der Bundesrepublik und den Nachzug ihrer Familien zu einer „faktischen Einwanderung" vor allem von Türken und Jugoslawen [A. TREIBEL in 686, S. 475; zur bundesdeutschen Entwicklung im internationalen Zusammenhang vgl. den Überblick bei 328: BADE, S. 314–323, 331–338 u. 350–360]. Die Zahl der Ausländer in der Bundesrepublik wuchs zwischen 1964 und 1973 von 1,2 auf 4 Millionen und blieb dann im Zeichen wechselnd positiver und negativer Wanderungssalden im Großen und Ganzen konstant, bis 1988 eine neue Wanderungswelle einsetzte, die sich in wesentlichem Maße aus Asylbewerbern und (nicht als Ausländer firmierenden) Aussiedlern zusammensetzte. Die Bundesrepublik Deutschland erlebte im europäischen Vergleich die größten Migrationsbewegungen in der zweiten Hälfte des 20. Jahrhunderts.

Soziologische Forschungen haben eine „spezifische Randständigkeit" dieser vorwiegend im produzierenden Gewerbe beschäftigten Zugewanderten festgestellt, die mit einer „Unterschichtung" der deutschen Gesellschaft einherging [675: GEISSLER, S. 224]. Die materielle, kulturelle und politische Geschichte der Ausländer in Deutschland und ihre Rückwirkung auf die deutsche Gesellschaft ist unterdessen noch erst zu schreiben [Ansätze und Elemente bei 703: MOTTE u. a. sowie U. HERBERTS Skizze einer „sehr kurzatmigen und hektischen Politik […], die durch immer neue Erlasse, Richtlinien und Gesetze soziale Prozesse kurzfristig zu steuern versuchte, ohne deren Langfristigkeit und Ausmaß immer zu erkennen oder zu beachten", 700, S. 223–285 (Zitat S. 243)].

(Politische) Generationen

Ein weiteres, sozialkulturelles Problem der demographischen Entwicklung liegt im Phänomen der Generationen, dessen Bedeutung immer wieder betont, dessen überindividuelle Verbindlichkeit als „Generationszusammenhang" bzw. „Generationseinheit" (K. MANNHEIM) zugleich bezweifelt [zusammenfassend A. SCHULZ, Individuum und Generation, in: GWU 52 (2001), S. 408 f. u. 413 f.] und dessen Erklärungsmächtigkeit letztlich wissenschaftlich noch kaum empirisch fundiert erforscht worden ist. Ein operationalisierbarer und gesellschaftsgeschichtlich aussagekräftiger Generationsbegriff stellt dabei stets einen abstrahierten Idealtypus dar, der sich durch Altersähnlichkeit seiner Mitglieder sowie, über den quantifizierend-statistischen Zusammenhang hinaus, durch spezifische vergemeinschaftende Erlebnisse bzw. Erfahrungen im prägenden Alter von etwa 15 bis 25 Jahren und somit durch eine „relativ eigenständige ‚politische Kultur'" konstituiert [nach K. MANNHEIM, Das Problem der Generationen [1928], in: DERS., Wissenssoziologie. 2. Aufl. Neuwied 1970, S. 537, 542, 552 f., sowie 699: FOGT, S. 21 (Zitat)].

Ein grundsätzlich plausibles Modell von vier für die Bundesrepublik prägenden Generationszusammenhängen hat C. ALBRECHT [818, S. 498–506] in Anlehnung an die unbestimmtere, essayistisch skizzierte Einteilung von H. SCHELSKY [705; feiner differenziert, aber weniger aussagekräftig die Unterscheidung von „elf generationsprägende[n] Epochen" im 20. Jahrhundert bei 699: FOGT,

S. 126–135; differenzierte Überlegungen anhand von zehn Alterskohorten für die Politiker- und Verwaltungselite auch bei 673: DERLIEN] vorgestellt: die Geburtsjahrgänge bis 1900, die ihre Sozialisation im Kaiserreich erfahren hatten; zweitens die „politische Jugend der Zwischenkriegszeit" [705: SCHELSKY, S. 179], auf männlicher Seite die Generation der Kriegsteilnehmer der Jahrgänge 1900–1925, deren Grundbedürfnis in der Bundesrepublik in ökonomischer, politischer und gesellschaftlicher Sicherheit lag; drittens die „skeptische Generation" [H. SCHELSKY, Die skeptische Generation,. Düsseldorf 1957] der Jahrgänge 1926–1937, die sich, obgleich nur die ersten Jahrgänge konkret davon betroffen waren, durch den „Habitus der Flakhelfer" auszeichnete und von Skepsis gegenüber dogmatisch vertretenen Ideen geprägt war; schließlich sind die Jahrgänge nach 1938 „als protestierende Generation aus den Ereignissen von 1968 zu fassen" [ALBRECHT in 818, S. 506]. Ob oder inwiefern die Konstellation dieser Generationen, namentlich ein Übergang von der Generation der Kriegsteilnehmer auf die „skeptische Generation" in wesentlichen Führungsfunktionen, zudem das frühzeitige Einrücken der „Protestgeneration" in verantwortliche Positionen, für die siebziger und achtziger Jahre politisch und gesellschaftlich prägend wirkten, bleibt im Einzelnen zu erörtern.

c) Materielle Sozialstruktur und Schichten

Trotz aller Debatten um die Tragfähigkeit des Schichtenmodells für die Beschreibung der bundesdeutschen Gesellschaft galt und gilt den materiellen Bedingungen und der sozialen Stratifikation im Zeichen von „Klassen" bzw. „Schichten" und „sozialer Ungleichheit" besondere Aufmerksamkeit der primär synchron orientierten und operierenden Sozialwissenschaften.

Öffentliche Prominenz haben plakative Gesamtbeschreibungen wie H. SCHELSKYS „nivellierte Mittelstandsgesellschaft" aus den fünfziger Jahren oder, mit anderer politischer Zielrichtung, die Formulierung der „Zwei-Drittel Gesellschaft" aus den achtziger Jahren erlangt. Innerhalb der Soziologie hat dem gegenüber S. HRADILS Charakterisierung der bundesdeutschen Gesellschaft der siebziger und achtziger Jahre als aus der Schichtungsgesellschaft hervorgehende „multidimensional differenzierte, mittelschichtdominante Wohlstandsgesellschaft mit spezifischen Randgruppenerscheinungen" Verbreitung gefunden [681, S. 489 nach der 6. Aufl. von BOLTE/HRADIL (1988), S. 359]. Gesamtbeschreibungen

Von fundamentaler Bedeutung ist zunächst die außergewöhnliche Steigerung des Lebensstandards in der Bundesrepublik nach dem Zweiten Weltkrieg. Immer wieder zitiert werden die (sozialhistorisch zu prüfenden) Befunde von M. MIEGEL [684, S. 178 u. 183]: eine Vervierfachung des Volkseinkommens pro Kopf zwischen 1950 und 1970, immerhin noch eine Verfünffachung zwischen 1950 und 1980 (andere Berechnungen kommen auf eine reale Vervierfachung zwischen 1950 und 1989), zudem ein allgemeiner Anstieg auch der Real- und Haushaltseinkommen sowie der Vermögen. Unstrittig ist jedenfalls der allgemeine Befund einer so- Entwicklung der materiellen Lebensbedingungen allgemein zialgeschichtlich beispiellosen „Wohlstandsexplosion" [675: GEISSLER, S. 45] insbesondere in den sechziger Jahren. Für die siebziger Jahre verzeichnet die sozialwissenschaftliche Forschung eine Abflachung der Zuwächse; dennoch lag die Bruttolohn- und Gehaltssumme des durchschnittlichen Arbeitnehmers 1982 real um ein Drittel höher als 1970. Im Zuge des langen, zunächst eher verhaltenen konjunkturellen Aufschwungs seit 1983 stiegen dann zunächst die Gewinne schneller als die Arbeitnehmereinkommen, die ab 1986 deutlich zunahmen.

Vermögens- und Einkommensverteilung

Die Vermögens- und Einkommensverteilung wird vor allem auf der Ebene der privaten Haushalte untersucht. Die sozialwissenschaftlichen Befunde stimmen dabei auf allgemeiner Ebene im Grundsatz, aber mit Dissenspotenzial und bei teilweise unterschiedlichen und nicht immer kompatiblen Zahlen im Einzelnen, überein: Trotz einer leichten Zunahme der Ungleichheit in den siebziger und achtziger Jahren [R. HAUSER in 686, S. 167] – wobei die Unterschiede bei den Vermögen etwa doppelt so hoch liegen wie bei den Einkommen – herrschte „Konstanz der Ungleichheitsrelationen zwischen Bevölkerungskreisen bei gleichzeitiger Verbesserung der Lebensbedingungen für alle" [H. BRAND/H. P. MÜLLER in 686, S. 429; U. BECK: „Fahrstuhl-Effekt", in 669, S. 122].

1983 lagen ca. 70% des Reinvermögens und ca. 39% des gesamten verfügbaren Einkommens beim oberen Fünftel der Gesellschaft (das obere Zehntel verfügte dabei über 49% des Reinvermögens), während auf das untere Fünftel ein negatives Reinvermögen (i.e. ein Schuldenüberhang) und knapp 10% des verfügbaren Einkommens kamen. Besonders hoch war der Konzentrationsgrad beim Produktivvermögen (Berechnungen schwanken zwischen 50 und 70% bei den reichsten 1,7% der Haushalte) [R. HAUSER in 686, S. 164f.].

Materielle „Spaltung" der Gesellschaft

Mit dem Beginn der Wachstums- und Beschäftigungskrise setzt D. GROSSER eine Tendenz zur „Spaltung der Gesellschaft in eine große, etwa drei Viertel der Bürger umfassende, gut verdienende und sozial gesicherte Mehrheit und eine von Arbeitslosigkeit und Armut bedrohte Minderheit" an [91: GROSSER, S. 25 u. 121 (Zitat)]. Substanziell gleichgerichtet konstatierte R. GEISSLER eine „80–90%-Gesellschaft", in der insgesamt etwa 10–12% der Bevölkerung über weniger als 40% (die Grenze zur „strengen Armut") des durchschnittlichen Einkommens verfügten und 14–20% über weniger als 50% [675, S. 201–203].

Schichtungsmodelle

In Weiterentwicklung von R. DAHRENDORFS „Haus-Modell" aus den sechziger Jahren hat R. GEISSLER für die achtziger Jahre ein (primär berufspositionsbezogenes) Modell der sozialen Schichtung der westdeutschen Bevölkerung vorgestellt.

Soziale Mobilität

Kaum abzubilden vermögen solche Modelle das Phänomen sozialer Mobilität, über das zugleich keine eindeutigen soziologischen Ergebnisse für die siebziger und achtziger Jahre vorliegen. Auch hier ist eine allgemeine Aussage über die zunehmende Öffnung der westdeutschen Sozialstruktur bei weiterbestehenden, durch sozialen Status und soziale Herkunft bedingten Chancenungleichheiten [H. H. NOLL in 677: GLATZER u. a., S. 200] konsensfähig, harrt aber der konkreten Spezifizierung. Diese allgemeine Entwicklung erklärt R. GEISSLER vor allem aus

7. Schichten, Lagen, Stile: Probleme der Gesellschaftsgeschichte   197

Soziale Schichtung der westdeutschen Bevölkerung (60er Jahre)

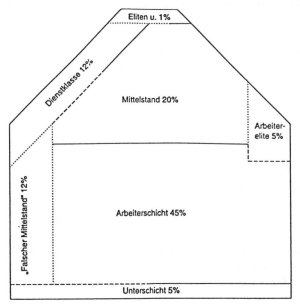

(Nach: Ralf Dahrendorf, Gesellschaft und Demokratie in Deutschland, München, Piper, 1965, S. 105.)

Soziale Schichtung der westdeutschen Bevölkerung (80er Jahre)

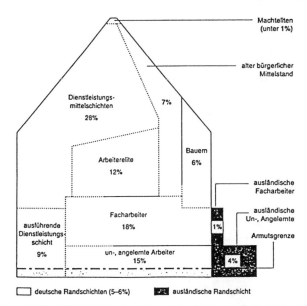

(Nach: Rainer Geißler, Die Sozialstruktur Deutschlands. Zur gesellschaftlichen Entwicklung mit einer Zwischenbilanz zur Vereinigung, 2. Aufl. Opladen 1996, S. 86.)

dem Wandel zur „Dienstleistungsgesellschaft" (vgl. dazu Kap. II.6), der zum einen durch die Ausdehnung mittlerer und oberer Schichten im tertiären Sektor auf Kosten der Schicht manuell Arbeitender eine „Umschichtung nach oben" herbeigeführt habe und zum anderen auf Kosten des alten Mittelstandes der Selbstständigen eine „zunehmende Dominanz der relativ offenen Bildungsschichten über die relativ geschlossenen Besitzschichten" [675, S. 234].

Arbeiterschaft   Für die Arbeiterschaft hat J. MOOSER eine Herauslösung „aus den typischen kollektiven Bindungen an eine schichtenspezifische Lebensweise und an politisch-soziale Gesinnungsgemeinschaften" im Rahmen der „endgültigen Auflösung der seit dem Kaiserreich politisch bindenden sozialmoralischen Milieus" festgestellt, die er vor allem auf die sechziger Jahre datiert und als „Abschied von der ‚Proletarität'" bezeichnet [in 672: CONZE/LEPSIUS, S. 186; allgemein: Arbeiterleben in Deutschland 1900–1970. Frankfurt a.M. 1984]. Ob allerdings von einer veritablen „Auflösung der Arbeiterklasse in der Bundesrepublik" im Zuge der allgemeinen Wohlstandsentwicklung die Rede sein kann [687: SCHILDT, S. 104–107], ist umstritten. MOOSER selbst erkennt keine kohärente Neuformierung, aber auch keine „Verbürgerlichung der Arbeiter" und keine vollständige Angleichung der Lebensstile [in 672: CONZE/LEPSIUS, S. 186], und W. KASCHUBA identifiziert fortdauernde „klassenspezifische Werthaltungen und Lebensstile als Kennzeichnungen sozialer Identität" [682, S. 74].

Dies bleibt sozialhistorisch ebenso noch genauer zu fassen wie die Binnendifferenzierung der Arbeiterschaft, die seitens der Soziologie in „Arbeiterelite", „Facharbeiter" und „Un- und Angelernte" eingeteilt worden ist. Letztere machten 1970 noch 57% aller Arbeiter aus (bei allerdings deutlich höherem Frauenanteil) und gingen im Rahmen einer allgemeinen Höherqualifizierung der männlichen Arbeiterschaft bis 1994 auf ein Drittel zurück, als Arbeiterinnen indes noch immer zu 84% un- bzw. angelernt waren. Die Sozialforschung hat die überdurchschnittlichen sozialen Benachteiligungen dieser unteren Schicht hinsichtlich Arbeitslosigkeit und Armut, Kriminalität, Bildungs- und Mobilitätschancen und Gesundheit herausgestellt [675: GEISSLER, S. 171 f.].

Armut   In der Gesellschaft der alten Bundesrepublik bedeutete Armut keine Gefährdung des physischen Überlebens, sondern relative, sozialkulturell definierte Armut. Ihre gebräuchliche sozialpolitische Definition zielt auf das verfügbare Einkommen in Relation zum Durchschnittseinkommen: ein verfügbares Einkommen von weniger als 60% begründet „milde Armut" bzw. „Armutsnähe", weniger als 40% bedeuten „strenge Armut".

Der Armutsbegriff ist also „kulturell geprägt, historisch vermittelt und unterliegt dem Wandel" [G. SCHULZ in 663: SPREE (Hrsg.), S. 161]. Nachdem die Zahl der Sozialhilfeempfänger zwischen 1950 und 1970 von 1,6 Millionen auf knapp eine dreiviertel Million abgesunken war, stieg ihre Zahl auf über eine Million im Jahr 1975 und über zwei Millionen im Jahr 1985 wieder an [W. GLATZER, Die materiellen Lebensbedingungen in der Bundesrepublik Deutschland, in 318: WEIDENFELD/ZIMMERMANN (Hrsg.), S. 279]. Dabei ist ein „Wandel von der Altersarmut, speziell der weiblichen Altersarmut, hin zur Armut von Familien mit kleinen Kindern, insbesondere von ausländischen Familien mit mehreren Kindern" und für Alleinerziehende seit den sechziger Jahren festzustellen [W. ZAPF/ R. HABICH, Wohlfahrtsentwicklung in der Bundesrepublik Deutschland 1949 bis 1999, in 298, S. 303 (Zitat); GLATZER in 677: GLATZER u. a., S. 502]. Dem Risiko der Armut – dieser primär synchrone soziologische Befund lässt sich grundsätzlich für die siebziger und achtziger Jahre verallgemeinern – waren also insbesondere (und oft in Kombination der Faktoren) Alleinerziehende, Arbeitslose, Kinderreiche, Ausländer und zugehörige Kinder und Jugendliche ausgesetzt. Armut stellte meist ein Phänomen auf begrenzte Zeit dar, wobei zwischen einem Zehntel und einem Drittel der Betroffenen langfristige Randständigkeit attestiert wird [ZIMMERMANN in 686, S. 49f.].

Auch wenn der Begriff der „nivellierten Mittelstandsgesellschaft" nicht die soziale Realität der Bundesrepublik abbildete, ist doch die zunehmende Verbreiterung der Mittelschichten eine Grundtatsache ihrer Sozialgeschichte, wobei die soziologische Forschung zwischen dem „alten Mittelstand" der Selbstständigen und den Dienstleistungsmittelschichten von Angestellten und Beamten unterscheidet. Letztere lassen sich aufgrund ihrer großen vertikalen Ausdehnung unterteilen in eine untere Hälfte der „ausführenden Dienstleistungsmittelschicht" (unter Einschluss der in die Mittelschichten aufgestiegenen Segmente der Arbeiterschaft, wodurch die Trennung zwischen Angestellten und Beamten einerseits und Arbeitern andererseits verblasste) und die obere Hälfte, die „Dienstklasse" mittlerer und leitender Angestellter sowie mittlerer und höherer Beamter. Auf Seiten der Selbstständigen ist der vor allem durch den Rückgang der Familienbetriebe in der Landwirtschaft bedingte Schrumpfungsschub der fünfziger und sechziger Jahre in den siebziger Jahren von einem Konsolidierungsprozess, vor allem im Dienstleistungssektor, auf dem Niveau von ca. 10% der Erwerbstätigen abgelöst worden [675: GEISSLER, S. 110–112]. *Mittelschichten*

Während jedenfalls das Wirtschaftsbürgertum für das gesamte 20. Jahrhundert noch ein Forschungsdesiderat darstellt [694: ZIEGLER, S. 8-11], wirft der zwiegesichtige Befund, dass einerseits „die auf Besitz und Bildung gegrundete alte bürgerliche Selbstständigkeit" einen „Bedeutungsschwund" erlebte [MOOSER in 672: CONZE/LEPSIUS, S. 186], während andererseits die „Verbürgerlichung ehemals proletarischer Gesellschaftssegmente" eine Expansion der Mittelschichten herbeiführte, die Frage nach Bürgertum und Bürgerlichkeit in der Gesellschaft der alten Bundesrepublik auf. H.-U. WEHLER konstatiert eine substanzielle „Kontinuität und Lebensfähigkeit" von „Bürgerlichkeit" als Lebensweise „im Zeichen eines Formwandels" nicht zuletzt in Form von „Aufstiegsmobilität" und bleibender sozialer Ungleichheit. Ob diese erweiterten Mittelschichten sinnvollerweise mit dem Begriff „Bürgertum" bzw. ihre sozialstrukturelle Erweiterung als „Verbürgerlichung" zu erfassen sind [693, S. 627–629, 633], ist eine Kernfrage der erst angestoßenen Diskussion um Bürgergesellschaft, bürgerliche Gesellschaft und Bürgerlichkeit der Bundesrepublik. *Bürgertum und Bürgerlichkeit*

Eliten Innerhalb der dezentral-pluralistischen bundesdeutschen Machteliten – Inhabern von Führungspositionen mit gesamtgesellschaftlich relevanten Entscheidungsfunktionen – liegt die zentrale Bedeutung bei den politischen, zudem den wirtschaftlichen sowie den Kommunikations- und Verwaltungseliten. Die bundesdeutsche Elite, für die an systematischem synchronem Datenmaterial vor allem die Mannheimer Elitestudie von 1981 [vgl. dazu 679: HOFFMANN-LANGE, S. 85–115] und die Potsdamer Elitestudie von 1995 vorliegen, lässt sich im Wesentlichen als „Aufsteigerelite" mit „Dominanz der oberen Mittelschicht bzw. Oberschicht" charakterisieren, während Kinder aus Arbeiterhaushalten in den achtziger Jahren nur ein gutes Zehntel ausmachten [nach 675: GEISSLER, S. 93–95, Zitate S. 93].

M. HARTMANNS Untersuchung der Topmanager der größten deutschen Unternehmen zwischen den späten sechziger und den frühen neunziger Jahren hat eine zunehmend sozial exklusive Rekrutierung (zugleich ein Annäherung an angloamerikanische und französische Verhältnisse) und eine zunehmende soziale Exklusivität nach oben herausgestellt. In den 200–300 größten Unternehmen stammten 1969 knapp 50% und 1981 über 60% der Topmanager aus Familien des gehobenen Bürgertums (mit allerdings nicht immer klaren Zuordnungen), und unter den Vorstandsvorsitzenden der 100 größten Unternehmen lag die Quote bei über 80%. Eine Erklärung findet HARTMANN, mit P. BOURDIEUS Begriffen, im „kulturellen Kapital" des sozialisierten und nicht erworbenen klassenspezifischen „Habitus der ‚Bourgeoisie'" [636, S. 77–79, 91 f.; ausführlich 635, S. 29–65]. Dies verweist zugleich auf die Forschungsperspektive einer Sozial- und Kulturgeschichte der Eliten, auch des gesellschaftlichen Diskurses im Spannungsfeld zwischen Elitenbedarf und Egalitarismus nicht zuletzt im Zusammenhang der Bildungsreformen.

d) Geschlechterverhältnisse und Familien

Geschlecht als soziale Kategorie Neben Schichten ist Geschlecht eine zentrale „Dimension sozialer Strukturierung, die das gesamte soziale und kulturelle Leben einer Gesellschaft prägt", indem „faktische, ‚angeborene' Unterschiede sozial fixiert [und] mit Bedeutung belegt" werden [I. OSTNER in 686, S. 217]. Somit ist Geschlecht eine zentrale Kategorie sozialer Ungleichheit, wobei die (geschlechtsunspezifische) Schichtungsforschung auf die Ebene des Haushalts, die Frauen- bzw. Geschlechterforschung hingegen auf die Ebene des Individuums als sozialer Basisgröße rekurriert. Und: „‚Geschlecht' geht nicht in ‚Klasse' auf und umgekehrt [...], so dass beide Ungleichheitsstrukturierungen nur als Verschränkung zu fassen sind; wie aber diese Verschränkung je konkret aussieht, ist weitgehend unerforscht", so konstatierten P. FRERICHS und M. STEINRÜCKE [Klasse und Geschlecht als Strukturkategorien moderner Gesellschaften, in 707, S. 231–245] aus soziologischer Perspektive, was erst recht in historiographischer Hinsicht gilt.

Im Zusammenhang der neuen Frauenbewegung der siebziger Jahre entstand im Rahmen der Frauenforschung mit explizit gesellschaftspolitisch-parteilichem Engagement zunächst die Frauengeschichte [vgl. G. Bock, Historische Frauenforschung, in 715: Hausen (Hrsg.), S. 25], aus der mit dem Wandel von der Frauen- zur Geschlechterforschung die Geschlechtergeschichte hervorging. Die Geschlechterverhältnisse der siebziger und achtziger Jahre sind jedoch, trotz der erheblichen gesellschaftlichen, politischen und kulturellen Entwicklungen, historisch noch kaum erforscht, und zudem sind in der vorliegenden Zeitgeschichtsschreibung normativ-parteiliche Residuen unübersehbar [vgl. etwa K. Hausen, Arbeit und Geschlecht, in 646: Kocka/Offe (Hrsg.)].

Die „neue" Frauenbewegung entwickelte sich, wie U. Frevert skizziert, „seit 1968 aus der antiautoritären Jugend- und Studentenbewegung", wobei sie die Traditionen der „alten", bürgerlichen Frauenbewegung verließ. Sie war „sozialstrukturell überwiegend an einen kleinen Kreis junger Frauen mit höheren Bildungsabschlüssen" gebunden, deren Themen und Ziele – repressionsfreie Geschlechterbeziehungen, Sexualität, geschlechtsspezifische Arbeitsteilung – und Organisation zunächst eher diffus blieben [713, S. 273, 278 u. 281 f.; vgl. auch, im deutsch-französischen Vergleich, 722: Schulz]. R. Nave-Herz unterscheidet drei Phasen der „betonten Selbsterfahrungs-Gruppenbildung", der „feministischen Projekte" (während der zweiten Hälfte der siebziger Jahre) und der „zunehmenden Institutionalisierung" insbesondere in den achtziger Jahren [720, S. 53–85]. Zum Kristallisationspunkt der neueren Frauenbewegung wurde die hoch polarisierte Diskussion um die Abtreibung (bzw. ihre Strafbarkeit nach § 218 StGB), die an der geschlechtsspezifischen Ungleichheit der Folgen einer ungewollten Schwangerschaft ansetzte, wobei die Frage weiblicher Selbstbestimmung mit dem Problem der Tötung ungeborenen Lebens kollidierte [dazu insbes. 722: Schulz, S. 143–174].

„Neue" Frauenbewegung

D. Thränhardt sieht darin eine „bundesdeutsche Spielart des neueren Feminismus, die sich an dem Konflikt um den § 218 entzündete und sich wenig mit der Situation von Frauen und Kindern beschäftigte, sondern eine Norm der berufstätigen Frau in den Mittelpunkt stellte" [316, S. 308]. Ob man diese Sichtweise teilt oder nicht, jedenfalls weist sie auf den zentralen Umstand hin, dass Berufstätigkeit als Leitbild in das Zentrum der weiblichen Biographie rückte.

Leitvorstellung Berufstätigkeit

Das Erwerbsleben stellte zugleich die „entscheidende Schlüsselstelle" dar, „an der sich geschlechtsspezifische Grundmuster der Hierarchisierung und Segmentierung identifizieren lassen" [G.-F. Budde in 710, S. 9]. In der Tat erwies sich die Arbeitswelt als Raum besonderer Persistenz männlicher Privilegien [675: Geissler, S. 281]. Differenzierte Zahlen liegen nur sehr vereinzelt vor [vgl. am ehesten die jeweiligen Aufstellungen in 61], doch lassen sich allgemeine Tendenzen festmachen: Insgesamt nahm weibliche Erwerbsarbeit zu, wobei die Berufstätigkeit von Müttern in der Bundesrepublik im internationalen Vergleich eher zurücklag. Weiterhin verweist die Sozialstrukturanalyse auf „geschlechtsspezifisch geteilte Arbeitsmärkte" (eine Häufung niedriger qualifizierter, bezahlter und angesehener Berufe im Falle von Frauen) und das „Gesetz der hierarchisch zunehmenden

Soziale Geschlechterunterschiede

Männerdominanz" (zunehmend schwierige Aufstiegsbedingungen für Frauen in Führungspositionen mit deren Exklusivität) [675: GEISSLER, S. 282–288, 297].

Dem gegenüber vollzog sich der schnellste Abbau geschlechtsspezifischer Ungleichheiten im Bildungswesen [675: GEISSLER, S. 278]. Eine allgemein höhere Bildungs- und Berufsqualifikation von Frauen konnte ihre strukturelle und Langfristwirkung nicht verfehlen, und in historischer Perspektive sind trotz bestehender Ungleichheiten vor allem die grundsätzlichen Wandlungsprozesse in den Geschlechterverhältnissen bedeutsam. Sie standen in engem Zusammenhang mit der Entwicklung der Familien, deren Erforschung ein weiteres historiographisches Desiderat darstellt.

Familien Im Bereich der Familie überschneiden sich verschiedene Problemkreise: Frauen und Geschlechterbeziehungen, die Ehe als Institution sowie Kinder und Geburtenentwicklung. Dabei ist der Begriff der Familie keineswegs eindeutig; üblicherweise wird die moderne westeuropäische Kernfamilie (Eltern und Kinder) und somit ein Familienbegriff „mittlerer Reichweite" zugrunde gelegt [R. NAVE-HERZ in 686, S. 207].

Die Entwicklung in der Bundesrepublik ist von einer „eigentümlichen Zweiphasigkeit" geprägt: geradezu einer „Blütezeit für die Institution Ehe und Familie" in den fünfziger und sechziger Jahren im scharfen Kontrast zu einer in „atemberaubende[m] Tempo" verlaufenden Erosion tradierter Formen und Verbindlichkeiten in den siebziger und achtziger Jahren [300: KIELMANSEGG, S. 403]. Die soziologische Forschung hat dies als „Pluralisierung der Privatheitsformen" und „Monopolverlust der bürgerlichen Normalfamilie" beschrieben, die aber keinen Verlust ihrer normativen Leitbildfunktion bedeutete [TH. MEYER in 675, S. 329]. Qualifizierte Zahlen liegen zu diesem Phänomen nur vereinzelt vor, aber die all-
Entwicklungs- gemeinen Entwicklungstendenzen sind unstrittig: ein erheblicher Anstieg des
tendenzen Erstheiratsalters sowie des Alters der Mütter bei Geburt des ersten Kindes; eine erhebliche Zunahme der Scheidungsraten und somit von Zweit- und Drittfamilien im (häufigen) Falle der Wiederverheiratung sowie des Anteils der meist kinderlosen nichtehelichen Lebensgemeinschaften, in denen aber zunehmend auch Kinder lebten, dabei auch die Etablierung einer Phase vorehelicher Partnerschaft ohne sicheren Übergang in die Ehe bei gewachsener Partnerfluktuation; in zu-
Auflösung des Zu- nehmendem Maße das neuartige Phänomen gewollt kinderloser Ehen, das auf die
sammenhangs von Auflösung des Zusammenhangs von Partnerschaft und Elternschaft als „Kern-
Partnerschaft und element des [...] Familienwandels" [TH. MEYER nach A. HERLTH/H. TYRELL in
Elternschaft 675, S. 322] verweist; eine Zunahme des ebenfalls sozialstrukturell neuartigen Phänomens der Einpersonenhaushalte [723: SIEDER, S. 271] sowie der Alleinerziehenden und schließlich das Aufkommen alternativer Wohn- und Haushaltsformen; dem gegenüber steht ein erheblicher Rückgang der Zahl der Eheschließungen, der Familien mit mehr als zwei Kindern und der Geburtenzahlen.

Soziologen haben diese Pluralisierung anhand der „Theorie sozialer Differenzierung" in einen „familien- und kindzentrierten", einen „partnerschaftszentrierten" und einen „individualistischen Privatheitstypus" erfasst und diese „Privatheitsdynamik" als Anpassung an Mobilitätserfordernisse und individualistische Wertmuster der Gesellschaft interpretiert [MEYER in 675, S. 329].

Zugleich sind Veränderungen innerhalb der Familien zu beobachten: eine „Emanzipation des Kindes" [725: v. TROTHA, Familie 461] im Zuge der von autoritären zu partnerschaftlichen Orientierungen gewandelten und zunehmend anspruchsvollen Erziehungsleitbilder [712: FEND, S. 108–115]. Über Kindheit und die durch verlängerte Verweildauer im Bildungssystem geprägte Jugend sowie über das durch längere Lebenserwartung und erheblich zugenommenen Wohlstand gekennzeichnete Alter liegen für die siebziger und achtziger Jahre keine historischen Untersuchungen vor [vgl. nur die allgemeinen Überblicksdarstellungen von 712: FEND und 711: EHMER].

Innerfamiliäre Veränderungen – Erziehung

In materieller Hinsicht haben die Pluralisierung der Lebensformen und der Verlust der sozialen Üblichkeit, Kinder zu haben, zusätzlich zu gestiegenen absoluten Belastungen durch verlängerte Ausbildungen und höhere Erziehungsanforderungen eine zunehmende relative Benachteiligung von Familien bzw. Eltern mit Kindern mit sich gebracht. Kinder zu haben, so hat die sozialwissenschaftliche Forschung eindeutig herausgestellt, bedeutete in den sozialen Umverteilungssystemen des modernen Sozialstaats (v.a. der sozialisierten Alterssicherung) für Eltern keinen ökonomischen Vorteil mehr, sondern führte „finanziell zum individuellen Nachteil". Insofern lässt sich, bei den allen sozialen Formationen eigenen Unterschieden zwischen ihren Einzelgliedern, eine „neue Dimension sozialer Ungleichheit" konstatieren [590: BÄCKER u.a., S. 171 f. u. 176 f. (dort die Zitate)].

Materielle Situation von Familien

e) Lebensbedingungen

Zugleich hat die sozialwissenschaftliche Lebensqualitätsforschung grundsätzlich gleichbleibend hohe Raten der persönlichen Lebenszufriedenheit der Bundesbürger in den siebziger und achtziger Jahren herausgestellt [vgl. dazu v.a. die Ergebnisse von 676: GLATZER/ZAPF sowie die Daten des Allensbacher Instituts für Demoskopie, komprimiert in 677: GLATZER u.a., S. 508–517 sowie in 686, S. 436–446]. Insbesondere die soziologische Lebensstilforschung der achtziger Jahre hat die Gegenstandsbereiche Alltag und Freizeit thematisiert und in die Konzepte der „Konsumgesellschaft" bzw. der „Erlebnisgesellschaft" integriert.

„Wohlstandsexplosion" und Arbeitszeitverkürzungen seit den späten fünfziger Jahren stellten „Zeit und Geld" [727: KÖNIG, S. 123] zur Verfügung, so dass sich den Menschen jenseits purer Regeneration neuartige Dimensionen und Gestaltungsformen des Lebens außerhalb der Arbeit eröffneten. Der Alltag wurde in zentraler Weise durch breite Verfügung über Güter der industriellen Massenproduktion geprägt. Die „Kulturgeschichte der Alltagsdinge" ist unterdessen bislang mehr auf der Ebene anschaulicher Einzelphänomene als übergreifender Synthesen geschrieben worden [727: KÖNIG; entgegen dem Titel kaum zu den siebziger und achtziger Jahren 726: ANDERSEN].

Vor dem Hintergrund, dass Freizeitgestaltung immer weniger von Einkommen und Schichtzugehörigkeit als von Bildung und Alter abhing, und angesichts der zunehmenden sozialformativen Bedeutung der Freizeit hat G. SCHULZE die bundesdeutsche Gesellschaft der achtziger Jahre nach Erlebnismilieus klassifiziert [689; vgl. II.7.a], die sich freilich an sozialstrukturellen Schichtungen orientierten. Ungeachtet der vielfältigen Kontroversen um die Tragfähigkeit dieses Modells weist es dem Phänomen der Freizeit (und des Alltags) ihre erhebliche Bedeutung im Zusammenhang der sozialkulturellen Entwicklung der siebziger und achtziger Jahre zu.

Desiderate Die problemorientiert historische Aufarbeitung dieser Phänomene steht allerdings noch am Anfang. Einige Desiderate: der sozialkulturelle Bedeutungsgehalt von Warenwelt und Werbung, Design und Mode, Geschmack und Ernährung im Wandel; das (Massen-)Phänomen der Vereine, nicht zuletzt in Bezug zur entgegengesetzt gerichteten allgemeinen Tendenz der Individualisierung; schließlich eine Gesellschaftsgeschichte des Sports zwischen Breitenbewegung und Spitzensport, Letzterer im Spannungsfeld und im Wandel zwischen (internationaler) Politik im Kalten Krieg, Markt und Massenmedien.

Etwas besser aufgearbeitet, vor allem seitens der Siedlungsgeographie und der Architekturgeschichte, sind die Gegenstandsbereiche Wohnen und Siedlungsstruktur. „Änderungen in der Siedlungsstruktur sind der am deutlichsten wahrnehmbare Ausdruck des sozialen Wandels einer Gesellschaft" [685: SCHÄFERS, S. 258]. Vor diesem Hintergrund richtet sich das besondere Interesse der Soziologie und Siedlungsgeographie in historischer Perspektive (wobei historisch-empirische Forschung aus den Quellen noch erst zu leisten bleibt) für die siebziger und achtziger Jahre auf Probleme im Kontext der Städte, weniger hingegen auf den ländlichen Raum [zur Geschichte des Wohnens im umfassenden Sinne v.a. 738, zum Städtebau darüber hinaus 737: DÜWEL/GUTSCHOW].

Wohnen und Siedlungsstruktur

Haushaltsstrukturen Auf der Mikroebene der Haushaltsstrukturen und Wohnverhältnisse sind eine deutliche Zunahme der Haushaltszahlen (bei sinkenden Haushaltsgrößen), der Wohnungsgrößen und des Wohnraums pro Kopf sowie verbesserte qualitative Ausstattung festzustellen [L. KÜHNE-BÜNING/W. PLUMPE/J.-O. HESSE sowie K. ZAPF in 738, S. 162–164 u. 577f., zu „Wohnalltag und Haushalt" v.a. M. TRÄNKLE, ebd. 687–806].

Stadtentwicklung Die Stadtentwicklung war seit der Mitte der fünfziger Jahre von einem „auf Technik gegründeten Fortschrittsoptimismus" und der planungsgläubigen „Ideologie der Machbarkeit" geprägt. Dieser „Funktionalismus" manifestierte sich vorwiegend in industriell-standardisierten und mit Wohnhochhäusern bebauten Großsiedlungen an den Peripherien der Städte sowie im Konzept der „autogerechten Stadt" (H. B. REICHOW 1959), das vor allem auf „großflächige ‚Kahlschlagsanierungen'" der Altstädte setzte [T. HARLANDER in 738, S. 313 u. 328; 737: DÜWEL/GUTSCHOW, S. 222 u. 241].

Selbst das Städtebauförderungsgesetz von 1971, so die einhellige Einschätzung, folgte grundsätzlich „dem rationalistischen Leitbild der funktionsgerechten Stadt" [K. v. BEYME in 738, S. 115]. Vor allem, so T. HARLANDER, erzwangen öffentliche Kritik und Widerstand, die sich bis Anfang der siebziger Jahre formiert hatten, „bereits kurz nach Verabschiedung des Gesetzes ein erneutes Umdenken" im Zusammenhang mit der soziokulturellen Zäsur von 1973 im Allgemeinen und dem Europäischen Denkmalschutzjahr 1975 im Besonderen [738, S. 301 f., auch 332].

So herrscht in der Forschung Einigkeit über den Befund eines Paradigmenwechsels Mitte der siebziger Jahre: die Abkehr von Großsiedlung und „Klötzchenstadt" unter „Rückwendung zur historischen Stadt" (wenn auch der Grundsatz „behutsamer Stadterneuerung" erst zu Beginn der 80er Jahre wirklich etabliert war) [737: DÜWEL/GUTSCHOW, S. 226, 248 u. 224; vgl. auch W. DURTH, Die postmoderne Architektur, in 352, S. 584], woran die Diskussionen um postmoderne Architektur anknüpften (dazu Kap. II.8). Die nur in der Bundesrepublik, nicht hingegen in der DDR vollzogene Abkehr von den architektonischen Großformen führte, in Anknüpfung an Vorkriegstendenzen, zu einer verstärkten Wiederaufnahme der Suburbanisierung [vgl. J. JESSEN und C. SIMON in 739, S. 316–329 u. 350–381], die, so W. POLSTER, K. VOY u. a., nun eine für die Bundesrepublik typische, „um das Auto und Eigenheim" zentrierte „städtisch-ländliche Lebensweise der Bevölkerungsmehrheit" konstituierte [692, S. 25 u. 75]. Dem Suburbanisierungsprozess wirkte in den achtziger Jahren – eine Folge der Stadterneuerungen seit den mittleren siebziger Jahren – in den Städten ein von den Sozialwissenschaften als „Gentrification" bezeichneter Prozess der Zuwanderung besserverdienender Kleinhaushalte in sanierte innerstädtische Quartiere entgegen, der eine von den Städten kaum zu steuernde sozialräumliche Spaltung neuer Qualität herbeiführte [HARLANDER in 738, S. 375 f. nach J. BLASIUS/J. DANGSCHAT (Hrsg.), Gentrification. Frankfurt a.M. 1990]. So gilt für die Städte, dass die achtziger Jahre in „konfliktreicher Unübersichtlichkeit" endeten [DURTH in 740, S. 41], und ebenso gilt dies für den ländlichen Raum.

Die Aufgabe von beinahe zwei Dritteln aller landwirtschaftlichen Betriebe zwischen 1950 und 1990 in Verbindung mit der Vergrößerung der verbleibenden Betriebe und der erheblichen Rationalisierung in der Landwirtschaft hat, wie P. GRAF KIELMANSEGG die Dimension des Vorgangs benennt, zu einer „Revolution auf dem Lande" geführt [300, S. 418]. Dabei summierten sich die gravierenden sozialstrukturellen und soziokulturellen Folgen des Funktionsverlustes der Landwirtschaft für das Dorf, die Einbeziehung von Dörfern in das Einzugs- und Siedlungsgebiet der Städte und die rationalistisch-funktionalistischen Modernisierungen der Dörfer nach städtischem Vorbild bis in die siebziger Jahre (vom Wandel des Ortsbildes durch autogerechte Ortsdurchfahrten bis zur 1978 abgeschlossenen Kommunalreform). Eine neue Wertschätzung erfuhr das Dorf dann „inmitten des zusammenbrechenden Fortschrittsoptimismus" und mit der seit den achtziger Jahren zunehmenden Tendenz, dass „Dorfentwicklung zugleich als ökonomische, soziale, kulturelle, ökologische, denkmalpflegerische und gestalterische Aufgabe" aufzufassen sei [HARLANDER in 738, S. 354–362, Zitate S. 356 u. 360].

Paradigmenwechsel Mitte der siebziger Jahre

Strukturwandel des ländlichen Raums

f) Bildung und Gesellschaft

In engem Zusammenhang mit der Sozialstruktur steht das Bildungswesen, das eine soziale Auslese- und Platzierungsfunktion wahrnimmt, während umgekehrt die Sozialstruktur den individuellen Zugang zum Bildungssystem beeinflusst. Angesichts der traditionell engen Verbindung zwischen Bildungssystem und Staat in Deutschland ist Bildungsgeschichte, insbesondere im Zeichen der historisch außergewöhnlichen Expansion des Bildungswesens seit den sechziger Jahren, im Schnittfeld von Gesellschafts-, Kultur- und Politikgeschichte angesiedelt [einen thematisch breiten, oft aber (pädagogisch-) gegenwartsorientierten und weniger historisch-empirischen Überblick eröffnet 820; zum Zusammenhang zwischen Bildungssystem und Sozialstruktur allgemein 675: GEISSLER, S. 249–274].

Hinsichtlich des Bildungssystems, das seit Mitte der fünfziger Jahre zunehmend zum „integralen Bestandteil der sozialstaatlichen Gesellschafts- und Wirtschaftsordnung" wurde [CH. FÜHR in 820, S. 14], herrschte in den sechziger Jahren und beschleunigt in der „Phase politischer Planung" seit 1965 allgemeiner Konsens über eine Anhebung des gesamten Ausbildungsniveaus sowie die Differenzierung und Ausdehnung der Institutionen im sekundären und tertiären Bereich [vgl. TH. ELLWEIN in 820, S. 92]. Die Studentenproteste von 1968 riefen im Hinblick auf Bildungsreformdebatten und Bildungspolitik vor allem Irritationen, im Zusammenhang mit der sozial-liberalen Koalition auf Bundesebene seit 1969 auch eine zunehmende Polarisierung und eine partielle Verstärkung hervor, nicht zuletzt angesichts von Versuchen, mit Hilfe „gesellschaftskritischer, emanzipatorischer Bildungskonzeptionen" über „Bildungsreformen Gesellschaftsreformen durchzusetzen" [so mit kritischer Wertung FÜHR in 820, S. 18f.; zur Bildungspolitik auch 822: HÜFNER u. a., S. 55–199].

Gesellschaftsgeschichtlich bedeutsamer als die konkreten Kontroversen und Experimente – etwa um Gesamtschule und Gruppenuniversität – sind dabei die langfristigen sozialstrukturellen Auswirkungen der Bildungsreformen, die allerdings „bisher relativ unerforscht" sind [675: GEISSLER, S. 256]. Immerhin lassen sich, mit R. GEISSLER [675, S. 250f., 256f., 260–263], Tendenzen formulieren: Verbreiterter Zugang zu Bildung und zunehmender Erwerb von Bildungstiteln führten zu einer allgemeinen „Höherqualifizierung der Bevölkerung" und zu einer „Umschichtung nach oben" durch die Schrumpfung unterer und die Ausdehnung mittlerer und höherer Bildungsschichten im Zusammenhang der gesamtwirtschaftlichen Tertiarisierung (vgl. dazu Kap. II.6). Dabei bewirkte die Bildungsexpansion, auch darüber herrscht sozialwissenschaftlicher Konsens, einen Abbau geschlechtsspezifischer, regionaler und konfessioneller, weniger jedoch schichtspezifischer Ungleichheiten: die Expansion des Gymnasiums und der Hochschulen kam vor allem mittleren Schichten, sehr viel weniger hingegen unteren Schichten der Arbeiterschaft und noch weniger den Kindern von Un- und Angelernten zugute. In sozialkultureller Hinsicht förderte vermehrte

Bildung das Fortschreiten von Individualisierungs- und Pluralisierungstendenzen im Bereich von Werten und Lebensstilen, nicht zuletzt eine Differenzierung der Formen privaten Zusammenlebens, und sie wirkte als zentrales emanzipatorisches Potenzial für Frauen. Eine verlängerte Verweildauer im Bildungssystem brachte zudem eine als „Postadoleszenz" bezeichnete neue Lebensphase mit sich.

Dem gegenüber steht eine viel beklagte Verlustbilanz: die dauerhafte Überlastung des Bildungssystems und „konturlose Massenuniversitäten" [FÜHR in 820, S. 16 u. 21], das „Paradox der gleichzeitigen Auf- und Abwertung der Bildungszertifikate" und eine darüber hinausgehende „Bildungsinflation" [675: GEISSLER, S. 256 u. 258]; der Verlust des humanistischen Bildungsideals vor allem im Gymnasium und von Humboldts Wissenschaftsmodell an den Universitäten sowie ein allgemeiner Niveauverlust an Bildungsstandards, mangelnde Spitzenförderung und die Krise der Hauptschule [vgl. etwa M. FUHRMANN, Bildung. Stuttgart 2002, S. 65–73].

Tragen positive wie negative Bewertungen der Bildungsexpansion zumeist unübersehbar zeitgenössisch-politischen Charakter, so stellt sich der Geschichtswissenschaft die Aufgabe konkreter historisch-empirischer Untersuchungen des Bildungswesens (die Aufführung der vielfältigen thematischen Aspekte in 820 kann dafür als Ausgangspunkt dienen) und der Bildungspolitik sowie der gesellschafts- und kulturgeschichtlichen Auswirkungen vor allem der Bildungsreformen.

8. ASPEKTE DER SOZIALKULTURELLEN ENTWICKLUNG

a) „Wertewandel"

Als Spezifikum der bundesdeutschen Geschichte seit den sechziger Jahren hat P. GRAF KIELMANSEGG einen rapiden und hinsichtlich des Ausmaßes der Veränderungen „revolutionären gesellschaftlichen Strukturwandel" im Rahmen von politischer Stabilität und ökonomischer Prosperität gekennzeichnet. Im Zentrum dieses „vielgestaltigen Gesamtprozesses vehementen sozialen Wandels" [300, S. 416 u. 429; vgl. dazu Kap. II.2] stand der so genannte „Wertewandel", dessen Erforschung vor allem von den Thesen R. INGLEHARTS (1977) ausging. Demzufolge setzte eine durch Generationswandel implementierte „Verschiebung von materialistischen zu postmaterialistischen Werten", von traditionellen politischen, religiösen, moralischen und sozialen Normen hin zu Lebensqualität und Selbstverwirklichung in den siebziger und achtziger Jahren eine „stille Revolution" in der westlichen Welt in Gang [760, S. 90].

Tendenziell ähnlich, aber ohne die pauschale Reduzierung auf die Dichotomie Materialismus–Postmaterialismus, erkennt H. KLAGES die „Hauptrichtung des Wertewandels" in einer Verschiebung „von Pflicht- und Akzeptanzwerten zu Selbstentfaltungswerten" („Akzeptanz" bedeutet dabei die selbstverständliche

Gesamtbeschreibungen

Hinnahme des Vorgegebenen) und folgert aus der Bedeutung dieses Prozesses das Konzept der „Wertewandelsgesellschaft", deren Entstehung er prinzipiell in den „Traditionszusammenhang der Moderne" mit ihrem zunehmenden Bedarf an individualistisch gelagerten Selbstentfaltungsorientierungen einordnet. Einen besonderen „Wertewandelsschub" macht er dabei um die Mitte der sechziger Jahre aus, den er am Beispiel einer „dramatische[n] Scherenbewegung" in den Erziehungswerten zwischen der rückläufigen Wertegruppe „Gehorsam und Unterordnung" und der erheblich gewinnenden Wertegruppe „Selbstständigkeit und freier Wille" ausführt [763, S. 9f., 15, 23, 26 u. 45, ausführlicher in 762, Zusammenfassung in 686, S. 726–738].

In Übereinstimmung mit diesen Befunden deutet H. MEULEMANN die Prozesse von Individualisierung und zunehmender Wertschätzung von Selbst- und Mitbestimmung anstelle von beruflicher Leistung als „Art zweiter Säkularisierung", ausgelöst durch die Ausweitung der Chancen kultureller Teilhabe, namentlich die Expansion des Bildungswesens und der Massenmedien. „Was die Religion nicht mehr bietet, wird nicht im Beruf, sondern in der Freizeit gesucht" [768, S. 130–134, Zitate S. 133].

Die bislang genuin soziologische Wertewandelsforschung hat die historische Dimension in synchroner Erkenntnisabsicht und oft modellhaft-allgemeiner Verkürzung betrachtet; zudem sind die vorliegenden Ergebnisse noch, nicht nur im Falle von H. KLAGES, „durchaus fragmentarisch" [763, S. 20]. Nichtsdestoweniger ist mit dem Wertewandel ein zentraler Gegenstandsbereich der sozialkulturellen Entwicklung thematisiert, dessen historisch-empirische Aufarbeitung [nicht zuletzt mit Hilfe des Datenmaterials der 36: Allensbacher Jahrbücher] erheblichen Erkenntnisfortschritt verspricht.

Im Einzelnen setzt sich dieser Gesamtprozess aus einer Fülle von Einzelentwicklungen zusammen. Neben der Geschichte der Geschlechterverhältnisse, von Ehen und Familien sowie Erziehung (vgl. Kap. II.7) gehören dazu etwa Veränderungen gesamtgesellschaftlicher Normen und Praktiken im Verhältnis zum Körper [vgl. etwa die Beobachtungen zum antibürgerlichen Habitus der Alternativbewegung aus der Zeitzeugenwarte von 671: CONTI, S. 175 ff.] und insbe-

Sexualität sondere zur Sexualität. Zwar haben die Sozialwissenschaften keine gesamtgesellschaftlich repräsentativen, sondern nur Teilpopulationsuntersuchungen vorgenommen. Unstrittig ist jedoch der grundlegende Befund einer „Lösung der Sexualität von der Institution Ehe" unter „Zunahme sexueller Permissivität im Verhalten und in den Einstellungen" (wobei die Einstellung „weit permissiver als das Verhalten ist") [751: CLEMENT, S. 77 u. 80]. Die „De-Institutionalisierung der Ehe" in der öffentlichen Meinung datiert R. KÖCHER dabei auf die sehr kurze Zeitspanne zwischen 1967 und 1973 [in 770: NOELLE-NEUMANN/KÖCHER, S. 297]. Zusammen mit der Entstehung der Sex-Industrie als „Bestandteil der Massenkultur" beförderte der „Rückzug strafrechtlicher Sexualkontrolle" die grundlegende „sexuelle Liberalisierung der 60er und 70er Jahre", die sich in den achtziger Jahren in einem weiteren Ausdifferenzierungsprozess (v.a. durch die

Pluralisierung der Lebensformen und zunehmende mediale Öffentlichkeit von Sexualität) fortsetzte [O. KÖNIG in 686, S. 577].

Um die Frage der strafrechtlichen Behandlung von Schwangerschaftsabbrüchen wurde die moralisch am meisten aufgeladene und kontroverse Debatte geführt, was sich bis in die historiographische Literatur hinein fortsetzt: während die einzige umfassende und fundierte Darstellung des gesellschaftlich-politischen Meinungs- und Willensbildungsprozesses aus ablehnender Perspektive geschrieben ist [752: GANTE], trägt die geschlechtergeschichtliche Behandlung des Themas weitgehend die Handschrift der vehementen Befürworterinnen. Jedenfalls trafen „in diesem Streit Überzeugungen aufeinander, die in einem unauflöslichen Widerspruch stehen: auf der einen Seite die Überzeugung von der Unantastbarkeit des individuellen Lebensrechts, durch das alle anderen Grundrechte erst konstituiert werden; auf der anderen Seite Auffassungen, die die Unverfügbarkeit des Rechts auf Leben bestreiten und sie unter Berufung auf die postulierte Wertneutralität des pluralistischen Staates zugunsten anderer Grundwerte, z. B. des Rechts auf freie Selbstentfaltung, relativieren" [GANTE in 753, S. 207].

Abtreibung

Nachdem das Bundesverfassungsgericht die mit der Mehrheit von SPD und FDP im April 1974 verabschiedete Fristenregelung als grundgesetzwidrig zurückgewiesen hatte, beschloss der Bundestag im Mai 1976 die Straffreiheit einer Abtreibung im Falle bestimmter Indikationen. Diese Regelung als (wenn auch eingeschränktes) „Recht auf Abtreibung" zu interpretieren [so 713: FREVERT, S. 280], ist juristisch falsch, gesellschaftsgeschichtlich aber wohl zutreffend.

Zu dieser allgemeinen sozialkulturellen Entwicklung im Zeichen der Wertsteigerung individueller Autonomie bei zunehmender „Scheu vor der vorbehaltlosen [...] Anerkennung von Normen" gehört auch ein „Zusammenbruch an Kirchenbindung", ein erheblicher Rückgang von Kirchlichkeit und Religiosität, den R. KÖCHER auf die Zeit zwischen der Mitte der sechziger Jahre und dem Jahr 1973 datiert [demoskopischer Überblick aus Sicht der mittleren 80er Jahre mit kulturpessimistischem Tenor: Religiös in einer säkularisierten Welt, in 770: NOELLE-NEUMANN/KÖCHER, S. 164–197/281 sowie 298 f.]. Dass dabei der freiwilligen, gesellschaftlich generierten Säkularisierung in der Bundesrepublik eine phänomenologisch ganz ähnliche erzwungene, staatlich implementierte Säkularisierung in der DDR gegenüberstand, wirft die Frage nach Gleichheiten und Ungleichheiten der Genese auf und eröffnet zugleich Ansätze für einen gesamtdeutsch vergleichende Religions- und Kulturgeschichte.

„Säkularisierung" und Entkirchlichung

Genuin historische Untersuchungen zu diesem fundamentalen Prozess indessen stellen einstweilen ein Desiderat dar, zumal sich hier die zentralen Probleme von Generationen und ihrer Beziehung zum „Wertewandel" und dessen spezifischem Element der Entnormativierung im Zusammenhang von Pluralisierung und Individualisierung bündeln und sich mithin die Frage von „Moderne" und „Postmoderne" stellt.

b) „Postmoderne"

Gegenüber dem feuilletonistisch-diffusen Begriff von „Postmoderne" im Sinne bloßer Beliebigkeit, auch gegenüber den disparaten Bedeutungszuschreibungen im Einzelnen, hat W. WELSCH einen präzisierten Begriff von „Postmoderne" vorgetragen. Er ist zwar normativ im Sinne einer Apologie der Postmoderne in Anlehnung an F. Lyotard aufgeladen [321, S. 30 f., 40 f.], ermöglicht aber die Ableitung des folgenden heuristischen Konzepts eines wertfreien, historisierten Postmoderne-Begriffes.

Architektur
Die Architektur war zwar nicht der früheste, aber der prominenteste, „der postmoderne Artikulationssektor par excellence" [321: WELSCH, S. 18]. In den siebziger Jahren setzte sich die „Postmoderne" als eine Richtung unter mehreren durch und etablierte sich in den achtzigern, wobei der Begriff „Postmoderne" vor dem Hintergrund zeitgenössischer Auseinandersetzungen architekturgeschichtlich kontrovers und problematisch ist [skeptisch etwa 741: JOEDICKE, S. 194–203 u. 223 oder 744: PAHL, S. 156–185]. Sein Bedeutungsgehalt lässt sich nichtsdestoweniger als Abkehr vom „Bauwirtschaftsfunktionalismus", von der „funktionalistischen Bedeutungsleere der Spätmoderne" und insbesondere des Internationalen Stils bestimmen [H. KLOTZ, zuletzt 816, S. 7 u. 114 f.].

„Moderne" und „Postmoderne"
Der programmatische Titel des Katalogs zur Eröffnung des Frankfurter Architekturmuseums 1984: „Revision der Moderne" [743], das Verständnis von „Postmoderne" als „Teil der Moderne" [816: KLOTZ, S. 7] führt zur zentralen Frage nach dem Verhältnis von „Moderne und Postmoderne" [742: KLOTZ]. Ihre Beantwortung hängt zwar wesentlich von den zugrunde gelegten Moderne-Begriffen ab [vgl. dazu H. VAN DE LOO/W. VAN REIJEN, Modernisierung. München 1992, die Modernisierung als Zusammenspiel von „Differenzierung", „Individualisierung", „Rationalisierung" und „Domestizierung" im Sinne der Beherrschung biologischer und natürlicher Prozesse verstehen]. Nichtsdestoweniger lässt sich „Postmoderne" aber allgemein als spezifische Ausprägung und zugleich als jedenfalls partielle Überwindung der „Moderne" auffassen: als „Radikalisierung der Moderne" [290: GIDDENS, S. 71] im Sinne von Individualität und Pluralität und als Abkehr von der Moderne im Sinne von Einheit und Eindeutigkeit, von Fortschritt, Zielutopie und dementsprechender Rationalität [321: WELSCH, S. 6 f., 69, 185].

Elemente der „Postmoderne"
Als zentrale Elemente eines solchen begrifflichen Konzepts der „Postmoderne" figurieren Individualisierung, radikale Pluralität und Entnormativierung. Eine dominante und obligate „radikale Pluralität" über die partielle Pluralität der Moderne des 20. Jahrhunderts hinaus ist, so W. WELSCH, „der einheitliche Fokus des Postmodernen" [321, S. 5]. Ihr Pendant ist Individualisierung, ein in der Soziologie zwar oft unklarer und strittiger Begriff [vgl. dazu etwa 683: KIPPELE, bes. S. 243–247], der aber jenseits normativer soziologischer Grundsatzdebatten über historische Erklärungskraft verfügt, wenn er etwa als Herauslösung der „Biographie der Menschen aus vorgegebenen Fixierungen" verstanden wird [669: BECK,

S. 216]. Radikale Pluralität schließlich bedeutete die „Verabschiedung des rigorosen Rationalismus und Szientismus und de[n] Übergang zu einer Vielfalt konkurrierender Paradigmen", den „Abschied von den großen Einheiten" zugunsten der „Vielfalt in ihrer Legitimität und Eigenart" [321: WELSCH, S. 11, 65, 39] – sozialgeschichtlich etwa die Auflösung von Milieus und gesellschaftlichen Gruppen, Denkformen und Wertesystemen etc. Dies bedeutete zugleich einen Vorgang allgemeiner Entnormativierung, die sich sozialkulturell im „Wertewandel" niederschlug.

„So sehr der Begriff der Postmoderne zu falschen Vorstellungen geführt hat, so wenig können wir ihn heute noch durch einen besseren ersetzen", argumentierte H. KLOTZ bereits in den achtziger Jahren [742, S. 15]. In der Tat: Ohne die bis zur Unvereinbarkeit unterschiedlichen Definitionen und Positionen zu vereinheitlichen, und reduziert um die disparaten Konnotationen im Einzelnen, stellt der zeitgenössische Begriff „Postmoderne" wesentliche semantische Elemente und zugleich eine Anschauung für ein präzisiertes und für den internationalen Vergleich anschlussfähiges historiographisches Konzept bereit. Es vermag den „geradezu eklatant" kongruenten sozialkulturellen Wandlungsprozess der siebziger und achtziger Jahre „in Literatur und Architektur, in den Künsten überhaupt sowie in gesellschaftlichen Phänomenen von der Ökonomie bis zur Politik und darüber hinaus in wissenschaftlichen Theorien und Reflexionen" [321: WELSCH, S. 6] integraler zu erfassen als die Deutungskategorien „Fundamentalliberalisierung" [HABERMAS nach U. HERBERT, Liberalisierung als Lernprozess, in 292, S. 7, dort auch S. 12–15 (mit Bezug v.a. auf die sechziger Jahre)], „Westen" oder „Wertewandel".

Postmoderne als historiographisches Deutungskonzept

c) Protest und Neue soziale Bewegungen

Die Erinnerung und Deutung der im Jahr 1968 kulminierenden studentischen Protestbewegung lag von Beginn an vor allem in den Händen der äußerst publikationsfreudigen unmittelbar Beteiligten [Zusammenstellung der Literatur in 10 sowie 778: KRAUSHAAR, S. 254–260; vgl. auch 775: GILCHER-HOLTEY (Hrsg.), S. 7–10]. Die historiographische Aufarbeitung setzte erst Mitte der neunziger Jahre ein und ist durch vier Umstände gekennzeichnet. Erstens ist sie bislang vor allem in Form von (meist aus Tagungen hervorgegangenen) Beitragssammlungen vorgenommen worden, während eine monographische Gesamtdarstellung aussteht; dies gilt insbesondere für die gesellschaftsgeschichtlichen Folgen und Wirkungen, da die Forschung, die zweitens die globale Dimension sehr in den Blick nimmt, drittens weitgehend auf die Ereignisse von 1968 bzw. zwischen 1967 und 1969 konzentriert ist [Aufbereitung des Forschungsstandes in internationaler Perspektive in 775: GILCHER-HOLTEY sowie Zusammenfassung in 776; 773: FINK/GASSERT/JUNKER, und 774: FRANÇOIS; als Forschungsüberblick vgl. auch F.-W. KERSTING in 786, S. 1–12, das ansonsten weitestgehend auf (Nordrhein-)Westfalen und die Ereignisse um 1968 bezogen ist; auch die Analyse in

„1968" und die Folgen

818 reicht kaum über 1968 hinaus; zum Verhältnis von „Frankfurter Schule und Studentenbewegung" vgl. auch den ersten Band der in die 70er und 80er Jahre hineinreichenden farbigen Dokumentation des in diese Geschehnisse involvierten 777: KRAUSHAAR].

Das eigentliche Spezifikum dieses Themenfeldes, das in dem Umstand begründet liegt, dass „1968" in erster Linie ein Phänomen der Universitäten war, ist viertens das exzeptionelle Maß an eigener Betroffenheit und Selbstreferentialität von Zeithistorikern vor allem aus der „skeptischen" und noch mehr aus der „Protestgeneration", die in diesem Kontext ihre generationelle Prägung erfuhr [vgl. dazu Kap. II.7; zum hier besonders virulenten Problem der fließenden Übergänge zwischen Zeitzeugen und Zeithistorikern dezidiert 778: KRAUSHAAR, bes. S. 7–14].

Daraus resultiert ein unübersichtlicher Forschungsstand, den eine schwer zu trennende Mischung aus autobiographischen Quellen, politisch-feuilletonistischem Journalismus und wissenschaftlicher Literatur kennzeichnet. Selbst bei Wissenschaftlern sind häufig eigener Betroffenheit entspringende Werturteile anstelle wissenschaftlicher Sachurteile anzutreffen, ob kritischer [etwa: G. FELS, Der Aufruhr der 68er. Zu den geistigen Grundlagen der Studentenbewegung und der RAF, Bonn 1998; 778: KRAUSHAAR] oder, was häufiger der Fall ist, grundsätzlich affirmativer Art, in der etwa unintendierte Folgen von „1968" in die „Erfolgsgeschichte" der Bundesrepublik eingeordnet werden [vgl. dazu Kap. II.2.; so etwa die Einschätzung von C. LEGGEWIE als „glücklich gescheiterte Revolution": 1968 ist Geschichte, in: APuZ 22–23 (2001), S. 5, oder die Interpretation des Umbruchs in Osteuropa 1989 als „Fortsetzung von 1968" im Hinblick auf Freiheit, Selbstbestimmung und Demokratie bei G. ARRIGHI/T. K. HOPKINS/ I. WALLERSTEIN in 774: FRANÇOIS, S. 147; ähnlich K. JARAUSCH, 1968 and 1989, in 773: FINK (Hrsg.), S. 476 f.].

Forschungsdesiderate — Quellengestützte, historisch-kritische und differenzierende Untersuchungen gehören somit zu den Aufgaben künftiger Forschung. Nicht geklärt ist die Grundsatzfrage, ob es sich – so formuliert W. KRAUSHAAR [1968 und Massenmedien, in: AfS 41 (2001), S. 319] die Extrempositionen – „um eine im Grunde illiberale Protestbewegung" mit inhärenten linkstotalitären und terroristischen Elementen oder um eine im Kern zivilgesellschaftliche liberal-demokratische „soziokulturelle Nachgründung der Republik" handelte. I. GILCHER-HOLTEY skizziert die Richtung der Analyse mit ihrem Hinweis auf die „duale[] Zielorientierung" einer „Ausweitung von Partizipationschancen" einerseits und der „Herbeiführung eines Bewusstseinswandels" andererseits, wobei sich eine „antikapitalistische, neomarxistische Bewegung" und eine „gegenkulturelle Jugendrevolte" verbanden [776, S. 113 f.; zur Verbindung verschiedener Strömungen (Neomarxismus, Ideen der antiinstitutionellen Autonomie und Kulturkritik) vgl. auch H. BUDE in 792, S. 127–129]. So bleibt auch der Zusammenhang von Studentenbewegung und Terrorismus (dazu Kap. II.5) noch genauer zu bestimmen.

Der allgemein wohl unstrittige Befund vom „divergenten Doppelcharakter von politischem Scheitern und soziokultureller Folgewirkung, deren Grad allerdings schwer zu fixieren ist" [778: KRAUSHAAR, S. 345], verweist zugleich darauf, dass eine Analyse der Wirkung der 68er Bewegung noch aussteht [D. RUCHT in 775: GILCHER-HOLTEY (Hrsg.), S. 130]. Klar ist aber, dass die Folgen für die politische, gesellschaftliche und kulturelle Entwicklung der Bundesrepublik von ungleich größerer Bedeutung waren als die Ereignisse von 1968 selbst. Dies betrifft zum einen den ‚Marsch durch die Institutionen': mit diesem von R. Dutschke ursprünglich anders gemeinten Begriff verbinden sich das für die Geschichte der Bundesrepublik tatsächlich bedeutsame (relativ frühzeitige) Einrücken der Protestgeneration in verantwortliche Positionen (v.a. im Bereich der expandierenden staatlichen Institutionen und der Medien) und die damit verbundene allgemeine Prägung von politischer Kultur und Gesellschaft, womit zugleich das Problem angesprochen ist, das Verhältnis der Folgewirkungen von 1968 und des allgemeinen sozialkulturellen Wandels zu bestimmen. Es betrifft zum anderen die Politisierung und Polarisierung der Öffentlichkeit in den siebziger Jahren, zu der F. NEIDHART und D. RUCHT die „These vom wachsenden ‚Druck von unten'" durch überwiegend linksliberal dominierte „protestförmige Basismobilisierungen" seit den ausgehenden 60er Jahren vorgetragen haben [Protestgeschichte der Bundesrepublik Deutschland 1950–1994, in 298, S. 159 u. 162; zur Erforschung des Protestes in der Bundesrepublik im Rahmen des Projekts „Dokumentation und Analyse von Protestereignissen in der Bundesrepublik" am Berliner Wissenschaftszentrum für Sozialforschung vgl. auch 783: RUCHT].

Die bereits zeitgenössisch so genannten „Neuen sozialen Bewegungen" (in Abgrenzung zur Arbeiterbewegung als „alter" sozialer Bewegung) der siebziger und achtziger Jahre sind historiographisch noch kaum erarbeitet. Die soziologische Forschung hingegen hat sie neben verschiedenen Einzelfallbeschreibungen insbesondere im Hinblick auf weit über das historisch-konkrete Phänomen hinausreichende allgemeine Typologien sozialer Bewegungen untersucht [vgl. die Definition einer sozialen Bewegung nach F. NEIDHARDT und D. RUCHT als „ein auf gewisse Dauer gestelltes und durch kollektive Identität abgestütztes Handlungssystem mobilisierter Netzwerke von Gruppen und Organisationen, welche sozialen Wandel mittels öffentlicher Proteste herbeiführen, verhindern oder rückgängig machen", hier nach 775: GILCHER-HOLTEY (Hrsg.), S. 12; vgl. auch 782: ROTH/RUCHT], ohne darüber jedoch Konsens hergestellt zu haben [vgl. R. ROTH/D. RUCHT in 525, S. 296– 303; zur Friedensbewegung 784: SCHMITT mit dem „Konstrukt der Deutungsresonanz" zwischen aktiven „Bewegungsunternehmern" und latenten Mobilisierungspotenzialen; J. RASCHKES bereits 1985 erschienener systematischer Grundriss 781 behandelt die Neuen sozialen Bewegungen nur als Appendix; als zeitnaher Überblick über linke Protestbewegungen allgemein 779: LANGGUTH, v.a. S. 234–276, faktographische Grundlagen bei 772: BRAND/BÜSSER/RUCHT, S. 85–240, und 281: BOROWSKY, S. 141–166].

Neue soziale Bewegungen

Betont wird allenthalben die „Autonomie vielfältiger Teilbewegungen" [781: RASCHKE, S. 74] ohne feste Organisationsstruktur und Programmatik, aber mit starker, häufig spontaner Vernetzung der Personen, Gruppen und Initiativen untereinander. Dies waren vor allem die Frauenbewegung, die Anti-Kernkraftbewegung mit einer Spannweite von lokalen Bürgerinitiativen bis zu kommunistischen Aktionsgruppen und die sozial noch weiter gespannte Friedensbewegung.

Dennoch lassen sich verbindende übergreifende Gemeinsamkeiten inhaltlicher Art „innerhalb eines größeren, eng verbundenen Themenspektrums" erkennen: ein dominierendes „linkslibertäres Selbstverständnis" [R. ROTH/D. RUCHT in 525, S. 301 u. 297] und „Tendenzen zu einer Gegenkultur" [779: LANGGUTH, S. 280] unter Einschluss von Systemkritik und Systemopposition, was zur Frage nach ihrem Verhältnis zur „68er-Bewegung" führt. Sozialstrukturell ist eine grundsätzliche Übereinstimmung im Hinblick auf die „Begrenztheit der sozialen Basis" – vor allem akademische Intelligenz aus der jüngeren Generation – festzustellen [781: RASCHKE, S. 71 u. 415 f.], während sozialkulturell ein (um 1973 zu datierender) Umschlag auch in den Protestbewegungen zu beobachten ist. An die Stelle des sozialkritisch-utopischen Zukunftsoptimismus der Studentenbewegung der sechziger Jahre trat in den Neuen sozialen Bewegungen nachgerade apokalyptische Zukunftsangst und somit nicht zufällig eine Konzentration auf Überlebensthemen, der auf ihren Zusammenhang mit der allgemeinen politischen Kultur verweist.

d) Allgemeine Fragen der politischen Kultur

Der aus der amerikanischen Politikwissenschaft der fünfziger Jahre stammende Ansatz der ‚politischen Kultur' erfasst zunächst – im wertfreien Sinne – die „Gesamtheit aller politisch relevanten Meinungen (‚beliefs'), Einstellungen (‚attitudes') und Werte (‚values') der Mitglieder einer konkret abgrenzbaren sozialen und politischen Einheit" (D. BERG-SCHLOSSER). Diese als „Deutungskultur" zu bezeichnende „Inhaltsseite" politischer Kultur hat K. ROHE um das Konzept der „Soziokultur", die „Ausdrucksseite" praktizierter Verhaltensmuster, ergänzt [Politische Kultur und ihre Analyse, in: HZ 250 (1990), S. 322–346]. Somit erschließt „politische Kultur" auf der subjektiven Ebene politischer Sinnzuweisungen und Orientierungen die Schnittmenge von Politik, Gesellschaft und Kultur [Überblick über die Breite von Themen politischer Kultur in einem weiten Verständnis in 525].

Die Geschichte der Bundesrepublik ist in dieser Hinsicht wesentlich von der Herausbildung und Implementierung eines „demokratischen Bewusstseins" geprägt, wobei allgemein dem Bildungssystem und seiner Reform besondere Bedeutung für die Verbreitung politischer Partizipationsansprüche zugeschrieben wird [M. u. S. GREIFFENHAGEN, komprimiert in 525, S. 395]. Zu diesem Schluss kam bereits O. W. GABRIEL [524], der seine empirisch-quantifizierende Untersuchung der politischen Kultur der Bundesrepublik auf das Verhältnis von „Post-

„Postmaterialismus" und „Materialismus"

materialismus und Materialismus" konzentrierte. Auf diese zeitgenössisch und sozialwissenschaftlich weit verbreitete Deutungskategorie gründete bereits R. INGLEHART seine These vom „Wertewandel", und die soziale Bewegungs-Forschung identifizierte die „Neuen sozialen Bewegungen" als „postmaterialistische Avantgarde" [ROTH/RUCHT in 525, S. 298, ebenso 781: RASCHKE, S. 74]. Das Gegensatzpaar „Postmaterialismus" versus „Materialismus" dürfte indessen, abgesehen von Definitions- und Operationalisierungsproblemen, vor allem im Hinblick auf historische Entwicklungszusammenhänge nur über eingeschränkte Erklärungskraft verfügen.

Entgegen partizipationsorientiertem Optimismus hob E. NOELLE-NEUMANN in den siebziger Jahren mit der Theorie der „Schweigespirale" auf die restriktiven Seiten öffentlicher Meinungsbildungsprozesse ab: „Wenn eine Position von der Mehrheit der tonangebenden Medien eingenommen wird und die Bevölkerung von dieser Position zunehmend überzeugt ist, werden die Anhänger dieser Ansicht zunehmend mutiger und äußern sich laut und selbstbewusst in der Öffentlichkeit und stecken damit andere an, sich auch in der Öffentlichkeit zu äußern. Zugleich werden die Anhänger der Gegenmeinung unsicher und furchtsam und verfallen in Schweigen und stecken andere an, ebenfalls vorsichtig in der Öffentlichkeit zu schweigen [...]. Und damit kommt die Schweigespirale [...] in Gang und entscheidet, welche Meinung sich im Kampf um die öffentliche Meinung durchsetzt" [hier nach 525, S. 549].

„Schweigespirale"

Die hier anschließenden Phänomene von Tabus im öffentlichen Diskurs und ‚political correctness' führen zum Verhältnis von Sprache und Macht, dem Kern der Beziehungen zwischen Sprache und Politik, die sich zumeist in sprachlichem Handeln und oftmals als „Kampf um Wörter" (M. GREIFFENHAGEN) manifestiert. Etwas differenzierter betrachtet, ist Sprache sowohl Faktor als auch Indikator gesellschaftlich-politischer Entwicklungen [K. P. FRITZSCHE in 525, S. 599]. Aspekte der „Geschichte des öffentlichen Sprachgebrauchs in der Bundesrepublik Deutschland" von der Wirtschaftsordnung über deutsche Frage und Terrorismus-Debatte bis zur Asyldebatte vermitteln (allerdings auf begrenzter empirischer Grundlage) sprachwissenschaftlich untersuchte „Kontroverse Begriffe" [771: STÖTZEL/WENGELER]. Noch weniger als dieses historisch noch erst zu bearbeitende Themenfeld ist die „Sprache der Bilder" [FRITZSCHE in 525, S. 599] in der massenmedialen Gesellschaft untersucht.

Sprache

Die Rolle von – nach 1968 gesellschaftspolitisch besonders aktiven – Intellektuellen in der Bundesrepublik ist, so die Forschungsbilanz von R. LUCKSCHEITER, Gegenstand „einer publizistischen, meist feuilletonistischen Debatte" mit dem Tenor, „dass die Intellektuellen vom ‚linken Geist dominiert sind'". Wissenschaftliche Forschung jedoch hat Fragen etwa „nach dem wechselseitigen Einfluss von Kulturpolitik und Intellektuellen", nach „dem Auseinanderklaffen von Beschreibungen der Bundesrepublik durch Intellektuelle und den tatsächlichen [...] Gegebenheiten" sowie nach der gesellschaftlichen Rezeption und Wirkung von Intellektuellen noch kaum aufgegriffen [766, S. 325 u. 339]. Ebenso ist ihr in

Intellektuelle

<small>Nation</small> aller Regel spannungsgeladenes Verhältnis zur Nation, das im Zusammenhang der Wiedervereinigung „im Schweigen der Intellektuellen" zum Ausdruck kam, bislang vorwiegend essayistisch behandelt worden [dazu 767: LUCKSCHEITER, S. 368–373 (Zitat S. 368)]. Dass die „Idee der Nation im politischen Diskurs" sich in den siebziger und achtziger Jahren auf die „Selbstanerkennung der Bundesrepublik" und eine schließlich „vorherrschend gewordene postnationale Einstellung" hin entwickelte, stellt die materialreiche Untersuchung von F. ROTH heraus [529, Zitate S. 387–390], die in „wertender Absicht" allerdings Erkenntnispotenziale dieser zentralen Frage vergibt.

e) Umgang mit Vergangenheit

Anhand der deutschen Frage und des Gedenktages 17. Juni als Indikator historisch-politischen Selbstverständnisses und bundesdeutscher Vergangenheitspolitik und -kultur [vgl. dazu auch die Sammlung 792] identifiziert E. WOLFRUM „vier dominierende Diskurse über bundesrepublikanische Geschichtsbilder" <small>Sozialliberale Geschichtspolitik</small> zwischen 1969 und 1989. Der „Katastrophendiskurs über das deutsche Reich" enthielt nicht zuletzt die „neue, ,linke' Sonderweg-These", die vor allem das Kriterium der Demokratisierung der Gesellschaft als Maßstab anlegte [802, S. 353 f.]. Dies verband sie mit „Gustav Heinemanns Geschichtsoffensive" [788: FREVERT, S. 235], die verstärkt auf Traditionen demokratischer und partizipatorischer Freiheitsbewegungen rekurrierte. In Abgrenzung von diesem Freiheitsdiskurs rückte in der zweiten Hälfte der siebziger Jahre drittens das Thema „Identität" in die öffentliche Debatte.

<small>Geschichtskultur während der Regierung Kohl</small> WOLFRUMS These indes, dass mit der „Wende" von 1982/83 ein „geschichtspolitischer Generalangriff auf die siebziger Jahre und deren Aufbruchsmythos" gestartet worden sei, der über die Diskurse von Identität und Nation auf die Etablierung einer genuin konservativen „Normale-Nation-Identität" und gar auf eine „autoritärere Formierung der bundesdeutschen Politik und Gesellschaft" abzielte [802, S. 306–309, 325–345 u. 354f., Zitate S. 354f. u. 331], stellt wohl eher eine die zeitgenössische Kritik an der Regierung Kohl widerspiegelnde Übertreibung von deren Bemühungen um eine traditions- und legitimationsstiftende Darstellung der bundesdeutschen Geschichte dar. Demgegenüber interpretiert R. SEUTHE die öffentlichen symbolischen Handlungen und Initiativen der Regierung Kohl (v.a. das Gedenken an die Kriegsopfer auf dem Soldatenfriedhof von Bitburg 1985 oder den Bau des Hauses der Geschichte in Bonn) trotz mancher Ambivalenzen substanziell gerade nicht als „Teile eines systematisch angelegten geschichtspolitischen Ganzen" gar revisionistischer oder relativierender Art [801, S. 310].

Dahinter steht die zunehmende Bedeutung des Nationalsozialismus und vor allem des Mordes an den europäischen Juden in der Geschichtskultur der 80er <small>NS-Vergangenheit</small> Jahre [zum Umgang mit dieser Vergangenheit insbesondere in den ersten Nachkriegsjahrzehnten rivalisieren kontroverse, politisch-moralisch aufgeladene Einschätzungen, während die wissenschaftliche Erforschung gerade für die siebziger und achtziger Jahre insgesamt noch nicht sehr weit gediehen ist; das vergangenheits-, außen-, rechts- und finanzpolitische Themen- und Forschungsfeld „Wiedergutmachung" umreißt 796: HOCKERTS]. Dies bedeutete allgemein eine Verschiebung der Perspektiven vermehrt auf die Opfer des Nationalsozialismus [788: FREVERT, S. 266–271]. Spezifisch auf die politische Kultur in der Bundesrepublik der achtziger Jahre bezogen war der zweite Aspekt, dass die deutsche Teilung „von den Intellektuellen zunehmend als Strafe und Sühne für den Holocaust begriffen" wurde und in diesem Kontext, so die pointierte Deutung von H. A. WINKLER, die Auffassung von „Auschwitz als dem ‚Gründungsmythos' eines neuen deutschen Nationalgefühls" unter ablehnendem Abschied vom Nationalstaat aufkam [323, S. 653].

Vor diesem Hintergrund erhob sich auf Seiten der politischen Linken scharfe Kritik an den geschichtspolitischen Ambitionen der Regierung Kohl. Sie mündete im Vorwurf „apologetische[r] Tendenzen" und des „verharmlosenden Revisionismus" an Teile der deutschen Historikerschaft, mit dem Jürgen Habermas, konkret in Reaktion auf einen Artikel Ernst Noltes über kausale Beziehungen zwischen Bolschewismus und Nationalsozialismus und ihren Massenmorden, im Juli 1986 den „Historikerstreit" um die Einzigartigkeit des Mordes an den europäischen Juden im Zweiten Weltkrieg und seine gesellschaftspolitische Bedeutung auslöste.

„Historikerstreit"

Die Einschätzung dieser wissenschaftlich wenig ergiebigen, dafür hoch polarisierten und bald weit über die Fachgrenzen hinausreichenden Debatte [vgl. dazu 98] ebenso wie der zunehmenden Debatten um die NS-Vergangenheit als „Kampf um die kulturelle Hegemonie" geht wohl nicht fehl. S. KAILITZ [797, das vorige Zitat ursprünglich zeitgenössisch-journalistischer Herkunft, S. 12 Anm. 5] hat eine materialreiche, wenn auch zuweilen zu schematisierende Grundlage für ihre Verortung in der Geschichte der politischen Kultur der Bundesrepublik zusammengetragen. Verschiedene Quellen flossen hier zusammen, und nicht zuletzt wäre nach einer bislang wenig thematisierten Tiefenströmung zu fragen, inwiefern sich der Historikerstreit in grundlegende Auseinandersetzungen um das normative, moralisch-emanzipatorische „Projekt Moderne" eingliedert, worauf zumindest die identische Malediktion als Relativismus, Konservatismus und Historismus schließen lässt, mit der J. HABERMAS zunächst die postmoderne Kritik [197, S. 463 f.] und dann die Geschichtspolitik der Regierung Kohl und Teile der Geschichtswissenschaft belegte.

Jedenfalls verweist all dies auf den engen Zusammenhang der Entwicklung von Geschichtskultur und politischer Kultur der siebziger und achtziger Jahre; bislang immer nur unter einzelnen Aspekten thematisiert, zählt ihre integrale Analyse zu den zentralen Desideraten künftiger Forschung.

f) Öffentlichkeit und Massenmedien

Die Mediengeschichte der Bundesrepublik ist bislang in erster Linie eine Angelegenheit der (nur bedingt historisch arbeitenden) Medien- und Publizistikwissenschaft, kaum hingegen der allgemeinen Historiographie. Seitens der Geschichtswissenschaft wurden bislang Desiderate und methodisch-theoretische Ansätze formuliert und postuliert, „Veränderungsprozesse eingebettet in gesellschaftliche Prozesse zu beschreiben, [...] um so zu einer Gesellschaftsgeschichte öffentlicher Kommunikation zu kommen" [30: REQUATE, das Zitat S. 15f.; 806: DUSSEL; 31: SCHILDT; 21: FÜHRER/HICKETHIER/SCHILDT], während empirische Forschungen insbesondere zu den siebziger und achtziger Jahren noch nicht vorliegen.

Dabei steht die explosionsartige mediale Angebotsvermehrung in der zweiten Hälfte des 20. Jahrhunderts als „qualitativer Umschwung" im Zentrum der gesellschaftlich-kulturellen Entwicklung: „Kultur umfasst [...] nicht mehr nur ‚auch' Medien, sondern ist vor allem Medienkultur" [K. HICKETHIER in 808, S. 140; als Überblick über eine große Breite von Aspekten vgl. 812: WILKE; essayistisch zu den 80er Jahren W. FAULSTICH, Auf dem Weg zur totalen Mediengesellschaft, in CH. W. THOMSEN (Hrsg.), Aufbruch in die Neunziger. Köln 1991, 97–141].

Massenmedien   Während auf dem Tagespressemarkt der in den mittleren fünfziger Jahren eingesetzte Konzentrationsprozess Mitte der siebziger Jahre in eine Konsolidierungsphase überging, als eine Ausweitung im Bereich der spezialisierten Zeitschriften erfolgte [W. J. SCHÜTZ/H. BOHRMANN in 812: WILKE (Hrsg.), S. 109–145], fanden fundamentalere Veränderungen in der Entwicklung des
Fernsehen   Rundfunks und insbesondere des Fernsehens statt. Dieser Entwicklung kommt zugleich (und im Zusammenhang einer allgemeinen „Verlagerung von den Printmedien zu den elektronischen Medien" in den 80er Jahren (W. FAULSTICH) eine besondere sozial- und kulturgeschichtliche, aber auch politik- und wirtschaftsgeschichtliche Bedeutung zu.

In der Breite hatte sich das Fernsehen als Medium [anschaulicher Überblick der „Geschichte des Fernsehens" bei 807: HICKETHIER] in den sechziger Jahren durchgesetzt. Nach den Auseinandersetzungen um die Gründung des ZDF 1960/61 trat eine Phase der „Strukturstabilität des deutschen Rundfunksystems" [M. KAASE in 686, S. 465] ein. Zunehmender Druck der politischen Parteien auf den (im Gegensatz zu den Printmedien öffentlich-rechtlich, nicht privatwirtschaftlich verfassten) Rundfunk seit dem Ende der sechziger Jahre [A. DILLER in 812: WILKE (Hrsg.), S. 161], zudem die Klage der Unionsparteien über Benachteiligungen durch den öffentlich-rechtlichen Rundfunk, schlugen sich im parteipolitischen Streit um die Einführung des privaten Rundfunks nieder. Sie wurde, so die übereinstimmenden medienwissenschaftlichen Einschätzungen, seitens der Union gefördert, um ein Gegengewicht gegen den öffentlich-rechtlichen Rundfunk zu schaffen.

In Verbindung mit der Entwicklung neuer Verbreitungstechniken (Kabel und Satellit) seit den späteren siebziger Jahren führte die Dualisierung des deutschen Rundfunksystems seit 1984 einen neuerlichen Strukturwandel herbei: „Kein anderer Vorgang hat jedenfalls die Medienordnung in der Bundesrepublik Deutschland so tief greifend verändert wie die Zulassung privater Rundfunkanbieter" [812: WILKE, S. 22]. Sie führte zu einer „Kommerzialisierung auch der Telekommunikation" [F. NEIDHART in 686, S. 504] mit vielfältigen Konsequenzen, von der erheblichen Zunahme an Werbung bis zur Überlagerung politisch-ideologischen Kalküls durch „eine wachsende Ausrichtung an den medienspezifischen Formatkriterien" [526: HETTERICH, S. 77], die mit den ursprünglichen medienpolitischen Zielen der Dualisierung keineswegs kongruent war.

Über die Organisations- und Programmgeschichte der Medien hinaus ist das zentrale Thema wohl ihre Wirkung [806: DUSSEL, S. 224]. Ihre Erforschung ist mit erheblichen methodischen Schwierigkeiten verbunden [dazu etwa M.-L. KIEFER in 812: WILKE (Hrsg.), S. 425–427], was bereits für ihre erste Stufe, die Mediennutzung, gilt [vgl. dazu HICKETHIER in 807, S. 237–306, zusammengefasst in 808, S. 129–141, sowie die Langzeitstudie von 805: BERG/KIEFER]. Mitte der siebziger Jahre kam die „ungeheuer rasch[e]" Nutzungsausweitung des neuen Mediums Fernsehen zu einem Abschluss; die 1974 erreichten Spitzenwerte des zeitlichen Aufwands für Nutzung begannen danach allmählich abzubröckeln: „Der Faszination durch das neue Medium folgte die Routinisierung und Ritualisierung seines Gebrauchs." Ein erneuter Nutzungsschub des Rundfunks – vor allem eine Zunahme von Unterhaltung – setzte 1985 im Zusammenhang mit der „Programmexplosion" nach der Einführung des dualen Systems und in Verbindung mit einer erhöhten Ausstattung der Haushalte mit technischen Voraussetzungen und Geräten für die Nutzung ein [KIEFER in 812: WILKE, S. 435–443].

Nutzung und Wirkung

Die „eminente sozialpsychologische Funktion" als „soziales Befriedigungsinstrument" etwa für Arbeitslose [so HICKETHIER in 808, S. 141] ist dabei nur eine Facette der sozialkulturellen Bedeutung des Fernsehens im Rahmen einer zunehmenden Medialisierung von Politik und Gesellschaft. Ihre Konsequenzen und Bedeutung, etwa für das Verhältnis von Politik und Medien, von „Entscheidungslogik" und „Medienlogik" [J. HOFFMANN/U. SARCINELLI in 812: WILKE (Hrsg.), S. 732] sind in historischer Perspektive noch unerforscht.

Forschungsfragen

Dies gilt auch für die allgemeinen lebensweltlichen Auswirkungen der Nutzungsausweitung vor allem des Fernsehens im Hinblick auf eine Verbreitung verfügbaren Wissens, auf tief greifende Veränderungen personaler, sozialer und kultureller Gewohnheiten und der Wahrnehmungen, einen Wandel der Kategorien Nähe und Ferne, Raum und Zeit: ein „neues audio-visuelles Zeitalter schafft sich seine eigenen Wirklichkeiten, deren Rückwirkungen auf die ‚Realität an sich', die wahrnehmenden und reflektierenden Individuen eingeschlossen, immer komplexer werden" [685: SCHÄFERS, S. 24 (im Anschluss an N. LUHMANN)].

g) Religion und Kirchen

Die Geschichte von Kirchen und Religion ist in der Geschichte der alten Bundesrepublik in hohem Maße mit den beiden großen Konfessionen verbunden, denen über 90% der kirchlich Gebundenen und weit über 80% der Gesamtbevölkerung angehörten. (Von quantitativ geringer, jedoch besonderer gesellschaftspolitischer Bedeutung waren die „Juden in Deutschland nach 1945" [O. R. ROMBERG (Hrsg.), Frankfurt 1999], deren Geschichte bislang essayistisch, nicht wissenschaftlich behandelt worden ist.) Die Kirchen- und Religionsgeschichte der beiden großen Konfessionen bewegt sich im Spannungsfeld zwischen originär theologischem, im engeren Sinne kirchen- und heilsgeschichtlich orientiertem Zugriff und der so genannten ‚profanhistorischen' Behandlung in einem weiteren gesellschafts-, kultur- und politikgeschichtlichen Rahmen. In dieser Hinsicht ist die Bundesrepublik der siebziger und achtziger Jahre weitgehend historiographische *terra incognita*.

<small>Evangelische Zeitgeschichte</small>
Die Erforschung der Evangelischen Zeitgeschichte nach 1945 hat sich vor allem auf die unmittelbare Nachkriegszeit, auf das deutsch-deutsche Verhältnis und auf die Kirche in der DDR konzentriert [vgl. auch die Gewichtungen im Überblick von 839: BESIER oder von C. LEPP sowie den Forschungsüberblick von TH. SAUER, beide in 847, S. 46–93 u. 298–305]. Die „Kirche im Sozialismus" wirft zugleich politisch-moralische Fragen auf, die gerade nach 1990 stets auch tagesaktuelle gesellschaftspolitische Bedeutung besaßen.

So fällen G. BESIER, A. BOYENS und G. LINDEMANN ein kritisches Werturteil über die Rolle des vorwiegend protestantisch getragenen, weltweiten Ökumenischen Rates der Kirchen, dem die „Verhaftung in Denkformen sozialistischer Ideologie" im Kalten Krieg vorgeworfen wird [838, S. 307]. Anders setzt CH. HANKE die Akzente: zwar markiert er deutlich die Akzeptanz der deutschen Zweistaatlichkeit in den siebziger und achtziger Jahren sowohl auf Seiten der EKD im Westen als auch des Bundes der Evangelischen Kirchen im Osten. Zugleich betont er aber die Aufrechterhaltung des Gedankens der „besonderen Gemeinschaft" im zwischenkirchlichen Verhältnis und auch zwischen beiden deutschen Staaten und somit deren „Beiträge zum Erhalt der deutschen Kulturnation" [844: Deutschlandpolitik 457]. Er weist aber ebenfalls darauf hin, dass die Evangelischen Kirchen – trotz ihrer hohen deutschlandpolitischen Bedeutung – auf die Ausgestaltung des politischen Einigungsprozesses kaum Einfluss zu gewinnen vermochten.

<small>Katholizismusforschung</small>
Eine umfassende wissenschaftliche Gesamtdarstellung der Evangelischen Kirchen in der Bundesrepublik steht ebenso aus wie für die katholische Kirche und den Katholizismus, wo immerhin der konzise und faktengesättigte kirchengeschichtliche Überblick von E. GATZ [842, S. 96–131] eine allgemeine Orientierung ermöglicht. Auch von der Katholizismusforschung sind die siebziger und achtziger Jahre bislang nur sehr vereinzelt thematisiert worden. TH. GAULY betont für die erste Hälfte der siebziger Jahre, nach einer Phase der Öffnung zwi-

schen katholischer Kirche und Sozialdemokratie in den Sechzigern, einen „Rückfall in die Zeit der Konfrontation" angesichts der sozial-liberalen Reformpolitik im Innern [843, Zitat S. 414], beschränkt sich aber ganz auf das (Macht-) Verhältnis zwischen Kirche und Parteipolitik.

Dabei ist die Entwicklung der katholischen Kirche insofern besonders bedeutsam und signifikant, als sich in dem Mitte der sechziger Jahre massiv einsetzenden Säkularisierungsschub – dem Rückgang der Kirchenbindung (mit der Kirchgangshäufigkeit als Hauptindikator) und des Einflusses der Kirchen auf die Lebensführung der Menschen in Verbindung mit der Privatisierung der Religion und der Diversifizierung von Religiosität – die gesamtgesellschaftlichen Individualisierungs-, Pluralisierungs- und Entnormativierungsprozesse niederschlugen und zugleich verdichteten, wie K. GABRIEL aus religionssoziologischer Perspektive dargestellt hat [841, bes. S. 52–68 u. 193–196, zusammengefasst in 686, S. 384 f.; vgl. ebd., S. 563–565 auch den Beitrag von H. MEULEMANN]. Damit verbunden war überdies die endgültige Erosion des aus dem 19. Jahrhundert überkommenen katholischen Milieus [vgl. dazu: Arbeitskreis für Kirchliche Zeitgeschichte Münster, Katholiken zwischen Tradition und Moderne. Das katholische Milieu als Forschungsaufgabe, in: Westfälische Forschungen 43 (1993), S. 588–654]. Als Gründe dieser Erosion benennt E. GATZ erstens die sich seit den fünfziger Jahren etablierende materiell geprägte Massenkultur unter Einschluss des freie Zeit absorbierenden Fernsehens, zweitens die individualisierungsfördernde Möglichkeit zur Lösung aus tradierten Sozialverbänden durch die sozialstaatliche Absicherung der Grundrisiken des Lebens und drittens die Bildungsexpansion in enger Verbindung mit (viertens) dem übergreifenden Phänomen des Wertewandels [842, S. 114–120].

Diese Elemente von Krise, Reaktion und Neu-Formierung, die auf Seiten des Katholizismus in die zunächst von Aufbruchsstimmung geprägte nachkonziliare Zeit fallen, bleiben noch erst in einer umfassenden Religions- und Kirchengeschichte zu bündeln [auch 840: DAMBERG geht auf seinem „ersten Pfad in die Kirchengeschichte der Bundesrepublik" (S. 36) im Gefolge der niederländischen Katholizismus-Forschung mit ihrem Paradigma der (Auflösung der) „Säule" nur wenige Schritte in die siebziger Jahre (vgl. etwa S. 516–519)]. Neben vielfältigen ereignis- und institutionengeschichtlichen sowie biographischen Themen liegt hier ein Ansatz künftiger historischer Forschung, die dabei zugleich von der Verbindung mit kirchen- und religionssoziologischen Ansätzen profitieren kann.

Desiderate und Perspektiven

Ohnehin sind auf dem in diesem Kapitel abgesteckten Feld der politisch-sozialkulturellen Entwicklung in hohem Maße erst Desiderate und Perspektiven genuin historischer, quellengestützter Forschung zu orten: die Ermittlung der Tragfähigkeit und Erklärungskraft des Ansatzes der (politischen) Generationen; die quellengestützte Substantiierung und die zusammenhängende Erfassung des „Wertewandels"; eine Kulturgeschichte der Medien sowie eine Sozial- und Kulturgeschichte von Raumordnung, Siedlungsstruktur und Architektur; die Erfahrung und Behandlung von Raum und Zeit; das Phänomen der „sozialen Zeit" angesichts der Gleichzeitigkeit von mehr verfügbarer Zeit und der allgemeinen Erfahrung einer „Gesellschaft ohne Zeit" [728: Rinderspacher]; zugleich Zukunftsdenken und Zukunftserwartungen im Wandel [Zusammenstellung grundsätzlicher sozialwissenschaftlicher Daten in 677: Glatzer u. a., S. 524–532] – um nur einige Themen aus diesem für die deutsche Geschichte in den siebziger und achtziger Jahren tief greifend wirkmächtigen Gegenstandsbereich zu benennen.

III. Quellen und Literatur

Dieses Verzeichnis von Quellen und Literatur stellt keine vollständige Bibliographie dar, sondern eine Auswahl. Ihr liegen die beiden Kriterien zugrunde, repräsentativ für die Forschung zu sein und als Grundlage für weiterführende selbstständige Forschung zu dienen.

Allgemein wird nur Literatur mit einem spezifischen Bezug zur bundesdeutschen Geschichte der siebziger und achtziger Jahre aufgeführt, nur in besonderen Fällen sind also allgemeine Nachschlage- und Überblickswerke oder methodisch-theoretische Abhandlungen, Titel zu anderen Ländern und Staaten sowie zur internationalen Geschichte und Selbstzeugnisse außerdeutscher Akteure berücksichtigt. Selbstzeugnisse werden im Falle mehrfacher Publikationen einzelner Persönlichkeiten in Auswahl aufgeführt, ebenso bei mehreren inhaltlich verwandten Publikationen eines Autors nur das Hauptwerk. Für die Forschung nicht relevante Literatur wurde nicht aufgenommen. Der Schwerpunkt der Literaturauswahl liegt auf der Bundesebene; da Titel zu einzelnen Bundesländern, Regionen oder Städten nicht einmal in repräsentativer Auswahl berücksichtigt werden konnten, werden sie nur im Falle besonderer wissenschaftlicher Bedeutung aufgeführt. Eigene Titel zur Geschichte der DDR wurden ebenfalls nicht berücksichtigt; verwiesen sei auf Hermann Webers Band 20 im Oldenbourg Grundriss der Geschichte über die DDR.

Genannt wird jeweils nur der Hauptverlagsort. Neuerscheinungen wurden bis zum 31. März 2003 erfasst.

A. HILFSMITTEL

1. Quellenkunden und Bibliographien

Einzelne Archivführer und Findbücher im Anhang unter den zugehörigen Archiven

1. K. Abmeier/K.-J. Hummel (Hrsg.), Der Katholizismus in der Bundesrepublik Deutschland 1980–1993. Eine Bibliographie. Paderborn 1997
2. Th. P. Becker, Die Studentenproteste der 60er Jahre: Archivführer, Chronik, Bibliographie. Köln 2000
3. Bibliographie zur Geschichte der CDU und CSU. [Bd. 1:] 1945–1980. Stuttgart 1982. [Bd. 2:] 1981–1986. Mit Nachträgen 1945–1980. Düsseldorf 1990. Bd. 3: 1987–1990. Düsseldorf 1994

4. Bibliographie zur Zeitgeschichte.
   Bd. 1: 1953–1980. Allgemeiner Teil. München 1982
   Bd. 3: 1953–1980. Geschichte des 20. Jahrhunderts seit 1945. München 1983
   Bd. 4: 1953–1989. Supplement 1981–1989. München 1991
   Bd. 5: 1953–1995. Supplement 1990–1995. München 1997
5. Bibliographie zur Zeitgeschichte. München 1996 ff. [laufend, jährlich]
6. Willy Brandt Personalbibliographie. Zusammengestellt v. R. GROSSGART u. a. Bonn/Bad Godesberg 1990
7. G. BUCHSTAB, Parteien, Fraktionen, Parlamente und ihre Archive. Die Sektion der Archive und Archivare der Parlamente und der politischen Parteien im Internationalen Archivrat, in: K. OLDENHAGE u. a. (Hrsg.), Archiv und Geschichte. Düsseldorf 2000, S. 6–16
8. P. BUCHER, Der Film als Quelle. Audiovisuelle Medien in der deutschen Archiv- und Geschichtswissenschaft, in: Der Archivar 41 (1988), Sp. 498–524
9. J. FRÖHLING (Hrsg.), Wende-Literatur. Bibliographie und Materialien zur Literatur der deutschen Einheit. Frankfurt a.M. 1996
10. PH. GASSERT/P. A. RICHTER, 1968 in West Germany. A Guide to Sources and Literature of the Extra-Parliamentarian Opposition. Washington 1998
11. Hamburger Bibliographie zum parlamentarischen System der Bundesrepublik Deutschland. Hrsg. v. U. BERMBACH u. F. ESCHE. 6 Bde: 1971/72–1981/84. Opladen 1975–1993
12. U. v. HEHL/H. HÜRTEN, Der Katholizismus in der Bundesrepublik Deutschland 1945–1980. Eine Bibliographie. Mainz 1983
13. K.-D. HENKE (Hrsg.), Die Bedeutung der Unterlagen des Staatssicherheitsdienstes für die Zeitgeschichtsforschung. Berlin 1995
14. Jahresbibliographie der Bibliothek für Zeitgeschichte [Stuttgart] 42 (1970) ff. [laufend, jährlich]
15. J. JESSEN, Bibliographie der Autobiographien. 3 Bde. München 1987/89
16. B. v. SCHASSEN/CH. KALDEN, Terrorismus. Eine Auswahlbibliographie. Koblenz 1989
17. F. SCHUMACHER (Bearb.), Archives in Germany. An Introductory Guide to Institutions and Sources. Washington, D.C. 2001

    Martin SCHUMACHER (Bearb.), Deutsche Parlamentshandbücher. Bibliographie

2. METHODISCHE PROBLEME UND EINFÜHRUNGEN

18. J. BABEROWSKI/E. CONZE/PH. GASSERT/M. SABROW, Geschichte ist immer Gegenwart. Vier Thesen zur Zeitgeschichte. Stuttgart 2001
19. A. DOERING-MANTEUFFEL, Deutsche Zeitgeschichte nach 1945. Entwicklung

und Problemlagen der historischen Forschung zur Nachkriegszeit, in: VfZ 41 (1993), S. 1–29

20. P. ERKER, Zeitgeschichte als Sozialgeschichte. Forschungsstand und Forschungsdefizite, in: GG 19 (1993), S. 202–238

21. K. CH. FÜHRER/K. HICKETHIER/A. SCHILDT, Öffentlichkeit – Medien – Geschichte. Konzepte der modernen Öffentlichkeit und Zugänge zu ihrer Erforschung, in: AfS 41 (2001), S. 1–38

22. M. GEHLER, Zeitgeschichte im dynamischen Mehrebenensystem. Zwischen Regionalisierung, Nationalstaat, Europäisierung, internationaler Arena und Globalisierung. Bochum 2001

23. A. C. T. GEPPERT, Forschungstechnik oder historische Disziplin? Methodische Probleme der Oral History, in: GWU 45 (1994), S. 303–320

24. H. G. HOCKERTS, Zeitgeschichte in Deutschland. Begriff, Methoden, Themenfelder, in: HJb 113 (1993), S. 98–127

25. TH. KÜHNE, „Friedenskultur", Zeitgeschichte, Historische Friedensforschung, in: T.K. (Hrsg.), Von der Kriegskultur zur Friedenskultur? Zum Mentalitätswandel in Deutschland seit 1945. Münster 2000, S. 13–33

26. C. LEGGEWIE, Generationsschichten und Erinnerungskulturen – Zur Historisierung der „alten" Bundesrepublik, in: TAJB 28 (1999), S. 211–235

27. R. MEYERS, Theorien der internationalen Beziehungen, in: W. WOYKE (Hrsg.), Handwörterbuch Internationale Politik. 8. Aufl. Bonn 2000, S. 416–448

28. E. NOELLE-NEUMANN/TH. PETERSEN, Alle, nicht jeder. Einführung in die Methoden der Demoskopie. München 1996

29. M. PETER/H.-J. SCHRÖDER, Einführung in das Studium der Zeitgeschichte. Paderborn 1994

30. J. REQUATE, Öffentlichkeit und Medien als Gegenstände historischer Analyse, in: GG 25 (1999), S. 5–32

31. A. SCHILDT, Das Jahrhundert der Massenmedien. Ansichten zu einer künftigen Geschichte der Öffentlichkeit, in: GG 27 (2001), S. 177–206

32. H.-P. SCHWARZ, Die neueste Zeitgeschichte, in: VfZ 51 (2003), S. 5–28

33. A. SYWOTTEK, Freizeit und Freizeitgestaltung – ein Problem der Gesellschaftsgeschichte, in: AfS 33 (1993), S. 1–19

34. H. VORLÄNDER (Hrsg.), Oral History. Mündlich erfragte Geschichte. Göttingen 1990

35. W. WERNER, Wege in die Wirtschaftszeitgeschichte, in: JWG 2002/1, S. 13–27

3. Nachschlagewerke, Chroniken, Statistiken

36. Allensbacher Jahrbuch der Demoskopie 5 (1968–1973) [Bd. 5 noch u.d.T. Jahrbuch der öffentlichen Meinung] – 9 (1984–1992)
37. The Annual Register. A Record of World Events 211 (1969) – 232 (1990)
38. Archiv der Gegenwart 39 (1969) – 60 (1990)
39. M. Behnen (Hrsg.), Lexikon der deutschen Geschichte 1945–1990. Ereignisse – Institutionen – Personen im geteilten Deutschland. Stuttgart 2002
40. Biographisches Handbuch der Mitglieder des Deutschen Bundestages 1949–2002, hrsg. v. R. Vierhaus u. L. Herbst. 2 Bde. München 2002
41. Die Bundesrepublik Deutschland. Staatshandbuch [verschiedene Ausgaben, z.T. unter geringfügig unterschiedlichen Titeln]
42. Deutsche Bundesbank, 40 Jahre Deutsche Mark. Monetäre Statistiken 1948–1987. Frankfurt a.M. 1988
43. Deutsche Bundesbank, Jahres- und Monatsberichte
44. Deutschland-Archiv
45. G. Diemer (Hrsg.), Kurze Chronik der Deutschen Frage. München 1990
46. Europa-Archiv
47. K. A. Fischer (Hrsg.), Wahlhandbuch für die Bundesrepublik Deutschland. Daten zu Bundestags-, Landtags- und Europawahlen in der Bundesrepublik Deutschland, in den Ländern und in den Kreisen 1946–1989. 2 Bde. Paderborn 1989/90
48. Forschungsgruppe Wahlen, Wahlergebnisse in Deutschland 1946–1998. Mannheim 1998
49. Handbuch zur Statistik der Parlamente und Parteien in den westlichen Besatzungszonen und in der Bundesrepublik Deutschland. Teilbd. I: Abgeordnete in Bund und Ländern. Mitgliedschaft und Sozialstruktur 1946–1990, bearb. v. Ch. Handschell. Düsseldorf 2002
50. Institut der deutschen Wirtschaft (Hrsg.), Zahlen zur wirtschaftlichen Entwicklung der Bundesrepublik Deutschland. Ausgabe 1992. Köln 1992
51. Die internationale Politik. Jahrbücher des Forschungsinstituts der Deutschen Gesellschaft für Auswärtige Politik 1968/69 – 1989/90
52. Jahrbuch der Europäischen Integration. Hrsg. v. W. Weidenfeld u. W. Wessels für das Institut für Europäische Politik 1980 – 1990/91
53. H. G. Lehmann, Deutschland-Chronik 1945 bis 2000. Bonn 2000
54. W. W. Mickel (Hrsg.), Handlexikon der Europäischen Union. Köln 1994
55. W. Müller-Jentzsch, Basisdaten der industriellen Beziehungen. Frankfurt a.M. 1989
56. G. A. Ritter/M. Niehuss, Wahlen in Deutschland 1946–1991. München 1991

57. G. A. RITTER/M. NIEHUSS, Die Regierungen der Bundesrepublik Deutschland, in: JÖRG, Neue Folge 49 (2001), S. 215–249
58. R. RYTLEWSKI/M. OPP DE HIPT, Die Bundesrepublik Deutschland in Zahlen 1945/49–1980. München 1987
59. P. SCHINDLER, Datenhandbuch zur Geschichte des Deutschen Bundestages 1949 bis 1999. Gesamtausgabe in drei Bänden. Veröffentlichung der Wissenschaftlichen Dienste des Deutschen Bundestages. Baden-Baden 1999
60. H. SPODE u. a., Statistik der Arbeitskämpfe in Deutschland. Deutsches Reich 1936/37, Westzonen und Berlin 1945–1948, Bundesrepublik Deutschland. St. Katharinen 1992
61. Statistisches Bundesamt (Hrsg.), Statistisches Jahrbuch für die Bundesrepublik Deutschland 1969 – 1990
62. S. SUCKUT (Hrsg.), Wörterbuch der Staatssicherheit. Definitionen zur „politisch-operativen Arbeit". 2. Aufl. Berlin 1996
63. Wer macht was? Die 400 führenden Institutionen der Bundesrepublik Deutschland und ihre Repräsentanten. Gütersloh 1988

B. QUELLEN

1. Aktenpublikationen, Editionen, Dokumentationen

64. Akten zur Auswärtigen Politik der Bundesrepublik Deutschland. 1969ff. München 2000ff.
65. Außenpolitik der Bundesrepublik Deutschland. Dokumente von 1949 bis 1994. Hrsg. aus Anlaß des 125. Jubiläums des Auswärtigen Amts. Köln 1995
66. K. J. BADE, (Hrsg.), Ausländer, Aussiedler, Asyl in der Bundesrepublik Deutschland. 3. Aufl. Hannover 1994, S. 9–74
67. Bulletin des Presse- und Informationsamtes der Bundesregierung. Bonn 1969ff.
68. Bundesgesetzblatt. Hrsg. v. Bundesminister der Justiz. Bonn 1969–1990
69. Bundeshaushaltsplan. [Bonn] 1969ff.
70. Bundesminister für Arbeit und Sozialordnung, Sozialbericht. Bonn 1969ff. [bis 1976 u.d.T. Sozialbudget]
71. Bundesminister der Finanzen, Finanzbericht. Bonn 1969ff.
72. R. BURCHARDT/H.-J. SCHLAMP (Hrsg.), Flick-Zeugen. Protokolle aus dem Untersuchungsausschuß. Reinbek 1985
73. H. CHRIST/H. HOLZSCHUH/V. MERKELBACH/W. RAITZ/J. STÜCKRATH, Hessische Rahmenrichtlinien. Analyse und Dokumentation eines bildungspolitischen Konflikts. Düsseldorf 1974
74. Christlich-Demokratische Union Deutschlands, Die CDU-Parteiprogramme. Eine Dokumentation der Ziele und Aufgaben. Hrsg. v. P. HINTZE. Bonn 1995
75. J. A. COONEY/G. A. CRAIG/H.-P. SCHWARZ/F. STERN (Hrsg.), Die Bundesrepublik Deutschland und die Vereinigten Staaten von Amerika. Politische, soziale und wirtschaftliche Beziehungen im Wandel. Stuttgart 1985
76. Documents on Germany 1944–1985, hrsg. v. United States Department of State. Washington D.C. 1985
77. Dokumentation der Bundesregierung zur Entführung von Hanns Martin Schleyer. Ereignisse und Entscheidungen im Zusammenhang mit der Entführung von Hanns Martin Schleyer und der Lufthansa-Maschine „Landshut". München 1977
78. Dokumente zur Deutschlandpolitik. VI. Reihe: 21. Oktober 1969 bis 30. September 1982. München 2002ff.
79. Dokumente zur Deutschlandpolitik. Deutsche Einheit. Sonderedition aus den Akten des Bundeskanzleramtes 1989/90. Bearb. v. H. J. KÜSTERS u. D. HOFMANN. München 1998

80. Entscheidungen des Bundesarbeitsgerichts. 22. Bd. Berlin 1972 – 66. Bd. Berlin 1992
81. Entscheidungen des Bundesgerichtshofes in Strafsachen. 23. Bd. Köln 1969 – 37. Bd. Köln 1990/91
82. Entscheidungen des Bundesgerichtshofes in Zivilsachen. 52. Bd. Köln 1969 – 113. Bd. Köln 1991
83. Entscheidungen des Bundesverfassungsgerichts. 26. Bd. Tübingen 1970 – 3. Bd. Tübingen 1991
84. Entscheidungen des Bundesverwaltungsgerichts. 30. Bd. (1969) – 84. Bd. (1990)
85. K.-H. FLACH/W. MAIHOFER/W. SCHEEL, Die Freiburger Thesen der Liberalen. Reinbek 1972
86. K. GASTEYGER, Europa von der Spaltung zur Einigung. Darstellung und Dokumentation. Bonn 1997. Neuaufl. 2001
87. H. GEISSLER, Die Neue Soziale Frage. Analysen und Dokumente. Freiburg 1976
88. M. GORBATSCHOW, Gipfelgespräche. Geheime Protokolle aus meiner Amtszeit. Berlin 1993
89. M. GREIFFENHAGEN (Hrsg.), Demokratisierung in Staat und Gesellschaft. München 1973
90. M. u. S. GREIFFENHAGEN (Hrsg.), Ein schwieriges Vaterland. Zur politischen Kultur Deutschlands. Frankfurt a. M. 1981
91. D. GROSSER/S. BIERLING/B. NEUSS (Hrsg.), Bundesrepublik Deutschland und DDR 1969–1990. Stuttgart 1996
92. J. HABERMAS (Hrsg.), Stichworte zur „Geistigen Situation der Zeit". 2 Bde. Frankfurt a. M. 1979
93. P. HAMPE (Hrsg.), Friedman contra Keynes. Zur Kontroverse über die Konjunktur- und Beschäftigungspolitik. München 1984
94. W.-D. HAUSCHILD, Evangelische Kirche und Wiedervereinigung, in: Kirchliches Jahrbuch für die Evangelische Kirche in Deutschland 117/118 (1990/91), S. 179–401
95. W. HENNIS/P. GRAF KIELMANSEGG/U. MATZ (Hrsg.), Regierbarkeit. Studien zu ihrer Problematik. 2 Bde. Stuttgart 1979
96. W. HEYDE/G. WÖHRMANN (Hrsg.), Auflösung und Neuwahl des Bundestages 1983 vor dem Bundesverfassungsgericht. Dokumentation des Verfahrens. Heidelberg 1984
97. W. HEYDE/W. SCHREIBER/G. WÖHRMANN (Hrsg.), Die Nachrüstung vor dem Bundesverfassungsgericht. Dokumentation des Verfahrens. Heidelberg 1986
98. „Historikerstreit". Die Dokumentation der Kontroverse um die Einzigartigkeit der nationalsozialistischen Judenvernichtung. München 1987

99. H.-A. JACOBSEN/M. TOMALA (Hrsg.), Bonn-Warschau 1945–1991. Die deutsch-polnischen Beziehungen. Analyse und Dokumentation. Köln 1992

100. W. JENS (Hrsg.), In letzter Stunde. Aufruf zum Frieden. München 1982

101. J. JOFFE (Hrsg.), Frieden ohne Waffen? Der Streit um die Nachrüstung. München 1981

102. K. KAISER, Deutschlands Vereinigung. Die internationalen Aspekte. Mit den wichtigsten Dokumenten. Bergisch Gladbach 1991

103. H. KANZ (Hrsg.), Bundesrepublikanische Bildungsgeschichte 1949–1989. Quellen und Dokumente zum zweiten und dritten Lebensabschnitt. 2 Bde. Frankfurt a.M. 1989

104. I. KARSUNKE/K.-M. MICHEL (Hrsg.), Bewegung in der Republik 1965–1984. Eine Kursbuch-Chronik. 2 Bde. Berlin 1985

105. CH. KLESSMANN/G. WAGNER, Das gespaltene Land. Leben in Deutschland 1945–1990. Texte und Dokumente zur Sozialgeschichte. München 1993

106. CH. GRAF V. KROCKOW (Hrsg.), Brauchen wir ein neues Parteiensystem? Frankfurt a.M. 1983

107. KSZE. Die Abschlußdokumente der Konferenz für Sicherheit und Zusammenarbeit in Europa, Helsinki 1975 und der Nachfolgekonferenzen Belgrad 1978 und Madrid 1983. Hrsg. v. Österreichischen Helsinki-Komitee. Wien 1984

108. Kultur des Streits. Die gemeinsame Erklärung von SPD und SED. Stellungnahmen und Dokumente. Köln 1988

109. Langzeitprogramm [der SPD] 2. Kritik zum „Entwurf eines ökonomisch-politischen Orientierungsrahmens für die Jahre 1973–1985". Hrsg. v. H. HEIDERMANN. Bonn 1972

110. Langzeitprogramm [der SPD] 5. Beiträge zu Einzelproblemen des „Entwurfs eines ökonomisch-politischen Orientierungsrahmens für die Jahre 1975–1985". Hrsg. v. H. SCHMIDT u. H.-J. VOGEL, Bonn/Bad Godesberg 1973

111. The Limits to Growth. A Report for the Club of Rome's Project on the Predicament of Mankind. New York 1972

112. J. LISTL (Hrsg.), Die Konkordate und Kirchenverträge in der Bundesrepublik Deutschland. 2 Bde. Berlin 1987

113. R. LÖWENTHAL/H.-P. SCHWARZ (Hrsg.), Die zweite Republik. 25 Jahre Bundesrepublik Deutschland – eine Bilanz. Stuttgart 1974

114. H. H. MAHNKE (Hrsg.), Dokumente zur Berlin-Frage 1967–1986. München 1987

115. P. MÄRTESHEIMER/I. FRENZEL (Hrsg.), Im Kreuzfeuer: Der Fernsehfilm Holocaust. Eine Nation ist betroffen. Frankfurt a.M. 1979

116. H. MEYN, Massenmedien in der Bundesrepublik Deutschland. Berlin 1990

117. I. v. MÜNCH (Hrsg.), Die Verträge zur Einheit Deutschlands. Textausgabe mit Sachverzeichnis und einer Einführung. München o.J.
118. D. NAKATH/G.-R. STEPHAN, Von Hubertusstock nach Bonn. Eine dokumentierte Geschichte der deutsch-deutschen Beziehungen auf höchster Ebene 1980–1987. Berlin 1995
119. D. NAKATH/G.-R. STEPHAN, Countdown zur deutschen Einheit. Eine dokumentierte Geschichte der deutsch-deutschen Beziehungen. Berlin 1996
120. J.-P. PICAPER/G. OELTZE v. LOBENTHAL (Hrsg.), Ist die deutsche Frage aktuell? Berlin 1985
121. C. GRAF PODEWILS (Hrsg.), Tendenzwende? Zur geistigen Situation in der Bundesrepublik. Stuttgart 1975
122. H. POTTHOFF, Bonn und Ost-Berlin (1969–1982). Dialog auf höchster Ebene und vertrauliche Kanäle. Darstellung und Dokumente. Bonn 1997
123. H. POTTHOFF (Hrsg.), Die „Koalition der Vernunft". Deutschlandpolitik in den 80er Jahren. München 1995
124. Rote Armee Fraktion. Texte und Materialien zur Geschichte der RAF, hrsg. v. ID-Verlag. Berlin 1997
125. Sachverständigenrat zur Begutachtung der gesamtwirtschaftlichen Entwicklung, Jahresgutachten 1969/70–1990/91
126. W. SCHEEL (Hrsg.), Nach dreißig Jahren. Die Bundesrepublik Deutschland – Vergangenheit – Gegenwart – Zukunft. Stuttgart 1979
127. W. SCHEEL (Hrsg.), Die andere deutsche Frage. Kultur und Gesellschaft der Bundesrepublik nach dreißig Jahren. Stuttgart 1981
128. H.-P. SCHWARZ/B. MEISSNER (Hrsg.), Entspannungspolitik in Ost und West. Köln 1971
129. Sozialdemokratische Partei Deutschlands (Hrsg.), Programme und Entschließungen zur Bildungspolitik 1964–1975. Bonn o.J.
130. Staatsrecht der Bundesrepublik Deutschland. Hrsg. v. d. Bundeszentrale für politische Bildung. Aktualisierte Auflage Bonn 2000
131. Th. STAMMEN u.a., Programme der politischen Parteien und Deutschland. 1. Aufl. München 1975 und verschiedene Neuaufl. bis 1996
132. H. STEHLE, Der Briefwechsel der Kardinäle Wyszynski und Döpfner im deutsch-polnischen Dialog von 1970/71, in: VfZ 31 (1983), S. 536–553 [Dokumentation]
133. B. STREITHOFEN (Hrsg.), Frieden im Lande. Vom Recht auf Widerstand. Bergisch Gladbach 1983
134. Texte zur Deutschlandpolitik. Hrsg. v. Bundesministerium für Innerdeutsche Beziehungen. Reihe 1: Bd. 4. Bonn 1970 – Bd. 12. Bonn 1973. Reihe 2: Bd. 1. Bonn 1975 – Bd. 8. Bonn 1983. Reihe 3: Bd. 1 Bonn 1985 – Bd. 8. Bonn 1991
135. CH. TUSCHHOFF, Der Genfer „Waldspaziergang" 1982. Paul Nitzes Initia-

tive in den amerikanisch-sowjetischen Abrüstungsgesprächen, in: VfZ 38 (1990), S. 289–328

136. United Nations Treaty Series. Treaties and Other International Agreements Registered or Filed and Recorded with the Secretariat of the United Nations/Receuil des traités. Traités et accords internationaux ecregistrés ou classés et inscripts au répertoire au secretariat de l'Organisation des Nations Unies, New York 1969 ff.

137. Verfassungsschutzberichte. Hrsg. v. Bundesministerium des Innern. Bonn 1969 ff.

138. Verhandlungen des Deutschen Bundestages. 6. Wahlperiode 1969, Bd. 71 – 11. Wahlperiode 1987, Bd. 154 [sowie Sprech- und Sachregister zu jeder Wahlperiode und Anlagen] (auch als Mikrofiche-Edition: Verhandlungen des Deutschen Bundestages und des Bundesrates. Protokolle, Drucksachen, Register. Verhandlungen des Deutschen Bundestages. 6. Wahlperiode 1969 – 11. Wahlperiode 1987. München 1982-[1991])

139. Verhandlungen des Bundesrates. Bd. 68 – Bd. 155 (auch als Mikrofiche-Edition: Verhandlungen des Deutschen Bundestages und des Bundesrates. Protokolle, Drucksachen, Register. Verhandlungen des Bundesrates. 1966–1969 – 1987–1990. München 1985-[1991])

140. Verträge der Bundesrepublik Deutschland. Serie A: Multilaterale Verträge. Hrsg. v. Auswärtigen Amt. Bd. 36. Bonn 1971 – Bd. 70. Bonn 1992

141. W. WEIDENFELD (Hrsg.), Politische Kultur und deutsche Frage. Materialien zum Staats- und Nationalbewußtsein in der Bundesrepublik Deutschland. Köln 1989

142. R. v. WEIZSÄCKER (Hrsg.), CDU-Grundsatzdiskussion. Beiträge aus Wissenschaft und Politik. Bonn 1977

143. W. WELSCH (Hrsg.), Wege aus der Moderne. Schlüsseltexte der Postmoderne-Diskussion. Weinheim 1988

144. I. WILHARM (Hrsg.), Deutsche Geschichte 1962–1983. Dokumente in 2 Bden. Frankfurt a.M. 1985

2. PERSÖNLICHE QUELLEN UND SELBSTZEUGNISSE

145. E. ACKERMANN, Mit feinem Gehör. Vierzig Jahre in der Bonner Politik. Bergisch Gladbach 1994

146. U. ALBRECHT, Die Abwicklung der DDR. Die „2+4"-Verhandlungen. Ein Insider-Bericht. Opladen 1992

147. H. ALLARDT, Moskauer Tagebuch. Beobachtungen, Notizen, Erlebnisse. Düsseldorf 1973

148. H. ALLARDT, Politik vor und hinter den Kulissen. Erfahrungen eines Diplomaten zwischen Ost und West. Frankfurt a.M. 1983

149. F. ALT, Frieden ist möglich. Die Politik der Bergpredigt. München 1983
150. H. APEL, Bonn, den ... Tagebuch eines Bundestagsabgeordneten. Köln 1972
151. H. APEL, Der Abstieg. Politisches Tagebuch 1979–1988. Stuttgart 1990
152. J. ATTALI, Verbatim. Tome III: Chronique des années 1988–1991. Paris 1995
153. E. BAHR, Zu meiner Zeit. München 1996
154. R. BAHRO, Elemente einer neuen Politik. Zum Verhältnis von Ökologie und Sozialismus. Berlin 1980
155. J. BAKER, Drei Jahre, die die Welt veränderten. Berlin 1996 (zuerst engl. 1995)
156. R. BARZEL, Auf dem Drahtseil. München 1978
157. R. BARZEL, Die Tür blieb offen. Mein persönlicher Bericht über Ostverträge – Mißtrauensvotum – Kanzlersturz. Bonn 1998
158. G. BASTIAN, Frieden schaffen! Gedanken zur Sicherheitspolitik. München 1983
159. R. D. BLACKWILL, Deutsche Vereinigung und amerikanische Diplomatie, in: Außenpolitik. Zeitschrift für internationale Fragen 1994, H. 3, S. 211–225
160. H. BÖLL, Ein- und Zusprüche. Schriften, Reden und Prosa 1981–1983. Köln 1984
161. K. BÖLLING, Die letzten 30 Tage des Kanzlers Helmut Schmidt. Ein Tagebuch. Reinbek 1983
162. Willy Brandt. Berliner Ausgabe
Bd. 1: Hitler ist nicht Deutschland. Jugend in Lübeck – Exil in Norwegen 1928–1940. Bonn 2002
Bd. 2: Zwei Vaterländer. Deutsch-Norweger im schwedischen Exil – Rückkehr nach Deutschland 1940–1947. Bonn 2000
Bd. 4: Auf dem Weg nach vorn. Willy Brandt und die SPD 1947–1972. Bonn 2000
Bd. 5: Die Partei der Freiheit. Willy Brandt und die SPD 1972–1992. Bonn 2002
Bd. 7: Mehr Demokratie wagen. Innen- und Gesellschaftspolitik 1966–1974. Bonn 2001
Bd. 9: Die Entspannung unzerstörbar machen. Internationale Beziehungen und deutsche Frage 1974–1982. Bonn 2003
163. W. BRANDT, Über den Tag hinaus. Eine Zwischenbilanz. Hamburg 1974
164. W. BRANDT, Begegnungen und Einsichten. Die Jahre 1960–1975. Hamburg 1976
165. W. BRANDT, Erinnerungen. Mit den „Notizen zum Fall G." Erw. Ausg. Berlin 1994
166. E. v. BRAUCHITSCH, Der Preis des Schweigens. Erfahrungen eines Unternehmers. Berlin 1999

167. G. BUCERIUS, Zwischenrufe und Ordnungsrufe. Zu Fragen der Zeit. Berlin 1984
168. G. BUSH/B. SCOWCROFT, Eine neue Welt. Amerikanische Außenpolitik in Zeiten des Umbruchs. Berlin 1999 (Zuerst engl. 1998)
169. K. CARSTENS, Erinnerungen und Erfahrungen. Hrsg. v. K. v. JENA u. R. SCHMOECKEL. Boppard 1993
170. W. DASCHITSCHEW, On the Road to German Unification. The View from Moscow, in: G. GORODETSKI (Hrsg.), Soviet Foreign Policy 1917–1991. A Retrospective. London 1994, S. 170–179
171. J. DITFURTH, Träumen, Kämpfen, Verwirklichen. Politische Texte bis 1987. Köln 1988
172. H. EHMKE, Mittendrin. Von der Großen Koalition zur Deutschen Einheit. Berlin 1994
173. H. EHRENBERG/A. FUCHS, Sozialstaat und Freiheit. Von der Zukunft des Sozialstaats. Frankfurt a. M. 1980
174. O. EMMINGER, D-Mark, Dollar, Währungskrisen. Stuttgart 1988
175. E. EPPLER, Ende oder Wende. Von der Machbarkeit des Notwendigen. Stuttgart 1976
176. E. EPPLER, Komplettes Stückwerk. Erfahrungen aus fünfzig Jahren Politik. Überarb. Ausg. Frankfurt a.M. 2001 (zuerst 1996)
177. TH. ESCHENBURG, Letzten Endes meine ich doch. Erinnerungen 1939–1999. Berlin 2000
178. I. FETSCHER, Terrorismus und Reaktion. Köln 1977
179. J. FISCHER, Regieren geht über Studieren. Ein politisches Tagebuch. Frankfurt a.M. 1987
180. K.-H. FLACH, Noch eine Chance für die Liberalen. Oder: Die Zukunft der Freiheit. Eine Streitschrift. Frankfurt a.M. 1977
181. P. FRANK, Entschlüsselte Botschaft. Ein Diplomat macht Inventur. Stuttgart 1981
182. L. v. FRIEDEBURG, Bildungsreform in Deutschland. Geschichte und gesellschaftlicher Widerspruch. Frankfurt a.M. 1989
183. G. GAUS, Wo Deutschland liegt. Eine Ortsbestimmung. Hamburg 1983
184. H.-D. GENSCHER, Erinnerungen. Berlin 1995
185. P. GLOTZ, Die Innenausstattung der Macht. Politisches Tagebuch 1976–1978. München 1979
186. P. GLOTZ, Kampagne in Deutschland. Politisches Tagebuch 1981–1983. Hamburg 1986
187. H. GOLLWITZER, Frieden 2000. Fragen nach Sicherheit und Glauben. München 1982
188. M. GORBATSCHOW, Erinnerungen. Berlin 1995 [zuerst russ. 1995]

189. M. GORBATSCHOW, Wie es war. Die deutsche Wiedervereinigung. Berlin 1999 [zuerst russ. 1999]

190. J. B. GRADL, Stets auf der Suche. Reden, Äußerungen und Aufsätze zur Deutschlandpolitik. Hrsg. v. CH. HACKE. Köln 1979

191. G. GRASS, Aus dem Tagebuch einer Schnecke. Darmstadt 1972

192. G. GRASS, Widerstand lernen. Politische Gegenreden 1980–1983. Neuwied 1984

193. J. GROSS, Unsere letzten Jahre. Fragmente aus Deutschland 1970–1980. Stuttgart 1980

194. H. GRUHL, Ein Planet wird geplündert Die Schreckensbilanz unserer Politik. Frankfurt a.M. 1975

195. G. GUILLAUME, Die Aussage. Wie es wirklich war. München 1990

196. K. TH. FREIHERR ZU GUTTENBERG, Die neue Ostpolitik. Wege und Irrwege. 2. Aufl. Osnabrück 1971

197. J. HABERMAS, Die Moderne – ein unvollendetes Projekt, in: J.H., Kleine politische Schriften I-IV, Frankfurt a.M. 1981, S. 444–464

198. S. HAFFNER, Überlegungen eines Wechselwählers. München 1980

199. W. HAHN, Ich stehe dazu. Erinnerungen eines Kultusministers. Stuttgart 1981

200. H. HAMM-BRÜCHER, Freiheit ist mehr als ein Wort. Eine Lebensbilanz 1921–1996. Köln 1996

201. K. HARPPRECHT, Im Kanzleramt. Tagebuch der Jahre mit Willy Brandt. [Reinbek] 2000

202. W.-D. HASENCLEVER, Grüne Zeiten. München 1982

203. M. HÄTTICH, Weltfrieden durch Friedfertigkeit? Eine Antwort an Franz Alt. München 1983

204. G. W. HEINEMANN, Reden und Schriften. 3 Bde. Frankfurt a.M. 1975–1977

205. W. HENNIS, Die mißverstandene Demokratie. Demokratie – Verfassung – Parlament. Studien zu deutschen Problemen. Freiburg 1973

206. W. HUBER, Protestantismus und Protest. Zum Verhältnis von Ethik und Politik. Reinbek 1987

207. R. L. HUTCHINGS, Als der Kalte Krieg zu Ende war. Ein Bericht aus dem Innern der Macht. Berlin 1999 (zuerst engl. 1997)

208. W. JENS, Feldzüge eines Republikaners. Ein Lesebuch. Hrsg. v. G. UEDING u. P. WEIT. München 1988

209. P. K. KELLY, Um Hoffnung kämpfen. Gewaltfrei in eine grüne Zukunft. Mit einem Vorwort von Heinrich Böll. Bornheim-Merten 1983

210. W. KEWORKOW, Der geheime Kanal. Moskau, der KGB und die Bonner Ostpolitik. Berlin 1995

211. W. LEISLER KIEP, Was bleibt ist große Zuversicht. Erfahrungen eines Unabhängigen. Ein politisches Tagebuch. Berlin 1999

212. R. KIESSLER/F. ELBE, Ein runder Tisch mit scharfen Ecken. Der diplomatische Weg zur deutschen Einheit. Baden-Baden 1993

213. G. KIESSLING, Versäumter Widerspruch. Mainz 1993

214. P. KIRCHHOF, Nach vierzig Jahren. Gegenwartsfragen an das Grundgesetz, in: Juristenzeitung 44 (1989), S. 453–504

215. H. KISSINGER, White House Years. Boston 1979 – Years of Upheaval. Boston 1982 – Years of Renewal. New York 1999

216. H. KLEIN, Es begann im Kaukasus. Der entscheidende Schritt in die Einheit Deutschlands. Berlin 1991

217. H. KLEINERT, Aufstieg und Fall der Grünen. Analyse einer alternativen Partei. Bonn 1992

218. G. KOENEN, Das rote Jahrzehnt. Unsere kleine deutsche Kulturrevolution (1967–1977). Köln 2001

219. H. KOHL, Der Kurs der CDU. Reden und Beiträge des Bundesvorsitzenden 1973–1993. Hrsg. v. P. HINTZE u. G. LANGGUTH. Stuttgart 1993

220. H. KOHL, „Ich wollte Deutschlands Einheit." Dargestellt v. K. DIEKMANN u. R. G. REUTH. Berlin 1996

221. J. A. KWIZINSKIJ, Vor dem Sturm. Erinnerungen eines Diplomaten. Berlin 1993

222. O. LAFONTAINE, Deutsche Wahrheiten. Die nationale und die soziale Frage. Hamburg 1990

223. R. LAHR, Zeuge von Fall und Aufstieg. Hamburg 1981

224. E. LODERER, Reform als politisches Gebot. Reden und Aufsätze zur Gesellschaftspolitik. Köln 1979

225. E. LOHSE, Erneuern und Bewahren. Evangelische Kirche 1970–1990. Göttingen 1993

226. R. LÖWENTHAL, Weltpolitische Betrachtungen. Essays aus zwei Jahrzehnten. Hrsg. v. H. A. WINKLER. Göttingen 1983

227. H. LÜBBE, Politischer Moralismus. Berlin 1987

228. H. MAIER, Schriften zu Kirche und Gesellschaft. 3 Bde. Freiburg 1983–85

229. H. MAIER-LEIBNITZ, Zwischen Wissenschaft und Politik. Ausgewählte Reden und Aufsätze 1974–1979. Hrsg. v. H. FRÖHLICH. Boppard 1979

230. E. MENDE, Von Wende zu Wende. Zeuge der Zeit 1962–1982. München 1986

231. M. MERTES, Die Entstehung des Zehn-Punkte-Programms vom 28. November 1989, in: H. TIMMERMANN (Hrsg.), Die DDR in Deutschland. Ein Rückblick auf 50 Jahre. Berlin 2001, S. 17–35

232. F. MITTERRAND, Über Deutschland. Frankfurt a.M. 1996 (zuerst franz. 1996)
233. R. MOHN, Erfolg durch Partnerschaft. Eine Unternehmensstrategie für den Menschen. Berlin 1986
234. A. MÖLLER, Genosse Generaldirektor. München 1978
235. G. NOLLAU, Das Amt. 50 Jahre Zeuge der Geschichte. München 1978
236. K. PLÜCK, Der schwarz-rot-goldene Faden. Vier Jahrzehnte erlebter Deutschlandpolitik. Bonn 1996
237. R. REISSIG, Dialog durch die Mauer. Die umstrittene Annäherung von SPD und SED. Frankfurt a.M. 2002
238. H.-E. RICHTER, Wanderer zwischen den Fronten. Gedanken und Erinnerungen. Köln 2000
239. G. SCHACHNASAROW, Preis der Freiheit. Eine Bilanz von Gorbatschows Berater. Hrsg. v. F. BRANDENBURG, Bonn 1996
240. W. SCHÄUBLE, Der Vertrag. Wie ich über die deutsche Einheit verhandelte. Stuttgart 1991
241. W. SCHEEL, Die Zukunft der Freiheit. Vom Denken und Handeln in unserer Demokratie. Düsseldorf 1979
242. E. SCHEWARDNADSE, Die Zukunft gehört der Freiheit. Hamburg 1991
243. O. SCHILY, Politik in bar. Flick und die Verfassung unserer Republik. München 1986
244. H. SCHMIDT, Strategie des Gleichgewichts. Deutsche Friedenspolitik und die Weltmächte. Stuttgart 1969
245. H. SCHMIDT, Eine Strategie für den Westen. Berlin 1986
246. H. SCHMIDT, Menschen und Mächte. Berlin 1987
247. H. SCHMIDT, Die Deutschen und ihre Nachbarn. Menschen und Mächte II. Berlin 1990
248. H.-P. SCHWARZ, Die Politik der Westbindung oder die Staatsräson der Bundesrepublik, in: ZfP 22 (1975), S. 307–337
249. H.-P. SCHWARZ, Die gezähmten Deutschen. Von der Machtbesessenheit zur Machtvergessenheit. Stuttgart 1985
250. P. SLOTERDIJK, Versprechen auf Deutsch. Rede über das eigene Land. Frankfurt a.M. 1990
251. K. SONTHEIMER, Zeitenwende? Hamburg 1983
252. A. SPRINGER, Aus Sorge um Deutschland. Zeugnisse eines engagierten Berliners. Stuttgart 1980
253. G. STOLTENBERG, Wendepunkte. Stationen deutscher Politik 1947–1990. Berlin 1997
254. F. J. STRAUSS, Signale. Beiträge zur deutschen Politik 1969–1978. Hrsg. v. W. SCHARNAGL. München 1978 – Verantwortung vor der Geschichte. Beiträge

zur deutschen und internationalen Politik 1978–1985. Hrsg. v. W. SCHARNAGL. Percha 1985 – Auftrag für die Zukunft. Beiträge zur deutschen und internationalen Politik 1985–1987. Hrsg. v. W. SCHARNAGL. Percha 1987

255. F. J. STRAUSS, Die Erinnerungen. Berlin 1989
256. M. STÜRMER, Deutsche Fragen oder Die Suche nach der Staatsräson. Historisch-politische Kolumnen. München 1988
257. S. TALBOTT, Endgame. The Inside Story of SALT II. New York 1979
258. S. TALBOTT, Raketenschach. München 1984
259. H. TELTSCHIK, 329 Tage. Innenansichten der Einigung. Berlin 1991
260. M. THATCHER, The Downing Street Years. London 1993 (dt. Downing Street No. 10. Die Erinnerungen. Düsseldorf 1993)
261. A. TSCHERNAJEW, Die letzten Jahre einer Weltmacht. Der Kreml von innen. Stuttgart 1993
262. A. TSCHERNAJEW, Gorbachev and the Reunification of Germany. Personal Recollections, in: G. GORODETSKY (Hrsg.), Soviet Foreign Policy 1917–1991. A Retrospective. London 1994, S. 158–169
263. H. O. VETTER, Gleichberechtigung oder Klassenkampf. Gewerkschaftspolitik für die achtziger Jahre. Köln 1980
264. H.-J. VOGEL, Nachsichten. Meine Bonner und Berliner Jahre. München 1996
265. A. VOLLMER, …und wehret Euch täglich! Bonn – ein Grünes Tagebuch. Gütersloh 1984
266. TH. WAIGEL/M. SCHELL, Tage, die Deutschland und die Welt veränderten. Vom Mauerfall zum Kaukasus. Die deutsche Währungsunion. München 1994
267. R. v. WECHMAR, Akteur in der Loge. Weltläufige Erinnerungen. Berlin 2000
268. H. WEHNER, Zeugnis. Hrsg. v. G. JAHN. Köln 1982
269. H. WEHNER, Selbstbesinnung und Selbstkritik. Gedanken und Erfahrungen eines Deutschen. Hrsg. v. A. LEUGERS-SCHERZBERG. Köln 1994
270. R. v. WEIZSÄCKER, Vier Zeiten. Erinnerungen. Berlin 1997
271. R. v. WEIZSÄCKER, Drei Mal Stunde Null? 1949 – 1969 – 1989. Berlin 2001
272. H.-J. WISCHNEWSKI, Mit Leidenschaft und Augenmaß. In Mogadischu und anderswo. Politische Memoiren. München 1989
273. M. WOLF, Spionagechef im geheimen Krieg. München 1997
274. M. WÖRNER, Für Frieden in Freiheit. Reden und Aufsätze. Hrsg. v. G. RINSCHE. Berlin 1995

C. LITERATUR

1. Allgemeine und übergreifende Darstellungen

275. A. Baring in Zusammenarbeit mit M. Görtemaker, Machtwechsel. Die Ära Brandt-Scheel. Stuttgart 1982
276. D. L. Bark/D. R. Gress, A History of West Germany. Bd. 2: Democracy and its Discontents 1963–1991. [2. Aufl.] Oxford 1993
277. Bayern im Bund.
    Bd. 1: Th. Schlemmer/H. Woller (Hrsg.), Die Erschließung des Landes 1949 bis 1973. München 2001
    Bd. 2: Th. Schlemmer/H. Woller (Hrsg.), Gesellschaft im Wandel 1949 bis 1973. München 2002
278. U. Beck/W. Bonss (Hrsg.), Die Modernisierung der Moderne. Frankfurt a.M. 2001
279. W. Benz (Hrsg.), Die Geschichte der Bundesrepublik Deutschland. 4 Bde. Bd. 1: Politik. Bd. 2: Wirtschaft. Bd. 3: Gesellschaft. Bd. 4: Kultur, Frankfurt a.M. 1989 (erw. u. aktualisierte Neuausg. d. Originalausg. u.d.T. Die Bundesrepublik Deutschland. Geschichte in drei Bänden. Frankfurt a.M. 1983)
280. B. Blanke/H. Wollmann (Hrsg.), Die alte Bundesrepublik. Kontinuität und Wandel. Opladen 1991
281. P. Borowsky, Deutschland 1969–1982. Hannover 1987
282. R. Bovermann/S. Goch/H.-J. Priamus (Hrsg.), Das Ruhrgebiet – ein starkes Stück Nordrhein-Westfalen. Politik in der Region 1946–1996. Essen 1996
283. K. D. Bracher/W. Jäger/W. Link, Republik im Wandel 1969–1974. Die Ära Brandt. Stuttgart 1986
284. J. S. Brady/B. Crawford/S. E. Wiliarty (Hrsg.), The Postwar Transformation of Germany. Democracy, Prosperity, and Nationhood. Ann Arbor 1999
285. M. Broszat (Hrsg.), Zäsuren nach 1945. Essays zur Periodisierung der deutschen Nachkriegsgeschichte. München 1990
286. R. W. Bulliet (Hrsg.), The Columbia History of the 20th Century. New York 1998
287. Th. Ellwein/E. Holtmann (Hrsg.), 50 Jahre Bundesrepublik Deutschland. Rahmenbedingungen – Entwicklungen – Perspektiven. Opladen 1999
288. M. Fulbrook, Fontana History of Germany, 1918–1990. The Divided Nation. London 1991
289. K.-U. Gelberg, Vom Kriegsende bis zum Ausgang der Ära Goppel [sowie]

Ausblick. Bayern 1978–1998, in: Handbuch der bayerischen Geschichte. Bd. IV/1. 2. Aufl. München 2003, S. 635–1008

290. A. GIDDENS, Konsequenzen der Moderne. 3. Aufl. Frankfurt a.M. 1999 (zuerst engl. 1990)

291. M. GÖRTEMAKER, Geschichte der Bundesrepublik Deutschland. Von der Gründung bis zur Gegenwart. München 1999

292. U. HERBERT (Hrsg.), Wandlungsprozesse in Westdeutschland. Belastung – Integration – Liberalisierung 1945–1980. Göttingen 2002

293. K. HILDEBRAND, Von Erhard zur Großen Koalition 1963–1969. Stuttgart 1984

294. A. HILLGRUBER, Deutsche Geschichte 1945–1986, Die „deutsche Frage" in der Weltpolitik. 6. überarb. Aufl. Stuttgart 1987

295. E. HOBSBAWM, Das Zeitalter der Extreme. Weltgeschichte des 20. Jahrhunderts. München 1995 (zuerst engl. 1994)

296. W. JÄGER/W. LINK, Republik im Wandel 1974–1982. Die Ära Schmidt. Stuttgart 1987

297. E. JESSE/K. LÖW (Hrsg.), 50 Jahre Bundesrepublik Deutschland. Berlin 1999

298. M. KAASE/G. SCHMID (Hrsg.), Eine lernende Demokratie. 50 Jahre Bundesrepublik Deutschland. Berlin 1999

299. L. KETTENACKER, Germany since 1945. Oxford 1997

300. P. GRAF KIELMANSEGG, Nach der Katastrophe. Eine Geschichte des geteilten Deutschland. Berlin 2000

301. CH. KLESSMANN, Teilung und Wiederherstellung der nationalen Einheit (1945–1990), in: U. DIRLMEIER u.a., Deutsche Geschichte. Stuttgart 1999, S. 345–414

302. H. KÖHLER, Deutschland auf dem Weg zu sich selbst. Eine Jahrhundertgeschichte. Stuttgart 2002

303. N. LUHMANN, Beobachtungen der Moderne. Opladen 1992

304. G. METZLER, Am Ende aller Krisen? Politisches Denken und Handeln in der Bundesrepublik der sechziger Jahre, in: HZ 275 (2002), S. 57–103

305. A. J. NICHOLLS, The Bonn Republic. West German Democracy 1945–1990. Harlow 1997

306. P. PULZER, German Politics 1945–1995. Oxford 1995

307. M.-L. RECKER, Geschichte der Bundesrepublik Deutschland. München 2002

308. CH. REINICKE/H. ROMEYK (Hrsg.), Nordrhein-Westfalen, ein Land in seiner Geschichte. Aspekte und Konturen. Münster 1996

309. G. A. RITTER, Über Deutschland. Die Bundesrepublik in der deutschen Geschichte. München 1998, 2. Aufl. 2000

310. A. SCHILDT, Ankunft im Westen. Ein Essay zur Erfolgsgeschichte der Bundesrepublik. Frankfurt a.M. 1999
311. A. SCHILDT/D. SIEGFRIED/K. CH. LAMMERS (Hrsg.), Dynamische Zeiten. Die 60er Jahre in den beiden deutschen Gesellschaften. Hamburg 2000
312. K. SCHÖNHOVEN, Kontinuitäten und Brüche – Zur doppelten deutschen Geschichte nach 1945, in: TAJB 28 (1999), S. 237–255
313. K. SCHÖNHOVEN, Aufbruch in die sozialliberale Ära. Zur Bedeutung der 60er Jahre in der Geschichte der Bundesrepublik, in: GG 25 (1999), S. 123–145
314. R. STEININGER, Deutsche Geschichte. Darstellung und Dokumente in vier Bänden. Frankfurt a.M. 2002
315. W. SÜSS (Hrsg.), Die Bundesrepublik in den achtziger Jahren. Innenpolitik, politische Kultur, Außenpolitik. Opladen 1991
316. D. THRÄNHARDT, Geschichte der Bundesrepublik Deutschland. Erw. Neuausg. Frankfurt a.M. 1996
317. H. A. TURNER, Germany from Partition to Reunification. New Haven 1992
318. W. WEIDENFELD/H. ZIMMERMANN (Hrsg.), Deutschland-Handbuch. Eine doppelte Bilanz 1949–1989. Bonn 1989
319. W. WEIDENFELD/K.-R. KORTE (Hrsg.), Handwörterbuch zur deutschen Einheit. Bonn 1993
320. W. WEIDENFELD/K.-R. KORTE (Hrsg.), Handbuch zur deutschen Einheit. Bonn 1993. Neuausg. Bonn 1996
321. W. WELSCH, Unsere postmoderne Moderne. 5. Aufl. Berlin 1997
322. U. WILLEMS (Hrsg.), Demokratie und Politik in der Bundesrepublik 1949–1999. Opladen 2001
323. H. A. WINKLER, Der lange Weg nach Westen. Zweiter Band: Deutsche Geschichte vom „Dritten Reich" bis zur Wiedervereinigung. München 2000
324. A. WIRSCHING, Deutsche Geschichte im 20. Jahrhundert. München 2001

2. INTERNATIONALE GESCHICHTE, STAATENSYSTEM, AUSSENPOLITIK

a) Internationale Geschichte, Staatensystem, multilaterale Organisationen

325. H. ADOMEIT, Gorbachev, German Unification, and the Collapse of Empire, in: Post-Soviet Affairs 10 (1994), S. 197–230
326. H. ADOMEIT, Imperial Overstretch. Germany in Soviet Policy from Stalin to Gorbachev. An Analysis Based on New Archival Evidence, Memoirs and Interviews. Baden-Baden 1998
327. U. ANDERSEN/W. WOYKE (Hrsg.), Handwörterbuch Internationale Organisationen. Opladen 1985

328. K. J. BADE, Europa in Bewegung. Migration vom späten 18. Jahrhundert bis zur Gegenwart. München 2000

329. S. J. BALL, The Cold War. An International History, 1947–1991. London 1998

330. C. J. BARTLETT, The Global Conflict. The International Rivalry of the Great Powers, 1880–1990. 2. Aufl. London 1994

331. M. BERTRAND, UNO. Geschichte und Bilanz. Frankfurt a.M. 1995

332. M. R. BESCHLOSS/S. TALBOTT, At the Highest Levels. The Inside Story of the End of the Cold War, Boston 1993 (dt.: Auf höchster Ebene. Das Ende des Kalten Krieges und die Geheimdiplomatie der Supermächte 1989–1991, Düsseldorf 1993)

333. G. BRAUN, Nord-Süd-Konflikt und Entwicklungspolitik. Eine Einführung. Opladen 1985

334. M. BROER, Die nuklearen Kurzstreckenwaffen in Europa. Eine Analyse des deutsch-amerikanischen Streits über die Einbeziehung der SRINF in den INF-Vertrag und der SNF-Kontroverse. Frankfurt a.M. 1993

335. H. M. CATUDAL Jr., The Diplomacy of the Quadripartite Agreement on Berlin. A New Era in East-West Politics. Berlin 1977

336. H. M. CATUDAL Jr., A Balance Sheet of the Quadripartite Agreement on Berlin. Evaluation and Documentation. Berlin 1978

337. C. CLEMENS, Amerikanische Entspannungs- und deutsche Ostpolitik 1969–1975, in: W.-U. FRIEDRICH (Hrsg.), Die USA und die deutsche Frage 1945–1990. Frankfurt a.M. 1991, S. 195–230

338. A. DEIGHTON, British-West German Relations 1945–1972, in: K. LARRES/E. MEEHAN (Hrsg.), Uneasy Allies. British-German Relations and European Integration since 1945. Oxford 2000, S. 27–44

339. H. DITTGEN, Deutsch-amerikanische Sicherheitsbeziehungen in der Ära Helmut Schmidt. Vorgeschichte und Folgen des NATO-Doppelbeschlusses. München 1991

340. J. P. D. DUNBABIN, International Relations since 1945. Bd. 1: The Cold War. The Great Powers and their Allies. Bd. 2: The Post Imperial Age. The Great Powers and the Wider World. London 1994

341. L. GARDNER FELDMAN, The Special Relationship between West Germany and Israel. Boston 1984

342. J. L. GADDIS, Strategies of Containment. A Critical Appraisal of Postwar American National Security Policy. New York 1982

343. J. L. GADDIS, The Long Peace. Inquiries into the History of the Cold War. New York 1987

344. J. L. GADDIS, The United States and the End of the Cold War. Implications, Reconsiderations, Provocations. New York 1992

345. K. J. GANTZEL/T. SCHWINGHAMMER, Die Kriege nach dem Zweiten Weltkrieg 1945 bis 1992. Daten und Tendenzen. Münster 1995

346. R. GARTHOFF, Détente and Confrontation. American-Soviet Relations from Nixon to Reagan. 2. Aufl. Washington 1994

347. R. GARTHOFF, The Great Transition. American-Soviet Relations and the End of the Cold War. Washington 1994

348. T. GARTON ASH, Im Namen Europas. Deutschland und der geteilte Kontinent. München 1993

349. H. HAFTENDORN, Das doppelte Mißverständnis. Zur Vorgeschichte des NATO-Doppelbeschlusses von 1979, in: VfZ 33 (1985), S. 244–287

350. H. HAFTENDORN/H. RIECKE (Hrsg.), „... die volle Macht eines souveränen Staates ..." Die Alliierten Vorbehaltsrechte als Rahmenbedingung westdeutscher Außenpolitik 1949–1990. Baden-Baden 1996

351. H.-A. JACOBSEN (Hrsg.), Deutsch-russische Zeitenwende. Krieg und Frieden 1941–1995. Baden-Baden 1995

352. D. JUNKER u. a. (Hrsg.), Die USA und Deutschland im Zeitalter des Kalten Krieges 1945–1990. Ein Handbuch. 2 Bde. Stuttgart 2001

353. K. KAISER/H.-P. SCHWARZ (Hrsg.), Weltpolitik. Strukturen – Akteure – Perspektiven. Stuttgart 1985

354. D. M. KEITHLY, Breakthrough in the Ostpolitik. The 1971 Quadripartite Agreement. Boulder 1986

355. O. KIMMINICH/S. HOBE, Einführung in das Völkerrecht. 7. Aufl. Tübingen 2000 (1. Aufl. von O. KIMMINICH München 1975)

356. H. A. KISSINGER, Die Vernunft der Nationen. Über das Wesen der Außenpolitik. Berlin 1994

357. H. J. KÜSTERS, Der Integrationsfriede. Viermächte-Verhandlungen über die Friedensregelung mit Deutschland 1945–1990. München 2000

358. W. LAQUEUR, Europa auf dem Weg zur Weltmacht 1945–1992. München 1992

359. S. LAYRITZ, Der NATO-Doppelbeschluß. Westliche Sicherheitspolitik im Spannungsfeld von Innen-, Bündnis- und Außenpolitik. Frankfurt a. M. 1992

360. W. LINK, Der Ost-West-Konflikt. Die Organisation der internationalen Beziehungen im 20. Jahrhundert. 2. Aufl. Stuttgart 1988

361. W. LINK, Die Entstehung des Moskauer Vertrages im Lichte neuer Archivalien, in: VfZ 49 (2001), S. 295–315

362. W. LOTH, Helsinki, 1. August 1975. Entspannung und Abrüstung. München 1998

363. P. MCCARTHY (Hrsg.), France-Germany 1983–1993. The Struggle to Cooperate. Basingstoke 1993

364. H. MIARD-DELACROIX, Ungebrochene Kontinuität. François Mitterrand und die deutschen Kanzler Helmut Schmidt und Helmut Kohl 1981–1984, in: VfZ 47 (1999), S. 539–558

365. K. MISZCZAK, Deklarationen und Realitäten. Die Beziehungen zwischen der Bundesrepublik Deutschland und der (Volks-)Republik Polen von der Unterzeichnung des Warschauer Vertrages bis zum Abkommen über gute Nachbarschaft und freundschaftliche Beziehungen (1970–1991). München 1993

366. D. MUSSGNUG, Alliierte Militärmissionen in Deutschland 1946–1990. Berlin 2001

367. D. NAKATH, Das Dreieck Bonn – Ost-Berlin – Moskau. Zur sowjetischen Einflußnahme auf die Gestaltung der deutsch-deutschen Beziehungen (1969–1982), in: U. PFEIL (Hrsg.), Die DDR und der Westen. Transnationale Beziehungen 1949–1989. Berlin 2001, S. 99–115

368. D. OBERDORFER, The Turn. From the Cold War to a New Era. The United States and the Soviet Union, 1983–1990. New York 1991

369. A. PITTMAN, From Ostpolitik to Reunification. West German-Soviet Political Relations since 1974. Cambridge 1992

370. M. PLOETZ, Wie die Sowjetunion den Kalten Krieg verlor. Von der Nachrüstung zum Mauerfall. Berlin 2000

371. R. E. POWASKI, The Cold War. The United States and the Soviet Union 1917–1991. New York 1998

372. D. REBENTISCH, Gipfeldiplomatie und Weltökonomie. Weltwirtschaftliches Krisenmanagement während der Kanzlerschaft Helmut Schmidts 1974–1982, in: AfS 28 (1988), S. 307–332

373. TH. RISSE-KAPPEN, Null-Lösung. Entscheidungsprozesse zu den Mittelstreckenwaffen 1970–1987. Frankfurt a.M. 1988

374. P. SCHLOTTER, Die KSZE im Ost-West-Konflikt. Wirkung einer internationalen Organisation. Frankfurt a.M. 1999

375. G. SCHMIDT (Hrsg.), Ost-West-Beziehungen. Konfrontation und Détente 1945–1989. 3 Bde. Bochum 1993/95

376. K.-H. SCHMIDT, Dialog über Deutschland. Studien zur Deutschlandpolitik von KPdSU und SED (1960–1979). Baden-Baden 1998

377. G. SCHÖLLGEN, Geschichte der Weltpolitik von Hitler bis Gorbatschow 1941–1991. München 1996

378. B. SIMMA/H. MOSLER u.a. (Hrsg.), Charta der Vereinten Nationen. Kommentar. München 1991

379. J. SMITH/G. EDWARDS, British-West German Relations, 1973–1989, in: K. LARRES/E. MEEHAN (Hrsg.), Uneasy Allies. British-German Relations and European Integration since 1945. Oxford 2000, S. 45–62

380. W. R. SMYSER, From Yalta to Berlin. The Cold War Struggle over Germany. New York 1999
381. M. SODARO, Moscow, Germany, and the West form Krushchev to Gorbachev. Ithaca 1990
382. G.-H. SOUTOU, L'alliance incertaine. Les rapports politico-stratégiques franco-allemands 1954–1996. Paris 1996
383. G.-H. SOUTOU, La guerre de Cinquante Ans. Les relations Est-Ouest 1943–1990. Paris 2001
384. A. SYWOTTEK (Hrsg.), Der Kalte Krieg – Vorspiel zum Frieden? Münster 1994
385. A. TIMMERMANN-LEVANAS, Die politischen Beziehungen zwischen der Bundesrepublik Deutschland und der Republik Polen von 1970–1991. Vom Warschauer Vertrag bis zum Freundschaftsvertrag. Saarbrücken 1992
386. T. WAGENSOHN, Von Gorbatschow zu Jelzin. Moskaus Deutschlandpolitik (1985–1995) im Wandel. Baden-Baden 2000
387. O. A. WESTAD (Hrsg.), Reviewing the Cold War. Approaches, Interpretations, Theory. London 2000
388. A. WILKENS, Der unstete Nachbar. Frankreich, die deutsche Ostpolitik und die Berliner Vier-Mächte-Verhandlungen 1969–1974. München 1990
389. G. ZIEBURA, Die deutsch-französischen Beziehungen seit 1945. Mythen und Realitäten. Neuausg. Stuttgart 1997
390. B. ZÜNDORF, Die Ostverträge. Die Verträge von Moskau, Warschau, Prag, das Berlin-Abkommen und die Verträge mit der DDR. München 1979

b) Europa/europäische Einigung

391. J. BORTLOFF, Die Organisation für Sicherheit und Zusammenarbeit in Europa. Eine völkerrechtliche Bestandsaufnahme. Berlin 1996
392. G. BRANDSTETTER, Chronologisches Lexikon der europäischen Integration 1945–1995. Wien 1996
393. B. BRUNETEAU, Histoire de l'unification européenne. Paris 1996
394. G. BRUNN, Die Europäische Einigung von 1945 bis heute. Stuttgart 2002
395. F. CAPOTORTI u.a., Der Vertrag zur Gründung der Europäischen Union. Kommentar zu dem vom Europäischen Parlament am 14. Februar 1984 verabschiedeten Entwurf. Baden-Baden 1986
396. M. J. DEDMAN, The Origins and Development of the European Union 1945–95. A History of European Integration. London 1996
397. E. GADDUM, Die deutsche Europapolitik in den 80er Jahren. Interessen, Konflikte und Entscheidungen der Regierung Kohl. Paderborn 1994
398. H. v. DER GROEBEN u.a., Kommentar zum EU-/EG-Vertrag. 5. Aufl. 6 Bde.

Baden-Baden 1999 (3. Aufl. u.d.T. Kommentar zum EWG-Vertrag. Baden-Baden 1983)

399. M. LEMMENS, Die Souveränität der Bundesrepublik Deutschland und die Integration der Europäischen Gemeinschaft. Konsequenzen der deutschen Vereinigung für eine künftige Europäische Union im Spiegel der EG-Entwicklung von 1957 bis 1992. Frankfurt a.M. 1994

400. D. W. P. LEWIS, The Road to Europe. History, Institutions and Prospects of European Integration, 1945–1993. New York 1993

401. P. LUDLOW, The Making of the European Monetary System. A Case Study of the Politics of the European Community. London 1982

402. A. SATTLER, Die Entwicklung der Europäischen Gemeinschaften vom Ende der EWG-Übergangszeit bis zur Erweiterung auf zwölf Mitgliedstaaten (1970–1985), in: JÖRG 36 (1987), S. 365–449

403. W. WEIDENFELD/W. WESSELS (Hrsg.), Europa von A-Z. Taschenbuch der Europäischen Integration. 8. Aufl. Bonn 2002 (zuerst 1991)

c) Deutsche Außen- und Sicherheitspolitik

404. D. BALD, Militär und Gesellschaft 1945–1990. Die Bundeswehr der Bonner Republik. Baden-Baden 1994

405. P. BENDER, Die „Neue Ostpolitik" und ihre Folgen. Vom Mauerbau bis zur Vereinigung. 4. Aufl. München 1996

406. S. BIERLING, Die Außenpolitik der Bundesrepublik Deutschland. Normen, Akteure, Entscheidungen. München 1999

407. D. BINGEN, Die Polenpolitik der Bonner Republik von Adenauer bis Kohl 1949–1991. Baden-Baden 1998

408. D. EISERMANN, Außenpolitik und Strategiediskussion. Die Deutsche Gesellschaft für Auswärtige Politik 1955 bis 1972. München 1999

409. U. ENGEL, Die Afrikapolitik der Bundesrepublik Deutschland 1949–1999. Rollen und Identitäten. Münster 2000

410. S. FRÖHLICH, „Auf den Kanzler kommt es an": Helmut Kohl und die deutsche Außenpolitik. Persönliches Regiment und Regierungshandeln vom Amtsantritt bis zur Wiedervereinigung. Paderborn 2001

411. A. GALLUS, Die Neutralisten. Verfechter eines vereinten Deutschland zwischen Ost und West 1945–1990. Düsseldorf 2001

412. D. GRESS, Peace and Survival: West Germany, the Peace Movement, and European Security. Stanford 1985

413. W. E. GRIFFITH, Die Ostpolitik der Bundesrepublik Deutschland. Stuttgart 1981 (zuerst engl. 1978)

414. CH. HACKE, Die Außenpolitik der Bundesrepublik Deutschland. Weltmacht wider Willen? Aktualisierte Ausgabe Frankfurt a.M. 1997

415. H. HAFTENDORN, Sicherheit und Entspannung. Zur Außenpolitik der Bundesrepublik Deutschland 1955–1982. 2. Aufl. Baden-Baden 1986
416. H. HAFTENDORN, Sicherheit und Stabilität. Außenbeziehungen der Bundesrepublik zwischen Ölkrise und NATO-Doppelbeschluß. München 1986
417. H. HAFTENDORN, Deutsche Außenpolitik zwischen Selbstbeschränkung und Selbstbehauptung 1949–2000. Stuttgart 2001
418. W. F. HANRIEDER, Deutschland, Europa, Amerika. Die Außenpolitik der Bundesrepublik Deutschland 1949–1989. 2. Aufl. Paderborn 1995
419. J. HERF, War by Other Means. Soviet Power, West German Resistance, and the Battle of the Euromissiles. New York 1991
420. J. HERF, Demokratie auf dem Prüfstand. Politische Kultur, Machtpolitik und die Nachrüstungskrise in Westdeutschland, in: VfZ 40 (1992), S. 1–28
421. K. HILDEBRAND, Integration und Souveränität. Die Außenpolitik der Bundesrepublik Deutschland 1949–1982. Bonn 1991
422. K. HILDEBRAND, Die Außenpolitik der Bundesrepublik Deutschland, in: GWU 45 (1994), S. 611–625
423. H. G. HOCKERTS, Wiedergutmachung in Deutschland. Eine historische Bilanz 1945–2000, in: VfZ 49 (2001), S. 167–214
424. W. KILIAN, Die Hallstein-Doktrin. Der diplomatische Krieg zwischen der BRD und der DDR 1955–1973. Aus den Akten der beiden deutschen Außenministerien. Berlin 2001
425. E. J. KIRCHNER, Genscher and what lies behind „Genscherism", in: WEP 13 (1990), S. 159–177
426. D. KORGER, Die Polenpolitik der deutschen Bundesregierungen von 1982–1991. Bonn 1993
427. G. NIEDHART, Frieden als Norm und Erfahrung in der Außenpolitik der Bundesrepublik Deutschland, in: Thomas KÜHNE (Hrsg.), Von der Kriegskultur zur Friedenskultur? Zum Mentalitätswandel in Deutschland seit 1945. Münster 2000, S. 182–201
428. G. NIEDHART, Revisionistische Elemente und die Initiierung friedlichen Wandels in der neuen Ostpolitik 1967–1974, in: GG 28 (2002), S. 233–266
429. TH. RISSE-KAPPEN, Die Krise der Sicherheitspolitik. Neuorientierungen und Entscheidungsprozesse im politischen System der Bundesrepublik Deutschland 1977–1984, Mainz 1988
430. L. RÜHL, Mittelstreckenwaffen in Europa. Ihre Bedeutung in Strategie, Rüstungskontrolle und Bündnispolitik. Baden-Baden 1987
431. G. SCHMID, Entscheidung in Bonn. Die Entstehung der Ost- und Deutschlandpolitik 1969/1970. Köln 1979
432. G. SCHÖLLGEN, Die Außenpolitik der Bundesrepublik Deutschland. Von den Anfängen bis zur Gegenwart. München 1999

433. J. C. SPERLING, West German Foreign Economic Policy during the Reagan Administration, in: GSR 13 (1990), S. 85–109
434. M. A. WEINGARDT, Deutsche Israel- und Nahostpolitik. Die Geschichte einer Gratwanderung seit 1949. Frankfurt a.M. 2002
435. A. WILKENS, Westpolitik, Ostpolitik and the Project of the Economic and Monetary Union. Germany's European Policy in the Brandt Era (1969–1974), in: Journal of European Integration History/Zeitschrift für Geschichte der Europäischen Integration 5 (1999), S. 73–102

3. DEUTSCHLANDPOLITIK/DEUTSCH-DEUTSCHE BEZIEHUNGEN; BERLIN

436. TH. AUERBACH, Einsatzkommandos an der unsichtbaren Front. Terror- und Sabotagevorbereitungen des MfS gegen die Bundesrepublik Deutschland. Berlin 1999
437. P. BENDER, Episode oder Epoche? Zur Geschichte des geteilten Deutschland. München 1996
438. H. BUCHHEIM, Deutschlandpolitik 1949–1972. Der politisch-diplomatische Prozeß. Stuttgart 1984
439. Deutscher Bundestag (Hrsg.), Materialien der Enquete-Kommission „Aufarbeitung von Geschichte und Folgen der SED-Diktatur in Deutschland". Bd. V: Deutschlandpolitik, innerdeutsche Beziehungen und internationale Rahmenbedingungen. 3 Teilbde. Baden-Baden u. Frankfurt a.M. 1995
440. Deutscher Bundestag (Hrsg.), Materialien der Enquete-Kommission „Überwindung der Folgen der SED-Diktatur im Prozeß der Deutschen Einheit". Bd. VIII: Das geteilte Deutschland im geteilten Europa. 3 Teilbde. Baden-Baden 1999
441. J. G. GLEICH, Die Anerkennung der DDR durch die Bundesrepublik. Eine völkerrechtliche Untersuchung nach dem Abschluß des Vertrages über die Grundlagen der Beziehungen zwischen der Bundesrepublik Deutschland und der Deutschen Demokratischen Republik vom 21. Dezember 1972, dem gemeinsamen Beitritt zur Charta der Vereinten Nationen und dem Austausch Ständiger Vertretungen. Frankfurt a.M. 1975
442. P. GUILLEN, La question allemande (1945–1990). Paris 1996
443. G. HERDEGEN, Perspektiven und Begrenzungen. Eine Bestandsaufnahme der öffentlichen Meinung zur deutschen Frage, in: DA 20 (1987), S. 1259–1273 u. DA 21 (1988), S. 391–403
444. H. KNABE, West-Arbeit des MfS. Das Zusammenspiel von „Aufklärung" und „Abwehr". 2. Aufl. Berlin 1999
445. H. KNABE, Die unterwanderte Republik. Stasi im Westen. Berlin 1999
446. K.-R. KORTE, Der Standort der Deutschen. Akzentverlagerungen der deut-

schen Frage in der Bundesrepublik Deutschland seit den siebziger Jahren. Köln 1990

447. K.-R. KORTE, Deutschlandpolitik in Helmut Kohls Kanzlerschaft. Entscheidungsprozeß und Regierungsstil 1981–1989. Stuttgart 1998

448. J. A. MCADAMS, Germany Divided. From the Wall to Reunification. Princeton (N. J.) 1993

449. D. NAKATH, Erfurt und Kassel. Zu den Gesprächen zwischen dem BRD-Bundeskanzler Willy Brandt und dem DDR-Ministerratsvorsitzenden Willi Stoph im Frühjahr 1970. Vorbereitung – Verlauf – Ergebnisse. Berlin 1995

450. K. NICLAUSS, Kontroverse Deutschlandpolitik. Die politische Auseinandersetzung in der Bundesrepublik Deutschland über den Grundlagenvertrag mit der DDR. Frankfurt a.M. 1977

451. H. POTTHOFF, Im Schatten der Mauer. Deutschlandpolitik 1961 bis 1990. Berlin 1999

452. S. ROOS, Das Wiedervereinigungsgebot des Grundgesetzes in der deutschen Kritik zwischen 1982 und 1989. Berlin 1997

453. M. E. SAROTTE, A Small Town in (East) Germany. The Erfurt Meeting of 1970 and the Dynamics of Cold War Détente, in: DH 25 (2001), S. 85–104

454. H. SCHIEDERMAIR, Der völkerrechtliche Status Berlins nach dem Viermächte-Abkommen vom 3. September 1971. Berlin 1975

455. G.-R. STEPHAN, Deutsch-deutsche Beziehungen vor dem Hintergrund von „Glasnost" und „Perestroika" (1982–1990), in: U. PFEIL (Hrsg.), Die DDR und der Westen. Transnationale Beziehungen 1949–1989. Berlin 2001, S. 117–134

456. K. WIEGREFE/C. TESSMER, Deutschlandpolitik in der Krise. Herbert Wehners Besuch in der DDR 1973, in: DA 1994, S. 600–627

457. M. ZIMMER, Nationales Interesse und Staatsräson. Zur Deutschland-Politik der Regierung Kohl 1982–1989. Paderborn 1992

458. M. ZIMMER, Deutschlandpolitik von Adenauer bis Kohl, in: K.-R. KORTE/M. ZIMMER, Der Weg zur deutschen Einheit. Sankt Augustin 1994, S. 7–42

459. E. R. ZIVIER, Der Rechtsstatus des Landes Berlin. 4. Aufl. Berlin 1987

4. DEUTSCHE WIEDERVEREINIGUNG

460. R. BIERMANN, Zwischen Kreml und Kanzleramt. Wie Moskau mit der deutschen Einheit rang. 2. Aufl. Paderborn 1998

461. E. BRUCK/P. M. WAGNER (Hrsg.), Wege zum „2+4"-Vertrag. Die äußeren Aspekte der deutschen Einheit. München 1996

462. A.-M. CORBIN-SCHUFFELS, La force de la parole. Les intellectuels face à la RDA et à l'unification allemande (1945–1990). Paris 1998

463. D. GROSSER, Das Wagnis der Währungs-, Wirtschafts- und Sozialunion. Politische Zwänge im Konflikt mit ökonomischen Regeln. Stuttgart 1998

464. R. GRÜNBAUM, Eine Revolution? Der Charakter des Umbruchs in der DDR von 1989/90, in: GWU 50 (1999), S. 438–450

465. A. HAJNICZ, Polens Wende und Deutschlands Vereinigung. Die Öffnung zur Normalität 1989–1992. Paderborn 1995

466. PH. v. HUGO, Die Vorgaben des Eckwertes Nr. 1 der Gemeinsamen Erklärung der beiden deutschen Regierungen vom 15. Juni 1990 für die Enteignungen in den Jahren 1945–1949. Die Gestaltung der gesamtdeutschen Eigentumsordnung durch ein gesamtdeutsches Regierungsabkommen. Frankfurt a.M. 1997

467. W. JÄGER in Zusammenarbeit mit M. WALTER, Die Überwindung der Teilung. Der innerdeutsche Prozeß der Vereinigung 1989/90. Stuttgart 1998

468. K. JARAUSCH, Die unverhoffte Einheit 1989–1990. Frankfurt a.M. 1995

469. L. KETTENACKER, Britain and German Unification, 1989/90, in: K. LARRES/E. MEEHAN (Hrsg.), Uneasy Allies. British-German Relations and European Integration since 1945. Oxford 2000, S. 99–123

470. E. KLEIN (Hrsg.), Die Rolle des Bundesrates und der Länder im Prozeß der deutschen Einheit. Berlin 1998

471. Y. KLEIN, Obstructive or Promoting? British Views on German Unification 1989/90, in: GP 5 (1996), S. 404–431

472. G. KURUCZ (Hrsg.), Das Tor zur deutschen Einheit. Grenzdurchbruch Sopron, 19. August 1989. Berlin 2000

473. I. LEHMANN, Die deutsche Vereinigung von außen gesehen. Angst, Bedenken und Erwartungen. Bd. 1: Die Presse der Vereinigten Staaten, Großbritanniens und Frankreichs. Frankfurt a.M. 1996. Bd. 2: Die Presse Dänemarks, der Niederlande, Belgiens, Luxemburgs, Österreichs, der Schweiz, Italiens, Portugals und Spaniens und jüdische Reaktionen. Frankfurt a.M. 1997. Bd. 3: Die Politik, die Medien und die Öffentliche Meinung der Sowjetunion. Frankfurt a.M. 2001

474. R. MÜLLER, Der „2+4"-Vertrag und das Selbstbestimmungsrecht der Völker. Frankfurt a.M. 1997

475. N. PAWLOW, Die deutsche Vereinigung aus sowjet-russischer Perspektive. Ein Bericht zur Lösung der deutschen Frage, versehen mit Kommentaren und historischen Rückblicken. Frankfurt a.M. 1996

476. J. PETERSEN, L'Unificazione tedesca del 1989–90 vista dall'Italia, in: Storia contemporanea 23 (1992), S. 1087–1124

477. P. E. QUINT, The Imperfect Union. Constitutional Structures of German Unification, Princeton 1997

478. R. G. REUTH/A. BÖNTE, Das Komplott. Wie es wirklich zur deutschen Einheit kam. München 1993

479. A. RÖDDER, Staatskunst statt Kriegshandwerk. Probleme der deutschen Vereinigung von 1990 in internationaler Perspektive, in: HJb 118 (1998), S. 223–260

480. A RÖDDER, „Durchbruch im Kaukasus"? Die deutsche Wiedervereinigung und die Zeitgeschichtsschreibung, in: Jahrbuch des Historischen Kollegs 2002. München 2003, S. 113–140

481. T. SCHABERT, Wie Weltgeschichte gemacht wird. Frankreich und die deutsche Einheit. Stuttgart 2002

482. W. SCHMIESE, Fremde Freunde. Deutschland und die USA zwischen Mauerfall und Golfkrieg. Paderborn 2000

483. A. SCHULZE, Polen und die deutsche Einheit, in: Deutsche Studien 34 (1997), S. 307–329

484. Staatennachfolge und die Einigung Deutschlands. Bd. 1: D. BLUMENWITZ, Völkerrechtliche Verträge. Bd. 2: G. GORNIG, Staatsvermögen und Staatsschulden. Berlin 1992

485. T. WAGENSOHN, Die sowjetische Position im Zwei-plus-Vier-Prozeß. München 1996

486. W. WEIDENFELD mit P. M. WAGNER u. E. BRUCK, Außenpolitik für die deutsche Einheit. Stuttgart 1998

487. PH. ZELIKOW/C. RICE, Sternstunde der Diplomatie. Die deutsche Einheit und das Ende der Spaltung Europas. Berlin 1997 (zuerst engl. 1995)

5. STAATLICHE INSTITUTIONEN, POLITISCHES SYSTEM UND INNERE POLITIK

a) Verfassung, politisches System und Verwaltung, Recht

488. U. ANDERSEN/W. WOYKE (Hrsg.), Handwörterbuch des politischen Systems der Bundesrepublik Deutschland. 4. Aufl. Opladen 2000

489. P. BADURA/H. DREIER (Hrsg.), Festschrift 50 Jahre Bundesverfassungsgericht. 2 Bde. Tübingen 2001

490. E. BENDA/W. MAIHOFER/H.-J. VOGEL (Hrsg.), Handbuch des Verfassungsrechts der Bundesrepublik Deutschland. Berlin 1983

491. K. v. BEYME, Das politische System der Bundesrepublik Deutschland. Eine Einführung. 9. Aufl. Wiesbaden 1999 (1. Aufl. München 1979)

492. A. M. BIRKE, Die Bundesrepublik Deutschland. Verfassung, Parlament, Parteien. München 1997

493. Das Bonner Grundgesetz. Kommentar. Begr. v. H. v. MANGOLDT. Fortgef. v. F. KLEIN. 4. Aufl. hrsg. v. CH. STARCK. 3 Bde. München 1999–2001 (Art. 1–5,

38–49, 70–75 und 136–146 erschienen in 3. Aufl. als Bd. 1,6,8 und 14. München 1985–1996)

494. G. BRAUNTHAL, Politische Loyalität und Öffentlicher Dienst. Der „Radikalenerlaß" von 1972 und die Folgen. Marburg 1992 (zuerst engl. 1990)

495. A. DOERING-MANTEUFFEL, Strukturmerkmale der Kanzlerdemokratie, in: Der Staat 30 (1991), S. 1–18

496. H. DREIER (Hrsg.), Grundgesetz Kommentar. 3 Bde. Tübingen 1996–2000

497. F. ESCHE/J. HARTMANN (Hrsg.), Handbuch der deutschen Bundesländer. Bonn 1990

498. O. W. GABRIEL/E. HOLTMANN (Hrsg.), Handbuch Politisches System der Bundesrepublik Deutschland. 2. Aufl. München 1998

499. G.-J. GLAESSNER, Demokratie und Politik in Deutschland. Opladen 1999

500. P. HAUNGS, Kanzlerdemokratie in der Bundesrepublik Deutschland. Von Adenauer bis Kohl, in: ZfP 33 (1986), S. 44–66

501. R. HÄUSSLER, Der Konflikt zwischen Bundesverfassungsgericht und politischer Führung. Ein Beitrag zur Geschichte und Rechtsstellung des Bundesverfassungsgerichts. Berlin 1994

502. J. J. HESSE/TH. ELLWEIN, Das Regierungssystem der Bundesrepublik Deutschland. Bd. 1: Text. Bd. 2: Materialien. 8. Aufl. Wiesbaden 1997 (3. Aufl. v. TH. ELLWEIN Opladen 1973)

503. K. HESSE, Grundzüge des Verfassungsrechts der Bundesrepublik Deutschland. 19. Aufl. Heidelberg 1993

504. J. ISENSEE/P. KIRCHHOF (Hrsg.), Handbuch des Staatsrechts der Bundesrepublik Deutschland. 10 Bde. Heidelberg 1987–2000 (einzelne Bde. in 2. Aufl. seit 1996)

505. W. JÄGER, Von der Kanzlerdemokratie zur Koordinationsdemokratie, in: ZfP 35 (1988), S. 15–32

506. K. G. A. JESERICH u. a. (Hrsg.), Deutsche Verwaltungsgeschichte. Bd. 5: Die Bundesrepublik Deutschland. Stuttgart 1987

507. K. KRÖGER, Einführung in die Verfassungsgeschichte der Bundesrepublik Deutschland. München 1993

508. CH. LANDFRIED, Bundesverfassungsgericht und Gesetzgeber. Wirkungen der Verfassungsrechtsprechung auf parlamentarische Willensbildung und soziale Realität. Baden-Baden 1984

509. R. LEY, Die Wahl der Mitglieder des Bundesverfassungsgerichtes. Eine Dokumentation anläßlich des 40jährigen Bestehens, in: ZParl 22 (1991), S. 420–449

510. TH. MAUNZ/G. DÜRIG u. a., Grundgesetz Kommentar. 8. Aufl. 5 Bde. München 1999 (und laufende Ergänzungslieferungen)

511. E. MÜLLER, Gesetzgebung im historischen Vergleich. Ein Beitrag zur Empirie der Staatsaufgaben. Pfaffenweiler 1989

512. K. NICLAUSS, Kanzlerdemokratie. Bonner Regierungspraxis von Konrad Adenauer bis Helmut Kohl. Stuttgart 1988

513. K. NICLAUSS, Das Parteiensystem der Bundesrepublik Deutschland. Eine Einführung. 2. Aufl. Paderborn 2002 (zuerst 1995)

514. H. OBERREUTER/U. KRANENPOHL/M. SEEBALDT (Hrsg.), Der Deutsche Bundestag im Wandel. Ergebnisse neuerer Parlamentarismusforschung. Wiesbaden 2001

515. S. PADGETT (Hrsg.), Adenauer to Kohl. The Development of the German Chancellorship. London 1994

516. Palandt Bürgerliches Gesetzbuch. München [permanent neue Auflagen]

517. S. S. SCHÜTTEMEYER, Fraktionen im Deutschen Bundestag 1949–1997. Empirische Befunde und theoretische Folgerungen. Opladen 1998

518. K. SONTHEIMER/W. BLEEK, Grundzüge des politischen Systems der Bundesrepublik Deutschland. Aktualisierte Neuausg. München 2000 (1. Aufl. von K. SONTHEIMER 1971)

519. K. STERN, Das Staatsrecht der Bundesrepublik Deutschland. 5 Bde. München 1977–2000 (Bd. 1 in 2. Aufl. 1984)

520. S. VOSS, Parlamentarische Menschenrechtspolitik. Die Behandlung internationaler Menschenrechtsfragen im Deutschen Bundestag unter besonderer Berücksichtigung des Unterausschusses Menschenrechte und humanitäre Hilfe (1972–1998). Düsseldorf 2000

521. H.-G. WEHLING (Hrsg.), Die deutschen Länder. Geschichte – Politik – Wirtschaft. 2. Aufl. Opladen 2002

b) Politische Kultur und Wahlen

522. D. BERG-SCHLOSSER/J. SCHISSLER (Hrsg.), Politische Kultur in Deutschland. Bilanz und Perspektiven der Forschung. Opladen 1987

523. J. W. FALTER u. a. (Hrsg.), Wahlen und politische Einstellungen in Deutschland. Neuere Entwicklungen der Forschung. Frankfurt a. M. 1989

524. O. W. GABRIEL, Politische Kultur. Postmaterialismus und Materialismus in der Bundesrepublik Deutschland. Opladen 1986

525. M. u. S. GREIFFENHAGEN (Hrsg.), Handwörterbuch zur politischen Kultur der Bundesrepublik Deutschland. 2. völlig überarb. und aktualis. Aufl. Wiesbaden 2002 (zuerst 1981)

526. V. HETTERICH, Von Adenauer zu Schröder – Der Kampf um Stimmen. Eine Längsschnittanalyse der Wahlkampagnen von CDU und SPD bei den Bundestagswahlen 1949 bis 1998. Opladen 2000

527. CH. HOLTZ-BACHA, Wahlwerbung als politische Kultur. Parteienspots im Fernsehen 1957–1998. Wiesbaden 2000

528. E. NOELLE-NEUMANN, Die Schweigespirale. Öffentliche Meinung – unsere soziale Haut. 6. Aufl. München 2001 (zuerst 1980)
529. F. ROTH, Die Idee der Nation im politischen Diskurs. Die Bundesrepublik Deutschland zwischen neuer Ostpolitik und Wiedervereinigung (1969–1990). Baden-Baden 1995
530. K. SCHMITT, Konfession und Wahlverhalten in der Bundesrepublik Deutschland. Berlin 1989
531. H.-J. VEEN/P. GLUCHOWSKI, Die Anhängerschaften der Parteien vor und nach der Einheit. Eine Langfristbetrachtung von 1953 bis 1993, in: ZParl 25 (1994), S. 165–186
532. J. WILKE/C. REINEMANN, Kanzlerkandidaten in der Wahlkampfberichterstattung. Eine vergleichende Studie zu den Bundestagswahlen (1949–1998). Köln 2000

c) Politische Strömungen und Parteien

Allgemein

Protestbewegungen siehe 8. Sozialkultur

533. U. BACKES/E. JESSE, Politischer Extremismus in der Bundesrepublik. 2. Aufl. Bonn 1990 (und weitere Aufl.)
534. W. BENZ (Hrsg.), Rechtsextremismus in der Bundesrepublik. Voraussetzungen, Zusammenhänge, Wirkungen. 4. Aufl. Frankfurt a.M. 1994 (1. Aufl. 1984)
535. CH. LANDFRIED, Parteifinanzen und politische Macht. Eine vergleichende Studie zur Bundesrepublik Deutschland, zu Italien und den USA. 2. Aufl. Baden-Baden 1994 (zuerst 1990)
536. P. LÖSCHE, Kleine Geschichte der deutschen Parteien. 2. Aufl. Stuttgart 1994 (zuerst 1993)
537. R. MEHL, Bundestagsparteien und Sicherheitspolitik in den achtziger Jahren. Eine synoptische Studie ihrer Konzepte, Positionen und Perspektiven. Bochum 1989
538. A. MINTZEL/H. OBERREUTER (Hrsg.), Parteien in der Bundesrepublik Deutschland. 2. Aufl. Opladen 1992
539. O. NIEDERMAYER/R. STÖSS (Hrsg.), Stand und Perspektiven der Parteienforschung in Deutschland. Opladen 1993
540. R. STÖSS (Hrsg.), Parteien-Handbuch. Die Parteien der Bundesrepublik Deutschland 1945–1980. 4 Bde. Opladen 1983

CDU/CSU

541. W. BECKER/G. BUCHSTAB/A. DOERING-MANTEUFFEL/R. MORSEY (Hrsg.), Lexikon der Christlichen Demokratie in Deutschland. Paderborn 2002

542. F. Bösch, Macht und Machtverlust. Die Geschichte der CDU. Stuttgart 2002

543. D. Buchhaas, Die Volkspartei. Programmatische Entwicklung der CDU 1950–1973. Düsseldorf 1981

544. C. Clemens, Reluctant Realists. The Christian Democrats and West German Ostpolitik. Durham (N.C.) 1989

545. W. Falke, Die Mitglieder der CDU. Eine empirische Studie zum Verhältnis von Mitglieder- und Organisationsstruktur der CDU 1971–1977. Berlin 1982

546. Ch. Hacke, Die deutschlandpolitischen Konzeptionen von CDU und CSU in der Oppositionszeit (1969–1982), in: HPM 1 (1994), S. 33–48

547. P. Haungs, Die Christlich-Demokratische Union Deutschlands (CDU) und die Christlich Soziale Union in Bayern (CSU), in: H.-J. Veen (Hrsg.), Christlich-Demokratische und konservative Parteien in Westeuropa. Bd. 1 Paderborn 1981, S. 9–194 u. 269–308

548. H.-O. Kleinmann, Geschichte der CDU 1945–1982. Stuttgart 1993

549. H.-J. Lange, Responsivität und Organisation. Eine Studie über die Modernisierung der CDU von 1973–1989. Marburg 1994

550. A. Mintzel, Die CSU. Anatomie einer konservativen Partei 1945–1972. 2. Aufl. Opladen 1978

551. J. Schmid, Die CDU. Organisationsstrukturen, Politiken und Funktionsweisen einer Partei im Föderalismus. Opladen 1990

552. W. Schönbohm, Die CDU wird moderne Volkspartei. Selbstverständnis, Mitglieder, Organisation und Apparat 1950–1980. Stuttgart 1985

553. A. Tiggemann, CDU/CSU und die Ost- und Deutschlandpolitik 1969–1972. Zur „Innenpolitik der Außenpolitik" der ersten Regierung Brandt/Scheel. Bern 1998

554. T. M. Weber, Zwischen Nachrüstung und Abrüstung. Die Nuklearwaffenpolitik der Christlich Demokratischen Union Deutschlands zwischen 1977 und 1989. Baden-Baden 1994

FDP

555. H. Kaack, Die F.D.P. Grundriß und Materialien zu Geschichte, Struktur und Programmatik. 2. Aufl. Meisenheim 1978

556. J. Merck, Klar zur Wende? Die FDP vor dem Koalitionswechsel in Bonn 1980 bis 1982. Berlin 1989

557. G. Niedhart, Friedens- und Interessenwahrung. Zur Ostpolitik der F.D.P. in Opposition und sozial-liberaler Regierung 1968–1970, in: JLF 7 (1995), S. 105–126

558. Das Programm der Liberalen. Zehn Jahre Programmarbeit der F.D.P. 1980 bis 1990, bearb. v. H.-J. Beerfeltz, Ch. Däubler u. a. Baden-Baden 1990

559. M. REMMERT, Die Europapolitik der FDP in den achtziger Jahren, in: JLF 4 (1992), S. 143–164
560. H. VORLÄNDER, Der Soziale Liberalismus der F.D.P. Verlauf, Profil und Scheitern eines soziopolitischen Modernisierungsprozesses, in: K. HOLL/ G. TRAUTMANN/H. VORLÄNDER (Hrsg.), Sozialer Liberalismus. Göttingen 1986, S. 190–226

Die Grünen

561. E. KOLINSKY (Hrsg.), The Greens in West Germany. Organisation and Policy Making. Oxford 1989
562. TH. POGUNTKE, Alternative Politics. The German Green Party. Edinburgh 1993
563. J. RASCHKE, Die Grünen. Wie sie wurden, was sie sind. Köln 1993
564. D. RICHARDSON/CH. ROOTES (Hrsg.), The Green Challenge. The Development of Green Parties in Europe. London 1995

SPD

565. TH. BENDER, SPD und europäische Sicherheit. Sicherheitskonzept und Struktur des Sicherheitssystems in den achtziger Jahren. München 1991
566. G. BRAUNTHAL, The German Social Democrats since 1969. A Party in Power and Opposition. Boulder 1994 (zuerst 1983 u.d.T. The West German Social Democrats, 1969–1982. Profile of a Party in Power)
567. TH. ENDERS, Die SPD und die äußere Sicherheit. Zum Wandel der sicherheitspolitischen Konzeption der Partei in der Zeit der Regierungsverantwortung (1966–1982). Melle 1987
568. F. FISCHER, „Im deutschen Interesse." Die Ostpolitik der SPD von 1969 bis 1989. Husum 2001
569. D. GROH/P. BRANDT, „Vaterlandslose Gesellen". Sozialdemokratie und Nation 1860–1990. München 1992
570. S. HEPPERLE, Die SPD und Israel: Von der Großen Koalition 1966 bis zur Wende 1982. Frankfurt a.M. 2000
571. P. LÖSCHE/F. WALTER, Die SPD. Klassenpartei – Volkspartei – Quotenpartei. Zur Entwicklung der Sozialdemokratie von Weimar bis zur deutschen Vereinigung. Darmstadt 1992
572. S. MILLER/H. POTTHOFF, Kleine Geschichte der SPD. Darstellung und Dokumentation 1848–1990. 7. Aufl. Bonn 1991
573. F. MÜLLER, Innerdeutsche Beziehungen im Vorfeld der Wende. Die Kontakte zwischen SPD und SED 1982–1989, in: HPM 2 (1995), S. 189–221

d) Verbände

574. K. ARMINGEON, Die Entwicklung der westdeutschen Gewerkschaften. Frankfurt a.M. 1988

575. F. J. BAUER, Geschichte des Deutschen Hochschulverbandes. München 2000

576. H.-O. HEMMER/K. TH. SCHMITZ (Hrsg.), Geschichte der Gewerkschaften in der Bundesrepublik Deutschland. Köln 1990

577. M. SCHNEIDER, Kleine Geschichte der Gewerkschaften. Ihre Entwicklung in Deutschland von den Anfängen bis heute. 2. überarb. und aktualisierte Aufl. Bonn 2000

e) Innenpolitische Ereignisse und Entwicklungen

578. D. HOFMANN, „Verdächtige Eile". Der Weg zur Koalition aus SPD und F.D.P. nach der Bundestagswahl vom 28. September 1969, in: VfZ 48 (2000), S. 515–564 [Dokumentation]

579. O. KIMMINICH, Die verfassungsgerichtliche Durchsetzung des Datenschutzes. Zum „Volkszählungs-Urteil" des Bundesverfassungsgerichts, in: ZfP 31 (1984), S. 365–387

580. TH. KÖNIG, Regierungserklärungen von 1949 bis 1998. Eine vergleichende Untersuchung ihrer regierungsinternen und -externen Bestimmungsfaktoren, in: ZParl 30 (1999), S. 641–659

581. A. WIRSCHING, Die mediale „Konstruktion" der Politik und die „Wende" von 1982/83, in: HPM 9 (2002), S. 127–139

f) Terrorismus

582. S. AUST, Der Baader-Meinhof-Komplex. Erw. und aktualis. Ausg. Hamburg 1997 (zuerst 1985)

583. U. BACKES, Bleierne Jahre. Baader-Meinhof und danach. Erlangen 1991

584. Bundesministerium des Innern (Hrsg.), Analysen zum Terrorismus. 4 Bde. Opladen 1981–1984

585. K. PFLIEGER, Die Aktion „Spindy". Die Entführung des Arbeitgeberpräsidenten Dr. Hanns Martin Schleyer. Baden-Baden 1997

586. B. RABERT, Links- und Rechtsterrorismus in der Bundesrepublik Deutschland von 1970 bis heute. Bonn 1995

587. T. WUNSCHIK, Baader-Meinhofs Kinder. Die zweite Generation der RAF. Opladen 1997

g) Sozialordnung, Sozialstaat, Sozialpolitik

588. J. ALBER, Der Sozialstaat in der Bundesrepublik Deutschland 1950–1983. Frankfurt a.M. 1989

589. J. ALBER, Das Gesundheitswesen der Bundesrepublik Deutschland. Entwicklung, Struktur und Funktionsweise. Frankfurt a.M. 1992

590. G. BÄCKER u.a., Sozialpolitik und soziale Lage in der Bundesrepublik Deutschland. 2 Bde. 2. Aufl. Köln 1989

591. J. FRERICH/M. FREY (Hrsg.), Handbuch der Geschichte der Sozialpolitik in Deutschland. Bd. 3: Sozialpolitik in der Bundesrepublik Deutschland bis zur Herstellung der Deutschen Einheit. München 1993

592. Geschichte der Sozialpolitik in Deutschland seit 1945. Hrsg. v. Bundesministerium für Arbeit und Sozialordnung u. Bundesarchiv. Bd. 1: Grundlagen der Sozialpolitik. Baden-Baden 2001

593. H. G. HOCKERTS, Vom Nutzen und Nachteil parlamentarischer Parteienkonkurrenz. Die Rentenreform 1972 – ein Lehrstück, in: Staat und Parteien. Festschrift für Rudolf Morsey zum 65. Geburtstag, hrsg. v. K. D. BRACHER u.a. Berlin 1992, S. 903–934

594. H. G. HOCKERTS (Hrsg.), Drei Wege deutscher Sozialstaatlichkeit. NS-Diktatur, Bundesrepublik und DDR im Vergleich. München 1998

595. G. A. RITTER, Der Sozialstaat. Entstehung und Entwicklung im internationalen Vergleich. 2. Aufl. München 1991

596. M. G. SCHMIDT, Sozialpolitik in Deutschland. Historische Entwicklung und internationaler Vergleich. 2. Aufl. Opladen 1998

597. L. WIEGAND, Der Lastenausgleich in der Bundesrepublik Deutschland 1949 bis 1985. Frankfurt a.M. 1992

h) Wirtschafts- und Finanzpolitik

598. G. AMBROSIUS, Staat und Wirtschaft im 20. Jahrhundert. München 1990

599. J. BELLERS, Außenwirtschaftspolitik der Bundesrepublik Deutschland 1949–1989. Münster 1990

600. W. EHRLICHER, Deutsche Finanzpolitik seit 1945, in: VSWG 81 (1994), S. 1–32

601. S. F. FRANKE, Steuerpolitik in der Demokratie. Das Beispiel der Bundesrepublik Deutschland. Berlin 1993

602. P. HORST, Haushaltspolitik und Regierungspraxis in den USA und der Bundesrepublik Deutschland. Ein Vergleich des haushaltspolitischen Entscheidungsprozesses beider Bundesrepubliken zu Zeiten der konservativen Regierungen Reagan/Bush (1981–92) und Kohl (1982–93). Frankfurt a.M. 1995

603. U. KLUGE, 40 Jahre Agrarpolitik in der Bundesrepublik Deutschland. 2 Bde. Hamburg 1989
604. J. MUSCHEID, Die Steuerpolitik in der Bundesrepublik Deutschland 1949–1982. Berlin 1986
605. J. STREB, Eine Analyse der Ziele, Instrumente und Verteilungswirkungen der Agrareinkommenspolitik in der Bundesrepublik Deutschland, 1950–1989. Frankfurt a.M. o.J. [1996]
606. D. WEBBER, Kohl's Wendepolitik after a Decade, in: GP 1 (1992), S. 149–180
607. R. ZOHLNHÖFER, Die Wirtschaftspolitik der Ära Kohl. Eine Analyse der Schlüsselentscheidungen in den Politikfeldern Finanzen, Arbeit und Entstaatlichung, 1992–1998. Opladen 2001

6. WIRTSCHAFT, FINANZEN, ARBEITSLEBEN

608. W. ABELSHAUSER, Wirtschaftsgeschichte der Bundesrepublik Deutschland 1945–1980. Frankfurt a.M. 1983
609. W. ABELSHAUSER, Der Ruhrkohlenbergbau seit 1945. Wiederaufbau, Krise, Anpassung. München 1984
610. W. ABELSHAUSER (Hrsg.), Die BASF. Eine Unternehmensgeschichte. München 2002
611. H. ABROMEIT/B. BLANKE (Hrsg.), Arbeitsmarkt, Arbeitsmarktbeziehungen und Politik in den 80er Jahren. Opladen 1987
612. G. ALBERT, Wettbewerbsfähigkeit und Krise der deutschen Schiffbauindustrie 1945–1990. Frankfurt a.M. 1998
613. M. ALBERT, Kapitalismus contra Kapitalismus. Frankfurt a.M. 1992 (zuerst franz. 1991)
614. D. H. ALDCROFT, The European Economy 1914–2000. 4. Aufl. London 2001
615. G. AMBROSIUS, Wirtschaftsraum Europa. Vom Ende der Nationalökonomien. Frankfurt a. M. 1996
616. L. BAAR/D. PETZINA (Hrsg.), Deutsch-deutsche Wirtschaft 1945 bis 1990. Strukturveränderungen, Innovationen und regionaler Wandel. Ein Vergleich. St. Katharinen 1999
617. K. BORCHARDT, Trend, Zyklus, Strukturbrüche, Zufälle. Was bestimmt die deutsche Wirtschaftsgeschichte im 20. Jahrhundert? in: VSWG 64 (1977), S. 145–178
618. K. BORCHARDT, Grundriß der deutschen Wirtschaftsgeschichte. 2. Aufl. Göttingen 1985
619. K. BORCHARDT, Zäsuren in der wirtschaftlichen Entwicklung. Zwei, drei oder vier Perioden? in: M. BROSZAT (Hrsg.), Zäsuren nach 1945. Essays zur

Periodisierung der deutschen Nachkriegsgeschichte. München 1990, S. 21–33

620. H. J. BRAUN, The German Economy in the 20th Century. The German Reich and the Federal Republic. London 1990

621. W. CARLIN, West German Growth and Institutions 1945–90, in: N. CRAFTS/ G. TONIOLO (Hrsg.), Economic Growth in Europe since 1945. Cambridge 1996, S. 455–497

622. W. DREISSIG, Zur Entwicklung der öffentlichen Finanzwirtschaft seit dem Jahre 1950, in: Währung und Wirtschaft in Deutschland, hrsg. v. d. Deutschen Bundesbank. Frankfurt a. M. 1976, S. 691–744

623. B. J. EICHENGREEN, Vom Goldstandard zum Euro. Die Geschichte des internationalen Währungssystems. Berlin 2000 (zuerst engl. 1996)

624. O. EMMINGER, Deutsche Geld- und Währungspolitik im Spannungsfeld zwischen innerem und äußerem Gleichgewicht (1948–1975), in: Währung und Wirtschaft in Deutschland, hrsg. v. d. Deutschen Bundesbank. Frankfurt a. M. 1976, S. 485–554

625. P. ERKER, Wachsen im Wettbewerb. Eine Zeitgeschichte der Continental Aktiengesellschaft (1971–1996). Düsseldorf 1996

626. W. FELDENKIRCHEN, Siemens. Von der Werkstatt zum Weltunternehmen. München 1997

627. W. FELDENKIRCHEN, Die deutsche Wirtschaft im 20. Jahrhundert. München 1998

628. L. GALL u. a., Die Deutsche Bank 1870–1995. München 1995

629. L. GALL/M. POHL, Die Eisenbahn in Deutschland. Von den Anfängen bis zur Gegenwart. München 1999

630. K. GEPPERT u. a. (Hrsg.), Die wirtschaftliche Entwicklung der Bundesländer in den siebziger und achtziger Jahren. Eine vergleichende Analyse. Berlin 1987

631. H. GIERSCH/K.-H. PAQUÉ/H. SCHMIEDING, The Fading Miracle. Four Decades of Market Economy in Germany. 2. Aufl. Cambridge 1994

632. W. GLASTETTER/G. HÖGEMANN/R. MARQUARDT, Die wirtschaftliche Entwicklung in der Bundesrepublik Deutschland 1950–1989. Frankfurt a. M. 1991

633. D. GROSSER (Hrsg.), Soziale Markwirtschaft. Geschichte, Konzept, Leistung. 2. Aufl. Stuttgart 1990 (zuerst 1988)

634. Handbuch der Europäischen Wirtschafts- und Sozialgeschichte. Bd. 6: Europäische Wirtschafts- und Sozialgeschichte vom Ersten Weltkrieg bis zur Gegenwart. Hrsg. v. W. FISCHER. Stuttgart 1987

635. M. HARTMANN, Topmanager. Die Rekrutierung einer Elite. Frankfurt 1996

636. M. HARTMANN, Kontinuität oder Wandel? Die deutsche Wirtschaftselite

1970–1995, in: D. ZIEGLER (Hrsg.), Großbürgertum und Unternehmer. Die deutsche Wirtschaftselite im 20. Jahrhundert. Göttingen 2000, S. 73–92

637. H. HEINELT/A. WACKER/H. WELZER, Arbeitslosigkeit in den 70er und 80er Jahren – Beschäftigungskrise und ihre sozialen Folgen, in: AfS 27 (1984), S. 259–317

638. G. HERRIGEL, Industrial Constructions. The Sources of German Industrial Power. Cambridge 1996

639. J. HOHENSEE, Der erste Ölpreisschock 1973/74. Die politischen und gesellschaftlichen Auswirkungen der arabischen Erdölpolitik auf die Bundesrepublik Deutschland und Westeuropa. Stuttgart 1996

640. Institut für Bankhistorische Forschung (Hrsg.), Deutsche Bankengeschichte. Bd. 3: Vom Ersten Weltkrieg bis zur Gegenwart. Frankfurt 1983

641. H. JAMES, International Monetary Cooperation since Bretton Woods. Oxford 1996

642. H. JAMES, Rambouillet, 15. November 1975. Die Globalisierung der Wirtschaft. München 1997

643. H. KAELBLE (Hrsg.), Der Boom 1948–1973. Gesellschaftliche und wirtschaftliche Folgen in der Bundesrepublik Deutschland und in Europa. Opladen 1992

644. E. KENNEDY, The Bundesbank. Germany's Central Bank in the International Monetary System. London 1991

645. N. KLOTEN, Erfolg und Mißerfolg der Stabilisierungspolitik (1969–1974), in: Währung und Wirtschaft in Deutschland, hrsg. v. d. Deutschen Bundesbank. Frankfurt a.M. 1976, S. 643–690

646. J. KOCKA/C. OFFE (Hrsg.), Geschichte und Zukunft der Arbeit. Frankfurt a.M. 2000

647. J. LEAMAN, The Political Economy of West Germany, 1945–85. An Introduction. New York 1988

648. L. LINDLAR, Das missverstandene Wirtschaftswunder. Westdeutschland und die westeuropäische Nachkriegsprosperität. Tübingen 1997

649. S. H. LINDNER, Den Faden verloren. Die westdeutsche und die französische Textilindustrie auf dem Rückzug (1930/45–1990). München 2001

650. S. LOHMANN, Federalism and Central Bank Independence. The Politics of German Monetary Policy 1957–92, in: World Politics 50 (1997/98), S. 401–446

651. E. MANDEL, Die Krise. Weltwirtschaft 1974–1986. Hamburg 1987 (zuerst franz. 1982 u.d.T. La Crise 1974–1982. Les faits, leur interprétation marxiste)

652. D. MARSH, Die Bundesbank. Geschäfte mit der Macht. München 1992

653. Y. MÉNY/V. WRIGHT (Hrsg.), Western Europe and the Steel Industry in the Crisis Years (1974–1984). Berlin 1987

654. T. PIERENKEMPER, Gewerbe und Industrie im 19. und 20. Jahrhundert. München 1994
655. H. POHL (Hrsg.), Deutsche Börsengeschichte. Frankfurt a.M. 1992
656. H. POHL (Hrsg.), Geschichte der deutschen Kreditwirtschaft seit 1945. Frankfurt 1998
657. M. PORTER, The Competitive Advantage of Nations. New York 1990
658. W. RENZSCH, Finanzverfassung und Finanzausgleich. Die Auseinandersetzung um ihre politische Gestaltung in der Bundesrepublik Deutschland zwischen Währungsreform und deutscher Vereinigung (1948–1990). Bonn 1991
659. R. RICHTER, Deutsche Geldpolitik 1948–1998 im Spiegel der zeitgenössischen wissenschaftlichen Diskussion. Tübingen 1999
660. A. RITSCHL/M. SPOERER, Das Bruttosozialprodukt in Deutschland nach den amtlichen Volkseinkommens- und Sozialproduktsstatistiken 1901–1995. Stuttgart 1997
661. H. SCHERF, Enttäuschte Hoffnungen – vergebene Chancen. Die Wirtschaftspolitik der Sozial-Liberalen Koalition 1969–1982. Göttingen 1986
662. H. G. SCHRÖTER, Von der Teilung zur Wiedervereinigung (1945–2000), in: M. NORTH (Hrsg.), Deutsche Wirtschaftsgeschichte. Ein Jahrtausend im Überblick. München 2000, S. 351–420
663. R. SPREE (Hrsg.), Geschichte der deutschen Wirtschaft im 20. Jahrhundert. München 2001
664. K. VOY/W. POLSTER/C. THOMASBERGER (Hrsg.), Marktwirtschaft und politische Regulierung. Beiträge zur Wirtschafts- und Gesellschaftsgeschichte der Bundesrepublik Deutschland (1949–1989). Marburg 1991
665. E. WANDEL, Banken und Versicherungen im 19. und 20. Jahrhundert. München 1998
666. W. WEIMER, Deutsche Wirtschaftsgeschichte. Von der Währungsreform bis zum Euro. Hamburg 1998
667. G. WIEDEMANN, Die arbeitsrechtliche Entwicklung der betrieblichen Altersversorgung in Deutschland 1920–1974, in: AfS 31 (1991), S. 157–178
668. Wirtschaftspolitik nach dem Ende der Bretton-Woods-Ära. Berlin 2002

7. GESELLSCHAFT

a) Gesamtbeschreibungen, Sozialstruktur, soziale Schichten und Lagen

669. U. BECK, Die Risikogesellschaft. Auf dem Weg in eine andere Moderne. 5. Aufl. Frankfurt a.M. 1988
670. P. A. BERGER/S. HRADIL (Hrsg.), Lebenslagen, Lebensläufe, Lebensstile. Göttingen 1990

671. Ch. Conti, Abschied vom Bürgertum. Alternative Bewegungen in Deutschland von 1890 bis heute. Reinbek 1984

672. W. Conze/M. R. Lepsius (Hrsg.), Sozialgeschichte der Bundesrepublik Deutschland. Beiträge zum Kontinuitätsproblem. Stuttgart 1983

673. H.-U. Derlien, Continuity and Change in the West German Federal Executive Elite 1949–1984, in: EJPR 18 (1990), S. 349–372

674. Eliten in der Bundesrepublik Deutschland. Mit Beiträgen v. U. Hoffmann-Lange u. a. Stuttgart 1990

675. R. Geissler, Die Sozialstruktur Deutschlands. Zur gesellschaftlichen Entwicklung mit einer Zwischenbilanz zur Vereinigung. 2. Aufl. Opladen 1996 [für die Geschichte der siebziger und achtziger Jahre ergiebiger als die aktualisierte 3. Aufl. u.d.T.: Die Sozialstruktur Deutschlands. Die gesellschaftliche Entwicklung vor und nach der Vereinigung. Wiesbaden 2002]

676. W. Glatzer/W. Zapf (Hrsg.), Lebensqualität in der Bundesrepublik. Objektive Lebensbedingungen und subjektives Wohlbefinden. Frankfurt a.M. 1984

677. W. Glatzer u.a., Recent Social Trends in West Germany 1960–1990. Frankfurt a.M. 1992

678. S. Hochstadt, Mobility and Modernity. Migration in Germany, 1820–1989. Ann Arbor 1999

679. U. Hoffmann-Lange, Eliten, Macht und Konflikt in der Bundesrepublik. Opladen 1992

680. S. Hradil, Sozialstrukturanalyse in einer fortgeschrittenen Gesellschaft. Von Klassen und Schichten zu Lagen und Milieus. Opladen 1987

681. S. Hradil, Soziale Ungleichheit in der Bundesrepublik Deutschland, 8. Aufl. Opladen 2001 (1. Aufl. 1966 v. K. M. Bolte u. a., 5. Aufl. v. S. Hradil u. K.M. Bolte, Soziale Ungleichheit in der Bundesrepublik Deutschland. Opladen 1984)

682. W. Kaschuba, Lebenswelt und Kultur der unterbürgerlichen Schichten im 19. und 20. Jahrhundert. München 1990

683. F. Kippele, Was heißt Individualisierung? Die Antworten soziologischer Klassiker. Opladen 1998

684. M. Miegel, Die verkannte Revolution. Einkommen und Vermögen der privaten Haushalte. Stuttgart 1983

685. B. Schäfers, Sozialstruktur und sozialer Wandel in Deutschland. 7. Aufl. Stuttgart 1998/2001 (zuerst 1976, Neuaufl. unter verschiedenen Titeln)

686. B. Schäfers/W. Zapf (Hrsg.), Handwörterbuch zur Gesellschaft Deutschlands. 2. Aufl. Opladen 2000

687. G. Schildt, Die Arbeiterschaft im 19. und 20. Jahrhundert. München 1999

688. G. Schulz, Die Angestellten seit dem 19. Jahrhundert. München 2000

689. G. SCHULZE, Die Erlebnisgesellschaft. Kultursoziologie der Gegenwart. Frankfurt a.M. 1992

690. H. SIEGRIST, Ende der Bürgerlichkeit? Die Kategorien „Bürgertum" und „Bürgerlichkeit" in der westdeutschen Gesellschaft und Geschichtswissenschaft der Nachkriegsperiode, in: GG 20 (1994), S. 549–583

691. M. VESTER u. a., Soziale Milieus im gesellschaftlichen Strukturwandel. Zwischen Integration und Ausgrenzung. Köln 1993, überarb. Neuaufl. Frankfurt a.M. 2001

692. K. VOY/W. POLSTER/C. THOMASBERGER (Hrsg.), Gesellschaftliche Transformationsprozesse und materielle Lebensweisen. 2. Aufl. Marburg 1993

693. H.-U. WEHLER, Deutsches Bürgertum nach 1945: Exitus oder Phoenix aus der Asche? in: GG 27 (2001), S. 617–634

694. D. ZIEGLER, Die wirtschaftsbürgerliche Elite im 20. Jahrhundert, in: D.Z. (Hrsg.), Großbürgertum und Unternehmer. Die deutsche Wirtschaftselite im 20. Jahrhundert. Göttingen 2000, S. 7–29

b) Demographische Entwicklung; Generationen

695. K. J. BADE, Einführung, in: K.J.B. (Hrsg.), Ausländer, Aussiedler, Asyl in der Bundesrepublik Deutschland. 3. Aufl. Hannover 1994, S. 9–74

696. K. J. BADE/R. MÜNZ, Migrationsreport 2000. Frankfurt a. M. 2000

697. H. BUDE, Das Altern einer Generation. Die Jahrgänge 1938–1948. Frankfurt a.M. 1995

698. A. ERYILMAZ/M. JAMIN (Hrsg.), Fremde Heimat. Eine Geschichte der Einwanderung aus der Türkei. Essen 1998

699. H. FOGT, Politische Generationen. Empirische Bedeutung und theoretisches Modell. Opladen 1982

700. U. HERBERT, Geschichte der Ausländerpolitik in Deutschland. Saisonarbeiter, Zwangsarbeiter, Gastarbeiter, Flüchtlinge. München 2001

701. M. HUBERT, Deutschland im Wandel. Geschichte der deutschen Bevölkerung seit 1815. Stuttgart 1998

702. P. MARSCHALCK, Bevölkerungsgeschichte Deutschlands im 19. und 20. Jahrhundert. Frankfurt a.M. 1984

703. J. MOTTE/R. OHLIGER/A. v. OSWALD (Hrsg.), 50 Jahre Bundesrepublik – 50 Jahre Einwanderung. Nachkriegsgeschichte als Migrationsgeschichte. Frankfurt a.M. 1999

704. R. MÜNZ/W. SEIFERT/R. ULRICH, Zuwanderung nach Deutschland. Strukturen, Wirkungen, Perspektiven. 2. Aufl. Frankfurt a.M. 1999

705. H. SCHELSKY, Die Generationen der Bundesrepublik, in: W. SCHEEL (Hrsg.), Die andere deutsche Frage. Kultur und Gesellschaft der Bundesrepublik Deutschland nach dreißig Jahren. Stuttgart 1981, S. 178–198

706. A. TREIBEL, Migration in modernen Gesellschaften. Soziale Folgen von Einwanderung, Gastarbeit und Flucht. Weinheim 1999

c) Geschlechterverhältnisse und Familien, Jugend und Alter

707. B. AULENBACHER/M. GOLDMANN (Hrsg.), Transformationen im Geschlechterverhältnis. Frankfurt a.M. 1994
708. B. BAUMGARTL, Altersbilder und Altenhilfe. Zum Wandel der Leitbilder von Altenhilfe seit 1950. Opladen 1997
709. H. BERTRAM (Hrsg.), Familiäre Lebensformen in Westdeutschland. Stabilität und Wandel familialer Lebensformen. Opladen 1991
710. G.-F. BUDDE (Hrsg.), Frauen arbeiten. Weibliche Erwerbstätigkeit in Ost- und Westdeutschland nach 1945. Göttingen 1997
711. J. EHMER, Sozialgeschichte des Alters. Frankfurt a.M. 1990
712. H. FEND, Sozialgeschichte des Aufwachsens. Bedingungen des Aufwachsens und Jugendgestalten im 20. Jahrhundert. Frankfurt a.M. 1988
713. U. FREVERT, Frauen-Geschichte. Zwischen bürgerlicher Verbesserung und neuer Weiblichkeit. Frankfurt a.M. 1986
714. A. GESTRICH, Geschichte der Familie im 19. und 20. Jahrhundert. München 1999
715. K. HAUSEN (Hrsg.), Frauen suchen ihre Geschichte. Historische Studien zum 19. und 20. Jahrhundert. München 1983
716. G. HELWIG/H. M. NICKEL (Hrsg.), Frauen in Deutschland 1945–1992. Bonn 1993
717. E. KOLINSKY, Women in West Germany. Life, Works and Politics. Providence 1989
718. K. LÜSCHER u. a. (Hrsg.), Die ‚postmoderne' Familie. Konstanz 1988
719. B. MEYER, Frauen im Männerbund. Politikerinnen in Führungspositionen von der Nachkriegszeit bis heute. Frankfurt a.M. 1997
720. R. NAVE-HERZ, Die Geschichte der Frauenbewegung in Deutschland. 5. Aufl. Hannover 1997
721. I. OSTNER (Hrsg.), Frauen. Soziologie der Geschlechterverhältnisse. München 1987
722. K. SCHULZ, Der lange Atem der Provokation. Die Frauenbewegung in der Bundesrepublik und in Frankreich 1968–1976. Frankfurt a.M. 2002
723. R. SIEDER, Sozialgeschichte der Familie. Frankfurt a.M. 1987
724. R. SIEDER, Besitz und Begehren, Erbe und Elternglück. Familien in Deutschland und Österreich, in: A. BURGUIÈRE u. a. (Hrsg.), Geschichte der Familie. Bd. 4: 20. Jahrhundert. Frankfurt a.M. 1998 , S. 211–284
725. T. v. TROTHA, Zum Wandel der Familie, in: KZfSS 42 (1990), S. 452–473

d) Konsum, Alltag, Freizeit

726. A. ANDERSEN, Der Traum vom guten Leben. Alltags- und Konsumgeschichte vom Wirtschaftswunder bis heute. Frankfurt a.M. 1997

727. W. KÖNIG, Geschichte der Konsumgesellschaft. Stuttgart 2000

728. J. P. RINDERSPACHER, Gesellschaft ohne Zeit. Frankfurt a.M. 1985

729. H. SIEGRIST/H. KAELBLE/J. KOCKA (Hrsg.), Europäische Konsumgeschichte. Zur Gesellschafts- und Kulturgeschichte des Konsums (18. bis 20. Jahrhundert). Frankfurt a.M. 1997

e) Verkehr und Umwelt

730. F.-J. BRÜGGEMEIER, Tschernobyl, 26. April 1986. Die ökologische Herausforderung. München 1998

731. F.-J. BRÜGGEMEIER/TH. ROMMELSPACHER, Blauer Himmel über der Ruhr. Geschichte der Umwelt im Ruhrgebiet 1840–1990. Essen 1992

732. D. KLENKE, „Freier Stau für freie Bürger." Die Geschichte der bundesdeutschen Verkehrspolitik 1949–1994. Darmstadt 1995

733. CH. KOPPER, Handel und Verkehr im 20. Jahrhundert. München 2002

734. H. POHL (Hrsg.), Die Einflüsse der Motorisierung auf das Verkehrswesen von 1886 bis 1986. Stuttgart 1988

735. B. SCHMUCKI, Der Traum vom Verkehrsfluß. Städtische Verkehrsplanung seit 1945 im deutsch-deutschen Vergleich. Frankfurt a.M. 2001

736. TH. ZELLER, Straße, Bahn, Panorama. Verkehrswege und Landschaftsveränderung in Deutschland von 1930 bis 1990. Frankfurt 2002

f) Wohnen, Siedlungsstruktur, Architektur

737. J. DÜWEL/N. GUTSCHOW, Städtebau in Deutschland im 20. Jahrhundert. Ideen – Projekte – Akteure. Stuttgart 2001

738. I. FLAGGE (Hrsg.), Geschichte des Wohnens. Bd. 5: 1945 bis heute. Aufbau, Neubau, Umbau. Stuttgart 1999

739. T. HARLANDER (Hrsg.), Villa und Eigenheim. Suburbaner Städtebau in Deutschland. Stuttgart 2001

740. Ideen, Orte, Entwürfe. Architektur und Städtebau in der Bundesrepublik Deutschland, hrsg. v. Bundesministerium für Raumordnung, Bauwesen und Städtebau. Berlin 1990

741. J. JOEDICKE, Architekturgeschichte des 20. Jahrhunderts. Von 1950 bis zur Gegenwart. 3. Aufl. Stuttgart 1998

742. H. KLOTZ, Moderne und Postmoderne. Architektur der Gegenwart 1960–1980. 3. Aufl. Braunschweig 1987 (zuerst 1984)

743. H. KLOTZ (Hrsg.), Revision der Moderne. Postmoderne Architektur 1960–1980. München 1984
744. J. PAHL, Architekturtheorie des 20. Jahrhunderts. Zeit-Räume. München 1999
745. A. v. SALDERN, Häuserleben. Zur Geschichte städtischen Arbeiterwohnens vom Kaiserreich bis heute. Bonn 1995
746. R. SCHNEIDER/W. NERDINGER/W. WANG (Hrsg.), Architektur im 20. Jahrhundert: Deutschland. München 2000
747. M. SCHREIBER (Hrsg.) Deutsche Architektur nach 1945. 40 Jahre Moderne in der Bundesrepublik. Stuttgart 1986
748. U. SCHWARZ (Hrsg.), Neue Deutsche Architektur. Eine Reflexive Moderne. Ostfildern-Ruit 2002

8. SOZIALKULTUR

a) Allgemeines – „Wertewandel"

749. W. BERGMANN/R. ERB, Privates Vorurteil und öffentliche Konflikte. Der Antisemitismus in Westdeutschland nach 1945, in: Jahrbuch für Antisemitismusforschung 1 (1992), S. 13–41
750. W. BERGSDORF, Herrschaft und Sprache. Studie zur politischen Terminologie der Bundesrepublik Deutschland. Pfullingen 1983
751. U. CLEMENT, Sexualität im sozialen Wandel. Eine empirische Vergleichsstudie an Studenten 1966 und 1981. Stuttgart 1986
752. M. GANTE, § 218 in der Diskussion. Meinungs- und Willensbildung 1945 bis 1976. Düsseldorf 1991
753. M. GANTE, Das 20. Jahrhundert (II). Rechtspolitik und Rechtswirklichkeit 1927–1976, in: R. JÜTTE (Hrsg.), Geschichte der Abtreibung. Von der Antike bis zur Gegenwart. München 1993, S. 169–207
754. H. GLASER, Kulturgeschichte der Bundesrepublik Deutschland. Bd. 3: Zwischen Protest und Anpassung 1968–1989. München 1989
755. H. GLASER, Deutsche Kultur. Ein historischer Überblick von 1945 bis zur Gegenwart. 2. Aufl. Bonn 2000
756. J. HERMAND, Die Kultur der Bundesrepublik Deutschland 1965–1985. München 1988
757. H. HOFMANN/H. KLOTZ (Hrsg.), Die Kultur unseres Jahrhunderts. Bd. 6: 1970–1990. Düsseldorf 1990
758. A. DOERING-MANTEUFFEL/G. KRUIP/M. HOCHGESCHWENDER/J. ANGSTER/ TH. SAUER, Wie westlich sind die Deutschen? In: HPM 3 (1996), S. 1–38
759. R. INGLEHART, The Silent Revolution. Changing Values and Political Styles Among Western Publics. Princeton 1977

760. R. INGLEHART, Kultureller Umbruch. Wertwandel in der westlichen Welt. Frankfurt a.M. 1989

761. H. KAELBLE/M. KIRSCH/A. SCHMIDT-GERNIG (Hrsg.), Transnationale Öffentlichkeit und Identitäten im 20. Jahrhundert. Berlin 2002

762. H. KLAGES, Wertorientierungen im Wandel. Rückblick, Gegenwartsanalyse, Prognosen. Frankfurt a.M. 1984

763. H. KLAGES, Traditionsbruch als Herausforderung. Perspektiven der Wertewandelsgesellschaft. Frankfurt a.M. 1993

764. H. KLAGES/P. KMIECIAK (Hrsg.), Wertewandel und gesellschaftlicher Wandel. Frankfurt a.M. 1979

765. B. LIEBERMAN, From Economic Miracle to Standort Deutschland. Exchanging Economic Metaphors in the Federal Republic of Germany, in: German Politics and Society 18 (2000), S. 30–65

766. R. LUCKSCHEITER, Intellektuelle in der Bundesrepublik 1968–1989, in: J. SCHLICH (Hrsg.), Intellektuelle im 20. Jahrhundert in Deutschland. Ein Forschungsreferat. Tübingen 2000, S. 325–341

767. R. LUCKSCHEITER, Intellektuelle nach 1989, in: J. SCHLICH (Hrsg.), Intellektuelle im 20. Jahrhundert in Deutschland. Ein Forschungsreferat. Tübingen 2000, S. 367–388

768. H. MEULEMANN, Werte und Wertewandel. Zur Identität einer geteilten und wieder vereinten Nation. Weinheim 1996

769. E. NOELLE-NEUMANN, Werden wir alle Proletarier? Wertewandel in unserer Gesellschaft. Zürich 1977

770. E. NOELLE-NEUMANN/R. KÖCHER, Die verletzte Nation. Über den Versuch der Deutschen, ihren Charakter zu ändern. Stuttgart 1987

771. G. STÖTZEL/M. WENGELER (Hrsg.), Kontroverse Begriffe. Geschichte des öffentlichen Sprachgebrauchs in der Bundesrepublik Deutschland. Berlin 1995

b) Protestbewegungen

Extremismus siehe 5.c) Politische Strömungen

772. K.-W. BRAND/D. BÜSSER/D. RUCHT, Aufbruch in eine andere Gesellschaft. Neue soziale Bewegungen in der Bundesrepublik. Aktualis. Neuausg. Frankfurt a.M. 1986

773. C. FINK/PH. GASSERT/D. JUNKER (Hrsg.), 1968: The World Transformed. Cambridge 1999

774. E. FRANÇOIS u. a. (Hrsg.), 1968 – ein europäisches Jahr? Leipzig 1997

775. I. GILCHER-HOLTEY (Hrsg.), 1968. Vom Ereignis zum Gegenstand der Geschichtswissenschaft. Göttingen 1998

776. I. GILCHER-HOLTEY, Die 68er Bewegung. Deutschland – Westeuropa – USA. München 2001
777. W. KRAUSHAAR (Hrsg.), Frankfurter Schule und Studentenbewegung. Von der Flaschenpost zum Molotowcocktail 1946–1995. 3 Bde. Hamburg 1998
778. W. KRAUSHAAR, 1968 als Mythos, Chiffre und Zäsur. Hamburg 2000
779. G. LANGGUTH, Protestbewegung. Entwicklung – Niedergang – Renaissance. Die neue Linke seit 1969. Köln 1983
780. TH. LEIF, Die strategische (Ohn-)Macht der Friedensbewegung. Kommunikations- und Entscheidungsstrukturen in den achtziger Jahren. Opladen 1990
781. J. RASCHKE, Soziale Bewegungen. Ein historisch-systematischer Grundriß. Frankfurt a.M. 1985
782. R. ROTH/D. RUCHT (Hrsg.), Neue soziale Bewegungen in der Bundesrepublik Deutschland. 2. Aufl. Bonn 1991 (1. Aufl. Frankfurt a.M. 1987)
783. D. RUCHT (Hrsg.), Protest in der Bundesrepublik. Strukturen und Entwicklungen. Frankfurt a.M. 2001
784. R. SCHMITT, Die Friedensbewegung in der Bundesrepublik Deutschland. Ursachen und Bedingungen der Mobilisierung einer neuen sozialen Bewegung. Opladen 1990
785. R. SIEVERS (Hrsg.), 1968 – Eine Enzyklopädie. Frankfurt a.M. 2001
786. [K. TEPPE (Hrsg.),] Der gesellschaftliche Ort der „68er"-Bewegung, in: Westfälische Forschungen 48 (1998), S. 1–357
787. M. M. ZWICK, Neue soziale Bewegungen als politische Subkultur. Zielsetzung, Anhängerschaft, Mobilisierung – eine empirische Analyse. Frankfurt a.M. 1990

c) Umgang mit Vergangenheit

788. A. ASSMANN/U. FREVERT, Geschichtsvergessenheit – Geschichtsversessenheit. Vom Umgang mit deutschen Vergangenheiten nach 1945. Stuttgart 1999
789. W. BERGMANN, Die Reaktion auf den Holocaust in Westdeutschland von 1945 bis 1989, in: GWU 43 (1992), S. 327–350
790. H.-J. BRODESSER (Hrsg.), Wiedergutmachung und Kriegsfolgenliquidation. Geschichte – Regelungen – Zahlungen. München 2000
791. R. J. EVANS, Im Schatten Hitlers? Historikerstreit und Vergangenheitsbewältigung in der Bundesrepublik. Frankfurt a.M. 1991 (zuerst engl. 1989)
792. E. FRANÇOIS/H. SCHULZE (Hrsg.), Deutsche Erinnerungsorte. 3 Bde. München 2001
793. R. HARRIS, Selling Hitler. New York 1986
794. J. HENKE, Die sogenannten Hitler-Tagebücher und der Nachweis ihrer

Fälschung. Eine archivfachliche Nachbetrachtung, in: F. P. KAHLENBERG (Hrsg.), Aus der Arbeit der Archive. Boppard 1989, S. 287–317

795. J. HERF, Zweierlei Erinnerung. Die NS-Vergangenheit im geteilten Deutschland, Berlin 1998 (zuerst engl. 1997)

796. H.-G. HOCKERTS, Wiedergutmachung in Deutschland. Eine historische Bilanz 1945–2000, in: VfZ 49 (2001), S. 167–214

797. S. KAILITZ, Die politische Deutungskultur im Spiegel des „Historikerstreits". What's right? What's left? Wiesbaden 2001

798. P. REICHEL, Vergangenheitsbewältigung in Deutschland. Die Auseinandersetzung mit der NS-Diktatur von 1945 bis heute. München 2001

799. M. RENSING, Geschichte und Politik in den Reden der deutschen Bundespräsidenten 1949–1984. Münster 1996

800. C. F. RÜTHER (Bearb.), Die westdeutschen Strafverfahren wegen nationalsozialistischer Tötungsverbrechen 1945–1997. Eine systematische Verfahrensbeschreibung. München 1998

801. R. SEUTHE, „Geistig-moralische Wende"? Der politische Umgang mit der NS-Vergangenheit in der Ära Kohl am Beispiel von Gedenktagen, Museums- und Denkmalprojekten. Frankfurt a.M. 2001

802. E. WOLFRUM, Geschichtspolitik in der Bundesrepublik Deutschland. Der Weg zur bundesrepublikanischen Erinnerung 1948–1990. Darmstadt 1999

803. E. WOLFRUM, Geschichte als Waffe. Vom Kaiserreich bis zur Wiedervereinigung. Göttingen 2001

d) Medien

804. H. BAUSCH, Rundfunkpolitik nach 1945. Zweiter Teil: 1963–1980. München 1980

805. K. BERG/M.-L. KIEFER (Hrsg.), Massenkommunikation V. Eine Langzeitstudie zur Mediennutzung 1964–1995. Baden-Baden 1996

806. K. DUSSEL, Amerikanisierung und Postmoderne in der Bundesrepublik. Beiträge der Rundfunkgeschichte zu fächerübergreifenden Diskursen, in: GWU 50 (1999), S. 221–238

807. K. HICKETHIER, Geschichte des deutschen Fernsehens. Stuttgart 1998

808. W. KLINGLER/G. ROTERS/M. GERHARDS (Hrsg.), Medienrezeption seit 1945. Forschungsbilanz und Forschungsperspektiven. 2. Aufl. Baden-Baden 1999

809. H. KREUZER/CH. W. THOMSEN (Hrsg.), Geschichte des Fernsehens in der Bundesrepublik Deutschland. 5 Bde., München 1993/94

810. B. SCHORB, Freizeit, Fernsehen und neue Medien 1960–1990, in: AfS 33 (1993), S. 425–457

811. W. J. SCHÜTZ (Hrsg.), Medienpolitik. Dokumentation der Kommunika-

tionspolitik in der Bundesrepublik Deutschland von 1945 bis 1990. Konstanz 1990

812. J. WILKE (Hrsg.), Mediengeschichte der Bundesrepublik Deutschland. Köln 1999

813. J. WILKE (Hrsg.), Massenmedien und Zeitgeschichte. Konstanz 1999

e) Literatur und Kunst

814. W. BARNER (Hrsg.), Geschichte der deutschen Literatur von 1945 bis zur Gegenwart. München 1994

815. K. BRIEGLEB/S. WEIGEL (Hrsg.), Gegenwartsliteratur seit 1968. München 1992

816. H. KLOTZ, Kunst im 20. Jahrhundert. Moderne – Postmoderne – Zweite Moderne. 2. Aufl. München 1999

817. H. D. ZIMMERMANN, Literaturbetrieb Ost-West. Die Spaltung der deutschen Literatur von 1948 bis 1998. Stuttgart 2000

f) Bildung und Wissenschaften

818. C. ALBRECHT/G. C. BEHRMANN/M. BOCK/H. HOMANN/F. H. TENBRUCK, Die intellektuelle Gründung der Bundesrepublik. Eine Wirkungsgeschichte der Frankfurter Schule. Frankfurt a.M. 1999

819. G. FRIEDMAN, The political philosophy of the Frankfurt School. Ithaca (N.Y.) 1981

820. CH. FÜHR/K.-L. FURCK (Hrsg.), Handbuch der deutschen Bildungsgeschichte. Bd. VI: 1945 bis zur Gegenwart. Erster Teilband: Die Bundesrepublik. München 1998

821. D. HOFFMANN/K. NEUMANN (Hrsg.), Erziehung und Erziehungswissenschaft in der BRD und der DDR. Bd. 2: Divergenzen und Konvergenzen (1965–1989). Weinheim 1995

822. K. HÜFNER u. a., Hochkonjunktur und Flaute. Bildungspolitik in der Bundesrepublik Deutschland 1967–1980. Stuttgart 1986

823. E. KLEINAU/C. OPITZ (Hrsg.), Geschichte der Mädchen- und Frauenbildung. Bd. 2: Vom Vormärz bis zur Gegenwart. Frankfurt a.M. 1996

824. CH. LÜTH, Gesamthochschulpolitik in der Bundesrepublik Deutschland. Zur Gesamthochschuldiskussion und Hochschulrahmengesetzgebung [1967–1976]. Bad Honnef 1983

825. CH. OEHLER, Hochschulentwicklung in der Bundesrepublik Deutschland seit 1945. Frankfurt a.M. 1989

826. W. PRINZ/P. WEINGART (Hrsg.), Die sogenannten Geisteswissenschaften: Innenansichten. Frankfurt a.M. 1990

827. R. M.O. PRITCHARD, The End of Elitism? The Democratisation of the West German University System. New York 1990

828. P. WEINGART/W. PRINZ u. a., Die sogenannten Geisteswissenschaften: Außenansichten. Die Entwicklung der Geisteswissenschaften in der BRD 1954–1987. Frankfurt a.M. 1991

829. R. WIGGERSHAUS, Die Frankfurter Schule. Geschichte, theoretische Entwicklung, politische Bedeutung. München 1986

g) Technologie

830. H.-J. BRAUN/W. KAISER, Energiewirtschaft, Automatisierung, Information seit 1914. Berlin 1992

831. M. JUNG, Öffentlichkeit und Sprachwandel. Zur Geschichte des Diskurses über die Atomenergie. Opladen 1994

832. O. KECK, Der Schnelle Brüter. Eine Fallstudie über Entscheidungsprozesse in der Großtechnik. Frankfurt a.M. 1984

833. J. RADKAU, Die Geschichte der Kerntechnik, in: J. VARCHMIN/J.R., Kraft, Energie und Arbeit. Energie und Gesellschaft. Reinbek 1988 (zuerst 1981), S. 170–247

834. G. A. RITTER, Großforschung und Staat in Deutschland. Ein historischer Überblick. München 1992

835. B.-A. RUSINEK, Das Forschungszentrum. Eine Geschichte der KFA Jülich von ihrer Gründung bis 1980. Frankfurt 1996

836. M. SZÖLLÖSI-JANZE, Geschichte der Arbeitsgemeinschaft der Großforschungseinrichtungen 1958–1980. Frankfurt 1990

837. W. ZÄNGL, Deutschlands Strom. Die Politik der Elektrifizierung von 1866 bis heute. Frankfurt a.M. 1989

9. RELIGION UND KIRCHEN

838. G. BESIER/A. BOYENS/G. LINDEMANN, Nationaler Protestantismus und Ökumenische Bewegung. Kirchliches Handeln im Kalten Krieg (1945–1990). Berlin 1999

839. G. BESIER, Kirche, Politik und Gesellschaft im 20. Jahrhundert. München 2000

840. W. DAMBERG, Abschied vom Milieu? Der Katholizismus im Bistum Münster und in den Niederlanden 1945–1980. Paderborn 1997

841. K. GABRIEL, Christentum zwischen Tradition und Postmoderne. 7. Aufl. Freiburg 2000 (zuerst 1992)

842. E. GATZ (Hrsg.), Kirche und Katholizismus seit 1945. Bd. 1: Mittel-, West- und Nordeuropa. Paderborn 1998

843. TH. M. GAULY, Kirche und Politik in der Bundesrepublik Deutschland 1945–1976. Bonn 1990

844. CH. HANKE, Die Deutschlandpolitik der Evangelischen Kirche in Deutschland von 1945 bis 1990. Eine politikwissenschaftliche Untersuchung unter besonderer Berücksichtigung des kirchlichen Demokratie-, Gesellschafts- und Staatsverständnisses. Berlin 1999

845. U. v. HEHL (Hrsg.), Zeitzeichen: 150 Jahre Deutsche Katholikentage 1848–1998. Paderborn 1999

846. K. KUNTER, Die Kirchen im KSZE-Prozeß 1968–1978. Stuttgart 2000

847. C. LEPP/K. NOWAK (Hrsg.), Evangelische Kirche im geteilten Deutschland (1945–1989/90). Göttingen 2001

848. J. LISTL/D. PIRSON (Hrsg.), Handbuch des Staatskirchenrechts der Bundesrepublik Deutschland. 2 Bde. Berlin 1994/95 (1. Aufl. hrsg. v. E. FRIESENHAHN/U. SCHEUNER/J. LISTL. 2 Bde. Berlin 1974/75)

849. J. MEHLHAUSEN/L. SIEGELE-WENSCHKEWITZ (Hrsg.), Zwei Staaten – zwei Kirchen? Evangelische Kirche im geteilten Deutschland. Ergebnisse und Tendenzen der Forschung. Leipzig 2000

850. G. SCHMIDTCHEN, Protestanten und Katholiken. Soziologische Analyse konfessioneller Kultur. 2. Aufl. München 1979 (zuerst Bern 1973)

851. F. SPOTTS, Kirchen und Politik in Deutschland. Stuttgart 1976 (zuerst engl. 1973)

10. BIOGRAPHIEN

Sammelbiographien

852. G. A. CRAIG/F. L. LOEWENHEIM (Hrsg.), The Diplomats, 1939–1979. Princeton 1994

853. L. GALL (Hrsg.), Die großen Deutschen unserer Epoche. Frankfurt a.M. 1995

854. E. GATZ (Hrsg.), Die Bischöfe der deutschsprachigen Länder 1945–2001. Ein biographisches Lexikon. Berlin 2002

855. U. KEMPF/H.-G. MERZ (Hrsg.), Kanzler und Minister 1949–1998. Biographisches Lexikon der deutschen Bundesregierungen. Wiesbaden 2001

856. Kürschners Volkshandbuch Deutscher Bundestag. 6.–11. Wahlperiode

857. J. ARETZ/R. MORSEY/A. RAUSCHER (Hrsg.), Zeitgeschichte in Lebensbildern. Aus dem deutschen Katholizismus des 19. und 20. Jahrhunderts. Bd. 3–10. Mainz bzw. Münster 1979–2001

858. H.-P. SCHWARZ, Das Gesicht des Jahrhunderts. Monster, Retter, Mediokritäten. Berlin 1998
859. The International Who's Who 33 (1969–70) – 54 (1990–91)
860. Who's Who in Germany? 4. Aufl. 2 Bde. Wörthsee bei München 1972/80 – Who's Who in Germany 1990. 2 Bde. Essen 1990
861. Wer ist wer? The German Who's who 16 (1969/70) – 29 (1990/91)

Egon Bahr

862. S. A. HEINLEIN, Gemeinsame Sicherheit. Egon Bahrs sicherheitspolitische Konzeption und die Kontinuität sozialdemokratischer Entspannungsvorstellungen. Münster 1993
863. A. VOGTMEIER, Egon Bahr und die deutsche Frage. Zur Entwicklung der Ost- und Deutschlandpolitik vom Kriegsende bis zur Vereinigung. Bonn 1996

Willy Brandt

864. P. MERSEBURGER, Willy Brandt 1913–1992. Visionär und Realist. Stuttgart 2002
865. G. SCHÖLLGEN, Willy Brandt. Die Biographie. Berlin 2001

Joschka (Joseph) Fischer

866. W. KRAUSHAAR, Fischer in Frankfurt. Karriere eines Außenseiters. Hamburg 2001

Helmut Kohl

867. R. APPEL (Hrsg.), Helmut Kohl im Spiegel seiner Macht. Bonn 1990
868. K. DREHER, Helmut Kohl. Leben mit Macht. Stuttgart 1998

Walter Scheel

869. A. BARING, Mr. Bundesrepublik: Walter Scheel, in: F. J. KRONECK/TH. OPPERMANN (Hrsg.), Im Dienste Deutschlands und des Rechtes. Festschrift für Wilhelm G. Grewe. Baden-Baden 1981, S. 17–37

Helmut Schmidt

870. J. CARR, Helmut Schmidt. Aktualis. Neuaufl. Düsseldorf 1993

871. M. RUPPS, Helmut Schmidt. Politikverständnis und geistige Grundlagen. Bonn 1997
872. M. RUPPS, Helmut Schmidt. Eine politische Biographie. Stuttgart 2002

Franz Josef Strauß

873. W. KRIEGER, Franz Josef Strauß. Der barocke Demokrat aus Bayern. Göttingen 1995

Herbert Wehner

874. A. H. LEUGERS-SCHERZBERG, Herbert Wehner und der Rücktritt Willy Brandts am 7. Mai 1974, in: VfZ 50 (2002), S. 303–322

Anhang

ZEITTAFEL

1969
28. 9.   Wahlen zum 6. Deutschen Bundestag
21. 10.   Wahl Willy Brandts zum Bundeskanzler
28. 10.   Regierungserklärung Brandts

1970
1. 2.   Unterzeichnung dreier sowjetisch-westdeutscher Abkommen über Gas- und Öllieferungen
April   Strukturplan des Deutschen Bildungsrats
14. 5.   Befreiung Andreas Baaders aus der Bibliothek des Zentralinstituts für soziale Fragen in Berlin
Juni   1. Bildungsbericht der Bundesregierung
12. 8.   Unterzeichnung des Moskauer Vertrages zwischen der Sowjetunion und der Bundesrepublik
7. 12.   Unterzeichnung des Warschauer Vertrages zwischen der Volksrepublik Polen und der Bundesrepublik

1971
           Erfindung des Mikroprozessors
12. 3.   Erster Bundesfrauenkongress in Frankfurt
13. 5.   Rücktritt Alex Möllers als Bundesfinanzminister
6. 6.   Selbsterklärung von 374 Frauen im „Stern" u.d.T. „Wir haben abgetrieben"
15. 8.   Beschluss der US-Regierung zur Aufhebung der Einlösepflicht des Dollars in Gold
26. 8.   Bundesausbildungsförderungsgesetz
3. 9.   Unterzeichnung des Vier-Mächte-Abkommens über Berlin
30. 9.   Abschluss des Post-Protokolls zwischen der Bundesrepublik und der DDR
20. 10./10. 12.   Zuerkennung/Verleihung des Friedensnobelpreises an Willy Brandt
10. 11.   Verabschiedung der Reform des Betriebsverfassungsgesetzes durch den Bundestag

17. 12.	Unterzeichnung des Transitabkommens zwischen der Bundesrepublik und der DDR
17./18. 12.	Smithsonian Agreement zur Neuordnung der Wechselkurse
20. 12.	Vereinbarung zwischen dem West-Berliner Senat und der DDR-Regierung über Reise- und Besucherverkehr zwischen der DDR und West-Berlin

1972

	Bericht über die „Grenzen des Wachstums" an den Club of Rome
28. 1.	Verabschiedung des Extremisten-Beschlusses
27. 4.	Scheitern des Konstruktiven Misstrauensvotums der CDU/CSU-Fraktion gegen Willy Brandt zugunsten Rainer Barzels im Bundestag
28. 4.	Ablehnung des Kanzlerhaushalts im Bundestag
24. 6.	Gründung des „Bundesverbandes Bürgerinitiativen Umweltschutz"
12./26. 5.	Paraphierung/Unterzeichnung des deutsch-deutschen Verkehrsvertrages
17. 5.	Ratifikation des Moskauer und des Warschauer Vertrages im Bundestag
26. 5.	Unterzeichnung des SALT I-Abkommens in Moskau
1. 6.–7. 7.	Verhaftung der führenden Vertreter der RAF
7. 7.	Rücktritt Karl Schillers als Bundesfinanz- und -wirtschaftsminister
26. 8.–11. 9.	Olympische Spiele in München – 5. 9.: Attentat arabischer Terroristen auf die israelische Mannschaft
21. 9.	Verabschiedung des Rentenreformgesetzes durch den Bundestag
22. 9.	Auflösung des Bundestages
8. 11./21. 12.	Paraphierung/Unterzeichnung des Grundlagenvertrags zwischen der Bundesrepublik und der DDR
19. 11.	Wahlen zum 7. Deutschen Bundestag

1973

1. 1.	Beitritt Großbritanniens, Irlands und Dänemarks zur EG
19./21. 3.	Zusammenbruch des Weltwährungssystems/„Block-Floating" europäischer Währungen gegenüber dem Dollar/Gründung des Europäischen Währungsverbundes („Währungsschlange")
Mai – Nov.	Fluglotsenstreik
20. 6./11. 12.	Paraphierung/Unterzeichnung des Prager Vertrags zwischen der Tschechoslowakischen Republik und der Bundesrepublik
21. 7.	Urteil des Bundesverfassungsgerichts zum Grundlagenvertrag
18. 9.	Beschluss der UN-Generalversammlung zur Aufnahme beider deutscher Staaten in die UNO
Oktober	Beginn des vierten Nahost-Krieges (Yom-Kippur-Krieg; 6. 10.) –

	Ölembargo gegen westliche Staaten bzw. Ölpreiserhöhungen seitens der OPEC-Staaten (ab 17. 10.) – Erklärung der Neutralität seitens der Bundesregierung (24. 10.)
5. 11.	Erhöhung des Mindestumtauschsatzes für Besucher aus der Bundesrepublik durch die Regierung der DDR
30.10.	Beginn der MBFR-Konferenz (zur Truppenreduzierung) in Wien

1974

13. 2.	Tarifabschluss im Öffentlichen Dienst (Erhöhung der Löhne und Gehälter um 11%)
26. 4.	Verabschiedung der Neufassung des § 218 StGB (Abtreibungsparagraph; Fristenregelung) durch den Bundestag
6./16. 5.	Rücktritt Willy Brandts/Wahl Helmut Schmidts zum Bundeskanzler
9./10. 12.	Gründung des „Europäischen Rats" der Staats- und Regierungschefs

1975

18. 2.	Beginn der Protestbewegung gegen den Bau des Atomkraftwerks Wyhl (Oberrhein)
25. 2.	Urteil des Bundesverfassungsgerichts über die Grundgesetzwidrigkeit der Neufassung des § 218 StGB (Fristenregelung)
27. 2./5. 3.	Entführung und Freilassung des Berliner CDU-Vorsitzenden Peter Lorenz durch die „Bewegung 2. Juni"
28. 2.	Konvention von Lomé zwischen der EG und 46 Staaten in Afrika, der Karibik und im Pazifik („AKP-Staaten")
24. 4.	Überfall eines RAF-Kommandos auf die deutsche Botschaft in Stockholm
21. 5.	Beginn des „Baader-Meinhof-Prozesses" in Stuttgart
30. 7.–1. 8.	Abschluss der KSZE-Konferenz in Helsinki
9. 10.	Deutsch-polnisches Abkommen über polnische Rentenansprüche und Ausreisegenehmigungen für Aussiedler
15.–17. 11.	1. Weltwirtschaftsgipfel in Rambouillet
11. 12.	Verabschiedung des neuen Ehe- und Familienrechts durch den Bundestag

1976

26. 1.	Hochschulrahmengesetz
4. 5.	Mitbestimmungsgesetz
18. 5.	erneute Neufassung des § 218 StGB (Indikationenregelung)
3. 10.	Wahlen zum 8. Deutschen Bundestag
Oktober	Beginn gewaltsamer Auseinandersetzungen um den Bau des Kernkraftwerks Brokdorf (13. 11. „Schlacht von Brokdorf")
1. 11.	Gründung des ersten Frauenhauses in Berlin

1977

1. 2.	Erste Ausgabe von „Emma"
7. 4.	Ermordung Siegfried Bubacks und seines Fahrers in Karlsruhe
30. 7.	Ermordung Jürgen Pontos in Oberursel
5. 9.	Entführung Hanns Martin Schleyers und Ermordung seiner Begleiter in Köln
14. 9.	Beschluss der Bundesregierung über Maßnahmen zur Förderung von Wirtschaftswachstum und Beschäftigung
4. 10.– 9. 3. 1978	1. KSZE-Folgekonferenz in Belgrad
13. 10.	Entführung der Lufthansa-Maschine „Landshut"
18./19. 10	Befreiung der Geiseln in der „Landshut" in Mogadischu – Selbstmord von Andreas Baader, Gudrun Ensslin und Jan-Carl Raspe in Stuttgart-Stammheim – Ermordung Hanns Martin Schleyers
28. 10.	Rede Helmut Schmidts vor dem International Institute for Strategic Studies in London

1978

1. 3.	Volksbegehren gegen die Kooperative Gesamtschule in Nordrhein-Westfalen
18. 3.	Zusammenschluss von 200 Initiativen zur „Bunten Liste – Wehrt Euch"
17./17. 7.	3. Weltwirtschaftsgipfel in Bonn
17. 12.	Beginn der zweiten Ölpreiskrise

1979

5./6. 1.	Treffen zwischen James Carter, Valéry Giscard d'Estaing, James Callaghan und Helmut Schmidt auf Guadeloupe (Vorbereitung des NATO-Doppelbeschlusses)
1. 2.	Rückkehr Ayatollah Khomeinis in den Iran
13. 3.	Inkrafttreten des Europäischen Währungssystems (EWS) rückwirkend zum 1. Januar 1979
17./18. 3.	Gründung der „Sonstigen Politischen Vereinigung Die Grünen" in Frankfurt
7./10. 6.	Wahlen zum Europäischen Parlament
18. 6.	Unterzeichnung des SALT II-Abkommens in Wien
25. 6.	Gesetz zur Einführung des Mutterschaftsurlaubs und des Mutterschaftsgeldes
31. 10.	Zweite Konvention von Lomé („Lomé II")
12. 12.	NATO-Doppelbeschluss
26./27. 12.	Beginn des Einmarschs sowjetischer Truppen in Afghanistan

1980

12./13. 1.	Gründungskongress der Grünen als Bundespartei in Karlsruhe
23. 3.	Bundesparteitag der Grünen in Saarbrücken (Beschluss eines Programms)
5. 10.	Wahlen zum 9. Deutschen Bundestag
9. 10.	Erhöhung des Mindestumtauschsatzes für Besucher aus der Bundesrepublik durch die Regierung der DDR
13. 10.	„Geraer Forderungen" Erich Honeckers
11. 11.–9. 9. 1983	2. KSZE-Folgekonferenz in Madrid (mit Unterbrechung vom 12. 3.–9. 11. 1982)
16. 11.	„Krefelder Appell" gegen den NATO-Doppelbeschluss

1981

1. 1.	EG-Beitritt Griechenlands
28. 2.	Großdemonstration gegen den Bau des Kernkraftwerks Brokdorf
12. 8.	Vorstellung des ersten Personalcomputers (PC) durch IBM
10. 10.	Großdemonstration der Friedensbewegung in Bonn
4. 11.	Deutsch-italienischer Entwurf einer „Europäischen Akte" („Genscher-Colombo-Initiative")
11.–13. 12.	Staatsbesuch Helmut Schmidts in der DDR
13. 12.	Verhängung des Kriegsrechts in Polen

1982

5. 2.	Vertrauensfrage Helmut Schmidts im Bundestag
8. 2.	Vorwürfe des *Spiegel* gegen die „Neue Heimat" wegen Missmanagements und Korruption
10. 6.	Großdemonstration der Friedensbewegung in Bonn
17. 9.	Entlassung der FDP-Minister aus der Bundesregierung/Bruch der sozialliberalen Koalition
1. 10.	Konstruktives Misstrauensvotum – Wahl Helmut Kohls zum Bundeskanzler
17. 12.	Vertrauensfrage Helmut Kohls im Bundestag

1983

6./7. 1.	Auflösung des 9. Deutschen Bundestages
6. 3.	Wahlen zum 10. Deutschen Bundestag
23. 3.	Ankündigung der Strategic Defence Initiative (SDI) durch US-Präsident Reagan
25. 4./6. 5.	Ankündigung der Entdeckung der Tagebücher Adolf Hitlers durch den „Stern"/Entlarvung als Fälschung
17.–19. 6.	Verabschiedung der „Feierlichen Deklaration zur Europäischen Union" durch den Europäischen Rat in Stuttgart
29. 6.	Erster bundesdeutscher „Milliardenkredit" für die DDR

22. 10.	Großdemonstration der Friedensbewegung in Bonn und Menschenkette von Neu-Ulm bis Stuttgart gegen die Stationierung der Mittelstreckenraketen
18./19. 11.	Sonderparteitag der SPD in Köln
22./23. 11.	Bundestagsdebatte über die Stationierung von NATO-Mittelstreckenraketen in der Bundesrepublik/Beginn der Stationierung

1984

	Beginn des dualen Rundfunksystems (Sendebeginn des Ludwigshafener Kabelpilotprojekts am 1. 1., von RTL plus am 2. 2., des Münchener Kabelpilotprojekts und des Satellitenfernsehens am 1. 4.)
14./17. 6.	Wahlen zum Europäischen Parlament
25. 7.	Zweiter bundesdeutscher „Milliardenkredit" (950 Mio. DM) für die DDR
22. 9.	Besuch Helmut Kohls und François Mitterrands auf den Schlachtfeldern bei Verdun

1985

11. 3.	Wahl Michail Gorbatschows zum Generalsekretär der KPdSU
12. 3.	Wiederaufnahme von sowjetisch-amerikanischen Gesprächen über die Begrenzung atomarer Mittelstrecken- und von Weltraumwaffen
5./8. 5.	Besuch Helmut Kohls und Ronald Reagans in der KZ-Gedenkstätte Bergen–Belsen und auf dem Soldatenfriedhof von Bitburg/ Rede Richard von Weizsäckers aus Anlass des 40. Jahrestags des Endes des 2. Weltkriegs
14. 6.	Schengener Abkommen über den „schrittweisen Abbau der Kontrollen an den gemeinsamen Grenzen" bis zum 1. Januar 1990 zwischen der Bundesrepublik, Frankreich und den Benelux-Staaten
11. 7.	Erziehungszeitengesetz
22. 9.	„Plaza-Abkommen" zur Senkung des Dollar-Kurses
6. 12.	Bundeserziehungsgeldgesetz

1986

1. 1.	EG-Beitritt Portugals und Spaniens 1. Stufe der Steuerreform (2. Stufe 1988, 3. Stufe 1990)
17./28. 2.	Unterzeichnung der Einheitlichen Europäischen Akte: Errichtung des EG-Binnenmarktes zum Jahr 1993
26. 4.	Reaktorkatastrophe in Tschernobyl
15. 5.	Änderung des Streikparagraphen 116 im Arbeitsförderungsgesetz
9. 7./10. 10	Ermordung des Siemens-Vorstandsmitglieds Karl-Heinz Beckurts bzw. des Diplomaten Gerold von Braunmühl durch die RAF
Juli	Beginn des „Historikerstreits"

1987

25. 1.	Wahlen zum 11. Deutschen Bundestag
16. 2.	Urteile des Bonner Landgerichts im Flick-Parteispendenprozess (Eberhard von Brauchitsch, Otto Graf Lambsdorff und Hans Friderichs)
22. 2.	„Louvre-Akkord" zur Stützung des Dollar
7.–11. 9.	Staatsbesuch Erich Honeckers in der Bundesrepublik
12. 9.	Beginn der „Barschel-Pfeiffer-Affäre" (25. 9. Rücktritt, 11. 10. Tod Barschels)
19. 10.	Internationaler Börsenkrach („Schwarzer Montag")
1. 12.	Inkrafttreten des Staatsvertrags zur Neuordnung des Rundfunkwesens
8. 12.	Unterzeichnung des sowjetisch-amerikanischen INF-Vertrags zum vollständigen Abbau der Mittelstreckenwaffen

1988

1. 7.	Einführung des Deutschen Aktienindex DAX
10. 11.	Rede Philipp Jenningers zur „Reichskristallnacht" im Bundestag

1989

15. 2.	Abschluss des sowjetischen Rückzugs aus Afghanistan
April/Mai	Entscheidung zur Verschiebung einer Entscheidung über die Modernisierung der LANCE-Raketen
2. 5.	Beginn des Abbaus von Grenzsperren zwischen Ungarn und Österreich
15./18. 6.	Wahlen zum Europäischen Parlament
26./27. 6.	Beschluss zur Einsetzung einer Regierungskonferenz für die Schaffung der Europäischen Wirtschafts- und Währungsunion durch den Europäischen Rat in Madrid
7. 7.	Widerruf der Breschnew-Doktrin durch den Waschauer Pakt im Schlusskommuniqué von Budapest
10./11. 9.	Öffnung der ungarischen Grenze zu Österreich
7. 10.	Vierzig-Jahr-Feiern der DDR
9. 10.	„Montagsdemonstration" in Leipzig ohne Eingreifen staatlicher Gewalten
9. 11.	Verabschiedung des Rentenreformgesetzes 1992 durch den Bundestag
	Öffnung der innerdeutschen Grenze
28. 11.	„Zehn-Punkte-Plan" Helmut Kohls
30. 11.	Ermordung des Vorstandssprechers der Deutschen Bank Alfred Herrhausen durch die RAF
19. 12.	Besuch Helmut Kohls in Dresden

1990

10./11. 2.	Besuch Helmut Kohls und Hans-Dietrich Genschers in Moskau
24./25. 2.	Besprechungen Helmut Kohls mit George Bush und James Baker in Camp David
18. 3.	Volkskammerwahlen in der DDR
18. 4.	Initiative Mitterrands und Kohls zur Einberufung einer Regierungskonferenz über die „Europäische Politische Union"
18. 5.	Erster Staatsvertrag zwischen der Bundesrepublik und der DDR zur Einrichtung der Wirtschafts-, Währungs- und Sozialunion zum 1. 7.
31. 5.–3. 6.	Amerikanisch-sowjetischer Gipfel in Washington; prinzipielles Zugeständnis einer gesamtdeutschen NATO-Mitgliedschaft durch Gorbatschow
7. 6.	Verhaftung von zehn ehemaligen RAF-Aktivisten in der DDR
1. 7.	Wirtschafts-, Währungs- und Sozialunion zwischen BRD und DDR
	Inkrafttreten der ersten Stufe der Europäischen Wirtschafts- und Währungsunion
15./16. 7.	Sowjetisch-bundesdeutscher Gipfel in Moskau/Archys
2. 8.	Einmarsch irakischer Truppen in Kuwait
31. 8.	Zweiter Staatsvertrag zwischen der Bundesrepublik und der DDR (Einigungsvertrag)
3. 10.	Wiedervereinigung Deutschlands
9. 11.	Unterzeichnung des deutsch-sowjetischen Freundschaftsvertrags
14. 11.	Unterzeichnung des deutsch-polnischen Grenzvertrags
21. 11.	KSZE-Gipfelkonferenz in Paris: „Charta von Paris für ein neues Europa" – Proklamation des Endes des Kalten Krieges
2. 12.	Wahlen zum 12. Deutschen Bundestag (erster gesamtdeutscher Bundestag)

1991

9./10. 12.	EG-Gipfelkonferenz von Maastricht
17. 12.	Vereinbarung der Auflösung der Sowjetunion zum 21.12.

1992

7. 2.	Unterzeichnung des Vertrags von Maastricht über die Europäische Union

STATISTIKEN UND TABELLEN

Bevölkerung

1. Absolute Zahlen
2. Lebendgeborene und Gestorbene
3. Alterspyramide 1969 und 1989
4. Privathaushalte nach Zahl der Personen
5. Schüler und Studenten
6. Ausländer

Wirtschaft

7. Bruttosozialprodukt 1960–1990
8. Wachstumsraten 1970–1990
9. Struktur der Bruttowertschöpfung
10. Arbeitslosigkeit 1950–1990
11. Lohn- und Gehaltsentwicklung (Angestellte in Industrie und Handel)
12. Preisentwicklung
13. Außenhandelsbilanz
14. Innerdeutscher Handel

Staat und Politik

15. Wahlergebnisse der Bundestagswahlen
16. Sitzverteilung im Bundestag
17. Zusammenstellung der Bundesregierungen mit den wichtigsten Ministerien 1969–1990
18. Steueraufkommen – Öffentliche Ausgaben – Einnahmen und Ausgaben des Bundes – Staatsverschuldung 1950–1989

Gesellschaft

19. Soziale Lagen
20. Soziale Milieus
21. Kirchliches Leben

1. Bevölkerung: Absolute Zahlen

Jahr	Bevölkerung 1000	je km²	Jahr	Bevölkerung 1000	je km²	Jahr	Bevölkerung 1000	je km²
1900	29838	120	1975	61847	249	1984	61126	246
1950	49989	203	1976	61574	248	1985	60975	245
1960	55433	223	1977	61419	247	1986	61010	245
1969	60067	242	1978	61350	247	1987	61077	246
1970	60067	242	1979	61382	247	1988	61450	247
1971	60654	244	1980	61538	247	1989	62063	250
1972	61280	247	1981	61663	248	1990	63254	254
1973	61987	249	1982	61596	248			
1974	62071	250	1983	61383	247			

(nach: STATISTISCHES BUNDESAMT (Hrsg.), Statistisches Jahrbuch 1992 für die Bundesrepublik Deutschland. Stuttgart 1992, S. 50)

2a. Lebendgeborene und Gestorbene

Jahr	Eheschließungen	Lebendgeborene insgesamt	und zwar männlich	nicht ehelich	Totgeborene	Gestorbene insgesamt	und zwar männlich	im 1. Lebensjahr	in den ersten 7 Lebenstagen	Überschuß der Geborenen (+) bzw. Gestorbene (–)
1950	535708	812835	420944	79075	18118	528747	266895	45252	22813	+284088
1960	521445	968629	498182	61330	15049	642962	332503	32724	20137	+325667
1965	492128	1044328	536930	48977	12901	677628	347968	24947	17342	+366700
1970	444510	810808	416321	44280	8351	734843	369975	19165	13301	+ 75965
1975	386681	600512	309135	36774	4689	749260	371074	11875	6967	–148748
1980	362408	620657	318480	46923	3308	714117	348015	7821	3904	– 93460
1985	364661	586155	300053	55070	2414	704296	334382	5244	2217	–118141
1989	397639	681537	349179	69668	2368	697730	326008	5075	2023	– 16193

(nach: STATISTISCHES BUNDESAMT (Hrsg.), Statistisches Jahrbuch 1990 für die Bundesrepublik Deutschland. Stuttgart 1990, S. 61)

2b. Lebendgeborene und Gestorbene seit 1960 im früheren Bundesgebiet

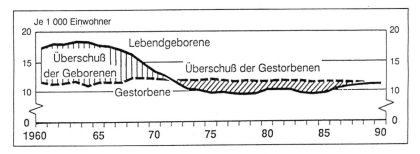

(nach: STATISTISCHES BUNDESAMT (Hrsg.), Datenreport 1992. Bonn 1992, S. 41)

3. Alterspyramide 1969 und 1989

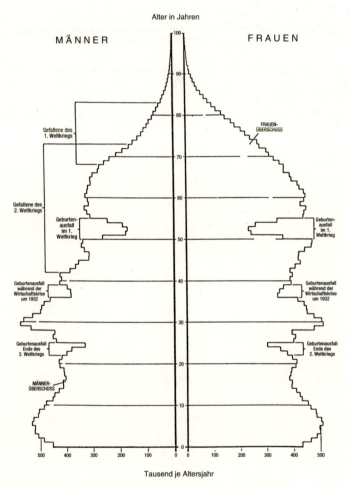

(STATISTISCHES BUNDESAMT (Hrsg.), Statistisches Jahrbuch 1971 für die Bundesrepublik Deutschland. Stuttgart 1971, S. 37)

Statistiken und Tabellen 289

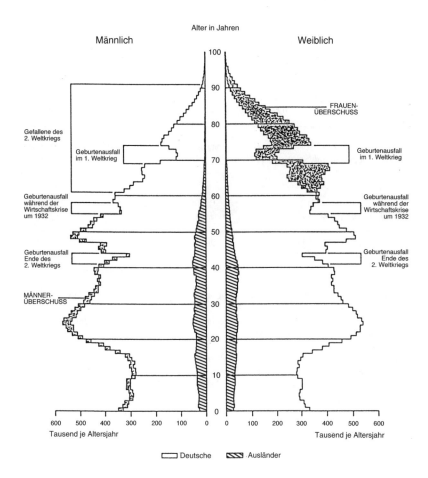

(STATISTISCHES BUNDESAMT (Hrsg.), Statistisches Jahrbuch 1990 für die Bundesrepublik Deutschland. Stuttgart 1990, S. 53)

4. Privathaushalte nach Zahl der Personen

Jahr	Privat-haushalte insgesamt	\:	Davon mit ... Personen				Bevölkerung in Privathaushalten	Personen je Haushalt
		1	2	3	4	5 und mehr		
			1000					Anzahl
13. 9. 1950	16 650	3229	4209	3833	2692	2687	49 850	2.99
6. 6. 1961	19 460	4010	5156	4389	3118	2187	56 012	2.88
27. 5. 1970	21 991	5527	5959	4314	3351	2839	60 176	2.74
25. 5. 1987	26 218	8767	7451	4643	3600	1757	61 603	2.35
April 1990	28 175	9 49	8520	4712	3602	1493	63 492	2.25

(nach: STATISTISCHES BUNDESAMT (Hrsg.), Statistisches Jahrbuch 1992 für die Bundesrepublik Deutschland. Stuttgart 1992, S. 69)

5. Schüler und Studenten

Gegenstand der Nachweisung	[1]	Einheit	1960	1970	1980	1985	1988
Schüler an:							
Allgemeinbildenden Schulen		Okt. 1000	6669	8992	9186	7213	6707
Beruflichen Schulen		Okt. 1000	1788	1984	2576	2669	2401
Schulen des Gesundheitswesens		Okt. 1000	.	65	97	112	107
Auszubildende		JE 1000	1266	1269	1715	1337	1465
Studenten an:		WS 1000	247	422	1036	1337	1465
Universitäten[2]		WS 1000	239	412	818	971	1101
Kunsthochschulen		WS 1000	7	10	18	21	23
Fachhochschulen[3]		WS 1000	–	–	200	301	341
Hauptberufliche Lehrer[4]		Okt. 1000	241	356	573	585	580
Hochschullehrer		Okt. 1000	18	49	127	139	151

[1] JE = Jahresende, WS = Wintersemester.
[2] Einschl. pädagogischer und theologischer Hochschulen sowie Gesamthochschulen.
[3] Ohne Studierende der ehemaligen Ingenieurakademien.
[4] An allgemeinbildenden und beruflichen Schulen.

(nach: STATISTISCHES BUNDESAMT (Hrsg.), Statistisches Jahrbuch 1990 für die Bundesrepublik Deutschland. Stuttgart 1990, S. 28)

6. Ausländer

Ausländer im Bundesgebiet, 1961 bis 1998 in Tausend

Jahr	Ausländische Bevölkerung			Jahr	Ausländische Bevölkerung		
	Insgesamt	In % der Gesamtbevölkerung	Sozialversicherungspflichtig Beschäftigte		Insgesamt	In % der Gesamtbevölkerung	Sozialversicherungspflichtig Beschäftigte
1961	686,1	–	–	1983	4534,9	7,4	1640,6
1968	1924,2	3,2	1014,8	1984	4363,6	7,1	1552,6
1969	2381,1	3,9	1372,1	1985	4378,9	7,2	1536,0
1970	2976,5	4,9	1838,9	1986	4512,7	7,4	1544,7
1971	3438,7	5,6	2168,6	1987	4240,5	6,9	1557,0
1972	3526,6	5,7	2317,0	1988	4489,1	7,3	1607,1
1973	3966,2	6,4	2595,0	1989	4845,9	7,7	1683,8
1974	4127,4	6,7	2150,6	1990	5342,5	8,4	1793,4
1975	4089,6	6,6	1932,6	1991	5882,3	7,3	1908,7
1976	3948,3	6,4	1873,8	1992	6495,8	8,0	2119,6
1977	3948,3	6,4	1833,5	1993	6878,1	8,5	2150,1
1978	3981,1	6,5	1862,2	1994	6990,5	8,6	2109,7
1979	4143,8	6,7	1965,8	1995	7173,9	8,8	2094,0
1980	4453,3	7,2	1925,6	1996	7314,0	8,9	2009,7
1981	4629,7	7,5	1832,2	1997	7365,8	9,0	1997,8
1982	4666,9	7,6	1709,5	1998	7319,6	9,0	2030,3

(nach: Ulrich HERBERT, Geschichte der Ausländerpolitik in Deutschland. München 2001, S. 198 u. 233)

7. Wirtschaft: Bruttosozialprodukt 1960–1990

Jahr	Bruttosozialprodukt		Jahr	Bruttosozialprodukt	
	in jeweiligen Preisen	in Preisen von 1985		in jeweiligen Preisen	in Preisen von 1985
1960	303,0	859,8	1984	1763,3	1802,0
1965	458,2	1080,3	1985	1834,5	1834,5
1970	675,7	1322,8	1986	1936,1	1874,4
1975	1027,7	1473,0	1987	2003,0	1902,3
1980	1477,4	1733,8	1988	2108,0	1971,8
1981	1539,6	1735,7	1989[1])	2245,2	2046,8
1982	1590,3	1716,5	1990[1])	2425,5	2138,7
1983	1675,7	1748,4			

[1]) Vorläufiges Ergebnis.
(nach: STATISTISCHES BUNDESAMT (Hrsg.), Datenreport 1992. Bonn 1992, S. 267)

8. Wirtschaft: Wachstumsraten 1970–1990[1]

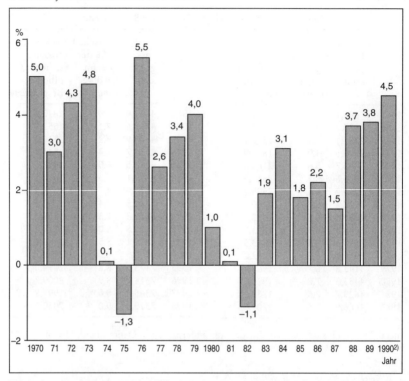

[1] Veränderungen des Bruttosozialprodukts in Preisen von 1985 gegenüber dem Vorjahr.
[2] Vorläufiges Ergebnis.
(nach: STATISTISCHES BUNDESAMT (Hrsg.), Datenreport 1992. Bonn 1992, S. 267)

9. Wirtschaft: Struktur der Bruttowertschöpfung

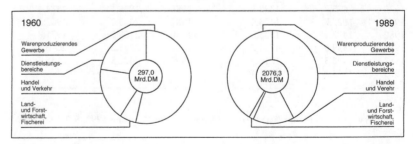

(nach: STATISTISCHES BUNDESAMT (Hrsg.), Datenreport 1990. Bonn 1990, S. 31)

10. Arbeitslosigkeit 1950–1990

Arbeitslose und offene Stellen im früheren Bundesgebiet [Jahresdurchschnittswerte]

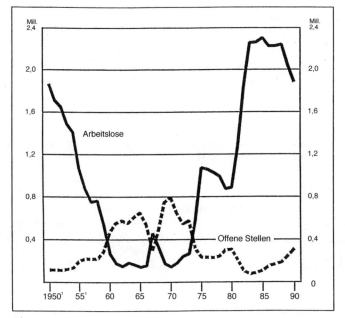

¹) Bis 1958 ohne Saarland.
(nach: STATISTISCHES BUNDESAMT (Hrsg.), Datenreport 1992. Bonn 1992, S. 103)

11. Lohn- und Gehaltsentwicklung

Bruttomonatsverdienste der Angestellten in Industrie und Handel¹)

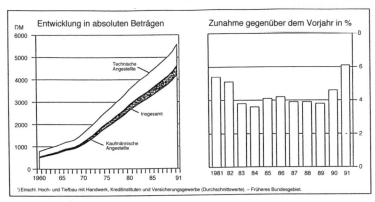

(nach: STATISTISCHES BUNDESAMT (Hrsg.), Statistisches Jahrbuch 1992 für die Bundesrepublik Deutschland. Stuttgart 1992, S. 587)

12. Preisentwicklung

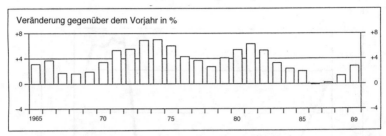

(nach: STATISTISCHES BUNDESAMT (Hrsg.), Statistisches Jahrbuch 1990 für die Bundesrepublik Deutschland. Stuttgart 1990, S. 31)

13. Außenhandelsbilanz

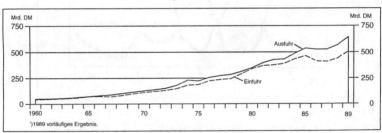

(nach: STATISTISCHES BUNDESAMT (Hrsg.), Statistisches Jahrbuch 1990 für die Bundesrepublik Deutschland. Stuttgart 1990, S. 25)

14. Innerdeutscher Handel

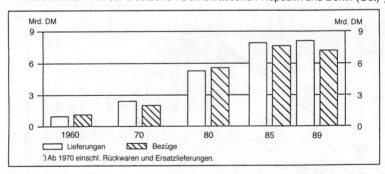

(nach: STATISTISCHES BUNDESAMT (Hrsg.), Statistisches Jahrbuch 1990 für die Bundesrepublik Deutschland. Stuttgart 1990, S. 25)

15. Staat und Politik: Wahlergebnisse der Bundestagswahlen

Jahr	Wahl-beteili-gung in %	CDU[1])	SPD	FDP	GRÜNE[2])	PDS	Sonstige[3])
				Anteile der Zweitstimmen in %			
1949	78,5	31,0	29,2	11,9	–	–	27,8
1953	86,0	45,2	28,8	9,5	–	–	16,5
1957	87,8	50,2	31,8	7,7	–	–	10,3
1961	87,7	45,3	36,2	12,8	–	–	5,7
1965	86,8	47,6	39,3	9,5	–	–	3,6
1969	86,7	46,1	42,7	5,8	–	–	5,5
1972	91,1	44,9	45,8	8,4	–	–	0,9
1976	90,7	48,6	42,6	7,9	–	–	0,9
1980	88,6	44,5	42,9	10,6	1,5	–	0,5
1983	89,1	48,8	38,2	7,0	5,6	–	0,5
1987	84,3	44,3	37,0	9,1	8,3	–	1,4
1990 gesamt	77,8	43,8	33,5	11,0	3,8	2,4	5,4
1990 West	78,6	44,3	35,7	10,6	4,8	0,3	4,4
1990 Ost	74,5	41,3	24,3	12,9	6,2	11,1	3,8

[1]) In Bayern CSU, 1957 auch im Saarland.
[2]) 1990 Wahlgebiet Ost: davon B90/Grüne 6,1.
[3]) 1969: davon NPD 4,3; 1990 (gesamt): davon Republikaner 2,1; B90/Grüne 1,2.

(nach: FORSCHUNGSGRUPPE WAHLEN, Wahlergebnisse in Deutschland 1946–1998. 4. Ausg. Mannheim 1998, S. 141)

16. Sitzverteilung im Bundestag

Jahr*	Insgesamt	CDU/CSU	SPD	FDP	GRÜNE[1])	PDS	Sonstige
1949	402	132	131	52	–	–	80
1953	487	243	151	48	–	–	45
1957	497	270	169	41	–	–	17
1961	499	242	190	67	–	–	–
1965	496	245	202	49	–	–	–
1969	496	242	224	30	–	–	–
1972	496	225	230	41	–	–	–
1976	496	243	214	39	–	–	–
1980	497	226	218	53	–	–	–
1983	498	244	193	34	27	–	–
1987	497	223	186	46	42	–	–
1990	662	319	239	79	8	17	–

*) Bis 1987 ohne Westberliner Abgeordnete und ehem. DDR.
[1]) 1990: B90/Grüne.

(nach: FORSCHUNGSGRUPPE WAHLEN, Wahlergebnisse in Deutschland 1946–1998. 4. Ausg. Mannheim 1998, S. 142)

17. Zusammenstellung der Bundesregierungen mit den wichtigsten Ministerien 1969–1990

Wahlperioden	6. WP 28. 9. 1969 6. 10. 1969–1972	7. WP 19. 11. 1972/1 15. 12. 1972–1974	7. WP 19. 11. 1972/2 16. 5. 1974–1976	8. WP 3. 10. 1976 16. 12. 1976–1980	9. WP 5. 10. 1980/1 6. 11. 1980–1982	9. WP 5. 10. 1980/2 4. 10. 1982–1983	10. WP 6. 3. 1983 30. 3. 1983–1987	11. WP 25. 1. 1987 12. 3. 1987–1991
Kabinett	Brandt I	Brandt II	Schmidt I	Schmidt II	Schmidt III	Kohl I	Kohl II	Kohl III
Bundeskanzler	Willy Brandt (SPD)	Willy Brandt (SPD)	Helmut Schmidt (SPD)	Helmut Schmidt (SPD)	Helmut Schmidt (SPD)	Helmut Kohl (CDU)	Helmut Kohl (CDU)	Helmut Kohl (CDU)
Bundeskanzleramt	Horst Ehmke (SPD)						Wolfgang Schäuble (CDU) ab 15. 11. 1984	Wolfgang Schäuble (CDU) bis 21. 4. 1989 Rudolf Seiters (CDU)
Auswärtiges Amt	Walter Scheel (FDP)	Walter Scheel (FDP)	Hans-Dietrich Genscher (FDP)	Hans-Dietrich Genscher (FDP)	Hans-Dietrich Genscher (FDP) bis 17. 9. 1982 Helmut Schmidt (SPD)	Hans-Dietrich Genscher (FDP)	Hans-Dietrich Genscher (FDP)	Hans-Dietrich Genscher (FDP)
BM des Inneren	Hans-Dietrich Genscher (FDP)	Hans-Dietrich Genscher (FDP)	Werner Maihofer (FDP)	Werner Maihofer (FDP) bis 8. 6. 1978 Gerhart Rudolf Baum (FDP)	Gerhart Rudolf Baum (FDP) bis 17. 9. 1982 Jürgen Schmude (SPD)	Friedrich Zimmermann (CSU)	Friedrich Zimmermann (CSU)	Friedrich Zimmermann / (CSU) bis 21. 4. 1989 Wolfgang Schäuble (CDU)
BM für Wirtschaft	Karl Schiller (SPD) ab 13. 5. 1971 BM f. Wirtschaft u. Finanzen	Hans Friderichs (FDP)	Hans Friderichs (FDP)	Hans Friderichs (FDP) bis 7. 10. 1977 Otto Graf Lambsdorff (FDP)	Otto Graf Lambsdorff (FDP) bis 17. 9. 1982 Manfred Lahnstein (SPD)	Otto Graf Lambsdorff (FDP)	Otto Graf Lambsdorff (FDP) bis 27. 6. 1984 Martin Bangemann (SPD)	Martin Bangemann (FDP) bis 9. 12. 1988 Helmut Haussmann (FDP)
BM der Finanzen	Karl Schiller (SPD) ab 13. 5. 1971 Helmut Schmidt (SPD) ab 7. 7. 1972 Alex Möller (SPD) bis 13. 5. 1971	Helmut Schmidt (SPD)	Hans Apel (SPD)	Hans Apel (SPD) bis 16. 2. 1978 Hans Matthöfer (SPD)	Hans Matthöfer (SPD) bis 28. 4. 1982 Hans Matthöfer (SPD)	Gerhard Stoltenberg (CDU)	Gerhard Stoltenberg (CDU)	Gerhard Stoltenberg (CDU) bis 21. 4. 1989 Theodor Waigel (CSU)
BM der Justiz	Gerhard Jahn (SPD)	Gerhard Jahn (SPD)	Hans-Jochen Vogel (SPD)	Hans-Jochen Vogel (SPD)	Hans-Jochen Vogel (SPD) bis 22. 1. 1981 Jürgen Schmude (SPD)	Hans A. Engelhard (FDP)	Hans A. Engelhard (FDP)	Hans A. Engelhard (FDP)

Wahlperioden	6. WP 28. 9. 1969 6. 10. 1969–1972	7. WP 19. 11. 1972/1 15. 12. 1972–1974	7. WP 19. 11. 1972/2 16. 5. 1974–1976	8. WP 3. 10. 1976 16. 12. 1976–1980	9. WP 5. 10. 1980/1 6. 11. 1980–1982	9. WP 5. 10. 1980/2 4. 10. 1982–1983	10. WP 6. 3. 1983 30. 3. 1983–1987	11. WP 25. 1. 1987 12. 3. 1987–1991
Kabinett	Brandt I	Brandt II	Schmidt I	Schmidt II	Schmidt III	Kohl I	Kohl II	Kohl III
BM für Arbeit und Sozialordnung	Walter Arendt (SPD)	Walter Arendt (SPD)	Walter Arendt (SPD)	Herbert Ehrenberg (SPD)	Herbert Ehrenberg (SPD) bis 28. 4. 1982 Heinz Westphal SPD	Norbert Blüm (CDU)	Norbert Blüm (CDU)	Norbert Blüm (CDU)
BM für innerdeutsche Beziehungen	Egon Franke (SPD)	Egon Franke (SPD)	Egon Franke (SPD)	Egon Franke (SPD)	Egon Franke (SPD)	Rainer Barzel (CDU)	Heinrich Windelen (CDU)	Dorothee Wilms (CDU)
BM der Verteidigung	Helmut Schmidt (SPD) bis 7. 7. 1972 Georg Leber / SPD	Georg Leber (SPD)	Georg Leber (SPD) bis 16.2.1978 Hans Apel (SPD)	Georg Leber (SPD)	Hans Apel (SPD)	Manfred Wörner (CDU)	Manfred Wörner (CDU)	Manfred Wörner (CDU) ab 18.5.1988 Rupert Scholz (CDU) ab 21.4.1989 Gerhard Stoltenberg (CDU)
BM für Jugend, Familie und Gesundheit	Käte Strobel (SPD)	Katharina Focke (SPD)	Katharina Focke (SPD)	Antje Huber (SPD)	Antje Huber (SPD) bis 28. 4. 1982 Anke Fuchs (SPD)	Heiner Geißler (CDU)	Heiner Geißler (CDU) bis 26. 9. 1985 BM f. Jugend, Familie Frauen u. Gesundheit Rita Süßmuth (CDU) ab 26. 9. 1985	Rita Süßmuth (CDU) bis 25. 11. 1988 Ursula Lehr (CDU) ab 9. 12. 1988
BM für Bildung und Wissenschaft	Hans Leussink parteilos bis 15. 3. 1972 Klaus von Dohnanyi (SPD)	Klaus von Dohnanyi (SPD)	Helmut Rohde (SPD)	Helmut Rohde (SPD) bis 16. 2. 1978 Jürgen Schmude (SPD)	Jürgen Schmude (SPD) bis 28. 1. 1981 Björn Engholm (SPD)	Dorothee Wilms (CDU)	Dorothee Wilms (CDU)	Jürgen W. Möllemann (FDP)
BM für Umwelt, Naturschutz und Reaktorsicherheit							Walter Wallmann (CDU) ab 6. 6. 1986	Walter Wallmann (CDU) bis 22. 4. 1987 Klaus Töpfer (CDU)

(nach: Gerhard A. RITTER / Merith NIEHUSS, Die Regierungen der Bundesrepublik Deutschland, in JÖRG, Neue Folge 49 (2001), S. 215–249)

18. *Steueraufkommen – Öffentliche Ausgaben – Einnahmen und Ausgaben des Bundes – Staatsverschuldung 1950–1989*

Steueraufkommen

Jahr[1])	Steueraufkommen[2]) insgesamt		darunter Lohnsteuer		Einkommen- und Körperschaftssteuer	
	Mio DM	%	Mio DM	%	Mio DM	%
1950	20 381	.	1 707	.	3 460	.
1955	42 319	+10,5	4 402	+13,6	7 463	− 2,6
1960	68 447	+15,5	8 102	+36,8	15 473	+23,9
1961	78 528	+14,7	10 453	+29,0	18 290	+18,2
1962	86 381	+10,0	12 315	+17,8	20 008	+ 9,4
1963	91 082	+ 5,4	13 844	+12,4	21 139	+ 5,7
1964	99 387	+ 9,1	16 092	+16,2	22 119	+ 4,6
1965	105 463	+ 6,1	16 738	+ 4,0	22 968	+ 3,8
1966	112 450	+ 6,6	19 055	+13,8	23 762	+ 3,5
1967	114 633	+ 1,9	19 558	+ 2,6	22 843	− 3,9
1968	121 809	+ 6,3	22 080	+12,9	24 825	+ 8,7
1969	145 288	+19,3	27 057	+22,5	27 884	+12,3
1970	154 137	+ 6,1	35 086	+29,7	24 717	−11,4
1971	172 409	+11,9	42 803	+22,0	25 507	+ 3,2
1972	197 002	+14,3	49 770	+16,3	31 635	+24,0
1973	224 806	+14,1	61 255	+23,1	37 339	+18,0
1974	239 580	+ 6,6	71 960	+17,5	37 196	− 0,5
1975	242 069	+ 1,0	71 191	− 1,1	38 055	+ 2,3
1976	268 076	+10,7	80 609	+13,2	42 700	+12,2
1977	299 445	+11,7	90 773	+12,6	52 338	+22,6
1978	319 101	+ 6,6	92 013	+ 1,4	57 250	+ 9,4
1979	342 824	+ 7,4	97 067	+ 5,5	60 463	+ 5,6
1980	364 991	+ 6,5	111 559	+14,9	58 118	− 3,9
1981	370 319	+ 1,5	116 559	+ 4,5	53 090	− 8,7
1982	378 702	+ 2,3	123 407	+ 5,9	52 060	− 1,9
1983	396 575	+ 4,7	128 889	+ 4,4	91 950	− 0,2
1984	414 697	+ 4,6	136 350	+ 5,8	52 680	+ 1,4
1985	437 201	+ 5,4	147 630	+ 8,3	60 404	+14,7
1986	452 437	+ 3,5	152 233	+ 3,1	62 181	+ 2,9
1987	468 660	+ 3,6	164 176	+ 7,8	57 997	− 6,7
1988	488 097	+ 4,1	167 504	+ 2,0	63 192	+ 9,0
1989	535 526	+ 9,7	181 833	+ 8,6	70 980	+12,3

[1]) 1950, 1955 ohne Saarland.
[2]) Kassenmäßige Einnahmen aus Steuern des Bundes, der Länder und Gemeinden sowie aus Sonderabgaben (insbes. Lastenausgleich).

Noch 18:

Öffentliche Ausgaben

Rechnungsjahr[1]	insgesamt[2]		darunter Verteidigung, öffentliche Sicherheit und Rechtsschutz	Schulwesen, Hochschulen, Forschung außerhalb der Hochschulen	Soziale Sicherung, Gesundheit, Sport und Erholung	Wohnungswesen und Raumordnung, Wirtschaftsförderung, Verkehrs- u. Nachrichtenwesen
	Mio DM	%	Mio DM			
1950	28 141	.	5 822	2 083	8 633	6 729
1955	51 234	+ 7.5	8 390	4 419	15 636	11 173
1960[3]	64 555	.	11 048	6 055	17 995	15 493
1961	95 275	.	16 882	9 546	25 924	20 780
1965	140 581	+ 9,7	24 212	15 873	37 641	31 874
1969	174 723	+ 9,8	26 882	22 774	45 690	37 553
1970	196 330	+12,4	27 720	27 603	50 563	42 729
1971	225 182	+14,7	31 125	34 871	57 880	44 521
1972	251 271	+11,6	35 181	39 668	65 193	47 878
1973	277 665	+10,5	39 155	44 954	68 700	51 370
1974[4]	316 504	+14,0	44 691	52 467	82 179	56 305
1974[5]	458 496	.	44 637	54 536	220 029	57 700
1975	527 240	+15,1	47 609	59 659	270 684	60 208
1976	559 894	+ 6,1	49 699	60 927	291 376	62 889
1977	592 977	+ 5,9	51 699	64 320	308 412	65 608
1978	636 954	+ 7,4	55 344	69 020	325 207	76 006
1979	688 919	+ 8,2	58 892	75 400	346 911	85 474
1980	751 627	+ 7,7	63 162	82 768	371 723	91 690
1981	791 199	+ 6,7	67 726	86 786	401 712	89 884
1982	828 482	+ 4,7	70 170	88 995	424 196	85 200
1983	849 178	+ 2,5	73 329	89 250	432 937	87 585
1984	876 812	+ 3,3	74 967	89 109	449 345	91 355
1985	907 266	+ 3,5	77 314	93 092	464 034	94 490
1986	941 902	+ 3,8	79 683	96 102	483 520	99 116
1987	978 851	+ 3,9	82 117	98 408	505 659	103 054
1988p	1 019 177	+ 4,1	83 047	100 065	530 999	105 731

[1] 1950 ohne Berlin, 1950, 1955 ohne Saarland.
[2] Bund, Länder, Gemeinden, Lastenausgleichsfonds, ERP-Sondervermögen, Deutsche Gesellschaft für öffentlicher Arbeiten AG (Öffa); 1950, 1955, 1961 ohne ERP-Sondervermögen.
[3] Rumpfrechnungsjahr (1. 4. bis 31. 12.).
[4] Methode und Berichtskreis den Vorjahren angepaßt.
[5] Neue Darstellungsmethode ab 1974: einschl. Sozialversicherung, Organisationen ohne Erwerbszweck, Zweckverbände sowie Finanzierungsanteil der Europäischen Gemeinschaften.

Noch 18:

Einnahmen und Ausgaben des Bundes[1])

Jahr[2])	Einnahmen		Ausgaben		Finanzierungssaldo[3])	darunter Netto-Kreditaufnahme (−) Nettotilgung (+)
	Mio DM	%	Mio DM	%	Mio DM	
1950	11 411	.	12 385	.	− 894	− 196
1955	26 028	+10,9	22 419	+ 7,4	+ 3 615	+ 304
1960	30 205	.	30 287	.	− 0	+ 61
1961	44 085	.	43 054	.	+ 835	+ 936
1962	49 407	+12,1	49 864	+15,8	− 603	− 297
1963	52 372	+ 6,0	54 762	+ 9,8	− 2 217	− 1 965
1964	57 748	+10,3	58 150	+ 6,2	− 266	− 583
1965	63 125	+ 9,3	64 192	+10,4	− 998	− 113
1966	65 758	+ 4,2	66 874	+ 4,2	− 1 188	− 218
1967	67 033	+ 1,9	74 642	+11,6	− 7 616	− 6 642
1968	70 693	+ 5,5	75 765	+ 1,5	− 4 916	− 5 757
1969	83 371	+17,9	82 256	+ 8,6	+ 1 185	− 1
1970	88 398	+ 6,0	87 982	+ 7,0	+ 353	− 1 107
1971[4])	97 397	+10,2	98 472	+11,9	− 1 385	− 1 442
1972	106 338	+ 9,2	111 086	+12,8	− 4 777	− 3 976
1973	119 177[5])	+12,1	122 557	+10,3	− 3 199	− 2 677
1974[7])	123 572[5])	+ 3,7	134 035	+ 9,4	−10 337	− 9 475
1975	123 788	+ 0,2	156 894	+17,1[6])	−33 083	−29 925
1976	136 627	+10,4	162 512	+ 3,6	−25 856	−25 782
1977	149 755	+ 9,6	171 952	+ 5,8	−22 206	−21 712
1978	163 152	+ 8,9	189 508	+10,2	−26 313	−25 940
1979	177 515	+ 8,8	203 358	+ 7,3	−26 053	−25 611
1980	188 090	+ 6,0	215 710	+ 6,1	−27 594	−27 108
1981	195 034	+ 3,7	232 995	+ 8,0	−37 940	−37 390
1982	206 968	+ 6,1	244 646	+ 5,0	−37 658	−37 135
1983	214 808	+ 3,8	246 748	+ 0,9	−31 917	−31 475
1984	223 133	+ 3,9	251 781	+ 2,0	−28 624	−28 305
1985	234 346	+ 5,0	257 111	+ 2,0	−22 740	−22 386
1986	238 244	+ 1,7	261 525	+ 1,7	−23 254	−22 926
1987	241 129	+ 1,2	269 047	+ 2,9	−27 888	−27 455
1988	239 382	− 0,7	275 374	+ 2,4	−35 963	−35 388
1989	269 709	+12,7	289 779	+ 5,2	−20 041	−19 226

[1]) Ist-Ergebnisse; ohne besondere Finanzierungsvorgänge (Schuldenaufnahme bzw. -tilgung am Kapitalmarkt u. a.).
[2]) Rumpfhaushaltsjahr vom 1. April bis 31. Dezember 1960; vorher Haushaltsjahre vom 1. April bis 31. März; ab 1961: Haushaltsjahr = Kalenderjahr.
[3]) Nach Berücksichtigung des Saldos der durchlaufenden Mittel.
[4]) Ab 1971: Nach Ausgliederung der EG-Finanzierung.
[5]) Ohne bei der Bundesbank aus stabilitätspolitischen Gründen stillgelegte Einnahmen.
[6]) Gegenüber methodisch umgerechnetem Ist-Ergebnis 1974 wegen Neuregelung des Familienlastenausgleichs 1975: +12,7%.
[7]) Ab 1974: Ohne Konjunktur- und Sonderprogramme 1974/1975.

Noch 18:

Staatsverschuldung

Jahres-ende	Verschuldung der öffentlichen Haushalte						
	insgesamt			Bund[2]		Länder u. Gemeinden	
	Mrd DM	%	%-Zahlen[1]	Mrd. DM	%	Mrd. DM	%
1950	20,6	.	21,0	7,3	.	13,3	.
1955	40,9	+ 5,8	22,5	20,8	+ 3,5	20,2	+ 8,6
1960	52,2	+ 6,3	17,2	26,3	+ 7,3	25,9	+ 5,3
1961	56,6	+ 8,4	17,1	29,9	+13,7	26,7	+ 3,1
1962	60,0	+ 6,0	16,6	31,5	+ 5,4	28,5	+ 6,7
1963	66,7	+11,2	17,5	35,7	+13,3	31,0	+ 8,8
1964	73,1	+ 9,6	17,4	37,6	+ 5,3	35,5	+14,5
1965	83,0	+13,5	18,1	39,8	+ 5,9	43,2	+21,7
1966	92,3	+11,2	18,9	42,5	+ 6,8	49,8	+15,3
1967	108,2	+17,2	21,9	52,0	+22,4	56,2	+12,9
1968	117,1	+ 8,2	21,9	56,6	+ 8,8	60,5	+ 7,7
1969	117,9	+ 0,7	19.7	55,5	− 1,9	62,4	+ 3,1
1970	125,9	+ 6,8	18,6	57,8	+ 4,1	68,1	+ 9,1
1971	140,4	+11,5	18,7	59,4	+ 2,8	81,0	+18,9
1972	156,1	+11,2	18,9	63,2	+ 6,4	92,9	+14,7
1973	170,9[3]	+ 9,5	18,6	68,4	+ 8,2	102,5[3]	+10,3
1974	187,3	+14,7	19,0	78,7	+15,1	108,6	+14,4
1975	256,4	+36,9	24,9	115,0	+46,1	141,4	+30,2
1976	296,7	+15,7	26,4	135,1	+17,5	161,6	+14,3
1977	328,5	+10,7	27,5	155,6	+15,2	172,9	+ 7,0
1978	370,8	+12,9	28,7	182,0	+17,0	188,8	+ 9,2
1979	413,9	+11,6	29,7	207,6	+14,1	206,3	+ 9,3
1980	468,6	+13,2	31,5	235,6	+13,5	233,0	+12,9
1981	545,6	+16,4	35,5	277,8	+17,9	267,8	+14,9
1982	614,8	+12,7	38,5	314,3	+13,2	300,5	+12,2
1983	671,7	+ 9,3	40,0	347,2	+10,5	324,5	+ 8,0
1984	717,5	+ 6,8	40,7	373,9	+ 7,7	343,7	+ 5,9
1985	760,2	+ 6,0	41,2	399,0	+ 6,7	361,1	+ 5,1
1986	801,0	+ 5,4	41,1	421,8	+ 5,7	379,2	+ 5,0
1987	848,8	+ 6,0	42,0	446,4	+ 5,8	402,4	+ 6,1
1988	903,0	+ 6,4	42,6	481,1	+ 7,8	421,9	+ 4,8
1989p	929,3	+ 2,9	41,1	497,7	+ 3,4	431,6	+ 2,3

[1] Anteil am Bruttosozialprodukt (1,1).
[2] Einschl. Lastenausgleichsfonds und ERP-Sondervermögen.
[3] Nach Ausschaltung der kommunalen Eigenbetriebe verbleiben 163,3 Mrd. DM (insgesamt) bzw. 94,9 Mrd DM (Länder und Gemeinden).
Die Veränderungsraten gehen von diesen verminderten Beträgen aus.

(nach: Der Bundesminister für Arbeit und Sozialordnung (Hrsg.), Statistisches Taschenbuch 1990. Arbeits- und Sozialstatistik. Bonn 1990)

19. Gesellschaft: Soziale Lagen

Soziale Lagen in der Bundesrepublik 1987

	Anzahl in Tsd.		Ausländeranteil in %		Haushaltsnettoeinkommen, bedarfsgewichtet pro Kopf in DM		Haushaltsnettoeinkommen, in DM		Lebenszufriedenheit (Skala 0–10)		„Große Sorgen" Anteil in %	
	Männer	Frauen	Männer	Frauen	Männer	Frauen	Männer	Frauen	Männer	Frauen	Männer	Frauen
Führende Angestellte	193	53	2,0	13,9	2487	3994	5765	5770	7,5	7,9	14,7	0
Höhere Beamte	546	132	1,3	1,5	2349	3145	4867	4242	7,5	8,1	2,0	3,5
Hochqual. Angestellte	1652	477	2,5	1,3	2048	1998	4353	3502	7,5	7,8	5,3	25,4
Gehobene Beamte	517	251	–	–	1996	2321	4332	4970	7,7	7,1	2,8	0
Qualifizierte Angestellte	2348	2928	3,2	2,4	1724	2056	3662	4002	7,3	7,2	8,7	8,9
Einfache, mittlere Beamte	834	138	–	–	1585	2112	3391	3718	7,4	7,6	4,3	0
Einfache Angestellte	452	1952	4,7	2,0	1511	1626	2889	3844	7,2	7,1	15,1	20,2
Vorarbeiter/Meister	1018	38	7,2	10,7	1691	1740	4000	4245	7,2	7,5	15,9	11,7
Facharbeiter	3456	417	11,3	5,4	1426	1783	3184	4307	7,3	7,3	20,1	12,8
Un-, angelernte Arbeiter	2497	2457	33,4	17,2	1343	1416	2821	3089	6,9	6,9	22,0	19,8
Freie Berufe	247	186	4,9	13,2	2355	2988	4234	6508	6,7	7,2	26,2	19,8
Sonstige Selbständige	794	602	4,2	1,7	1832	1529	4490	3571	6,6	7,2	22,0	32,0
Landwirte	522	131	–	–	1223	1637	3659	5681	6,2	6,3	84,2	68,4
Mithelf. Familienangehörige	18	300	17,2	1,8	1127	1404	2828	3574	7,7	6,3	17,7	53,9
Azubis/Stud./Bundeswehr	1140	860	2,9	3,2	1445	1542	3589	3804	7,0	6,7	16,8	14,0
Nicht-Erwerbstätige	806	4695	18,7	5,0	1006	1305	2089	3158	5,1	7,1	54,1	18,3
Nicht-Erwerbstätig[1]	165	957	5,9	16,3	1280	1224	3501	2936	6,7	7,1	36,1	35,1
Noch-Erwerbstätige	782	422	18,7	7,7	1966	1756	3820	2821	7,8	7,6	15,9	28,2
Nicht-Erwerbst./Selbst.[2]	506	733	–	–	1314	1458	2343	2785	7,1	6,8	12,7	11,7
Nicht-erwerbst./Beamte[2]	412	239	–	–	1956	1381	3289	3128	8,4	7,7	6,3	0
Nicht-Erwerbst./Angest.[2]	952	2396	1,9	–	1794	1615	2742	2285	7,4	7,3	2,1	8,0
Nicht-Erwerbst./Arbeiter[2]	1488	2288	3,4	0,7	1261	1265	2128	1893	7,1	7,2	10,4	10,3
Sonstige[1]	90	1442	–	0,3	1694	1315	2693	2069	5,7	6,8	14,6	11,7

[1]) Niemals erwerbstätig. – [2]) Bzw. frühere Stellung/frühere Stellung des Ehemanns.
Datenbasis: Das sozioökonomische Panel, 1984–1987, Wohnbevölkerung über 20 Jahren, Hochrechnung.
(nach: Wolfgang ZAPF, Sozialstruktur und gesellschaftlicher Wandel in der Bundesrepublik Deutschland, in: 318, S.113)

20. *Gesellschaft: Soziale Milieus*

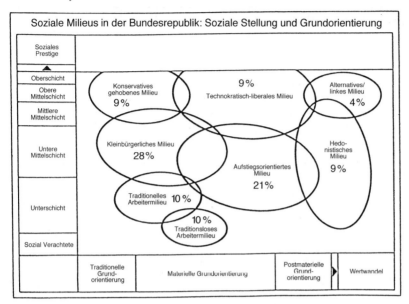

(nach: Horst Nowak / Ulrich Becker, Es kommt der „neue" Konsument, in: Form. Zeitschrift für Gestaltung 111 (1985), S. 14. – Lebensweltforschung des Sinus-Instituts)

21a. *Kirchliches Leben. Katholische Kirche*

Jahr	Pfarreien und sonst. Seelsorgestellen Anzahl	Katholiken 1000	Taufen	Erstkommunion	Trauungen	Austritte	Teilnehmer am sonntägl. Gottesdienst 1000
1970	12329	27195	369852	.	163550	69454	10159
1980	12440	26713	257584	332532	125329	66438	7769
1985	12407	16309	254090	241560	11006	74172	6800
1989	12436	26746	282221	250091	113285	93010	6092

(nach: Statistisches Bundesamt (Hrsg.), Statistisches Jahrbuch 1992 für die Bundesrepublik Deutschland. Stuttgart 1992, S. 104)

21b. Kirchliches Leben. Evangelische Kirche

Jahr	Kirchen-gemein-den	Theo-logen im aktiven Dienst	Kirchen-mitglieder	Taufen	Konfir-mierte	Trau-ungen	Gottes-dienst-besucher
	Anzahl		1000				1000
1970	10 707	14 762	28 480	345 994	373 875	456 452	.
1980	10 642	15 614	26 104	221 982	447 560	64 447	1 410
1985	10 694	17 102	25 106	223 798	328 140	63 195	1 343
1989	10 767	18 580	25 132	251 842	224 478	100 682	1 266

(nach: STATISTISCHES BUNDESAMT (Hrsg.), Statistisches Jahrbuch 1992 für die Bundesrepublik Deutschland. Stuttgart 1992, S. 104)

ARCHIVE UND WICHTIGE BESTÄNDE IN AUSWAHL

Staatliche Archive

Bundesarchiv Koblenz
Potsdamer Straße 1
56075 Koblenz
www.bundesarchiv.de

Staatliches Schriftgut aus der Zeit nach 1945: Bundesrepublik Deutschland
  oberste Organe der Staatsführung
    Bundespräsidialamt
    Bundeskanzleramt
    Bundesverfassungsgericht
    Deutsche Bundesbank
  Auswärtige Angelegenheiten, supranationale Einrichtungen, innerdeutsche Beziehungen
    Dokumente des Rates der Europäischen Gemeinschaften
    Bundesministerium für Innerdeutsche Beziehungen
    Ständige Vertretung der Bundesrepublik Deutschland in der DDR
  Inneres und Justiz
    Bundesministerium des Innern
    Bundeskriminalamt
    Bundesministerium der Justiz
    Bundesgerichtshof
    Bundesverwaltungsgericht
    Generalbundesanwalt beim Bundesgerichtshof
    Zentrale Stelle der Landesjustizverwaltungen Ludwigsburg
    Zentrale Erfassungsstelle der Landesjustizverwaltungen Salzgitter
  Finanzen, Wirtschaft, Arbeit und Soziales
    Bundesministerium der Finanzen
    Bundesministerium für Wirtschaft
    Bundesministerium für Arbeit und Sozialordnung
    Bundesanstalt für Arbeit
    Bundessozialgericht
    Bundearbeitsgericht
    Bundesversicherungsanstalt für Angestellte
    Bundesministerium für Jugend, Familie, Frauen und Gesundheit (mit wechselnden Namen und Zuständigkeiten)
  Post und Verkehr, Bauwesen, Landwirtschaft
    Bundesministerium für Post und Telekommunikation
    Generaldirektion der Deutschen Bundespost
    Bundesministerium für Verkehr
    Hauptverwaltung der Deutschen Bundesbahn
    Bundesanstalt für Straßenwesen
    Bundesministerium für Raumordnung, Bauwesen und Städtebau
    Bundesbaudirektion
    Bundesministerium für Landwirtschaft

Bildung, Wissenschaft und Forschung
  Bundesministerium für Bildung und Wissenschaft
  Bundesministerium für Umwelt, Naturschutz und Reaktorsicherheit
  Bundesministerium für Forschung und Technologie
  Deutscher Kunstrat
  Deutscher Bildungsrat
  Wissenschaftsrat
  Versuchsanstalt für Luft- und Raumfahrt
  Kernforschungsanlage Jülich
  Zentralstelle für die Vergabe von Studienplätzen
  Deutscher Akademischer Austauschdienst
  Deutschlandfunk
  Deutsche Welle

Schriftgut von Verbänden und Organisationen
  Bund der Vertriebenen
  Bund für Umwelt und Naturschutz
  Deutsche Forschungsgemeinschaft
  Deutscher Gemeindetag
  Deutscher Hochschulverband
  Deutscher Industrie- unf Handelstag
  Deutscher Sportbund
  Deutsches Rotes Kreuz
  Hartmannbund
  Internationale Gemeinschaft für Menschenrechte
  Kuratorium Unteilbares Deutschland
  Marburger Bund
  Nationales Olympisches Komitee
  Orden „Pour le mérite"
  Organisationskomitee für die Olympischen Spiele in München 1972
  Staatsbürgerliche Vereinigung
  Verband deutscher Rentenversicherungsträger

einzelne Sammlungen
  Institut für Weltwirtschaft Kiel
  Institut für Demoskopie Allensbach
  Sammlung Stern-Heidemann betr. gefälschte Hitler-Tagebücher

Nachlässe
  Rainer Barzel
  Karl Carstens

Bundesarchiv Abteilung Militärarchiv
  Wiesentalstraße 10
  79115 Freiburg
  www.bundesarchiv.de

Bundesverteidigungsministerium

Bundeswehr

Politisches Archiv des Auswärtigen Amts
   Kurstraße 31
   10117 Berlin
   www.auswaertiges-amt.de

   Auswärtiges Amt

Deutscher Bundestag, Parlamentsarchiv
   Dreizehnmorgenweg 38   Platz der Republik 1
   56075 Koblenz   11011 Berlin
   www.bundestag.de/verwalt/archiv

   Gesetzesdokumentationen

   Historisches Archiv des Deutschen Bundestages
      Parlamentarisches Schrift- und Druckgut
      Verwaltungsakten
      Politikerarchiv
      Bildarchiv, Ton/Videoarchiv
         (Videoaufnahmen der Parlamentssitzungen seit der 13. Wahlperiode 1994–98; vorherige Bildaufnahmen sind über die Rundfunk- und Fernseharchive zu eruieren, wobei der WDR nur das in der Tagesschau gesendete Bildmaterial archiviert hat)

Staatliche Archive der DDR

Generell handelt es sich bei den DDR-Beständen um gestörte und unzusammenhängende Überlieferungen, was einerseits auf die Archivierungspraxis in der DDR und andererseits auf gezielte Vernichtungen 1989/90 zurückzuführen ist. Die Überlieferungen waren schon an sich ineinander verwoben und sind aus diesem Grunde und zwecks Schließung von Lücken kombiniert auszuwerten (so ist etwa der Bereich Kommerzielle Koordinierung aus den Überlieferungen des Büros Mittag im Bestand der SED, des Ministeriums für Außenhandel, des Finanzministeriums, des Ministeriums für Staatssicherheit und westlicher Kontaktstellen zu erschließen).

Zentrale politische Akten, auch Protokolle über Gespräche mit bundesdeutschen Politikern (meist nachträgliche Gedächtnisprotokolle sowie wörtliche Aufzeichnungen von Telefonaten) finden sich vor allem in den Beständen der SED, nicht in den staatlichen Überlieferungen.

Bundesarchiv Berlin
   Finckensteinallee 63
   12205 Berlin
   www.bundesarchiv.de

Staatliches Schriftgut aus der Zeit nach 1945: DDR

Stiftung Archiv der Parteien und Massenorganisationen der DDR
   Sozialistische Einheitspartei Deutschlands
      Politbüro
      Sekretariat des Zentralkomitees
      Zentralkomitee
      Büro Walter Ulbricht
      Büro Erich Honecker

Büro Günter Mittag
Büro Albert Norden
Büro Paul Verner
Büro Hermann Axen
Büro Egon Krenz
Westabteilung/ ab 1984 Abteilung Internationale Politik und Wirtschaft beim Sekretariat des ZK – Westkommission beim Politbüro
Abteilung Agitation
(Zudem lagen in den einzelnen Fachabteilungen des ZK jeweilige Zuständigkeiten für „Westpolitik", wobei mit dem „Westen" im Sprachgebrauch der DDR jeweils die Bundesrepublik gemeint war, während für das übrige nichtsozialistische Ausland der Begriff „internationale Beziehungen" verwendet wurde.)
Freie Deutsche Jugend
Freier Deutscher Gewerkschaftsbund

Der/Die Bundesbeauftragte für die Unterlagen des Staatssicherheitsdienstes der ehemaligen DDR
Glinkastr. 35
Postanschrift: Postfach 218, 10106 Berlin
www.bstu.de

Das Ministerium für Staatssicherheit hat aus seiner überwiegend personenbezogenen Arbeit heraus überwiegend personenbezogene Akten produziert, von denen für die Geschichte der Bundesrepublik insbesondere die hinsichtlich ihrer „Zugänglichmachung" juristisch umstrittenen Unterlagen „aufgrund zielgerichteter Informationserhebung oder Ausspähung" (Urteil der 1. Kammer des Berliner Verwaltungsgerichts vom 4. Juli 2001) über Bundesbürger in ihrer Eigenschaft als „Personen der Zeitgeschichte, Inhaber politischer Funktionen oder Amtsträger in Ausübung ihres Amtes" (sog. Stasi-Unterlagen-Gesetz vom 20. Dezember 1991, § 32) von historiographischem Belang sind. Darüber hinaus hat das Ministerium für Staatssicherheit auch Sachaktenbestände hinterlassen, von denen für die bundesdeutsche Geschichte Berichte an die Parteiführung, Befehle, Richtlinien und Besprechungen des Ministeriums, Unterlagen über Städtepartnerschaften sowie Diplom- und Doktorarbeiten über die (West-)Arbeit der Staatssicherheit von Interesse sind. Zuständigkeiten gegenüber der Bundesrepublik lagen insbesondere bei der Zentralen Auswertungs- und Informationsgruppe, der Arbeitsgruppe Bereich Kommerzielle Koordinierung, der Zentralen Koordinierungsgruppe, der Hauptverwaltung Aufklärung sowie den Hauptabteilungen I, II, III, VI, VIII, IX/11, XVIII, XX und XXII [vgl. zu den Aufgabenbereichen Roland WIEDMANN (Bearb.), Die Organisationsstruktur des Ministeriums für Staatssicherheit 1989. (= Klaus-Dietmar HENKE u.a. (Hrsg.), Anatomie der Staatssicherheit. Geschichte, Struktur und Methoden. MfS-Handbuch.) 2. Aufl. Berlin 1996, sowie die einzelnen Bände des MfS-Handbuchs] (wobei stets die besonders eigene Terminologie des Staatssicherheitsdienstes zu berücksichtigen ist [vgl. dazu 62: SUCKUT (Hrsg.), Wörterbuch der Staatssicherheit]).

Parteiarchive

Archiv für Christlich-Demokratische Politik der Konrad-Adenauer-Stiftung
Rathausallee 12
53757 Sankt Augustin
www.kas.de/archiv

Die Bestände des Archivs für Christlich-Demokratische Politik der Konrad-Adenauer-Stiftung. Kurzübersicht. Hrsg. von Günter BUCHSTAB (Hrsg.). 4. Aufl. Sankt Augustin 1998

CDU-Parteigremien

Fraktionsprotokolle (Protokolle der der Bundestagsfraktion unvollständig, aber als Tonbandaufnahmen vorliegend)

Vereinigungen:
  Christlich-Demokratische Arbeitnehmerschaft (Sozialausschüsse)
  Junge Union
  Ring Christlich-Demokratischer Studenten

Zentrales Parteiarchiv der Ost-CDU

Nachlässe und Deposita:
  Helmut Kohl
  Alfred Dregger
  Bernhard Vogel
  Gerhard Stoltenberg
  Manfred Wörner

Archiv für Christlich-Soziale Politik der Hanns-Seidel-Stiftung

  Lazarettstr. 33
  80636 München
  www.hss.de

  Archiv für Christlich-Soziale Politik (ACSP). Verzeichnis der Bestände. Hrsg. von Renate HÖPFINGER. 2. Aufl. München 2001

CSU-Parteigremien

Fraktionsprotokolle (CSU-Landesgruppe im Deutschen Bundestag und CSU-Fraktion im Bayerischen Landtag)

Nachlässe und Deposita:
  Franz-Josef Strauß
  Theodor Waigel

Archiv des deutschen Liberalismus der Friedrich-Naumann-Stiftung

  Theodor-Heuss-Straße 26
  51645 Gummersbach
  www.fnst.de/archiv

  Archiv des Deutschen Liberalismus der Friedrich-Naumann-Stiftung (Hrsg.), Die Bestände des Archivs des Deutschen Liberalismus. Kurzübersicht. Gummersbach 1999

Bundespartei (darunter bis ca. 1972 vollständige Wortprotokolle des Bundesvorstands)

Fraktionsprotokolle (Bundestag und Landtage)

Liberale Organisationen:
  Deutsche Jungdemokraten
  Junge Liberale
  Liberale Hochschulgruppen
  Liberaler Hochschulverband
  Sozialliberaler Hochschulverband

Liberal-Demokratische Partei Deutschlands

Nachlässe und Deposita:
  Gerhart Baum
  Karl-Hermann Flach
  Hans-Dietrich Genscher
  Otto Graf Lambsdorff
  Erich Mende

Wolfgang Mischnick (dichteste Überlieferung der relevanten Akten unter Einschluß von Fraktionsprotokollen und Aufzeichnungen der Koalitionsgespräche und -verhandlungen)

Archiv der sozialen Demokratie der Friedrich-Ebert-Stiftung
Godesberger Allee 149
53175 Bonn
www.fes.de/archiv
Archiv der sozialen Demokratie der Friedrich-Ebert-Stiftung (Hrsg.), Bestandsübersicht. Bonn 1998

SPD- Parteivorstand

SDP-Bundestagsfraktion

Parteigliederungen und Parlamentsfraktionen der Bundesländer und Stadtstaaten

Andere Organisationen und Institutionen:
  Deutsche Gesellschaft für Friedens- und Konfliktforschung
  Sozialdemokratische Wählerinitiative
  Sozialdemokratischer/Sozialistischer Deutscher Hochschulbund
  Sozialistischer Deutscher Studentenbund

Gewerkschaftsbewegung:
  Deutscher Gewerkschaftsbund
  Gewerkschaft Erziehung und Wissenschaft
  Gewerkschaft Öffentliche Dienste, Transport und Verkehr
  Industriegewerkschaft Medien
  Industriegewerkschaft Metall
  und weitere Einzelgewerkschaften

Nachlässe und Deposita:
  Willy-Brandt-Archiv
  Herbert-Wehner-Archiv
  Helmut-Schmidt-Archiv
  Egon Bahr
  Horst Ehmke
  Erhard Eppler
  Gustav Heinemann
  Hans Matthöfer
  Heinz-Oskar Vetter
  Hans-Jochen Vogel
  Karsten Voigt

Archiv grünes Gedächtnis der Heinrich-Böll-Stiftung
Eldenaer Straße 35
10247 Berlin
www.boell.de

Bundesvorstand und Bundesgeschäftsstelle

Bestände von Landes- und Kreisverbänden (teils sehr fragmentatisch)

Bundestagsfraktion und Landtagsfraktionen

parteinahe Institutionen:
Solidaritätsfonds
Initiative Demokratie Entwickeln
Koordinierungsausschuß der Friedensbewegung

Nachlässe und Deposita:
Joseph Fischer
Petra Kelly
Jürgen Trittin
Lukas Beckmann (reichhaltiger Bestand)

Wirtschafts- und Unternehmensarchive

DEUTSCHE WIRTSCHAFTSARCHIVE. Hrsg. im Auftrag der Gesellschaft für Unternehmensgeschichte e.V. 2. Aufl. in 3 Bden., Stuttgart 1987–1991. Bd. 1 in 3. Aufl. Stuttgart 1994

[17:] F. SCHUMACHER (Bearb.), Archives in Germany 73–112

Hessisches Wirtschaftsarchiv
Karolinenplatz 3
64289 Darmstadt

Stiftung Westfälisches Wirtschaftsarchiv Dortmund
Märkische Straße 120
44141 Dortmund
www.archive.nrw.de

Rheinisch-Westfälisches Wirtschaftsarchiv zu Köln (RWWA)
IHK zu Köln
50606 Köln
www.ihk-koeln.de/archiv

Bayerisches Wirtschaftsarchiv
Orleansstraße 10–12
81669 München
www.muenchen.ihk.de/service/wirtarch.htm

Wirtschaftsarchiv Baden-Württemberg
Schloß, Osthof-West
70599 Stuttgart (Hohenheim)

Wirtschaftsarchiv, Institut für Weltwirtschaft
Düsternbrooker Weg 120
24105 Kiel
www.uni-kiel.de:8080/ifw

Kirchliche Archive

[17:] F. SCHUMACHER (Bearb.), Archives in Germany 25–71 (kirchliche Archive allgemein, v.a. Diözesan- und Bistumsarchive sowie Archive der Landeskirchen)

Bundeskonferenz der kirchlichen Archive in Deutschland (Hrsg.), Führer durch die Bistumsarchive der katholischen Kirche in Deutschland. 2. Aufl. Siegburg 1991

Evangelisches Zentralarchiv Berlin
Bethaniendamm 29
10997 Berlin
www.ezab.de

Evangelische Kirche in Deutschland

Evangelische Kirche der Union

Deutscher Evangelischer Kirchentag

Ökumenisches Archiv
   Christliche Friedensbewegung (u.a. Einrichtungen zur Betreuung von Kriegsdienstverweigerern und Aktion Sühnezeichen/Friedensdienste)

Nachlässe
   Helmut Gollwitzer

Gesellschaftliche Bewegungen und Organisationen

Archiv des Hamburger Instituts für Sozialforschung
Mittelweg 36
20148 Hamburg
www.his-online.de/archiv

Sozialistisches Anwaltskollektiv (Hans-Christian Ströbele und andere)
   Kommune 1

erste Generation der RAF (u.a. Prozeß- und Rechtsanwaltsunterlagen sowie persönliche Unterlagen)

neue soziale Bewegungen bzw. Alternativbewegung
   Anti-AKW-Bewegung
   Schwulen- und Homosexuellenbewegung
   Friedensbewegung
   Komitees gegen „Berufsverbote"

umfangreiche graue Literatur aus dem Sympathisantenumfeld der Terroristen, Raubdrucke, Flugblätter, Plakate und Bildmaterial.

Architekturarchiv Hamburg
  Bramfelder Straße 138
  22305 Hamburg
  www.architekturarchiv-web.de
  Neue Heimat

Medienarchive

Medienarchive sind zumeist bei den einzelnen Anstalten, Verlagen oder Unternehmen angesiedelt (z. B. Stern, Spiegel, Bild, Frankfurter Allgemeine Zeitung, Süddeutsche Zeitung, ZDF)

Rundfunkarchive, Rundfunkdokumentationen und Rundfunkrecherche in der Bundesrepublik Deutschland, in: Archivmitteilungen 41 (1991), S. 201–229

Institut für Zeitungsforschung der Stadt Dortmund – Mikrofilmarchiv der deutschsprachigen Presse
  Königswall 18
  44122 Dortmund
  www.zeitungsforschung.de
  Sammlung deutschsprachiger Zeitungen und Zeitschriften

Deutsches Rundfunkarchiv Frankfurt a.M.
  Bertramstraße 8
  Königswall 18
  60320 Frankfurt a.M.
  www.DRA.de
  Astrid HERZOG, Das Deutsche Rundfunkarchiv, in: Bibliothek 14 (1990), S. 132–141
  Hörfunk- und Fernsehproduktionen sowie Programm- und Verwaltungsschriftgut der ARD

Europäische und NATO-Archive

Historisches Archiv der Europäischen Gemeinschaften in Florenz
  Villa ‚Il Poggiolo'
  Piazza Edison, 11
  I 50133 Florenz
  www.arc.iue.it
  Europäische Kommission
  Europäische Gemeinschaften (EWG, EGKS und Euratom)
  Europäisches Parlament
  Ministerrat
  Kopien auch im

Historischen Archiv der Europäischen Kommission in Brüssel
Square de Meeûs 8
B 1050 Brüssel
www. europa.eu.int/historical_archives

NATO Archives
NATO
B 1110 Brüssel
www.nato.int/archives

Bundesrepublik Deutschland

(nach STATISTISCHES BUNDESAMT (Hrsg.), Statistisches Jahrbuch 1990 für die Bundesrepublik Deutschland. Stuttgart 1990, S. 9)

Deutsche Demokratische Republik und Berlin (Ost)

(nach STATISTISCHES BUNDESAMT (Hrsg.), Statistisches Jahrbuch 1991 für die Bundesrepublik Deutschland, Stuttgart 1991, S. Einlegeblatt)

ABKÜRZUNGSVERZEICHNIS

AAPD	Akten zur Auswärtigen Politik der Bundesrepublik Deutschland
AfS	Archiv für Sozialgeschichte
APuZ	Aus Politik und Zeitgeschichte
ARD	Arbeitsgemeinschaft der öffentlich-rechtlichen Rundfunkanstalten der Bundesrepublik Deutschland
BASF	Badische Anilin- und Soda-Fabrik
BKA	Bundeskriminalamt
CDU	Christlich Demokratische Union Deutschlands
CSU	Christlich-Soziale Union
DA	Deutschland-Archiv
DAG	Deutsche Angestellten-Gewerkschaft
DDR	Deutsche Demokratische Republik
DGB	Deutscher Gewerkschaftsbund
DH	Diplomatic History
DKP	Deutsche Kommunistische Partei
DzD	Dokumente zur Deutschlandpolitik
EA	Europa-Archiv
EG	Europäische Gemeinschaft
EGKS	Europäische Gemeinschaft für Kohle und Stahl
EJPR	European Journal of Political Research
EKD	Evangelische Kirche in Deutschland
EPZ	Europäische Politische Zusammenarbeit
ERP	European Recovery Program (Marshall-Plan)
Euratom	Europäische Atomgemeinschaft
EWG	Europäische Wirtschaftsgemeinschaft
EWS	Europäisches Währungssystem
F.D.P.	Freie Demokratische Partei
GG	Grundgesetz
GG	Geschichte und Gesellschaft
GP	German Politics
GSR	German Studies Review
GWU	Geschichte in Wissenschaft und Unterricht
HJb	Historisches Jahrbuch
HPM	Historisch Politische Mitteilungen. Archiv für christlich-demokratische Politik
HZ	Historische Zeitschrift
IBM	International Business Machines Corp.
IG	Industriegewerkschaft
INF	Intermediate Range Nuclear Forces (Mittelstreckenraketen)
IPSR	International Political Science Review

JLF	Jahrbuch zur Liberalismus-Forschung
JÖRG	Jahrbuch des öffentlichen Rechts der Gegenwart
JWG	Jahrbuch für Wirtschaftsgeschichte
KPdSU	Kommunistische Partei der Sowjetunion
KSZE	Konferenz für Sicherheit und Zusammenarbeit in Europa
KZfSS	Kölner Zeitschrift für Soziologie und Sozialpsychologie
MBFR	Mutual and Balanced Force Reduction
MfS	Ministerium für Staatssicherheit der DDR
NATO	North Atlantic Treaty Organization
NPD	Nationaldemokratische Partei Deutschlands
NPL	Neue Politische Literatur
OPEC	Organisation of Petrol Experting Countries
PVS	Politische Vierteljahresschrift
RAF	Rote Armee Fraktion
SALT	Strategic Arms Limitation Talks
SDI	Strategic Defence Initiative
SED	Sozialistische Einheitspartei Deutschlands
SNF	Short Range Nuclear Forces
SPD	Sozialdemokratische Partei Deutschlands
SRINF	Shorter Range Intermediate Range Nuclear Forces
StBG	Strafgesetzbuch
TAJB	Tel Aviver Jahrbuch für deutsche Geschichte
UN(O)	United Nations (Organization)
USA	United States of America
VfZ	Vierteljahrshefte für Zeitgeschichte
VSWG	Vierteljahrschrift für Sozial- und Wirtschaftsgeschichte
WDR	Westdeutscher Rundfunk
WEP	West European Politics
ZDF	Zweites Deutsches Fernsehen
ZfG	Zeitschrift für Geschichtswissenschaft
ZfP	Zeitschrift für Politik
ZK	Zentralkomitee
ZParl	Zeitschrift für Parlamentsfragen

REGISTER

Personenregister

Historische Personen sind normal, wissenschaftliche Autoren (die in der Regel nicht als Herausgeber o.ä., sondern nur als Akteure des Forschungsprozesses aufgeführt werden) in KAPITÄLCHEN gesetzt.

ABELSHAUSER, W. 175–177, 188
ABROMEIT, H. 162
Ackermann, E. 79
Adenauer, K. 2, 98, 130, 170 f.
ADOMEIT, H. 143, 147
Ahlers, C. 51
ALBER, J. 159 f.
ALBERT, G. 188
ALBERT, M. 185
ALBRECHT, C. 120, 194 f.
ALBRECHT, U. 152
ALDCROFT, D. H. 175 f.
ALEMANN, U. VON 163
Allardt, H. 38
ALTRICHTER, H. 143
AMBROSIUS, G. 144, 175 f., 178 f.
ANDERSEN, A. 203
ANDERSEN, U. 162
Apel, H. 54
ARRIGHI, G. 212
Attali, J. 154
AUST, ST. 173 f.

Baader, A. 55 f., 58
BÄCKER, G. 181, 203
BACKES, U. 173
BADE, K. 194
Bahr, E. 3, 36–38, 41–43, 59, 61, 83, 124, 135–138
Baker, J. 13, 85, 100
BALD, D. 148
BARING, A. 120, 172
BARK, D. 118 f., 122, 124, 128, 140, 151, 174, 185, 188
Barzel, R. 48, 54, 172
Baum, G. 73, 76
BECK, U. 191 f., 196, 210 f.
BELL, D. 191

BELLERS, J. 131
BENDER, P. 136, 148-151, 156
BENDER, TH. 167
BERG, K. 219
BERG-SCHLOSSER, D. 214
BESIER, G. 220
BEYME, K. VON 157 f., 182, 205
Biedenkopf, K. 21, 55
BIERLING, ST. 142
BIERMANN, R. 154
BINGEN, D. 147
BLASIUS, J. 205
BLEEK, W. 157
BLOSSFELD, W.-P. 192
Blüm, N. 76
BOCK, G. 201
BOHRMANN, H. 218
Bölling, K. 64
BORCHARDT, K. 121, 177, 186
BOROWSKY, P. 124 f., 140, 213
BÖSCH, F. 165 f.
BOYENS, A. 220
BRACHER, K. D. 111, 121, 128
BRAND, H. 196
BRAND, K.-W. 213
BRANDT, P. 136, 167
Brandt, W. 20, 31–34, 36–41, 47 f., 51–54, 59, 72, 74, 79, 118, 120 f., 124, 129, 135 f., 147, 154, 167, 170, 172, 181
BRAUN, G. 148
BRAUN, H. J. 181
BRAUNTHAL, G. 166 f., 173
BRELOER, H. 117
Breschnew, L. 96
BROER, M. 141
BRUCK, E. 152
BRÜGGEMEIER, F.-J. 189
BRUNN, G. 144, 146

Buback, S. 57
BUCHER, P. 113
BUDDE, G.-F. 201
BUDE, H. 120, 212
BÜSCHGEN, H. E. 187
Bush, G. 99–101, 153f.
BÜSSER, D. 213

Callaghan, J. 62
CARLIN, W. 185
CARR, J. 129
Carstens, K. 19, 36, 76f.
Carter, J. 59, 61–63
CLEMENS, C. 136
CLEMENT, U. 208
CONTI, CHR. 208

DAHRENDORF, R. 33, 196f.
DAMBERG, W. 221
DANGSCHAT, J. 205
Delors, J. 6, 81, 145
DERLIEN, H.-U. 195
DILLER, A. 218
DITTBERNER, J. 168
DITTGEN, H. 140
DOERING-MANTEUFFEL, A. 123, 170
DOSE, N. 158
Dregger, A. 81
DREHER, K. 129
Drenkmann, G. von 57
DURTH, W. 204
DUSSEL, K. 217, 219
Dutschke, R. 213
DÜWEL, J. 204f.

EDWARDS, G. 146
EHMER, J. 203
Ehmke, H. 33, 43f., 47, 50f., 79, 125
EHRLICHER, W. 179, 183, 187
EICHENGREEN, B. 145, 176, 178
ELLWEIN, TH. 206
ENDERS, TH. 167
Engelhard, H. 76
ENGLAENDER, A. S. 185
Ensslin, G. 55f., 58
Eppler, E. 66, 72
ERKER, P. 112, 174, 191
Ertl, J. 33, 73, 76
ESSER, J. 188

FALKE, W. 166
FALTER, J. W. 163

FAULSTICH, W. 218
FELDENKIRCHEN, W. 175, 177, 188
FELDMAN, L. G. 148
FELS, G. 211
FEND, H. 203
Feyerabend, P. 30
FISCHER, F. 151
FOGT, H. 194
Ford, H. 59
FOURASTIÉ, J. 191
Frank, P. 37
FRANKE, S. F. 180
FRERICH, J. 159f.
FRERICHS, P. 200
FREVERT, U. 201, 209, 216f.
FREY, M. 159f.
Friderichs, H. 51
FRITZSCHE, K. P. 215
FRÖHLICH, ST. 154
FÜHR, CHR. 206f.
FÜHRER, K. CHR. 113, 218
FUHRMANN, M. 207
FULBROOK, M. 118

GABRIEL, K. 221
GABRIEL, O. W. 162, 214
GADDIS, J. L. 133f.
GADDUM, E. 145f.
GANTE, M. 209
GARDNER FELDMAN, L. 146
GARTHOFF, R. 134, 137
GARTON ASH, T. 149, 151
GASSERT, PH. 124
GATZ, E. 220f.
GAULY, TH. 220
Geißler, H. 21, 55, 76, 93, 166
GEISSLER, R. 191–194, 196–198, 200–202, 206
Genscher, H.-D. 6, 33, 54, 73, 76, 80, 99f., 126
GEPPERT, A. 113
GEPPERT, K. 162
GIDDENS, A. 210
GIERSCH, H. 177, 180–185
GILCHER-HOLTEY, I. 211–213
Giscard d'Estaing, V. 5, 60, 62, 138
GLAESSNER, G.-J. 125, 127, 156, 164, 168, 170f., 173f.
GLASTETTER, W. 184
GLATZER, W. 192, 198f., 203
GLUCHOWSKI, P. 163
GOCH, ST. 124

Personenregister

Gorbatschow, M. 80, 95 f., 99, 101 f., 143 f., 153 f.
GÖRTEMAKER, M. 119 f., 125, 153
Grabert, H. 51
GREIFFENHAGEN, M. 214 f.
GREIFFENHAGEN, S. 214
GRESS, D. 118 f., 122, 124, 128, 140, 151, 174, 188
GRIFFITH, W. E. 135 f., 149
GROH, D. 136, 167
Gromyko, A. 38
GROSSER, D. 119, 127, 153, 155, 156, 180, 183 f., 186, 196
Gruhl, H. 22, 66, 69
GRÜNBAUM, R. 153
Guillaume, G. 54, 172
GUTSCHOW, N. 204 f.

Habermas, J. 65, 91, 211, 217
HABICH, R. 199
HACKE, CHR. 133, 135, 138, 141 f., 149 f.
HAFTENDORN, H. 130, 132 f., 135–139, 141, 146, 153
HALLIDAY, F. 139
HANHIMÄKI, J. M. 134, 144
HANKE, CHR. 220
HANRIEDER, W. 131–133, 138 f., 141 f., 145, 148, 151, 183
HARLANDER, T. 204 f.
HARTMANN, M. 200
HAUNGS, P. 165, 170
HAUSEN, K. 201
HAUSER, R. 196
HEIMANN, S. 166
HEINELT, H. 181
Heinemann, G. 31 f., 46, 48, 216
HELMS, L. 171
HENNIS, W. 21, 120, 170
HERBERT, U. 194, 211
HERDEGEN, G. 151
HERLTH, A. 202
Herold, H. 57
HESSE, J.-O. 204
HESSE, K. 161
HETTERICH, V. 219
HICKETHIER, K. 113, 218 f.
HILDEBRAND, K. 135, 142
HILDERMEIER, M. 143
HILLGRUBER, A. 124
HOBSBAWM, E. 121

HOCKERTS, H. G. 110, 113, 122, 125 f., 158–160, 217
HOFFMANN, J. 219
HOFFMANN-LANGE, U. 200
HOFMANN, D. 172
HÖGEMANN, G. 184
HOLTMANN, E. 156
Honecker, E. 82–84, 96 f.
HOPKINS, T. K. 212
HORST, P. 183
HRADIL, ST. 191 f., 195
HUBEL, H. 143
HUBERT, M. 193
HÜFNER, K. 206

IMMERFALL. S. 191, 193
INGLEHART, R. 207, 215

JÄGER, W. 119–121, 125, 153, 155, 168, 170, 180
JAMES, H. 138, 176, 180, 182, 185 f.
JARAUSCH, K. 153, 212
Jencks, Ch. 30
Jenninger, Ph. 91
JESSE, E. 173
JESSEN, J. 205
JOEDICKE, J. 210

KAASE, M. 218
KAELBLE, H. 159, 176, 182
KAHLENBERG, F. G. 160
KAILITZ, S. 217
KAISER, K. 128, 156
KAISER, W. 189
KASCHUBA, W. 198
KASTENDIEK, H. u. H. 183
KATZENSTEIN, P. 185
KAUFMANN, F. X. 158
KECK, O. 189
KENNEDY, E. 179
KERSTING, F.-W. 211
KETTENACKER, L. 118, 154
KIEFER, M.-L. 219
Kiechle, I. 77
KIELMANSEGG, P. GRAF 118 f., 125–127, 134, 140, 150 f., 156, 162, 165, 170 f., 173, 202, 205, 207
KIESERITZKY, W. VON 125
Kiesinger, K. G. 32, 36 f.
KIPPELE, F. 210
KIRCHHEIMER, O. 164

Kissinger, H. 35f., 40, 59, 61, 63, 133f., 136f.
KLAGES, H. 207f.
KLEINMANN, H.-O. 165
KLENKE, D. 190
KLESSMANN, CHR. 118, 127, 130
KLINGEMANN, H. D. 163
KLOTZ, H. 210f.
KLUGE, U. 187
KNABE, H. 151
KÖCHER, R. 208f.
KOENEN, G. 173
Kohl, H. 6, 16, 20f., 55, 69, 75–85, 87–89, 91–93, 98–101, 105, 119, 129, 141f., 150, 153f., 165f., 170f., 181, 216f.
Kohl, M. 41, 126
KÖNIG, O. 209
KÖNIG, W. 191, 203
KOPPER, CHR. 190
KORGER, D. 147f.
KORTE, K.-R. 150, 153, 166, 170
KOSELLECK, R. 28
Kossygin, A. 38
KRAUSHAAR, W. 211f., 231
KRIEGER, W. 129, 142
KRUIP, G. 123
KÜHNE-BÜNING, L. 204
KÜSTERS, H. J. 147, 152, 155
Kwizinskij, J. 96

Lafontaine, O. 72, 154
Lambsdorff, O. Graf 73, 76
LANDFRIED, CHR. 169, 171
LANGE, H.-J. 165f.
LANGGUTH, G. 213
LATHAM, M. E. 121
LAYRITZ, ST. 139
LEAMAN, J. 184, 186
Leber, G. 51, 54
LEGGEWIE, C. 120, 211
Lehmann, H. G. 154
LEHMBRUCH, G. 157f.
Leibholz, G. 164
LEIF, TH. 140
LEISERING, L. 159f.
Lemmens, M. 144f.
LEPP, C. 220
LEUGERS-SCHERZBERG, A. 172
LINDEMANN, G. 220
LINDLAR, L. 177
LINDNER, S. 187

LINK, W. 119, 126, 132, 135f., 138, 140, 143
LOMPE, K. 182
Lorenz, P. 57
LÖSCHE, P. 164, 166f.
LOTH, W. 144
LÖWENTHAL, R. 137
LÜBBE, H. 28, 90
LUCKSCHEITER, R. 215
LUHMANN, N. 219
LYOTARD, J.-F. 210
MÄDING, H. 125
Mahler, H. 55
MAIER, CH. 153
Maizière, L. de 97, 103f.
MANNHEIM, K. 194
MARQUARDT, R. 184
MARSCHALCK, P. 193
MARSH, D. 179
Matthöfer, H. 54
MAYER, K. U. 192
MAZKÓW, J. 147
MCADAMS, J. 118, 149, 151
Meinhof, U. 55f.
Mende, E. 31
MERSEBURGER, P. 129
METZ, R. 177
METZLER, G. 121
MEULEMANN, H. 208, 221
MEYER, TH. 202f.
MEYERS, R. 132
MIEGEL, M. 195
MILLER, S. 166f.
MINTZEL, A. 164–166
MITTELSTÄDT, A. 185
Mitterrand, F. 6, 82, 91, 99, 154
Modrow, H. 97, 99, 101
Möller, A. 33, 46
MORGAN, R. 147
MOOSER, J. 198
MOTTE, J. 194
MOWERY, D. 188
MÜLLER, E. 158
MÜLLER, H. P. 196
MÜLLER, W. D. 189
MÜLLER-JENTSCH, W. 182
MÜLLER-ROMMEL, F. 168
MUSCHEID, J. 179f.

NAVE-HERZ, R. 201f.
NEIDHART, F. 213, 219
NELL-BREUNING, O. VON 17

NICHOLLS, A. J.   119, 126–128, 140, 186
NICLAUSS, K.   164f., 170
NIEDHARDT, G.   136
NIEHUSS, M.   163
Nixon, R.   12, 35, 58, 61, 63, 133f., 136f.
NOELLE-NEUMANN, E.   215
NOLL, H. H.   196
Nolte, E.   91, 217

OFFE, C.   160
OSTNER, I.   200

PAHL, J.   210
PAQUÉ, K.-H.   177, 180–185
PETERS, B.   173
PFLIEGER, TH.   173
PIERENKEMPER, T.   175f.
PLUMPE, W.   182, 204
POGUNTKE, TH.   168f.
POHL, H.   187
Pöhl, K.-O.   60, 155
POLSTER, W.   205
Ponto, J.   57
PORTER, M.   184f.
POTTHOFF, H.   148, 150f., 153, 166f.
POWASKI, R.   144
PULZER, P.   119, 127, 137, 183

RABERT, B.   173
RADKAU, J.   189
RASCHKE, J.   168f., 213
Raspe, J.-C.   58
Reagan, R.   59, 61, 63, 79f., 85, 91, 127, 141f., 144, 154
REBENTISCH, D.   138
Rebmann, K.   57
Reichow, H. B.   51, 204
REINEMANN, C.   174
REITZ, E.   117
RENZSCH, W.   155, 161f.
REQUATE, J.   113, 218
RICE, C.   152–154, 156
RICHTER, R.   179
RINDERSPACHER, J.   222
RISSE-KAPPEN, TH.   139f.
RITTBERGER, V.   132
RITTER, E. H.   161
RITTER, G. A.   158, 163, 176, 189
RÖDDER, A.   110, 152f.
ROHE, K.   214
ROSENBERG, N.   188
ROTH, F.   216

ROTH, R.   214
RUCHT, D.   213f.
RUDOLPH, B.   186
RUPPS, M.   129
Rush, K.   41
RUSINEK, B. A.   189

SABROW, M.   111
SARCINELLI, U.   219
SARTORI, G.   165
SAUER, TH.   220
SCHABERT, T.   154
SCHÄFERS, B.   204, 219
SCHARPF, F. W.   161
Schäuble, W.   79, 93, 104
Scheel, W.   31–33, 38f., 48, 51, 54
SCHELSKY, H.   25, 194f.
SCHILDT, A.   113, 121f., 198, 217
Schiller, K.   33, 46, 51, 53
SCHILLER, TH.   168
Schleyer, H. M.   57f., 173
SCHLOTTER, P.   134
SCHMID, J.   157, 165
Schmidt, H.   5, 20, 32, 36f., 47, 50f., 53f., 57–64, 67, 70–76, 79–81, 83, 118, 121f., 125f., 129, 138–142, 145, 147, 149, 167, 170, 179
SCHMIDT, K.-H.   149
SCHMIDT, M. G.   127, 158–160
SCHMIEDING, H.   177, 180–185
SCHMITT, H.   167
SCHMITT, K.   164
SCHMITT, R.   213
SCHNEIDER, M.   181
SCHÖLLGEN, G.   129, 133, 149
SCHOEN, H.   163
SCHÖNBOHM, W.   165f.
Schröder, G.   31
SCHRÖTER, H. G.   177, 180, 183
SCHULZ, A.   194
SCHULZ, G.   190, 198
SCHULZ, K.   201
SCHULZE, G.   88, 192, 204
SCHULZE, R.-O.   163
SCHUMACHER, F.   114
SCHÜTTEMEYER, S.   171
SCHÜTZ, W. J.   218
SCHWABE, K.   135, 140
SCHWARZ, H.-P.   122, 126f.
SEUTHE, R.   216
SIEDER, R.   202
SIMON, C.   205

SMITH, J. 146
SODARO, M. 134
SONTHEIMER, K. 157
SOUTOU, G.-H. 134, 146 f., 154
SPERLING, J. 141, 183
Springmann, B. 69
STAMMER, O. 164
STEFFANI, W. 157
Steffen, J. 53
STEINRÜCKE, M. 200
Steiner, J. 48
Stirling, J. 30
Stoltenberg, G. 76, 93, 100
Stoph, W. 41
Strauß, F. J. 65 f., 72, 75–77, 83 f., 129, 150
STREB, J. 187
SZÖLLÖSI-JANZE, M. 189

Teltschik, H. 82, 98
TENFELDE, K. 190
TEUSCH, U. 132
Thatcher, M. 16, 88, 99, 127, 154
THIEME, W. 162
THRÄNHARDT, D. 122, 125, 127, 179 f., 201
TRÄNKLE, M. 204
TREIBEL, A. 194
TROTHA, TR. VON 203
TURNER, H. A. 118
TYRELL, H. 202

VAN DE LOO, H. 210
VAN REIJEN, W. 210
VÄTH, W. 188
VEEN, H.-J. 163
VESTER, M. 192
Vogel, H.-J. 54
VOGTMEIER, A. 135
VORLÄNDER, H. 167
VOY, K. 176, 205

WACKER, A. 181
Wagner, L. 48, 172

Waigel, Th. 93, 105
WALLERSTEIN, I. 212
WALTER, F. 153, 166 f.
WANDEL, E. 187
WEBBER, D. 183
WEHLER, H.-U. 192
WEHLING, H.-G. 162
Wehner, H. 51, 53, 129, 172
WEIDENFELD, W. 153
WEIMER, W. 175
WEINGARDT, M. 148
Weizsäcker, R. von. 91
WELSCH, W. 210 f.
WELZER, H. 181
WESSELS, B. 158
WESTAD, O. A. 132
WETTIG, G. 143
WIEGREFE, K. 139
Wienand, K. 48, 172
WILKE, J. 174, 219
WILKENS, A. 137
WINKLER, H. A. 119, 123, 128, 151, 217
WIRSCHING, A. 123, 128, 174
WOHLSTETTER, A. 1
Wolf, M. 172
WOLFRUM, E. 216
Wörner, M. 76, 81
WUNSCHIK, T. 173
WURM, F. 162

ZACHER, H. F. 17, 160 f., 182
ZÄNGL, W. 189
ZAPF, K. 204
ZAPF, W. 192, 199, 203
ZELIKOW, PH. 152–154, 156
ZIEGLER, D. 199
ZIMMER, A. 156 f.
ZIMMER, M. 150 f.
Zimmermann, F. 76, 93
ZIMMERMANN, G. E. 199
ZINTL, R. 161
ZOHLNHÖFER, R. 183
ZUBOK, V. M. 144

Sachregister

Abschreckung 1, 67f., 80–83, 126, 140
Abtreibung 22, 29, 46, 61, 66, 201, 209
Alter 203
Angebotsorientierung 71, 74, 78, 85f., 122, 179, 180–182, 184f.
Anti-Atomkraft-Bewegung (s. auch Neue soziale Bewegungen) 67f., 92, 214
Arbeiterschaft 16, 24, 116, 198, 206
Arbeitgeber 45, 88, 180
Arbeitsbeziehungen 16f., 26, 45, 87f., 181–183, 185, 201f.
Arbeitslosigkeit 14, 16, 24, 49, 70, 86–88, 93, 121, 127, 145, 176–178, 181f., 199, 293
Architektur 30, 50f., 92, 204f., 210, 221
Archive 114–117
Armut 24, 127, 198f.
Asylbewerber s. Ausländer und Zuwanderung
Atomenergie s. Kernenergie
Atomwaffen 1, 50, 61–63, 67f., 79–81, 102, 126, 140, 142
Ausländer/Ausländerpolitik 24, 27, 89, 193f., 199, 291
– Reg. Brandt 27
– Reg. Kohl 89f.
Außenpolitik (s. auch Sicherheitspolitik)
– allgemein 2–4, 33, 35f., 122, 130–135
– Reg. Brandt 33, 35–43, 47, 118, 124, 133–137, 148
– Reg. Schmidt 59, 72–74, 117, 129, 137, 147
– Reg. Kohl 78–82, 93, 129, 141f.
Außenwirtschaftsbeziehungen/-politik 3, 13, 59f., 74, 130f., 138, 180, 294
Aussiedler 27, 90, 193
Autobahnen und Automobil s. Verkehr

„Baader-Meinhof-Gruppe" s. Terrorismus
Banken 11, 187
Bergbau 15, 188
Berlin 38, 40–42, 63, 92, 104, 111, 136, 149
Berlin-Abkommen s. Viermächteabkommen über Berlin
Bevölkerungsentwicklung (s. auch Zuwanderung) 18, 26–28, 95, 122, 127, 193f., 286–289
„Bewegung 2. Juni" s. Terrorismus
Bildung und Wissenschaft/Bildungspolitik 23–26, 33, 44, 69, 125, 200, 202, 206–208, 211, 221, 290, 299
„Block-Floating" s. Währungsfragen
Bonn 92
„Boom" 11, 50, 176–178
Börsen 182, 186
Breschnew-Doktrin 96, 143
Bund Freiheit der Wissenschaft 65
Bundesbank 7, 13, 49f., 70–72, 82, 85, 179, 182
Bundeskabinette (s. auch Regierungswechsel)
– Brandt 32f., 52, 296f.
– Schmidt 54, 73f., 296f.
– Kohl 76f., 79, 93, 296f.
Bundesländer s. Föderalismus
Bundespräsidentenwahlen 31f.
Bundesrat 104, 162
Bundestag s. Deutscher Bundestag
Bundestagswahlen 32, 48, 54f., 69, 72, 75, 77f., 89, 162, 295
Bundesverfassungsgericht 22, 42, 45, 47, 77, 171, 209
Bundeswehr 102, 115, 148
Bürgerinitiativen 66, 69
Bürgerlichkeit/Bürgertum 199

CDU/CSU 10, 20f., 24, 31f., 38, 47f., 55, 67, 71–73, 75–77, 79, 86, 89, 93, 115, 163–166, 172, 180, 218
Chemieindustrie 188
Chip s. Mikroelektronik
Club of Rome 50, 69
Computer s. Mikroelektronik

DDR 3f., 33, 38, 40–43, 51, 54, 56, 63f., 68, 78, 82–84, 96–98, 106, 110f., 116f., 122, 135–137, 148–152, 173, 209, 220, 307f.
– Zusammenbruch 96f., 100–102, 128, 153f.
– Bürgerbewegung 97f., 154f.
– Volkskammerwahlen 1990 97, 101, 154

- Beitritt zur Bundesrepublik 97f., 101, 103–105, 154
Delors-Bericht s. Europa/europäische Integration
Demographische Alterung 18, 27, 86, 193
„Demokratisierung" 33f., 44f., 65, 69, 167, 216
Détente s. Ost-West-Konflikt
Deutsche Frage/Teilung (s. auch Wiedervereinigung Deutschlands) 2–4, 36f., 39f., 42, 47, 64, 82, 84, 95, 97f., 106, 110f., 118, 124, 127f., 130, 135–137, 148, 150f., 167, 215f., 220
Deutscher Bundestag (s. auch Bundestagswahlen) 19, 31f., 45, 47f., 75–77, 98, 115, 171, 209, 295
Deutschlandpolitik
- allgemein 33, 36, 111, 118, 148, 150f.
- Reg. Brandt 35, 41–43, 148
- Reg. Schmidt 63f., 149
- Reg. Kohl (s. auch Wiedervereinigung Deutschlands) 82–84, 93, 97f., 126, 149–151
„Dienstleistungsgesellschaft" s. Tertiarisierung
Dienstleistungssektor 10, 12, 175
Digitalisierung s. Mikroelektronik
DKP 68
D-Mark 3, 7, 11–13, 48, 82, 103, 146, 179
DNA s. Gentechnik
Dollar s. Währungsfragen
Duales System 10f., 219

Eherecht 46
Einheitliche Europäische Akte s. Europa/europäische Integration
Einigungsvertrag s. Wiedervereinigung Deutschlands
Einwanderung s. Zuwanderung
Eisenbahn s. Verkehr
Eliten 25, 200
Energie/Energiepolitik 8f., 67, 176, 189f.
Entkirchlichung s. Säkularisierung
Entspannungspolitik s. Ost-West-Konflikt
Entwicklungshilfe/-politik 13, 148
Erziehung 203, 208
Europa/europäische Integration 4–8, 60, 81f., 93, 106, 111, 122, 144–146, 160

- Agrarmarkt 6, 60, 82, 147
- Delors-Bericht 6, 81f., 146
- Einheitliche Europäische Akte 81, 145
- Europäische Gemeinschaft(en) 3, 4–7, 60, 81f., 99, 104, 111, 117, 140, 142
- Europäische Kommission 6, 81, 117
- Europäisches Parlament 6
- europäische politische Zusammenarbeit 5f.
- Europäischer Rat 5f.
- Europäische Union 7f., 106, 111
- Wirtschafts- und Währungsunion 5–7, 81f., 145f.
Europäisches Währungssystem 5, 13, 60, 74, 138, 145
Europapolitik
- allgemein 5
- Reg. Schmidt 145
- Reg. Kohl 126, 133, 142, 145
Extremismus (s. auch Terrorismus) 58, 172f.
Extremistenbeschluss 58, 172f.

Familien/Familienpolitik 14, 17f., 22, 29, 85f., 93, 127, 160, 193, 199, 202f., 208
Familienrecht 46
FDP 20f., 31–33, 47f., 52, 55, 63, 67, 71–73, 75–77, 89, 115, 165, 167, 174, 180, 209
Fernsehen s. Massenmedien
Finanzpolitik
- allgemein 180, 298–301
- Reg. Brandt 46, 50
- Reg. Schmidt 5, 70–72, 126, 180
- Reg. Kohl 77f., 84–86, 88, 93, 119, 126, 183
„Flick-Affäre" s. Parteienfinanzierung
Föderalismus/Länder 33, 44, 104, 105, 115, 155f., 161f.
Frankfurter Schule 211f.
Frankreich 3, 7, 60, 62, 82, 122, 130, 137, 145f., 154, 182
Frauen s. Geschlechterbeziehungen
Freizeit 23, 26, 30, 88, 203f.
Friedensbewegung (s. auch Neue soziale Bewegungen) 63, 67f., 79, 126, 140, 214

Gastarbeiter s. Ausländer und Zuwanderung

Geburtenrückgang s. Bevölkerungsentwicklung
Generationen 194f., 213, 221
Gentechnik 10, 51, 106, 189
Gesamtschule s. Bildung und Wissenschaft
Geschichtsdebatten/-politik 89–92, 118, 216f.
Geschlechterbeziehungen/Frauenbewegung/Emanzipation 14, 24–26, 29, 193, 200–202, 206–209
Gewerkschaften 16, 45, 53, 67, 71–73, 87f., 115f., 180f.
Globalisierung s. Internationalisiserung
Globalsteuerung 33, 46, 49f., 71, 179
Großbritannien 7, 62, 78, 81, 88, 119, 123, 146, 154, 182, 186
Große Koalition 31f., 35, 45, 157
Grundgesetz s. Verfassungsordnung
Grundlagenvertrag 42f., 149
Die Grünen 19f., 22, 68f., 73, 75, 77, 86, 89, 115, 118, 155, 163, 165, 168f., 180
Guillaume-Affäre 54, 172

„Historikerstreit" 91, 217

Industrie 10, 12, 24, 70, 175, 185, 187
INF-Abkommen 80, 95, 140, 141f.
Innenpolitik
– allgemein 172–174
– Reg. Brandt 33–35, 43–48, 50, 53f., 121, 124f., 172f.
– Reg. Schmidt 174
– Reg. Kohl 174
Innerdeutsche Beziehungen 41, 63f., 74, 83f., 93, 111, 118, 135, 149, 151f., 220
Internationalisierung/Globalisierung 14f., 87, 95, 105, 111, 122, 161, 175, 178, 182, 186
Intellektuelle 155, 215, 217
Israel 56, 91, 148
Italien 27

Japan 60
Jugend 203, 207
Jugoslawien 27

Kernenergie 9, 50f., 67f., 92, 189
Kindheit 203
Kirchen 24, 30, 209, 220
– ev. 116, 220, 304
– kath. 116, 220f., 303

Koalitionsdemokratie s. politisches System
Kommunen 51, 104, 162
Kommunikationsmittel s. Massenmedien
Konjunkturentwicklung 14, 49, 70, 86, 93, 126f., 184, 291–294
Konstruktives Misstrauensvotum 75
– 1972 19, 47f., 53f., 152, 172
– 1982 74, 76f.
Konsumgesellschaft 22f., 191
Korporatismus 15f., 78, 156–158, 185f.
Krankenversicherung s. Sozialpolitik/Sozialstaat
KSZE 60f., 99, 133f., 144

Land/ländlicher Raum 28, 205
Länder s. Föderalismus
Landwirtschaft 11, 28, 187, 199
Lebensbedingungen s. materielle Lebensbedingungen

Maastricht, Vertrag von 7, 146
Massenmedien 10f., 92, 106, 112f., 174, 208, 218f., 221
Massenwohlstand s. materielle Lebensbedingungen
Materielle Lebensbedingungen 11, 14, 22–25, 95, 107, 109, 119, 122, 191, 195f., 203f., 290, 293f.
Medizintechnik 9, 188f.
Menschenrechte 59–61, 134, 144
Mikroelektronik 9f., 51, 92, 105, 111, 122, 188f.
Milieus 24, 29f., 68f., 118, 198, 221
Ministerium für Staatssicherheit der DDR 54, 56, 100, 116, 151f., 172, 173, 308
Mitbestimmung/Mitbestimmungsgesetz 16, 34, 44f.
Mittelschichten 24f., 199, 206
„Modell Deutschland" 11, 15, 18, 106, 109, 127, 184–186, 188
Moderne 29f., 35, 123, 208, 210f., 217
Modernisierung/„Modernisierungsideologie" 33, 35, 43–51, 65, 73, 120f., 123, 204f.
Monetarismus 70f., 77f., 179, 185
Moskauer Vertrag 38f., 136

Nachfrageorientierung 71, 74, 180, 181, 184f.

Nation/Nationalstaat (s. auch deutsche Frage/Teilung und Geschichtsdebatten) 106, 128, 215f.
NATO 2f., 35, 61–63, 68, 78, 81f., 93, 102, 129, 131, 140, 142
NATO-Doppelbeschluss 37, 62f., 67f., 74, 78–80, 118, 122, 126, 133, 139f., 142, 167
Neue Frauenbewegung (s. auch Neue soziale Bewegungen) 25, 66–68, 200f., 214
Neue soziale Bewegungen 22, 25, 50, 66–69, 116, 118, 126, 140, 168f., 189, 213–215
Neutronenbombe 61
Nord-Süd-Gegensatz (s. auch Entwicklungshilfe/-politik) 13, 27, 122, 148
NPD 32
Nuklearwaffen s. Atomwaffen

Oder-Neiße-Grenze 38–40, 101, 136, 147
Ökologie s. Umwelt
Öl/Ölpreisschocks 8, 49–51, 67, 70, 121, 138, 176, 178, 180, 184
Ostgebiete 2, 39f., 47, 136f., 147
Ostpolitik s. Außenpolitik
Ost-West-Konflikt 1–4, 35, 98, 106, 122, 130–134, 151
– Détente/Entspannung 35–37, 40, 60f., 118, 133–137, 139, 144
– „Zweiter Kalter Krieg" 61–64, 133, 138–141, 144
– Ende 81, 95, 99f., 142–144, 153

Parlamentarismus 19, 171
Parteien/Parteiensystem (s. auch einzelne Parteien)
– allgemein 19–22, 78f., 89, 115, 157, 162–165, 169f.
– Parteienfinanzierung 21, 169
– „Parteienstaat" 21, 78f., 157, 162, 164
– „Volksparteien" 164f.
Personal Computer s. Mikroelektronik
„Pfadabhängigkeit" 18, 157
Planung s. „Modernisierungsideologie"
Polen 38f., 63, 96, 101, 136, 147f.
Politikverflechtung s. Föderalismus
Politische Kultur 19, 49, 64f., 89, 119, 127, 174, 194f., 213, 214–217
Politische Symbolik 92, 104

Politisches System 19–22, 78f., 89, 109, 156–158, 162, 164–172
Postmoderne 29f., 35, 50, 106, 120, 122f., 205, 210f., 217
Prager Vertrag 39
Privatheitsformen 26, 29f., 202f., 205, 207–209, 290
Produktionswandel 9f., 14, 24, 49, 70, 106, 181, 292
Produzierendes Gewerbe s. Industrie
Protestbewegungen 22f., 44, 56, 64–69, 116, 119f., 168, 173, 206, 211–214

Quellen 112–117, 305–314

Raumordnung 28, 51, 204f., 221
Reformpolitik s. Innenpolitik
Regierungsstil/-system s. politisches System
Regierungswechsel (s. auch Bundeskabinette)
– 1969 31–35, 119f.
– 1982 73–78, 141, 174
Rekonstruktionshypothese 177f.
Religion s. Kirchen und Säkularisierung
Rentenreform (s. auch Sozialpolitik/ Sozialstaat)
– 1957 17, 159
– 1972 18, 45f.
– 1989/92 86, 88
Rentenversicherung s. Sozialpolitik
„Republikaner" 90
„Rheinischer Kapitalismus" s. soziale Marktwirtschaft
Rote Armee Fraktion (RAF) s. Terrorismus
Rundfunk s. Duales System und Massenmedien
Rüstungskontrollpolitik 61–63, 80f., 95, 139–142

Sachverständigenrat zur Begutachtung der gesamtwirtschaftlichen Entwicklung 71
Säkularisierung 30, 208f., 221
Schulen s. Bildung
„Schweigespirale" 215
Schwerindustrie 188
SDI 79f.
SED 83f., 96f., 151f.
Sexualität/Sexualmoral 29, 201, 208f
Sicherheitspolitik 2, 36f., 61–63, 68,

72–74, 78–83, 93, 102f., 122, 126, 130–133, 138–141, 167, 299
Siedlungsstruktur 27, 204f., 221
Smithsonian Agreement s. Währungsfragen
SNF-Kontroverse 80f., 133, 142
Sowjetunion 35, 37–41, 60–63, 68, 80f., 95f., 99–102, 126, 134–136, 139f., 143f., 147, 154
„Soziale Demokratie" 33f., 44f., 47
Soziale Lagen 25, 163, 191f., 302
Soziale Marktwirtschaft 11, 15, 78, 103, 185
Soziale Milieus 25, 163, 303
Soziale Mobilität 23, 25, 192, 196, 198–200, 206
Soziale Schichten/Schichtungsmodelle 25, 191–193, 195–200
Sozialkultur 24–26, 28–30, 49–51, 64–66, 68f., 88, 106, 109, 111, 120, 128f., 163, 192f., 204, 206–221
Sozialpolitik/Sozialstaat
– allgemein 15–18, 26f., 105, 107, 122, 127, 157f., 178, 181f., 190, 221, 299
– Reg. Brandt 18, 34, 45f., 125, 159f., 179
– Reg. Schmidt 70, 125f., 160
– Reg. Kohl 18, 77f., 84–88, 93, 119, 122, 160, 182f.
Sozialstruktur 24–26, 28, 88, 120–122, 127, 191–202, 205, 290
Sozialversicherung s. Sozialpolitik/Sozialstaat
Sozialwissenschaften 25, 43, 90, 109f., 112f., 132, 156f., 185f., 190–193, 201
SPD 16, 20, 31–33, 36, 48, 52–54, 63, 65, 68, 71–73, 75, 77, 83, 86, 89, 115, 151, 163, 165f., 168, 172, 174, 180, 209, 220
Staatsverständnis 15, 65, 123
Staatsvertrag s. Wiedervereinigung Deutschlands
Staatsverschuldung 14, 60, 72f., 77, 84f., 121, 177–180, 183, 300
Städte/Stadtentwicklung/-planung 28, 50f., 204f.
„Stagflation" 14, 49, 121, 177f.
Steuern s. Finanzpolitik
Strukturbruchhypothese 177f.
„System Kohl" 78f., 93, 129, 166

Technik/Technologie 8–11, 28, 51, 67, 92, 111, 188f., 219

Telekommunikation s. Massenmedien
„Tendenzwende" 50
Terrorismus 55–59, 125, 173f., 211
Tertiarisierung 10, 12, 23, 175f., 198f., 206
Textilindustrie 187
Totalitarismustheorie 65
Treuhandanstalt 104
Tschechoslowakei 38f.
Türkei 27

UdSSR s. Sowjetunion
„Umgründung der Republik" 35, 119, 120f.
Umwelt/Umweltpolitik 8, 69, 92f., 189f.
Umweltbewegung (s. auch Neue soziale Bewegungen) 50, 66, 68, 189
Universitäten s. Bildung und Wissenschaft
Ungarn 96
UNO s. Vereinte Nationen
Unterschichten 24, 27, 194, 198f., 206
USA 3, 11–13, 37, 40, 48f., 60–62, 68, 78–81, 85, 88, 99–101, 106, 119, 122f., 126, 130f., 135, 137–140, 142, 146, 152f., 161, 177f., 182

Vereinte Nationen 42
Verfassungsordnung/Grundgesetz (s. auch politisches System) 19f., 22, 34, 75–77, 104, 109, 119, 122, 171f.
Vergangenheitspolitik s. Geschichtsdebatten/-politik
Verkehr/Verkehrspolitik (s. auch Umwelt/Umweltpolitik) 8, 28, 51, 190
Viermächteabkommen über Berlin 40f., 124, 136f.
„Volksparteien" (s. auch Parteien/Parteiensystem)

Wahlverhalten 162–164, 295
Währungsfragen/-probleme 5, 11–13, 48, 60, 72, 82, 85, 121, 131, 133, 138, 141, 145, 176, 178f., 183
„Währungsschlange" s. Währungsfragen
Währungsunion
– deutsche s. Wiedervereinigung Deutschlands
– europäische s. Europa/europäische Integration
„Waldsterben" s. Umwelt

„Wandel durch Annäherung" 36, 43, 64, 84, 135, 148, 151
Warschauer Pakt 68 f., 143
Warschauer Vertrag 39, 136
Wasserverschmutzung s. Umwelt
Wechselkurse s. Währungsfragen
Weltwährungsordnung s. Währungsfragen
Weltwirtschaftsgipfel 60, 72, 138, 180
„Wende" 1982 78, 91, 95, 121 f., 127, 174, 182 f.
Wertewandel 24, 26 f., 29, 34, 65, 106, 119 f., 122 f., 168, 193, 203, 207–209, 211, 215, 221
„Westen" 123 f., 211
Wiedervereinigung Deutschlands 7, 79, 88, 97–107, 111, 118 f., 122, 128 f., 146 f., 152–156, 160, 216, 220
- Ursachen 95–97, 153 f.
- Entscheidungen auf internationaler Ebene 98–103, 153–156
- Bündniszugehörigkeit 99–103
- Zwei-plus-Vier-Prozess/-Vertrag 100, 102
- Entscheidungen auf nationaler Ebene 97, 100 f., 103–105, 154–156
- Fonds Deutsche Einheit/Finanzierung 101, 104 f., 155
- Wirtschafts-, Währungs- und Sozialunion (1. Staatsvertrag) 101, 103–105, 155

- Vermögensfragen 103 f., 155
- Einigungsvertrag (2. Staatsvertrag) 104, 155
Wirtschaftspolitik/Staat und Wirtschaft
- allgemein 178 f.
- Reg. Brandt 179
- Reg. Schmidt 70–74, 126, 179
- Reg. Kohl 77 f., 85 f., 87 f., 93, 119, 126, 182 f.
Wirtschaftsverbände 116
„Wirtschaftswunder" s. „Boom"
Wohlfahrtsstaat s. Sozialpolitik/Sozialstaat
Wohlstandsentwicklung s. materielle Lebensbedingungen
Wohnen 204 f., 290

„Zehn-Punkte-Programm" 98–100, 154
Zeitgeschichte/Zeitgeschichtsschreibung 107, 109, 112 f., 174
Zeitungen/Zeitschriften s. Massenmedien
Zukunftsdenken/-erwartungen 28, 47, 50 f., 66, 105, 120 f., 222
Zuwanderung 27 f., 89 f., 127, 193, 291
Zwei-plus-Vier-Prozess/-Vertrag s. Wiedervereinigung Deutschlands
„Zweiter Kalter Krieg" s. Ost-West-Konflikt

OLDENBOURG GRUNDRISS DER GESCHICHTE

Herausgegeben von Jochen Bleicken, Lothar Gall und Hermann Jakobs

Band 1: *Wolfgang Schuller*
Griechische Geschichte
5., überarb. Aufl. 2002. 267 S., 4 Karten
ISBN 3-486-49085-0

Band 1A: *Hans-Joachim Gehrke*
Geschichte des Hellenismus
3., überarb. u. erw. Aufl. 2003. 324 S.
ISBN 3-486-53053-4

Band 2: *Jochen Bleicken*
Geschichte der Römischen Republik
5., überarb. und erw. Aufl. 1999.
XV., 342 S.
ISBN 3-486-49665-4

Band 3: *Werner Dahlheim*
Geschichte der Römischen Kaiserzeit
3., überarb. und erw. Aufl. 2003. 452 S.,
3 Karten
ISBN 3-486-49673-5

Band 4: *Jochen Martin*
Spätantike und Völkerwanderung
4. Aufl. 2001. 336 S.
ISBN 3-486-49684-0

Band 5: *Reinhard Schneider*
Das Frankenreich
4., überarb. u. erw. Aufl. 2001. 222 S.,
2 Karten
ISBN 3-486-49694-8

Band 6: *Johannes Fried*
Die Formierung Europas 840–1046
2. Aufl. 1993. 302 S.
ISBN 3-486-49702-2

Band 7: *Hermann Jakobs*
Kirchenreform und Hochmittelalter
1046–1215
4. Aufl. 1999. 380 S.
ISBN 3-486-49714-6

Band 8: *Ulf Dirlmeier/Gerhard Fouquet/
Bernd Fuhrmann*
Europa im Spätmittelalter 1215–1378
2003. 390 S.
ISBN 3-486-49721-9

Band 9: *Erich Meuthen*
Das 15. Jahrhundert
3., erg. und erw. Aufl. 1996. 327 S.
ISBN 3-486-49733-2

Band 10: *Heinrich Lutz*
Reformation und Gegenreformation
5. Aufl. durchges. und erg.
v. Alfred Kohler 2002. 283 S.
ISBN 3-486-49585-2

Band 11: *Heinz Duchhardt*
Das Zeitalter des Absolutismus
3., überarb. Aufl. 1998. 302 S.
ISBN 3-486-49743-X

Band 12: *Elisabeth Fehrenbach*
Vom Ancien Régime zum Wiener
Kongreß
3., überarb. und erw. Aufl. 2001. 323 S.,
1 Karte
ISBN 3-486-49754-5

Band 13: *Dieter Langewiesche*
Europa zwischen Restauration
und Revolution 1815–1849
4., überarb. Aufl. 2004. ca. 320 S.,
3 Karten
ISBN 3-486-49764-2

Band 14: *Lothar Gall*
Europa auf dem Weg in die Moderne
1850–1890
3., überarb. und erw. Aufl. 1997. 332 S.,
4 Karten
ISBN 3-486-49773-1

Band 15: *Gregor Schöllgen*
Das Zeitalter des Imperialismus
4. Aufl. 2000. 277 S.
ISBN 3-486-49784-7

Band 16: *Eberhard Kolb*
Die Weimarer Republik
6., überarb. u. erw. Aufl. 2002. 355 S.,
1 Karte
ISBN 3-486-49796-0

Band 17: *Klaus Hildebrand*
Das Dritte Reich
6., neubearb. Aufl. 2003. 474 S., 1 Karte
ISBN 3-486-49096-6

Band 18: *Jost Dülffer*
Europa im Zeichen des Ost-West-
Konflikts 1945–1991
In Vorbereitung

Band 19: *Rudolf Morsey*
Die Bundesrepublik Deutschland
Entstehung und Entwicklung bis 1969
4., überarb. u. erw. Aufl. 2000. 343 S.
ISBN 3-486-52354-6

Band 19a: *Andreas Rödder*
Die Bundesrepublik Deutschland
1969–1990
2003. 330 S., 2 Karten
ISBN 3-496-56697-0

Band 20: *Hermann Weber*
Die DDR 1945–1990
3., überarb. u. erw. Aufl. 2000. 355 S.
ISBN 3-486-52363-5

Band 21: *Horst Möller*
Europa zwischen den Weltkriegen
1998. 278 S.
ISBN 3-486-52321-X

Band 21: *Peter Schreiner*
Byzanz
2., überarb. u. erw. Aufl. 1994. 260 S.,
2 Karten
ISBN 3-486-53072-0

Band 23: *Hanns J. Prem*
Geschichte Altamerikas
1989. 289 S., 4 Karten
ISBN 3-486-53021-6

Band 24: *Tilman Nagel*
Die islamische Welt bis 1500
1998. 312 S.
ISBN 3-486-53011-9

Band 25: *Hans J. Nissen*
Geschichte Alt-Vorderasiens
1999. 276 S., 4 Karten
ISBN 3-486-56373-4

Band 26: *Helwig Schmidt-Glintzer*
Geschichte Chinas bis zur mongolischen
Eroberung 250 v. Chr.–1279 n. Chr.
1999. 235 S., 7 Karten
ISBN 3-486-56402-1

Band 27: *Leonhard Harding*
Geschichte Afrikas im 19. und
20. Jahrhundert
1999. 272 S., 4 Karten
ISBN 3-486-56273-8

Band 28: *Willi Paul Adams*
Die USA vor 1900
2000. 294 S.
ISBN 3-486-53081-X

Band 29: *Willi Paul Adams*
Die USA im 20. Jahrhundert
2000. 296 S.
ISBN 3-486-53439-0

Band 30: *Klaus Kreiser*
Der Osmanische Staat 1300–1922
2001. 252 S.
ISBN 3-486-53711-3

Band 31: *Manfred Hildermeier*
Die Sowjetunion 1917–1991
2001. 238 S., 2 Karten
ISBN 3-486-56179-0

Band 32: *Peter Wende*
Großbritannien 1500–2000
2001. 234 S., 1 Karte
ISBN 3-486-56180-4

Band 33: *Christoph Schmidt*
Russische Geschichte 1547–1917
2003. 261 S., 1 Karte
ISBN 3-486-56704-7